와우패스 JOB KB국민은행 실전모의고사 4회분

직업기초 | 직무심화 | 상식

WOW PASS

〈 머리말 〉

국민은행 입사
와우패스JOB으로 준비해야 하는 이유

금융 · 은행권 입사를 꿈꾸는 취업준비생들은 NCS(National Competency Standards : 국가직무능력표준) 필기시험을 필수적으로 준비한다. 채용 절차가 블라인드 방식으로 진행되는 만큼 변별력 확보는 더욱 중요한 사항이 되었고, 이에 따라 채용시험의 난이도는 갈수록 높아진다.

KB국민은행 입사시험에서는 실무형 문서를 가공한 문제들이 다량 출제되어 많은 수험생들이 당황하였다. 이는 실무처리 능력이 탁월한 직원을 채용해야 하는 입장에서 당연한 출제방식이겠으나, 모듈형 · PSAT형 문항의 기존 비율을 예상하며 NCS를 준비하고 이론을 암기하는 방식으로 상식평가를 준비한 수험생의 경우 금융업무 등의 실무 이해도와 제시자료 응용해석력이 높았던 수험생에 비해 불리했을 수 있다.

이에 와우패스JOB에서는 KB국민은행의 기출문제 및 빈출주제를 철저히 분석하여 취업준비생의 고충을 해결해줄 [KB국민은행 실전모의고사]를 출간하였다. KB국민은행의 상품 계약 시 실제 적용되는 금융거래약관, 금융상품 사용설명서 등을 기반으로 하는 실무형 문제의 비중을 극대화한 모의고사를 구성하여 가장 효과적으로 KB국민은행 필기시험을 준비할 수 있도록 하였다.

도서의 특징

첫째 실전모의고사 4회분

기출유형 분석에 따른 영역별 동형 문항으로 구성된 실전 모의고사에서는 회당 100문항씩 총 400문항이 수록되어, 실전과 같은 학습경험을 제공한다.

둘째 KB국민은행 맞춤 문제

KB국민은행의 상품 계약에서 실제로 적용되는 금융거래약관, 금융상품 설명서 등을 지문으로 하는 오직 KB국민은행 필기시험을 위한 맞춤 문항으로 구성하였다.

셋째 합격을 돕는 부가자료

와우패스잡 홈페이지에서 KB국민은행의 서류/필기시험/면접에서 활용할 수 있는 다양한 부가자료를 제공한다. 아래 순서에 의해 부가자료를 학습하자.

> 교재 내의 일련번호 확인 → 와우패스잡 접속(www.wowpass.com/JOB) → 출제경향 무료강의 배너 클릭 → 일련번호 입력 → 내강의실 이동 후 무료혜택 사항 적용 확인

본 교재를 통하여 KB국민은행 입행을 준비하는 모두가, 합격 소식에 모든 고생을 보상받는 순간을 누리기를 진심으로 기원한다.

와우패스JOB 취업적성연구소

〈 이 책의 차례 〉

가이드

문제편

부록 / 정답과 해설

〈 구성 & 활용 〉

1 기업정보와 채용정보

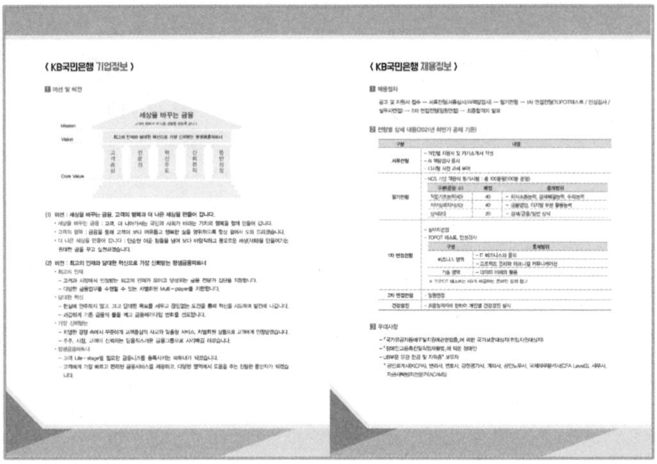

본 교재는 KB국민은행 필기시험 합격을 위한 실전 문제집이다.

KB국민은행 채용을 처음 준비하는 학습자도 쉽게 다가갈 수 있도록 KB국민은행의 최신의 기업정보와 채용정보를 제공한다.

2 실전모의고사 4회분

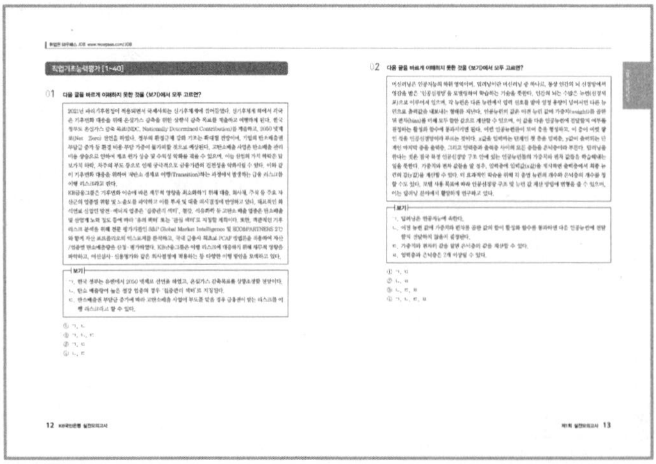

KB국민은행 필기시험의 세부영역은 직업기초능력(의사소통능력, 문제해결능력, 수리능력), 그리고 직무심화능력(금융영업, 디지털 활용), 상식(경제, 금융, 일반)이다. 넓은 출제범위를 망라하는 동형 문항으로 구성된 시험을 동일한 조건에서 치러보자. 100분 동안 100문제를 풀어보는 실전을 4회에 걸쳐 경험한다면 실제 시험은 또 한번의 연습처럼 느껴질 것이다.

3 합격을 돕는 부가자료

본 교재 구매자에 한하여 와우패스JOB 홈페이지(www.wowpass.com)에서 은행권 입행을 위한 다양한 학습자료를 무료로 제공한다. 온라인 모의고사는 본인의 실력을 점검하고 실수를 복기하며 실력을 쌓는데 큰 도움을 줄 것이다. 또한 본 교재의 학습효과를 극대화하여, KB국민은행 시험을 완벽하게 대비할 수 있다.

※ 아래 사항을 꼭 확인하시고 활용하여 주세요!

❶ 무료자료 신청방법

교재 내의 일련번호 확인 → 와우패스잡 접속(www.wowpass.com/JOB) → 출제경향 무료강의 배너 클릭 → 일련번호 입력 → 내강의실 이동 후 무료혜택 사항 적용 확인 → 클릭하여 수강

❷ 정오사항 확인 방법

- 와우패스잡 홈페이지 접속(www.wowpass.com/JOB) → 학습자료 → 정오표 확인
- 와우패스잡 블로그 접속(https://blog.naver.com/ubionbookmarketing) → 정오표 확인

〈 KB국민은행 기업정보 〉

1 미션 및 비전

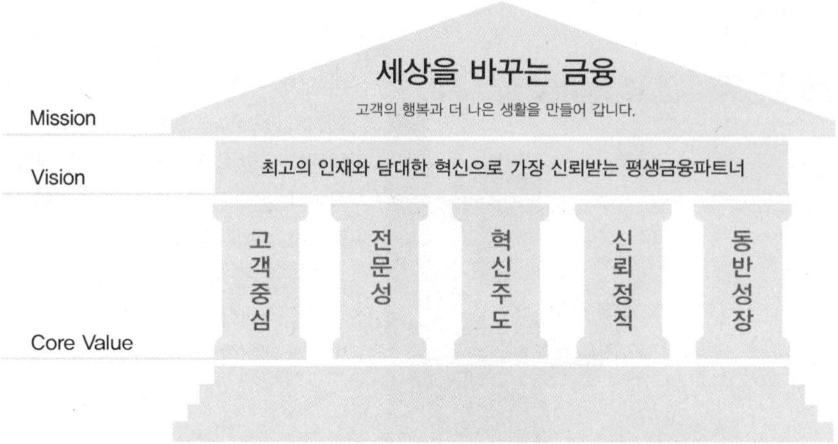

세상을 바꾸는 금융
고객의 행복과 더 나은 생활을 만들어 갑니다.
Mission
Vision
최고의 인재와 담대한 혁신으로 가장 신뢰받는 평생금융파트너
Core Value
고객중심
전문성
혁신주도
신뢰정직
동반성장

(1) 미션 : 세상을 바꾸는 금융. 고객의 행복과 더 나은 세상을 만들어 갑니다.

- 세상을 바꾸는 금융 : 고객, 더 나아가서는 국민과 사회가 바라는 가치와 행복을 함께 만들어 갑니다.
- 고객의 행복 : 금융을 통해 고객이 보다 여유롭고 행복한 삶을 영위하도록 항상 곁에서 도와 드리겠습니다.
- 더 나은 세상을 만들어 갑니다 : 단순한 이윤 창출을 넘어 보다 바람직하고 풍요로운 세상(사회)을 만들어가는 원대한 꿈을 꾸고 실천하겠습니다.

(2) 비전 : 최고의 인재와 담대한 혁신으로 가장 신뢰받는 평생금융파트너

- 최고의 인재
  - 고객과 시장에서 인정받는 최고의 인재가 모이고 양성되는 금융 전문가 집단을 지향합니다.
  - 다양한 금융업무를 수행할 수 있는 차별화된 Multi-player를 지향합니다.
- 담대한 혁신
  - 현실에 안주하지 않고, 크고 담대한 목표를 세우고 끊임없는 도전을 통해 혁신을 시도하며 발전해 나갑니다.
  - 과감하게 기존 금융의 틀을 깨고 금융패러다임 변화를 선도합니다.
- 가장 신뢰받는
  - 치열한 경쟁 속에서 꾸준하게 고객중심의 사고와 맞춤형 서비스, 차별화된 상품으로 고객에게 인정받겠습니다.
  - 주주, 시장, 고객이 신뢰하는 믿음직스러운 금융그룹으로 자리매김 하겠습니다.
- 평생금융파트너
  - 고객 Life-stage별 필요한 금융니즈를 충족시키는 파트너가 되겠습니다.
  - 고객에게 가장 빠르고 편리한 금융서비스를 제공하고, 다양한 영역에서 도움을 주는 친밀한 동반자가 되겠습니다.

2 핵심가치

(1) 고객중심

- 업무추진 시 고객의 입장과 이익을 우선 고려하는 '고객 중심적인' 판단과 의사결정을 합니다.

(2) 전문성

- 해박한 금융지식을 갖추어 업계 최고 수준의 역량을 갖춘 금융인을 목표로 합니다.
- 직원 개인의 가치와 경쟁력을 높여 고객에게 최고의 서비스를 제공하고, 조직의 발전에 기여합니다.

(3) 혁신주도

- 미래 금융분야의 First Mover로서 변화를 주도하고 최적화된 금융의 가치를 만들고 제공합니다.
- 유연하고 창의적인 사고를 바탕으로 실패를 두려워하지 않는 과감한 도전을 통하여 결실을 맺겠습니다.

(4) 신뢰정직

- 금융회사 임직원으로서의 기본소양인 윤리의식을 바탕으로 신의성실과 정직의 태도를 일상업무 속에 항상 견지합니다.

(6) 동반성장

- 개인의 성장, 조직의 발전에만 머무르지 않고, 사회 구성원으로서 역할 및 책임을 다하여 국민과 함께 성장하며 사회발전에 기여합니다.

3 인재상

(1) 인사비전 : World Class Employer 최고의 인재가 일하고 싶어하는 세계수준의 직장

(2) 인사원칙

- 성과주의 문화정립
  - 책임과 권한의 명확화
  - 투명하고 공정한 평가
  - 능력에 따른 보임과 성과에 따른 차별화된 보상
- 직원의 가치 극대화
  - 개인의 적성과 능력에 따라 성장기회 부여
  - 지속적인 경력개발 기회 제공 및 적극적 지원
  - 직원의 경쟁력 향상을 촉진하는 시장원리 확립
- 조직과 개인의 조화
  - 경쟁과 협력의 가치 동일시
  - 집단성과와 개인성과의 조화와 균형
  - 직원의 성장욕구와 조직의 니즈 조화

(2) 인재상 : 창의적인 사고와 행동으로 변화를 선도하며 고객가치를 향상시키는 프로금융인

- 고객우선주의
  - 고객 지향적인 마인드와 적극적인 서비스 개선노력
  - 프로의식으로 고객의 가치 창출
- 자율과 책임
  - 위임된 권한에 따라 스스로 판단
  - 결과와 성과에 대한 책임
- 적극적 사고와 행동
  - 혁신적인 사고방식으로 변화를 선도
  - 최고 전문가로 성장하기 위한 끊임없는 자기계발 노력
- 다양한 가치의 존중
  - 다양한 사고와 가치를 존중하고 포용할 수 있는 개방적 사고
  - 미래가치에 대한 확신과 지속적인 창출노력

4 연수제도

(1) 글로벌인재 육성 : 글로벌 경영전략 달성을 위한 글로벌인재 육성

- KB Global Language Course
- KB글로벌 어학평가회
- 해외점포 OJT

(2) 핵심분야 전문가 : KB국민은행의 장기성장을 이끌어 나갈 우수인재 육성

- 국내외 MBA
- KB ACE Academy
- 전문가 육성을 위한 핵심분야 전문연수

(3) 직무전문가 육성 : 경영성과 제고에 기여할 수 있는 직무전문가 육성

- 자체 연수
- 대외기관 연수
- 모바일 연수

(4) 자기주도학습 지원 : 직원 역량 강화를 위한 자기주도학습 비용 지원

- 학비 지원
- 자격증 취득지원
- 학원비 및 평가비 지원
- 기타 지원제도

5 CI

KB 국민은행

금융그룹의 심볼마크는 아시아 금융을 선도하는 글로벌 금융브랜드가 되고자 하는 KB금융그룹의 기업의지를 반영하고 있다.

별의 의미를 내포하는 Star – b의 심볼은 KB금융그룹의 미래지향적인 모습과 World – Class로 도약하는 높은 의지를 나타낸다.

6 조직도

〈 KB국민은행 채용정보 〉

1 채용절차

공고 및 지원서 접수 → 서류전형(서류심사/AI역량검사) → 필기전형 → 1차 면접전형(TOPCIT테스트 / 인성검사 / 실무자면접) → 2차 면접전형(임원면접) → 최종합격자 발표

2 전형별 상세 내용(2021년 하반기 공채 기준)

<table>
<tr><th>구분</th><th>내용</th></tr>
<tr><td>서류전형</td><td>– 개인별 지원서 및 자기소개서 작성
– AI 역량검사 응시
– 디지털 사전 과제 부여</td></tr>
<tr><td>필기전형</td><td>– NCS 기반 객관식 필기시험 : 총 100문항(100분 운영)
<table>
<tr><th>구분(문항 수)</th><th>배점</th><th>출제범위</th></tr>
<tr><td>직업기초능력(40)</td><td>40</td><td>– 의사소통능력, 문제해결능력, 수리능력</td></tr>
<tr><td>직무심화지식(40)</td><td>40</td><td>– 금융영업, 디지털 부문 활용능력</td></tr>
<tr><td>상식(20)</td><td>20</td><td>– 경제/금융/일반 상식</td></tr>
</table></td></tr>
<tr><td>1차 면접전형</td><td>– 실무자면접
– TOPCIT 테스트, 인성검사
<table>
<tr><th>구분</th><th>출제범위</th></tr>
<tr><td rowspan="2">비즈니스 영역</td><td>– IT 비즈니스와 윤리</td></tr>
<tr><td>– 프로젝트 관리와 테크니컬 커뮤니케이션</td></tr>
<tr><td>기술 영역</td><td>– 데이터 이해와 활용</td></tr>
</table>
※ TOPCIT 테스트는 KB가 제공하는 온라인 강의 참고</td></tr>
<tr><td>2차 면접전형</td><td>– 임원면접</td></tr>
<tr><td>건강검진</td><td>– 최종합격자에 한하여 개인별 건강검진 실시</td></tr>
</table>

3 우대사항

– 「국가유공자등예우및지원에관한법률」에 의한 국가보훈대상자(취업지원대상자)
– 「장애인고용촉진및직업재활법」에 의한 장애인
– UB부문 유관 전공 및 자격증* 보유자
 * 변호사, 감정평가사, 계리사, 공인노무사, 국제재무분석사(CFA Level3), 세무사, 자금세탁방지전문가(ACAMS)

제1회
실전모의고사

평가 시간	100분
평가 문항	100문항
맞힌 개수	문항

직업기초능력평가 [1~40]

01 다음 글을 바르게 이해하지 못한 것을 〈보기〉에서 모두 고르면?

2021년 파리기후협정이 적용되면서 국제사회는 신기후체제에 접어들었다. 신기후체제 하에서 각국은 기후변화 대응을 위해 온실가스 감축을 위한 상향식 감축 목표를 제출하고 이행하게 된다. 한국 정부도 온실가스 감축 목표(NDC, Nationally Determined Contribution)를 제출하고, 2050 넷제로(Net-Zero) 선언을 하였다. 정부의 환경규제 강화 기조는 확대될 전망이며, 기업의 탄소배출권 부담금 증가 등 환경 비용 부담 가중이 불가피할 것으로 예상된다. 고탄소배출 사업은 탄소배출 관리 비용 상승으로 인하여 제조 원가 상승 및 수익성 악화를 겪을 수 있으며, 이들 산업의 가치 하락은 담보가치 하락, 차주의 부도 등으로 인해 궁극적으로 금융기관의 건전성을 악화시킬 수 있다. 이와 같이 기후변화 대응을 위하여 저탄소 경제로 이행(Transition)하는 과정에서 발생하는 금융 리스크를 이행 리스크라고 한다.
KB금융그룹은 기후변화 이슈에 따른 재무적 영향을 최소화하기 위해 대출, 회사채, 주식 등 주요 자산군의 업종별 위험 및 노출도를 파악하고 이를 투자 및 대출 의사결정에 반영하고 있다. 대표적인 화석연료 산업인 발전·에너지 업종은 '집중관리 섹터', 철강, 석유화학 등 고탄소 배출 업종은 탄소배출 및 산업계 노력 정도 등에 따라 '유의 섹터' 또는 '관심 섹터'로 지정할 계획이다. 또한, 객관적인 기후리스크 분석을 위해 전문 평가기관인 S&P Global Market Intelligence 및 ECO&PARTNERS 2℃와 함께 자산 포트폴리오의 익스포저를 분석하고, 국내 금융사 최초로 PCAF 방법론을 적용하여 자산/업종별 탄소배출량을 산정·평가하였다. KB금융그룹은 이행 리스크에 대응하기 위해 재무적 영향을 파악하고, 여신심사·신용평가와 같은 의사결정에 적용하는 등 다양한 이행 방안을 모색하고 있다.

보기

ㄱ. 한국 정부는 유엔에서 2050 넷제로 선언을 하였고, 온실가스 감축목표를 상향조정할 전망이다.
ㄴ. 탄소 배출량이 높은 철강 업종의 경우 '집중관리 섹터'로 지정된다.
ㄷ. 탄소배출권 부담금 증가에 따라 고탄소배출 사업이 부도를 맞을 경우 금융권이 받는 리스크를 이행 리스크라고 할 수 있다.

① ㄱ, ㄴ
② ㄱ, ㄴ, ㄷ
③ ㄱ, ㄷ
④ ㄴ, ㄷ

02 다음 글을 바르게 이해하지 못한 것을 〈보기〉에서 모두 고르면?

머신러닝은 인공지능의 하위 영역이며, 딥러닝이란 머신러닝 중 하나로, 통상 인간의 뇌 신경망에서 영감을 받은 '인공신경망'을 모델링하여 학습하는 기술을 뜻한다. 인간의 뇌는 수많은 뉴런(신경세포)으로 이루어져 있으며, 각 뉴런은 다른 뉴런에서 입력 신호를 받아 일정 용량이 넘어서면 다른 뉴런으로 출력값을 내보내는 형태를 지닌다. 인공뉴런의 값은 이전 뉴런 값에 가중치(weight)를 곱한 뒤 편차(bias)를 더해 모두 합한 값으로 계산할 수 있으며, 이 값을 다음 인공뉴런에 전달할지 여부를 결정하는 활성화 함수에 통과시키면 된다. 이런 인공뉴런들이 모여 층을 형성하고, 이 층이 여럿 쌓인 것을 인공신경망이라 부르는 것이다. x값을 입력하는 단계인 첫 층을 입력층, y값이 출력되는 단계인 마지막 층을 출력층, 그리고 입력층과 출력층 사이의 모든 층들을 은닉층이라 부른다. 딥러닝을 한다는 것은 결국 특정 인공신경망 구조 안에 있는 인공뉴런들의 가중치와 편차 값들을 학습해내는 일을 뜻한다. 가중치와 편차 값들을 알 경우, 입력층에 입력값(x값)을 제시하면 출력층에서 최종 뉴런의 값(y값)을 계산할 수 있다. 더 효과적인 학습을 위해 각 층별 뉴런의 개수와 은닉층의 개수를 정할 수도 있다. 모델 사용 목표에 따라 인공신경망 구조 및 뉴런 값 계산 방법에 변형을 줄 수 있으며, 이는 딥러닝 분야에서 활발하게 연구하고 있다.

보기

ㄱ. 딥러닝은 인공지능에 속한다.
ㄴ. 이전 뉴런 값에 가중치와 편차를 곱한 값의 합이 활성화 함수를 통과하면 다음 인공뉴런에 전달할지 전달하지 않을지 결정된다.
ㄷ. 가중치와 편차의 값을 알면 은닉층의 값을 계산할 수 있다.
ㄹ. 입력층과 은닉층은 2개 이상일 수 있다.

① ㄱ, ㄷ
② ㄴ, ㄹ
③ ㄴ, ㄷ, ㄹ
④ ㄱ, ㄴ, ㄷ, ㄹ

03 다음은 KB금융그룹에서 발간한 보고서의 일부로, KB국민은행의 디지털 혁신과 관련된 내용이다. 바르게 이해하지 못한 것을 〈보기〉에서 모두 고르면?

[KB바이오인증 서비스]

'KB바이오인증(손쉬운뱅킹) 서비스'는 카드나 통장 없이도 창구와 자동화 기기에서 출금거래는 물론 신분증 없이 금융 업무가 가능한 서비스로, KB국민은행은 금융권 최초로 모든 영업점 창구에 바이오인증 인프라를 구축하였습니다. KB바이오인증 서비스 가입고객은 2020년 12월 말 기준 235만 명으로, 바이오인증 서비스를 주도하고 있습니다. 앞으로도 편의성과 안정성을 지속적으로 높여갈 예정입니다.

[KB모바일인증 서비스]

KB모바일인증서는 공인인증서를 대체하기 위해 KB국민은행이 자체 기술로 개발하였으며, 국세청 홈택스, 정부24, 국민신문고 등의 공공사이트에서 사용 가능한 은행권 대표 인증서입니다. KB국민은행은 2019년 7월 'KB모바일인증서'를 출시하여, 2020년 12월 은행권 최초로 행정안전부 주관 공공분야 전자서명 시범사업자로 선정되었습니다. KB모바일인증서는 유효기간이 없어 매년 갱신해야 하는 번거로움을 해소하는 등 고객 편의성을 강화하였으며, 디지털 소외계층도 1회 신청만으로 쉽게 발급받아 활용 가능하도록 하였습니다.

[금융·통신 융합서비스, Liiv M]

KB국민은행은 금융권 최초로 금융·통신 융합서비스인 'Liiv M(리브모바일)'을 출시하였습니다. 또한, 혁신을 통한 새로운 혜택을 고객에게 제공하고 편의성을 높이고자 다양한 서비스를 출시하고 있습니다. Liiv M 통신서비스 이용이 금융상품 우대금리로 이어지는 'The주는 적금'을 출시하였으며, 질병, 재해 등으로 인한 후유 장해 발생 시 통신요금을 보장해주는 '통신비 보장보험', 피싱에 대한 금전 피해를 보상해주는 '피싱보험'과 통화 중 ATM 인출이 제한되는 '보이스피싱 예상 서비스'를 출시·운영하여 기존 금융·통신사 어디에서도 경험하지 못했던 새로운 상품과 서비스를 제공하고 있습니다.

보기

ㄱ. 자동화 기기에서 KB바이오인증을 통해 자동화 기기에서 무통장 거래 서비스를 경험한 고객은 2020년 12월 말 기준 235만 명이다.

ㄴ. 매년 갱신해야 하는 번거로움 없이 KB국민은행 전 영업점 창구에서 KB바이오인증 서비스를 받을 수 있다.

ㄷ. 리브모바일을 통해 피싱보험에 가입한 경우 피싱 피해 발생 시 통신요금을 보장받을 수 있다.

① ㄱ, ㄴ　　② ㄱ, ㄴ, ㄷ

③ ㄱ, ㄷ　　④ ㄴ, ㄷ

04 다음 글을 바르게 이해한 것을 〈보기〉에서 모두 고르시오.

KB금융그룹은 프로젝트 파이낸싱 시행 시 ESG 프레임워크에 기반한 리스크 분석*을 시행하고 있으며 내부 전문가 및 독립 제3기관의 전문가를 통해 ESG 프레임워크가 준수될 수 있도록 합니다.

■ **Case Study 1. 영암 태양광발전사업**

전라남도 영암군에 소재한 태양광 발전소는 발전설비(PV) 94MW 및 에너지저장장치(ESS) 251MWh의 발전용량으로 연간 전력생산량이 약 110,238MWh에 달합니다. 총 투자금액 3,370억 원 중 KB국민은행은 3,030억 원을 주선하고 730억 원을 약정하였습니다. 사업 시행 전 다양한 사회 및 환경 영향을 고려한 ESG 리스크 평가를 실시하였으며, 온실가스 배출량 저감을 통한 환경보호와 지역 사회 내 일자리 창출 등 긍정적인 효과가 예상됩니다.

■ **Case Study 2. 원동 풍력발전사업**

경상남도 양산시 원동면에 위치한 원동풍력발전소는 연간전력생산량 약 100,463MWh로 온실가스 배출량 감소 효과 42,596tCO2가 예상되는 친환경 신재생에너지 사업입니다. 총 투자금액 1,153억 원 중 국민은행은 980억 원을 주선하고 320억 원을 약정하였습니다. 사업 시행 전 약 35개월간 풍황 분석 데이터를 수집하여 풍부한 풍속으로 안정적인 전력 생산 및 공급이 가능함을 확인하였습니다. 자연환경, 대기, 온실가스, 토지, 전파 장애 등 전반적인 환경영향 평가와 지역사회 영향도 등을 포함한 ESG 리스크 평가를 실시하였습니다.

■ **Case Study 3. 솔라시도 태양광발전사업**

전라남도 해남군에 소재한 솔라시도 태양광발전은 발전설비(PV) 98.37MW, 에너지저장장치(ESS) 306.27MWh의 국내 최대 규모를 자랑하는 초대형 태양광발전사업입니다. 총 투자금액 3,440억 원 중 국민은행은 3,260억 원을 주선하고 1,040억 원을 약정하였습니다. 솔라시도가 조성되는 전남 해남지역은 일사량이 우수해 최적의 태양광발전 입지 조건으로 평가받고 있습니다. 본 프로젝트는 총 사업비의 일부를 주민 투자금으로 조달하여 주민에게 수익 공유의 기회를 제공합니다. 사업 시행 전 다양한 사회 및 환경 영향을 고려한 ESG 리스크 평가를 실시하였습니다.

* ESG 프레임워크에 기반한 리스크 분석 : 검토된 프로젝트 건수 20건, 총 프로젝트 대비 검토된 건수 비율 100%, 재무마감(financial close) 프로세스 도달 프로젝트 건수 20건, 거절된 프로젝트 건수 0건

보기

ㄱ. 국민은행은 영암군 태양광발전사업의 총 투자금액 중 약 90%를 주선하였다.

ㄴ. 국민은행은 원동풍력발전소 사업이 시행되기 전 약 35개월 동안 전반적인 환경영향 평가와 지역사회 영향도 등의 평가자료를 수집·평가하였다.

ㄷ. 솔라시도 태양광발전에 대한 투자금액은 총 3,440억 원으로 국민은행 주선액 3,260억 원, 주민 투자금 180억 원으로 구성되었다.

① ㄱ　　② ㄴ
③ ㄷ　　④ ㄱ, ㄴ

05 다음 글을 바르게 이해한 것을 〈보기〉에서 모두 고르면?

의학이나 공학, 혹은 과학에서는 다양한 검사법을 사용한다. 가령, 의학에서 사용되는 HIV 감염 여부에 대한 진단은 HIV 항체 검사법에 크게 의존한다. 흔히 항체 검사법의 결과는 양성 반응과 음성 반응으로 나뉜다. HIV 양성 반응이라는 것은 HIV에 감염되었다는 검사 결과가 나왔다는 것을 말하며, HIV 음성 반응이라는 것은 HIV에 감염되지 않았다는 검사 결과가 나왔다는 것을 말한다.

이런 검사법의 품질은 어떻게 평가되는가? 가장 좋은 검사법은 HIV에 감염되었을 때는 언제나 양성 반응이 나오고, HIV에 감염되지 않았을 때는 언제나 음성 반응이 나오는 것이라고 할 수 있다. 하지만 여러 기술적 한계 때문에 그런 검사법을 만들기는 쉽지 않다. 많은 검사법은 HIV에 감염되었다고 하더라도 음성 반응이 나올 가능성, HIV에 감염되지 않아도 양성 반응이 나올 가능성을 가지고 있다. 이 두 가지 가능성이 높은 검사법은 좋은 검사법이라고 말할 수 없을 것이다.

반면 HIV에 감염되었을 때 양성 반응이 나올 확률과 HIV에 감염되지 않았을 때 음성 반응이 나올 확률이 매우 높은 검사법은 비교적 좋은 품질을 가지고 있다고 말할 수 있다. 통계학자들은 전자에 해당하는 확률을 '민감도'라고 부르며, 후자에 해당하는 확률을 '특이도'라고 부른다. 민감도는 '참 양성 비율'이라고 불리기도 하며, 이는 실제로 감염된 사람들 중 양성 반응을 보인 사람들의 비율이다. 마찬가지로 특이도는 '참 음성 비율'이라고 불리기도 하며, 이는 실제로는 감염되지 않은 사람들 중 음성 반응을 보인 사람들의 비율로 정의된다. 물론 '거짓 양성 비율'은 실제로 병에 걸리지 않은 사람들 중 양성 반응을 보인 사람들의 비율을 뜻하며, '거짓 음성 비율'은 실제로 병에 걸린 사람들 중 음성 반응을 보인 사람들의 비율을 가리킨다.

보기

ㄱ. 100명이 HIV 검사를 받은 결과 양성 반응과 음성 반응이 각각 50명씩 나왔다. 양성 반응이 나온 50명 중 10명의 검사결과는 틀렸다면, 민감도는 알 수 없다.

ㄴ. 실제 HIV 환자인 100명이 HIV 검사를 받은 결과 95명은 양성 반응, 5명은 음성 반응을 보였다면, 특이도는 5%이다.

ㄷ. 100명이 HIV 검사를 받은 결과 5명이 양성 반응을 보였지만 실제로는 100명 중 20명이 감염된 상태였을 경우, 민감도는 25%이다.

① ㄱ

② ㄴ

③ ㄷ

④ ㄱ, ㄷ

06 **다음은 글로벌 수준 기후변화 대응을 위한 국민은행의 이니셔티브 활동에 대한 글이다. 바르게 이해하지 못한 것을 〈보기〉에서 모두 고르면?**

KB금융그룹은 기후변화와 관련한 국제적 흐름에 동참하고 선도기업으로서의 위상 강화를 위해 주요 글로벌 이니셔티브에서 주도적인 역할을 수행하고 있습니다.

■ **책임은행원칙(PRB, Principles for Responsible Banking)**

책임은행원칙은 유엔환경계획 금융 이니셔티브(UNEP FI, United Nations Environmental Programme Finance Initiative)의 국제 협약으로, 파리기후협정 이행과 UN 지속가능발전목표(UN SDGs, UN Sustainable Development Goals) 달성을 위한 은행권의 역할과 책임을 규정하는 원칙입니다. KB금융그룹은 2019년 9월 서명기관 가입 이후 18개월 동안 책임은행원칙 이행 성과(KB금융그룹 PRB 자가평가보고서)를 홈페이지를 통해 충실하게 공시하고 있습니다.

■ **기후공동협약(CCCA, Collective Commitment to Climate Action)**

기후공동협약은 책임은행원칙을 이행하고 파리기후협정에 따른 저탄소, 기후 친화적 활동과 같은 은행 간 공동 대응을 추진하기 위한 협약으로, KB금융그룹은 국내 금융기관 중 유일하게 2019년 9월 협약에 가입하였습니다. 또한, 2020년 12월 KB금융그룹을 비롯하여 협약에 참여한 금융기관들이 저탄소 경제 전환 지원을 위한 이행 성과와 향후 추진 계획을 공유하는 공동보고서(Collective Commitment to Climate Action, Year One in Review) 발간에 참여하였습니나.

■ **넷제로은행연합(NZBA, Net-Zero Banking Alliance)**

NZBA는 2050년까지 모든 온실가스의 순배출을 제로화한다는 Net-Zero의 목표를 가진 글로벌 은행 간 리더십 그룹입니다. KB금융그룹은 2021년 3월부터 NZBA 설립을 위한 인큐베이션 그룹(Incubation Group)에 참여하여 이행과제 수립과 선언문 작성에 기여하며 2021년 4월 NZBA에 창립멤버로 가입하였습니다. KB금융그룹은 NZBA에 선도적으로 가입함으로써 이니셔티브에서 제시하는 가이드라인을 활용하여 그룹의 온실가스 감축 목표를 수립하고 투명하게 공시할 예정입니다.

보기

ㄱ. KB금융그룹은 기후공동협약에 참여한 금융기관들이 공유하는 공동보고서를 통하여 책임은행원칙 이행 성과를 발표하였다.

ㄴ. KB금융그룹은 Net-Zero를 달성하고자 하는 은행들의 공동 대응을 추진하기 위한 협약인 기후공동협약의 창립멤버이다.

ㄷ. KB금융그룹은 온실가스 감축 현황을 공동보고서를 통해 지속적으로 공시하고 있다.

① ㄱ, ㄴ
② ㄱ, ㄴ, ㄷ
③ ㄱ, ㄷ
④ ㄴ, ㄷ

07 다음 글을 바르게 이해하지 못한 것을 〈보기〉에서 모두 고르면?

방사선은 원자핵이 분열하면서 방출되는 것으로 우리의 몸속을 비집고 들어오면 인체를 구성하는 분자들에 피해를 준다. 인체에 미치는 방사선 피해 정도는 'rem'이라는 단위로 표현된다. 1rem은 몸무게 1g당 감마선 입자 5천만 개가 흡수된 양으로 사람의 몸무게를 80kg으로 가정하면 4조 개의 감마선 입자에 해당한다. 감마선은 방사선 중에 관통력이 가장 강하다. 체르노빌 사고 현장에서 소방대원의 몸에 흡수된 감마선 입자는 각종 보호 장구에도 불구하고 400조 개 이상이었다.
만일 우리 몸이 방사선에 100rem 미만으로 피해를 입는다면 별다른 증상이 없다. 이처럼 가벼운 손상은 몸이 스스로 짧은 시간에 회복할 뿐만 아니라, 정상적인 신체 기능에 거의 영향을 미치지 않는다. 이 경우 '문턱효과'가 있다고 한다. 일정량 이하 바이러스가 체내에 들어오는 경우 우리 몸이 스스로 바이러스를 제거하여 질병에 걸리지 않는 것도 문턱효과의 예라 할 수 있다. 방사선에 200rem 정도로 피해를 입는다면 머리카락이 빠지기 시작하고, 몸에 기운이 없어지고 구역질이 난다. 항암 치료로 방사선 치료를 받는 사람에게 이런 증상이 나타나는 것을 본 적이 있을 것이다. 300rem 정도라면 수혈이나 집중적인 치료를 받지 않는 한 방사선 피폭에 의한 사망 확률이 50%에 달하고, 1,000rem 정도면 한 시간 내에 행동불능 상태가 되어 어떤 치료를 받아도 살 수 없다.
※ 모든 감마선 입자의 에너지는 동일하다.

보기

ㄱ. 'rem'은 방사성 물질에서 나오는 방사선 양에 대한 척도로, 방사능의 강도와 영향력의 크기를 의미한다.
ㄴ. 방사선 치사량의 8% 정도가 신체에 흡수된 경우 구역질이 나게 된다.
ㄷ. 체중이 40kg인 사람이 400조 개의 감마선을 흡수하였다면, 문턱효과에 의해 정상적 신체 기능에 거의 영향을 받지 않는다.

① ㄱ, ㄴ
② ㄱ, ㄴ, ㄷ
③ ㄱ, ㄷ
④ ㄴ, ㄷ

08 **다음 글을 읽고 잘못 이해한 것은?**

> 국민건강보험공단이 건강보험재정 우려와 관련, 2023년 이후에도 10조 원의 적립금을 유지하겠다고 밝혔다. 건보공단은 건강보험 종합계획과 보장성 강화 정책을 반영해 재무전망과 재정건전화 자구노력 등을 담은 '2019~2023년 중장기 재무관리계획'을 수립했다고 2일 밝혔다. 이번에 수립한 중장기 재무관리계획은 지난 5월 1일 건강보험 종합계획 발표 이후 결정된 정책변수 등을 반영해 수립했다.
>
> 자산을 살펴보면 현금 및 금융자산이 감소해 2019년 30조 9,000억 원에서 2023년 29조 3,000억 원으로 감소한다. 부채는 보험급여비 증가와 이로 인한 현금 지급이 미뤄진 충당부채 증가 영향으로 2019년 '13조 2,000억 원'에서 2023년 '16조 7,000억 원'으로 증가한다. 자산 감소 및 부채 증가에 따라 부채비율은 2019년 74.2%에서 2023년 132.9%까지 늘어난다. 이는 급격한 고령화와 건강보험 보장성 확대 계획 등에 따른 것이다.
>
> 공단은 지난 7년 동안(2011~2017년) 건강보험재정을 안정적으로 운영해 20조 원의 적립금(준비금)을 보유하게 됐다. 이에 국민들은 이렇게 쌓인 20조 원의 적립금을 곳간에 쌓아두지 말고 보장성(혜택) 확대에 사용할 것을 지속적으로 요구해 왔다. 이에 정부에서는 적정수준의 보험료 인상(평균 3.2%)과 정부지원금 확대, 적립금 중 일부를 사용한 보장성 확대 계획을 지난 2017년 8월 발표했다.
>
> 정부 계획에 따라 향후 5년간 적립금을 활용해 보장성을 확대하게 되면, 자산은 감소하고 부채는 증가하게 된다. 하지만 이는 계획된 범위 내의 변동이라는 게 공단의 설명이다. 특히 공단의 부채는 현금흐름 상 지출과는 무관한 보험급여충당부채가 대부분이므로 재무위험의 가능성은 높지 않다는 분석이다. 건보공단은 "적립금 사용에 따른 부채의 증가는 국민의 부담으로 이어지기보다는 오히려 적립금 사용금액만큼 보장성이 확대돼 국민의 의료비 부담을 낮춘다"고 설명했다.

① 그간 적립금 감소에 대한 우려가 존재하였다.
② 부채의 절대액 증가에도 부채비율은 감소할 예정이다.
③ 자산 감소와 부채 증가는 고령 인구의 증가와 보장성 확대의 결과이다.
④ 공단은 기존 계획에 비해 큰 폭의 적립금 활용으로 보장성을 확대할 예정이다.

09 **다음은 ○○은행의 "공익신고 처리 및 신고자 보호에 관한 기준" 중 일부이다. 이에 대한 설명으로 옳은 것을 고르시오.**

> **제8조(공익신고접수센터의 설치)** ① 은행은 다음 각 호의 업무 등을 수행하기 위하여 공익신고접수센터를 설치·운영한다.
> 1. 공익신고 접수 및 상담, 처리
> 2. 공익신고자등에 대한 상담 및 구제절차 안내
> 3. 그 밖에 공익신고 및 신고자 보호에 필요한 업무
>
> ② 공익신고접수센터는 준법지원부 내 윤리상담신고센터를 통합하여 운영한다.
>
> **제9조(공익신고 상담)** ① 공익신고에 대한 상담은 공익신고접수센터에서 하되 필요한 경우 공익신고접수센터 외의 장소에서 할 수 있다.
>
> ② 제1항에 따른 상담 시 공익신고자의 신분이나 신고내용이 누설되지 않도록 주의하여야 한다.
>
> **제10조(공익신고의 접수)** ① 공익신고접수센터는 다음 각 호의 공익침해행위에 대한 신고를 접수한다.
> 1. 은행이 관리하는 장소에서 발생하는 공익침해행위
> 2. 은행이 참여하거나 체결한 입찰 또는 계약 등과 관련된 공익침해행위
> 3. 임직원이 직무를 수행하는 과정에서 관련 법령을 위반하여 발생하는 공익침해행위
>
> ② 공익신고자는 공익신고서를 방문·우편·인터넷·팩시밀리 등의 방법으로 제출한 경우 접수하여야 한다.
>
> ③ 공익신고접수센터는 신고를 접수한 경우 공익신고자에게 공익신고자 보호·보상제도 운영 안내문을 제공하여야 한다.
>
> ④ 신고내용이 공익침해행위에 해당하지 않는 것이 명백한 경우에는 일반 민원으로 접수하여 처리하거나 종결할 수 있다.

① 공익신고접수센터와 윤리상담신고센터는 모두 준법지원부 안에서 운영된다.
② 신고내용의 누설 방지를 위하여 공익신고 상담은 반드시 지정된 공익신고접수센터에서만 해야 한다.
③ 은행이 참여한 입찰에서 공익침해행위가 발생한 경우는 공익신고의 접수 대상이 되지 않는다.
④ 공익신고자는 방문 접수한 경우에 한하여 공익신고자 보호 및 보상제도 운영 안내문을 받을 수 있다.

10 다음 글에서 알 수 있는 것은?

> 많은 국가들의 소년사법 제도는 영국의 관습법에서 유래한다. 영국 관습법에 따르면 7세 이하 소년은 범죄 의도를 소유할 능력이 없는 것으로 간주되고, 8세 이상 14세 미만의 소년은 형사책임을 물을 수 없고, 14세 이상의 소년에 대해서는 형사책임을 물을 수 있다.
> 우리나라의 소년사법 역시 소년의 나이에 따라 세 그룹으로 구분하여 범죄 의도 소유 능력 여부와 형사책임 여부를 결정한다. 다만 그 나이의 기준을 9세 이하, 10세 이상 14세 미만, 그리고 14세 이상 19세 미만으로 구분할 뿐이다. 우리나라 『소년법』은 10세 이상 14세 미만의 소년 중 형벌 법령에 저촉되는 행위를 한 자를 촉법소년으로 규정하여 소년사법의 대상으로 하고 있다. 또한, 10세 이상 19세 미만의 소년 중 이유 없는 가출을 하거나 술을 마시는 행동을 하는 등 그대로 두면 장래에 범법행위를 할 우려가 있는 소년을 우범소년으로 규정하여 소년사법의 대상으로 하고 있다. 일부에서는 단순히 불량성이 있을 뿐 범죄를 저지르지 않았음에도 소년사법의 대상이 되는 우범소년 제도에 의문을 품기도 한다.
> 소년사법은 범죄를 저지르지 않은 소년까지도 사법의 대상으로 한다는 점에서 자기책임주의를 엄격히 적용하는 성인사법과 구별된다. 소년사법의 이러한 특징은 국가가 궁극적 보호자로서 아동을 양육하고 보호해야 한다는 국친 사상에 근거를 둔다. 과거 봉건 국가 시대에는 친부모가 자녀에 대한 양육·보호를 제대로 하지 못하는 경우 왕이 양육·보호책임을 진다고 믿었다. 이런 취지에서 오늘날에도 비록 죄를 범하지는 않았지만 그대로 둔다면 범행을 할 가능성이 있는 소년까지 소년사법의 대상으로 보는 것이다. 이처럼 소년사법의 철학적 기초에는 국친 사상이 있다.

① 국친 사상은 소년사법의 대상 범위를 축소하는 철학적 기초이다.

② 성인범도 국친 사상의 대상이 되어 범행할 가능성이 있으면 처벌을 받는다.

③ 우리나라 소년법상 촉법소년은 범죄 의도를 소유할 수 없는 것으로 간주된다.

④ 우리나라 소년법상 10세 이상 19세 미만의 소년은 범죄를 저지를 우려가 있으면 범죄를 저지르지 않아도 소년사법의 적용을 받을 수 있다.

11 다음 글의 빈칸에 들어갈 내용으로 가장 적절한 것은?

텔레비전이라는 단어는 '멀리'라는 뜻의 그리스어 '텔레'와 '시야'를 뜻하는 라틴어 '비지오'에서 왔다. 원래 텔레비전은 우리가 멀리서도 볼 수 있도록 해주는 기기로 인식됐다. 하지만 조만간 텔레비전은 멀리에서 우리를 보이게 해 줄 것이다. 오웰의 『1984』에서 상상한 것처럼, 우리가 텔레비전을 보는 동안 텔레비전이 우리를 감시할 것이다. 우리는 텔레비전에서 본 내용을 대부분 잊어버리겠지만, 텔레비전에 영상을 공급하는 기업은 우리가 만들어낸 데이터를 기반으로 하여 알고리즘을 통해 우리 입맛에 맞는 영화를 골라 줄 것이다. 나아가 인생에서 중요한 것들, 이를테면 어디서 일해야 하는지, 누구와 결혼해야 하는지도 대신 결정해 줄 것이다.

그들의 답이 늘 옳지는 않을 것이다. 그것은 불가능하다. 데이터 부족, 프로그램 오류, 삶의 근본적인 무질서 때문에 알고리즘은 실수를 범할 수밖에 없다. 하지만 완벽해야 할 필요는 없다. 평균적으로 우리 인간보다 낫기만 하면 된다. 그 정도는 그리 어려운 일이 아니다. 왜냐하면 대부분의 사람은 자신을 잘 모르기 때문이다. 사람들은 인생의 중요한 결정을 내리면서도 끔찍한 실수를 저지를 때가 많다. 데이터 부족, 프로그램 오류, 삶의 근본적인 무질서로 인한 고충도 인간이 알고리즘보다 훨씬 더 크게 겪는다.

우리는 알고리즘을 둘러싼 많은 문제들을 열거하고 나서, 그렇기 때문에 사람들은 결코 알고리즘을 신뢰하지 않을 거라고 결론 내릴 수도 있다. 하지만 그것은 민주주의의 모든 결점들을 나열한 후에 '제정신인 사람이라면 그런 체제는 지지하려 들지 않을 것'이라고 결론짓는 것과 비슷하다. 처칠의 유명한 말이 있지 않은가? "민주주의는 세상에서 가장 나쁜 정치 체제다. 다른 모든 체제를 제외하면." 알고리즘에 대해서도 마찬가지로 다음과 같은 결론을 내릴 수 있다.

(   )

① 알고리즘의 모든 결점을 제거하면 최선의 선택이 가능할 것이다.
② 실수를 범하기는 하지만 현실적으로 알고리즘보다 더 신뢰할 만한 대안을 찾기 어렵다.
③ 데이터를 가진 기업이 다수의 사람을 은밀히 감시하는 사례는 더 늘어날 것이다.
④ 우리는 자신이 무엇을 원하는지를 알기 위해서 점점 더 알고리즘에 의존한다.

12 다음 글의 빈칸에 들어갈 내용으로 가장 적절한 것은?

A는 말벌이 어떻게 둥지를 찾아가는지 알아내고자 했다. 이에 A는 말벌이 둥지에 있을 때, 둥지를 중심으로 솔방울들을 원형으로 배치했는데, 그 말벌은 먹이를 찾아 둥지를 떠났다가 다시 둥지로 잘 돌아왔다. 이번에는 말벌이 먹이를 찾아 둥지를 떠난 사이, A가 그 솔방울들을 수거하여 둥지 부근 다른 곳으로 옮겨 똑같이 원형으로 배치했다. 그랬더니 돌아온 말벌은 솔방울들이 치워진 그 둥지로 가지 않고 원형으로 배치된 솔방울들의 중심으로 날아갔다.

이러한 결과를 관찰한 A는 말벌이 방향을 찾을 때 솔방울이라는 물체의 재질에 의존한 것인지 혹은 솔방울들로 만든 모양에 의존한 것인지를 알아내고자 하였다. 그래서 이번에는 말벌이 다시 먹이를 찾아 둥지를 떠난 사이, 앞서 원형으로 배치했던 솔방울들을 치우고 그 자리에 돌멩이들을 원형으로 배치했다. 그리고 거기 있던 솔방울들을 다시 가져와 둥지를 중심으로 삼각형으로 배치했다. 그러자 A는 돌아온 말벌이 원형으로 배치된 돌멩이들의 중심으로 날아가는 것을 관찰할 수 있었다.

이 실험을 통해 A는 먹이를 찾으러 간 말벌이 둥지로 돌아올 때, (　　　　　)는 결론에 이르렀다.

① 물체의 재질보다 물체로 만든 모양에 의존하여 방향을 찾는다
② 물체로 만든 모양보다 물체의 재질에 의존하여 방향을 찾는다
③ 물체의 재질과 물체로 만든 모양 모두에 의존하여 방향을 찾는다
④ 물체의 재질이나 물체로 만든 모양에 의존하지 않고 방향을 찾는다

13 작년에 ○○기업의 총 직원 수는 450명이고, 남녀 직원 성비는 7 : 3이었다. 올해 총 직원 수는 20% 증가하였으며, 남녀 직원 성비는 3 : 2가 되었다고 할 때, 작년에 비해 올해 여성 직원의 수는 몇 명 증가하였는가?

① 80명　　② 81명
③ 82명　　④ 83명

14 ○○기업의 채용 필기시험 배점 구성은 맞힌 문항에 대해서는 모두 동일하게 5점을 부여하고, 틀린 문항에 대해서는 모두 동일하게 2점을 감점한다. 맞힌 문항의 개수가 틀린 문항 개수의 3배인 응시자 J의 점수가 130점이라면, ○○기업 채용 필기시험의 총 문항 수는 몇 개인지 고르시오.

① 25개　　② 30개
③ 35개　　④ 40개

15 전체 길이가 30km인 도로가 있다. 전체의 20%를 시속 40km/h로 달리고, 나머지의 50%를 시속 60km/h로 달렸으며, 나머지를 시속 80km/h의 속도로 달렸다면, 도로를 통과하는 데 걸린 시간은 모두 얼마인지 고르시오.

① 24분
② 27분
③ 30분
④ 33분

16 다음 〈표〉는 전국 교육대학교의 공무원 정원을 나타낸 것이다. 이에 대한 〈보기〉의 설명 중 옳은 것만을 모두 고르시오.

〈표〉 전국 교육대학교 공무원 정원 현황

(단위 : 명)

교육대학교	교육 공무원	별정직 공무원	합계
경인교육대학교	189	84	273
공주교육대학교	136	42	178
광주교육대학교	150	48	198
대구교육대학교	162	48	210
부산교육대학교	135	47	182
서울교육대학교	162	52	214
전주교육대학교	124	41	165
진주교육대학교	119	43	162
청주교육대학교	107	42	149
춘천교육대학교	115	42	157
전체	1,399	489	1,888

보기

ㄱ. 전체 교육 공무원 중 서울교육대학교와 경인교육대학교의 교육 공무원 비중은 25% 이상이다.
ㄴ. 공무원 합계 대비 별정직 공무원 비중이 30% 이상인 대학교는 경인교육대학교 한 곳뿐이다.
ㄷ. 교육 공무원의 수가 가장 적은 교육대학교는 별정직 공무원의 수 역시 가장 적다.
ㄹ. 교육 공무원과 별정직 공무원의 격차가 가장 큰 대학교는 공무원 수 합계가 두 번째로 많다.

① ㄱ, ㄴ
② ㄱ, ㄷ
③ ㄴ, ㄹ
④ ㄷ, ㄹ

17 다음 〈표〉는 정부 각 부처의 대학 지원 현황을 나타낸 것이다. 이에 대한 〈보기〉의 설명 중 옳은 것만을 모두 고르시오.

〈표〉 정부의 대학 지원 현황

(단위 : 억 원)

구분	2019			2020		
	총 지원액	수도권 대학	지방 대학	총 지원액	수도권 대학	지방 대학
교육부	86,868	29,451	57,417	88,837	30,929	57,908
미래부	19,073	7,630	11,443	18,462	7,854	10,608
산자부	3,680	1,800	1,880	3,590	1,624	1,966
고용부	3,576	646	2,930	4,203	988	3,215
복지부	1,676	1,240	436	1,665	1,125	540
전체	114,873	40,767	74,106	116,757	42,520	74,237

보기

ㄱ. 2019년 총지원액 대비 수도권 대학 지원액 비율이 가장 높은 부처는 산자부이다.
ㄴ. 2019년과 2020년의 지방 대학 지원액 격차가 가장 큰 부처는 미래부이다.
ㄷ. 전체 수도권 대학 지원액에서 교육부가 차지하는 비중은 2019년 대비 2020년에 증가하였다.
ㄹ. 2019년 대비 2020년에 수도권 대학 지원액이 감소한 부처의 수는 증가한 부처의 수보다 많다.

① ㄱ, ㄴ
② ㄱ, ㄹ
③ ㄴ, ㄷ
④ ㄷ, ㄹ

18 다음 〈표〉는 지역별 국회의원 현황을 나타낸 것이다. 이에 대한 설명으로 옳지 않은 것을 고르시오.

〈표〉 지역별 국회의원 현황

(단위 : 명)

구분 / 지역	합계	성별		소속 정당				
		남	여	A	B	C	D	E
서울	48	39	9	16	30	1	0	1
부산	18	17	1	15	2	0	0	1
대구	12	11	1	12	0	0	0	0
인천	12	12	0	6	6	0	0	0
광주	8	7	1	0	6	1	0	1
대전	6	6	0	2	3	0	0	1
울산	6	6	0	6	0	0	0	0
경기도	52	46	6	21	28	1	1	1
강원도	9	9	0	9	0	0	0	0
충청북도	8	8	0	5	3	0	0	0
충청남도	10	10	0	7	3	0	0	0
전라북도	11	10	1	0	10	0	0	1
전라남도	11	11	0	0	10	1	0	0
경상북도	15	15	0	14	0	0	0	1
경상남도	16	16	0	15	1	0	0	0
제주도	3	3	0	0	3	0	0	0
세종시	1	1	0	0	1	0	0	0
합계	246	227	19	128	106	4	1	7

※ 정당은 A~E 5개만 존재한다.

① A~E 정당 소속 국회의원이 모두 존재하는 지역은 경기도 한 곳뿐이다.
② 정당별 전체 국회의원 중 수도권(서울, 인천, 경기도) 지역 국회의원 비율이 가장 낮은 정당은 E이다.
③ E 정당 소속 국회의원이 존재하는 지역의 전체 국회의원 합계는 A 정당 소속 전체 국회의원보다 많다.
④ A 정당 국회의원보다 B 정당 국회의원이 더 많은 지역의 수는 9개이다.

19 다음 〈표〉는 신약 A~D의 임상실험에 자원한 실험 대상자 '가'~'마'의 반응성을 측정한 결과이다. 이에 대한 설명으로 옳지 않은 것을 고르시오.

〈표〉 신약별 반응성

구분	가	나	다	라	마	평균
A	4	3	5	7	( )	5
B	6	7	5	4	4	( )
C	3	2	6	4	4	3.8
D	6	5	5	6	7	5.8

① 평균 반응성이 큰 신약부터 순서대로 나열하면 D, B, A, C 순이다.
② 실험 대상자 반응성의 최댓값과 최솟값 격차가 가장 작은 신약은 B이다.
③ 신약 B의 평균 반응성보다 높은 반응성을 보인 환자는 2명이다.
④ 실험 대상자 '나'와 '라'의 반응성 차이가 가장 큰 신약은 A이다.

20 다음 〈표〉는 2016~2020년 A 자격증 시험 진행 결과를 나타낸 것이다. 이에 대한 〈보기〉의 설명 중 옳은 것만을 모두 고르시오.

〈표〉 2016~2020년 A 자격증 시험 진행 결과

(단위 : 명)

구분 \ 연도		2016	2017	2018	2019	2020
1차 시험	지원자	6,116	6,303	6,217	6,504	7,272
	응시자	4,903	5,188	5,066	5,446	5,776
	합격자	1,814	2,793	963	1,970	3,005
2차 시험	지원자	2,458	3,454	2,525	2,332	3,457
	응시자	2,113	2,833	2,005	1,853	2,850
	합격자	75	122	70	67	283

※ 1) 2차 시험의 지원자는 당해연도 1차 시험 합격자와 1차 시험 면제자의 합계임.

2) $\text{응시율(\%)} = \frac{\text{응시자}}{\text{지원자}} \times 100$

3) $\text{합격률(\%)} = \frac{\text{합격자}}{\text{응시자}} \times 100$

보기

ㄱ. 2020년 A 자격증의 1차 시험 면제자 수는 전년대비 100명 이상 증가하였다.

ㄴ. 2016~2020년 중 A 자격증 1차 시험 지원자 대비 2차 시험 지원자 비중이 가장 낮은 해는 2019년이다.

ㄷ. 2018년과 2020년의 A 자격증 2차 시험 합격률 차이는 7%p 이상이다.

ㄹ. 2016~2020년 기간의 A 자격증 2차 시험 총 합격률은 5% 이상이다.

① ㄱ, ㄴ

② ㄱ, ㄷ

③ ㄴ, ㄹ

④ ㄷ, ㄹ

21 다음 〈표〉는 선박용도(어선/비어선)별 해양사고 발생 현황을 나타낸 것이다. 이에 대한 〈보기〉의 설명 중 옳은 것만을 모두 고르시오.

〈표〉 선박용도별 해양사고 발생 현황

(단위 : 건, 척, 명)

구분		2017	2018	2019	2020	2021
해양사고 발생 건수	합계	2,582	2,671	2,971	3,156	2,720
	어선	1,778	1,846	1,951	2,100	1,786
	비어선	804	825	1,020	1,056	934
해양사고 발생 척수	합계	2,882	2,968	3,274	3,535	3,053
	어선	1,939	2,013	2,134	2,331	1,971
	비어선	943	955	1,140	1,204	1,082
해양사고 인명 피해	합계	523	455	547	553	512
	어선	352	303	450	451	416
	비어선	171	152	97	102	96

보기

ㄱ. 비어선의 해양사고 1건당 인명 피해는 매년 0.1명 이상이다.

ㄴ. 해양사고 발생 척수 중 비어선이 차지하는 비중은 매년 30% 이상이다.

ㄷ. 2017~2021년 전체 해양사고 인명 피해 중 어선 해양사고 인명 피해가 차지하는 비율은 80% 미만이다.

ㄹ. 해양사고 발생 건수와 발생 척수, 인명 피해의 전년대비 증감 방향은 매년 동일하게 나타난다.

① ㄱ, ㄴ

② ㄱ, ㄷ

③ ㄴ, ㄷ

④ ㄴ, ㄹ

22 다음 〈표〉는 A~F 6명 직원들의 한 주간의 운동 현황을 나타낸 것이다. 이에 대한 〈보기〉의 설명 중 옳은 것만을 모두 고르시오.

〈표〉 직원별 주간 운동 현황

구분 \ 직원	A	B	C	D	E	F
부서	홍보부	홍보부	개발부	홍보부	개발부	홍보부
운동 시간(분)	100	600	800	1,000	400	200

보기

ㄱ. 직원들의 평균 운동 시간은 8시간 30분 미만이다.
ㄴ. 운동 시간이 500분 이상인 직원 중 홍보부 비율은 전체 직원 중 개발부 직원 비율의 2배이다.
ㄷ. 부서가 개발부이거나, 운동 시간이 800분 이상인 직원은 전체 직원 수의 50%이다.
ㄹ. 홍보부 직원들의 운동 시간 합계는 개발부 직원들의 운동 시간 합계의 1.5배 미만이다.

① ㄱ, ㄴ
② ㄱ, ㄷ
③ ㄴ, ㄷ
④ ㄴ, ㄹ

23 다음 〈표〉는 J학원 수강생의 자체시험 과목별 점수 상위 5명의 점수를 나타낸 것이다. 이에 대한 설명으로 옳은 것을 고르시오.

〈표〉 J학원 수강생의 자체시험 과목별 점수 상위 5명

순위	1과목		2과목		3과목	
	이름	점수	이름	점수	이름	점수
1	K	30	E	29	F	29
2	F	29	D	26	G	28
3	E	27	A	25	A	25
4	D	26	K	23	B	22
5	G	25	F	22	E	20

※ 1) J학원 자체시험은 세 과목으로 구성되며, 과목별 만점은 30점임.
2) 각 과목별로 학생들의 점수는 모두 다름(동점자 없음).

보기

ㄱ. 모든 과목에서 E의 점수는 D보다 높다.
ㄴ. 세 과목 모두에서 5위 안에 든 학생들의 점수 총합은 160점 이상이다.
ㄷ. K의 세 과목 점수 합계와 E의 세 과목 점수 합계 차이는 4점 이상 23점 이하이다.
ㄹ. 각 과목별로 상위 5명의 점수를 합한 결과를 비교하면, 1과목 > 3과목 > 2과목이 된다.

① ㄱ, ㄴ
② ㄱ, ㄷ
③ ㄴ, ㄷ
④ ㄴ, ㄹ

24 다음 〈표〉는 J기업에 지원한 A~E 5명의 지원자가 필기 시험과 면접 시험에서 획득한 점수를 나타낸 것이다. 〈분류 기준〉을 이용하여 지원자를 분류할 때, 〈보기〉의 설명 중 옳은 것만을 모두 고르시오.

〈표〉 지원자 A~E의 필기 시험과 면접 시험 점수

(단위 : 점)

항목 \ 지원자	A	B	C	D	E
필기 시험	3.7	3.4	3.3	3.9	3.1
면접 시험	3.8	3.6	3.2	3.2	3.4

분류 기준

필기 시험과 면접 시험 점수가 모두 3.5점을 초과하는 경우 '최우수'로 분류하고, 필기 시험과 면접 시험 점수 중 하나는 3.5점 초과, 다른 하나는 3.0점 초과 3.5점 이하인 경우에는 '우수'로 분류하며, 그 외는 '보통'으로 분류한다.

보기

ㄱ. '최우수'로 분류되는 지원자는 2명이다.
ㄴ. '우수'로 분류되는 지원자 수는 '보통'으로 분류되는 지원자 수와 같다.
ㄷ. 면접 시험 점수가 증가했을 때, 등급이 달라질 수 있는 지원자는 2명이다.
ㄹ. 모든 지원자의 필기 시험 점수가 각각 10% 증가했을 때, 등급이 달라지는 지원자는 2명이다.

① ㄱ, ㄴ
② ㄱ, ㄷ
③ ㄴ, ㄷ
④ ㄴ, ㄹ

25 다음 〈표〉는 주요 국가의 혈액형 비율을 나타낸 것이다. 이에 대한 〈보기〉의 설명 중 옳은 것만을 모두 고르시오.

〈표〉 주요 국가별 혈액형 비율

(단위 : %)

대륙 구분	국가명	O형	A형	B형	AB형
아시아	대한민국	28	32	30	10
	베트남	41	23	31	5
	일본	30	38	21	11
	중국	29	27	32	12
	필리핀	45	22	27	6
유럽	프랑스	43	47	7	3
	포르투갈	35	53	8	4
	스페인	38	47	10	5
	독일	41	43	11	5
	러시아	33	36	23	8

보기

ㄱ. 각 국가 내에서 A형 혈액형 비율이 가장 큰 국가의 수는 O형 혈액형이 가장 큰 국가 수의 3배이다.
ㄴ. O형과 A형의 비율 차이가 가장 큰 국가는 B형과 AB형의 비율 차이도 가장 크다.
ㄷ. 각 대륙별로 A형 비율이 가장 큰 국가와 가장 작은 국가의 A형 비율 차이를 구하면, 아시아가 유럽보다 더 크다.
ㄹ. 대한민국은 제시된 모든 유럽 국가들보다 O형과 A형의 비율이 작지만, B형과 AB형의 비율은 크다.

① ㄱ, ㄴ
② ㄱ, ㄹ
③ ㄴ, ㄷ
④ ㄴ, ㄹ

26 다음 〈표〉는 갑~정 전문가 4명의 A~D 종목에 대한 주가지수 예측 및 실제 결과와 주식 예측 점수표를 나타낸 것이다. 이에 따라 계산했을 때, 예측 점수 합계가 높은 전문가부터 바르게 나열한 것을 고르시오.

〈표〉 갑~정 전문가의 A~D 종목 주가지수 예측

종목 \ 전문가	갑	을	병	정
A	대폭 상승	대폭 상승	소폭 상승	소폭 하락
B	소폭 상승	소폭 하락	소폭 하락	소폭 상승
C	대폭 하락	소폭 상승	대폭 하락	대폭 하락
D	소폭 하락	대폭 하락	소폭 하락	소폭 하락

〈표 2〉 A~D 종목 실제 결과 및 예측 점수표

실제 결과		예측 점수표		
종목	결과	증감 방향	변동폭	점수
A	소폭 상승	○	○	3
B	소폭 하락	○	×	2
C	소폭 하락	×	○	1
D	대폭 하락	×	×	0

※ 예측 점수표에서 증감 방향은 상승과 하락, 변동폭은 대폭과 소폭을 의미하며, ○는 일치, ×는 불일치를 의미함.

① 을－갑－병－정
② 을－병－정－갑
③ 병－갑－정－을
④ 병－을－갑－정

27 다음 〈표〉는 J 자격증 시험 전체 응시자의 교재 및 강의 수강 경험과 합격 여부를 나타낸 자료이다. 이에 대한 설명으로 옳지 않은 것을 고르시오.

〈표〉 J 자격증 시험 전체 응시자의 교재 및 강의 수강 경험과 합격 여부

(단위 : 명)

교재 구매 여부	강의 수강 여부	합격 여부	
		합격	불합격
구매	수강	152	38
	수강 안함	105	45
구매 안함	수강	150	100
	수강 안함	33	77

※ 합격률(%)은 합격자 수와 불합격자 수의 합계 대비 합격자 수의 비율임.

① 전체 응시자의 합격률은 60% 이상이다.
② 합격자 중 강의를 수강하지 않은 응시자 비율은 불합격자 중 교재를 구매한 응시자 비율보다 낮다.
③ 교재 구매와 강의 수강을 모두 한 응시자의 합격률은 모두 하지 않은 응시자의 합격률보다 50%p 더 높다.
④ 교재를 구매한 응시자는 강의를 수강한 응시자보다 90명 적다.

28 다음 〈표〉는 비영리 민간단체 등록 현황을 나타낸 것이다. 이에 대한 〈보기〉의 설명 중 옳은 것만을 모두 고르시오.

〈표〉 비영리 민간단체 등록 수

(단위 : 개)

구분 연도	등록 누계	중앙행정기관	시·도	전년대비 증감 (등록 누계)
2015	12,894	1,561	11,333	642
2016	13,464	1,599	11,865	570
2017	13,933	1,624	12,309	469
2018	14,281	1,662	12,613	348
2019	14,705	1,685	13,014	424
2020	15,057	1,707	13,344	352
2021	15,464	1,733	13,725	407

보기

ㄱ. 등록 누계 중 중앙행정기관이 차지하는 비율은 매년 10% 이상이다.
ㄴ. 2014년의 등록 누계와 2021년의 등록 누계 차이는 3,200개 미만이다.
ㄷ. 중앙행정기관과 시·도의 차이는 매년 꾸준히 증가하고 있다.
ㄹ. 2022년의 전년대비 증감이 2017~2021년 전년대비 증감의 평균과 같다면, 2022년의 등록 누계는 15,900 이상이다.

① ㄱ, ㄴ
② ㄱ, ㄷ
③ ㄴ, ㄷ
④ ㄴ, ㄹ

29 다음 〈보기〉의 내용이 모두 참이라고 할 때, 반드시 참이라고 할 수 없는 것을 고르시오.

보기

A~E는 폭행 사건의 목격자로, 범인에 대해 다음과 같은 내용들을 진술하였다.

- A : 범인은 모자를 썼거나 갈색 머리이다.
- B : 범인이 흰 양말을 신었다면, 범인은 검은색 셔츠를 입고 있었다.
- C : 범인이 검은색 셔츠를 입고 있었다면, 범인은 빨간색 자켓을 입고 있었다.
- D : 범인이 갈색 머리이면, 범인은 모자를 썼다.
- E : 범인이 검은색 셔츠를 입고 있지 않았다면, 범인은 모자를 쓰지 않았다.

① 범인은 모자를 썼다.
② 범인은 갈색 머리이다.
③ 범인은 검은색 셔츠를 입고 있었다.
④ 범인은 빨간색 자켓을 입고 있었다.

30 갑~무 5명의 도착 순서에 대한 다음 〈보기〉의 대화가 모두 참이라고 할 때, '갑'과 '무'의 도착 순서가 바르게 연결된 것을 고르시오.

보기

- 갑 : 내가 도착했던 때는 정이 도착하기 전이었어.
- 을 : 내가 도착한 뒤로 두 명이 더 도착했어.
- 병 : 나는 갑보다는 먼저 도착했어.
- 정 : 내가 도착했던 때는 무가 도착하기 전이었어.

	'갑'의 도착 순서	'무'의 도착 순서
①	두 번째	세 번째
②	두 번째	다섯 번째
③	네 번째	세 번째
④	네 번째	다섯 번째

31 **다음 글을 읽고 판단했을 때, 갑~병이 월요일~금요일 동안 계산한 점심 식대 합계가 바르게 연결된 것을 고르시오.**

갑, 을, 병 세 사람은 월요일~금요일 동안 매일 점심 식대 내기 가위바위보를 했다. 가위바위보는 한 판만 진행하며, 패배한 사람이 1명인 경우 혼자 모두의 점심 식대를 계산하고, 패배한 사람이 2명인 경우에는 2명이 점심 식대 합계를 동일하게 나누어 계산한다. 무승부인 경우에는 각자 본인이 먹은 점심 식대를 계산한다.

〈갑~병의 가위바위보 전략〉

갑 : 월요일에 바위를 낸다. 화요일부터는 전날의 결과에 따라 전날 승리한 경우 가위, 패배한 경우 바위, 무승부인 경우 보를 낸다.

을 : 월요일에 보를 낸다. 화요일부터는 전날의 결과에 따라 전날 승리한 경우 보, 패배한 경우 가위, 무승부인 경우 바위를 낸다.

병 : 월요일부터 가위－바위－보를 순서대로 낸다.

〈갑~병의 점심 식대〉

구분	월	화	수	목	금
갑	7,000	9,000	8,000	10,000	8,000
을	6,000	8,000	6,000	7,000	7,000
병	9,000	10,000	5,000	12,000	6,000

	갑	을	병
①	17,500원	59,000원	41,500원
②	17,500원	60,000원	40,500원
③	18,500원	59,000원	40,500원
④	18,500원	60,000원	39,500원

32 J 기업에서는 사내 동아리 활동 활성화를 위하여 동아리 구성원이 20인 이상인 동아리 중 지원금을 신청한 동아리에 한하여 지원금을 지급하려고 한다. 〈지원금 지급 기준〉과 〈지원금 신청 동아리 현황〉이 다음과 같을 때, 지급되는 동아리 지원금의 합계를 구하시오.

지원금 지급 기준

- 각 동아리별로 활동성, 투명성, 건전성, 성과의 네 가지 항목을 평가하여, A~C의 등급을 부여한다.
- 활동성과 건전성의 각 항목별로, A등급을 부여받은 동아리에는 구성원 1인당 5만 원, B등급을 부여받은 동아리에는 구성원 1인당 3만 원, C등급을 부여받은 동아리에는 구성원 1인당 1만 원을 지급한다.
- 투명성과 성과의 각 항목별로, A등급을 부여받은 동아리에는 구성원 1인당 4만 원, B등급을 부여받은 동아리에는 구성원 1인당 2만 원을 지급한다.
- A등급을 부여받은 항목이 3개 이상인 동아리에는 구성원 1인당 2만 원의 지원금을 추가 지급한다.
- C등급을 부여받은 항목이 3개 이상인 동아리에는 항목별로 지급될 지원금의 10%를 감액한다.

〈지원금 신청 동아리 현황〉

동아리	구성원 수	항목별 평가			
		활동성	투명성	건전성	성과
갑	21	A	B	B	A
을	24	C	B	A	A
병	17	A	C	C	B
정	32	A	A	C	A
무	15	C	B	B	C
기	35	A	C	C	C

① 1,045　② 1,148
③ 1,283　④ 1,402

33 **다음 〈상황〉을 근거로 판단할 때 옳은 것은?**

상황

독서모임에서 모인 A~D 4명은 각각 커피, 우유, 녹차, 홍차 중 서로 다른 음료를 서로 다른 컵에 담아서 마셨다.

- 60대 사업가는 우유를 마시지 않았다.
- A는 커피와 홍차를 마시지 않았다.
- 40대 회사원 B는 홍차를 마시지 않았다.
- 50대 주부는 커피를 종이컵에 담아서 마셨다.
- 30대 회사원 C는 유리컵에 담긴 음료를 마셨다.

① 우유를 마신 사람은 A이다.
② 사업가는 녹차를 마셨다.
③ B가 마신 음료는 종이컵에 담겨 있었다.
④ 회사원은 홍차를 마시지 않았다.

34 **전략팀의 K팀장은 상반기 동안 팀원 A~G가 사용한 연차일수를 정리하였다. 다음 〈상황〉을 참고할 때 연차 사용일수가 많은 팀원부터 차례로 나열한 것은?**

상황

- A~G 중 연차 사용일수가 동일한 팀원은 없다.
- 연차 사용일수가 가장 적은 팀원은 C이고, 가장 많은 팀원은 F이다.
- B의 연차 사용일수는 D와 G의 연차 사용일수를 합한 일수보다 많다.
- B의 순위는 A의 직전 순위이거나 직후 순위이다.
- B의 순위는 G의 직전 순위이거나 직후 순위이다.
- A의 연차 사용일수는 E의 연차 사용일수보다 적다.

① F－B－E－A－G－D－C
② F－A－B－G－E－D－C
③ F－A－E－B－G－D－C
④ F－E－A－B－G－D－C

35 ××팀 구성원은 A~E 5명이다. ××팀에서는 고객 초청 강연을 준비하며 강연회장을 세팅하고 사무실을 정돈한 후 다음과 같은 대화를 나누었다. 이 중에서 1명이 거짓을, 4명이 진실을 말한다면, 거짓을 말하는 직원은?

- A : 나는 E와 사무실을 정돈했지만 B는 못 보았어.
- B : 나는 E와 함께 강연회장을 세팅했어.
- C : 나와 A는 외근 때문에 강연회장을 세팅하지 못했어.
- D : 나는 A와 사무실을 정돈했고, E는 보지 못했어.
- E : 나는 A와 사무실을 정돈하고 B와 강연회장을 세팅했어.

① A ② B
③ D ④ E

36 다음 명제들이 모두 참일 때 항상 참인 진술은?

- 돈까스를 먹는 사람은 만두를 먹지 않는다.
- 라면을 먹는 사람은 만두를 먹는다.
- 돈까스를 먹지 않는 사람은 김밥을 먹는다.

① 돈까스를 먹지 않으면 라면을 먹는다.
② 돈까스를 먹으면 만두를 먹는다.
③ 라면을 먹으면 김밥을 먹는다.
④ 김밥을 먹으면 돈까스를 먹지 않는다.

37 ○○기업 본사의 사무실은 건물의 1~6층에 위치한다. 각 층에 대한 정보가 다음과 같을 때, 영업부의 위치를 바르게 나열한 것은?

정보

- 영업부, 관리부, 전략부, 연구부, 설계부, 홍보부 사무실은 각각 1개 층을 차지한다.
- 홍보부 사무실은 영업부 사무실보다 높은 층에 위치한다.
- 연구부 사무실은 관리부 사무실보다 높은 층에 위치하고, 두 사무실 사이에는 3개 층이 있다.
- 설계부 사무실 아래에는 2개 층이 있다.
- 전략부 사무실은 홍보부 사무실보다 높은 층에 위치하고, 두 사무실 사이에는 1개 이상의 층이 있다.

① 2층　　② 3층
③ 5층　　④ 6층

38 창문이 있는 회의실에서 a~f 6명이 회의를 진행하고 있다. 6명이 앉은 〈상황〉을 참고할 때 다음 중 항상 옳은 것은?

상황

- b와 e는 마주보고 있다.
- a와 f의 거리는 가장 멀다.
- d와 f는 창문을 등지고 앉아 있다.
- 회의실의 구조는 다음 그림과 같다.

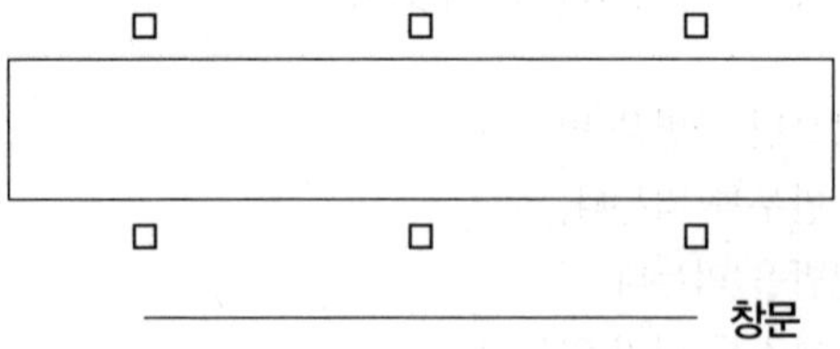

① b와 c는 나란히 앉아 있다.
② a와 e는 나란히 앉아 있다.
③ c와 d의 거리는 가장 멀다.
④ d와 e의 거리는 가장 멀다.

39 ○○팀 팀원 4명은 데이터자격증 시험에 응시하였고, 1명의 팀원만이 합격하였다. 다음 대화에서 1명만 참을 말하였을 때, 합격한 직원과 참을 말한 직원을 바르게 연결한 것은?

> • 가경 : 나는 탈락했어.
> • 나경 : 라경이 합격했어.
> • 다경 : 라경의 말은 거짓말이야.
> • 라경 : 합격자는 다경이야.

① 가경, 나경　② 가경, 다경
③ 나경, 라경　④ 다경, 라경

40 다음 대화의 Ⓐ와 Ⓑ에 들어갈 말을 적절하게 짝지은 것은?

> 팀원 : 독자회원 가운데 일부가 도서전에 참여했습니다. 그리고 ___Ⓐ___.
> 팀장 : 그렇다면, 강연회에 참여하지 않은 사람 중에 독자회원이 있다는 결론이 나오네요.
> 팀원 : 네 그렇습니다. 아니, 잠깐만요. 아차, 제가 앞에서 말씀드린 부분 중에 오류가 있었습니다. 독자회원 중 일부가 도서전에 참여했다는 것은 맞는데, 그 다음이 틀렸습니다. 도서전 참여자는 전부 강연회에도 참여했다고 말씀드렸어야 했습니다. 죄송합니다.
> 팀장 : 알겠습니다. 그렇다면 아까와 달리 "___Ⓑ___"는 결론이 나오네요.
> 팀원 : 네. 그렇습니다.

① Ⓐ : 강연회 참여자 중 도서전에 참여했던 사람이 없습니다.
　Ⓑ : 독자회원 중 강연회 참여자가 있다.
② Ⓐ : 강연회 참여자 중 도서전에 참여했던 사람이 없습니다.
　Ⓑ : 독자회원 중 강연회 참여자는 한 명도 없다.
③ Ⓐ : 강연회 참여자는 모두 도서전에도 참여했던 사람입니다.
　Ⓑ : 독자회원 중 강연회 참여자는 한 명도 없다.
④ Ⓐ : 강연회 참여자 가운데 도서전에도 참여했던 사람이 있습니다.
　Ⓑ : 독자회원 중 강연회 참여자가 있다.

직업심화능력평가 [41~80]

41 **다음은 금융소비자를 대상으로 하는 신용카드 관련 설명으로 금융소비자의 불이익 사항 중 기한이익 상실에 대한 내용이다. 바르게 해석한 것은?**

1. 회원에게 다음 각 호에서 정한 사유 중 하나라도 발생한 경우에는 회원은 당연히 은행에 대한 모든 채무의 기한의 이익을 상실하여 곧 이를 갚아야 할 의무를 집니다. 이 경우, 은행은 회원에게 서면으로 다음 각 호의 사유 및 이에 따라 다음 각 호의 사유 발생 즉시 기한의 이익을 상실하였다는 사실을 함께 통지하여야 합니다.
   1) 사망으로 회원의 채무 변제가 불가능(90일까지는 지연배상금 미부과)한 경우
   2) 생업에 종사하기 위하여 또는 외국인과의 결혼, 연고관계, 기타 사유 등으로 인하여 외국으로 이주하는 경우
   3) 파산, 개인회생절차 개시의 신청이 있거나, 채무불이행자 명부 등재 신청이 있는 경우

2. 회원에게 다음 각 호에서 정한 사유 중 하나라도 발생한 경우에는 당연히 당해채무의 기한의 이익을 상실하며, 회원은 곧 이를 갚아야 할 의무를 집니다. 이 경우, 은행은 기한이익 상실일 7영업일 전까지 다음 각 호의 채무이행 지체사실과 이에 따라 기한의 이익이 상실된다는 사실을 회원에게 서면으로 통지하여야 하며, 기한이익의 상실일 7영업일 전까지 통지하지 않은 경우 회원은 실제 통지가 도달한 날로부터 7영업일이 경과한 날에 기한의 이익이 상실되어 곧 이를 갚아야 할 의무를 집니다.
   1) 할부금을 연속하여 2회 이상 지급하지 아니하고, 그 지급하지 아니한 금액이 총 할부금액의 10분의 1을 초과하는 경우
   2) 일부결제금액이월약정(리볼빙)의 최소결제금액을 연속하여 2회차 이상 결제하지 않는 경우
   3) 장기카드대출(카드론) 이자(원금분할상환 또는 원리금분할상환 형식 제외)를 지급하여야 할 때부터 1개월간 지체한 경우
   4) 장기카드대출(카드론) 분할상환금 또는 분할상환원리금의 지급을 2회 이상 연속하여 지체한 경우
   5) 회원의 고의·중과실로 카드에 의한 거래가 부정사용 또는 비정상적 거래로 확인된 경우

3. 회원에게 다음 각호에서 정한 사유 중 하나라도 발생하여 은행의 채권보전에 현저한 위험이 예상될 경우, 은행은 서면으로 변제, 압류 등의 해소, 신용의 회복 등을 독촉하고 그 사유가 해소되지 않을 경우 은행에 대한 모든 채무의 기한의 이익이 상실된다는 사실을 명시하여 통지하여야 합니다. 통지 도달일로부터 10일 이상으로 은행이 정한 기간이 경과하면, 회원은 은행에 대한 모든 채무의 기한의 이익을 상실하여 곧 이를 갚아야 할 의무를 집니다.
   1) 제2항에 의하여 기한의 이익을 상실한 채무를 변제하지 아니한 때
   2) 다른 채무로 인하여 압류, 경매, 기타 강제 집행을 당한 경우
   3) 카드이용대금(단기카드대출(현금서비스) 포함), 장기카드대출(카드론) 대금 또는 다른 금융기관에 대한 채무를 연체한 경우

① 회원의 사망으로 회원의 채무 변제가 불가능한 경우 은행은 회원이 기한의 이익을 상실하였다는 사실을 90일 이내로 통지하여야 한다.
② 회원의 채무불이행자 명부 등재 신청이 발생한 경우 은행은 발생 즉시 기한의 이익을 상실하였다는 사실을 통지하여야 한다.
③ 카드론 분할상환금 지급을 2회 이상 연속하여 지체한 회원의 기한이익 상실일이 2월 18일이라면 은행은 채무이행 지체사실과 기한의 이익이 상실된다는 사실을 2월 11일까지 회원에게 서면으로 통지하여야 한다.
④ 회원이 카드론 대금을 연체하였으나 은행이 기한이익의 상실일 7영업일 전까지 통지하지 않은 경우, 회원에게 실제 통지가 도달한 날로부터 7영업일이 경과한 날에 기한의 이익이 상실된다.

42 다음은 KB스타클럽 선정기준을 안내하는 내용과, 최근 3개월 간 고객 A의 최근 은행자산, 손해보험/생명보험자산(총납입보험료), 증권자산(주식평가액, 펀드평잔, 기타상품평잔) 현황이다. A의 은행등급과 총자산을 적절하게 나타내는 것은?

〈선정기준〉

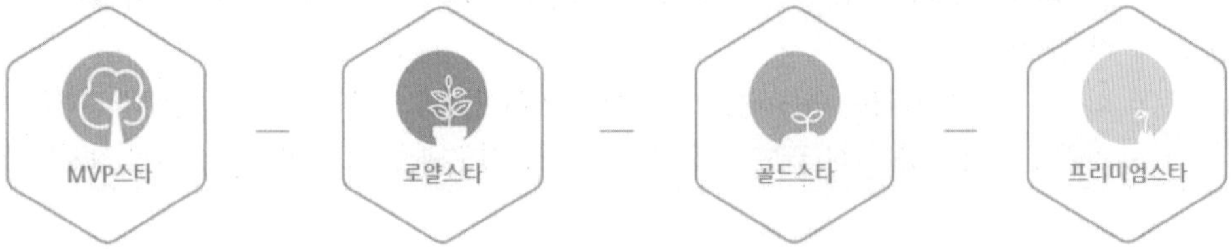

MVP스타		로얄스타		골드스타		프리미엄스타	
KB평점	10,000점 이상	KB평점	4,000점 이상	KB평점	1,600점 이상	KB평점	800점 이상
총자산	3천만원 이상	총자산	1천만원 이상	총자산	1백만원 이상	총자산	1백만원 이상
						또는 KB평점	3,000점 이상

- 프리미엄스타 고객은 두 가지 기준 중 한 가지만 해당되면 선정됩니다.
- 총 자산은 은행자산(총예금평잔), 손해보험/생명보험자산(총납입보험료), 증권자산(주식평가액, 펀드평잔, 기타상품평잔)의 최근 3개월 평잔 합계입니다. (단, 손해보험/생명보험 자산은 산출일 기준 정상계약에 한함)
- 무보증 신용대출 서비스 제공기준인 본인 은행등급은 KB국민은행 평점 및 은행자산만을 기준으로 선정됩니다.

〈거래실적[주1] 범위〉

구분	항목		기준	단위점수	최고평점
KB국민은행	상품거래실적	총예금평균잔액	입출금예금평잔(MMDA제외)	10만 원당 10점	제한없음
			신탁, 투신(MMF제외), 방카슈랑스 평잔	10만 원당 6점	제한없음
			예금평잔(MMDA, MMF포함)	10만 원당 4점	제한없음
		총대출평잔	대출평잔(가계, 기업)	10만 원당 3점	제한없음
		외환거래실적	환전, 송금, T/C매도, 외화수표 매입	10만 원당 1점	800점
	기타거래실적	급여(연금) 이체건수	최근 3개월 이내 2개월 이상 이체할 경우[주2]	300점	300점
		주거래이체건수	최근 3개월간 1개월 이상 각각 KB카드결제, 아파트관리비, 공과금, 가맹점 이체한 경우	이체시 항목당 20점	80점
		거래기간개월수	최초 거래일 기준 당행 거래년수	1년당 10점	300점
		상품군개수	입출금, 적립식, 거치식, 청약, 신탁, 투신, 방카슈랑스, 대출, 무역외거래, 인터넷뱅킹(10개 항목)	상품군 1개당 25점	250점

KB증권	주식평가금액(예수금 포함)	10만 원당 2점	제한없음
	주식, 선물, 옵션(해외포함) 약정금액[주3)]	100만 원당 5점	
	펀드,ELS 평잔(MMF 제외)	10만 원당 6점	
	펀드 외 기타 상품 평잔(MMF포함)	10만 원당 4점	
	신용대출,예탁증권담보대출, 매도자금담보대출 평잔	10만 원당 10점	
KB손해보험	보장성 보험(정상계약)의 총납입 보험료[주4)]	10만 원당 1~10점 (기간별 차등)	제한없음
	저축성 보험(정상계약)의 총납입 보험료[주4)]	100만 원당 1점	
	보험계약 대출 평잔	10만 원당 3점	
	거래상품군 개수(자동차보험, 장기보험, 퇴직연금, 보험계약대출)	건당 10점	50점
KB국민카드	KB국민카드 신용구매 결제금액(KB국민비씨카드 포함)	10만 원당 6점	제한없음
	KB국민체크카드 결제금액	10만 원당 3점	
	단기/장기카드대출(현금서비스/카드론) 평잔	10만 원당 6점	
KB생명	보장성 보험(정상계약)의 총납입보험료	10만 원당 6점	제한없음
	저축성 보험(정상계약)의 총납입보험료	10만 원당 2점	
	보험계약대출평잔	10만 원당 3점	

예금은 예금자보호법에 따라 본 은행에 있는 귀하의 모든 예금보호대상 금융상품의 원금과 소정의 이자를 합하여 예금보험공사가 1인당 "최고 5천만 원"까지 보호합니다.

주1) 거래실적은 최근 3개월 실적임

주2) KB국민은행을 통한 급여이체에 한하며 다른 은행을 통한 급여이체의 경우 영업점에서 창구 등록한 경우에 한함 (단, 월 평균 금액이 50만 원 이상이고 월 누적금액이 50만 원 이상일 경우에만 인정)

주3) Off－line 주식약정 수수료 대비 주식(On－line)/선물/옵션 수수료의 상대적 비율에 따라 주식(On－line)/선물/옵션 약정금액을 환산한 금액

주4) 중도인출이 있을 경우 해당금액 차감

〈A의 자산 현황〉

- 예금평잔 1,500만 원
- 가계대출 3,000만 원
- 타 은행을 통한 급여 200만 원 이체 건수(영업점에서 창구등록하지 않은 경우)
- KB국민비씨카드 신용구매 결제금액 100만 원
- KB생명 보장성보험 총납입보험료(정상계약 중) 30만 원

① 로얄스타 4,800점　　② 로얄스타 4,100점

③ 골드스타 2,578점　　④ 프리미엄스타 1,578점

[43~44] 보증회사의 회계팀 사원인 B는 신용보증과 관련된 온라인 고객상담 게시판을 담당하여 고객 문의를 해결하는 업무를 하고 있다. 다음 상황을 보고 이어지는 질문에 답하시오.

• 보증심사등급 기준표

CCRS기반	SBSS기반	보증료율
K5		1.1%
K6	SB1	1.2%
K7		1.3%
K8	SB2	1.4%
K9	SB3	1.5%
K11	SB5	1.7%

• 보증료율 운용체계

<table>
<tr><td>① 보증심사등급별 보증료율</td><td colspan="2">– CCRS 적용기업(K5 ~ K11)
– SBSS 적용기업(SB1 ~ SB5)</td></tr>
<tr><td rowspan="4">② 가산요율</td><td>보증비율 미충족</td><td>0.2%p</td></tr>
<tr><td>일부해지기준 미충족</td><td>0.4%p</td></tr>
<tr><td>장기분할해지보증 해지 미이행</td><td>0.5%p</td></tr>
<tr><td>기타</td><td>0.1%p ~ 0.6%p</td></tr>
<tr><td rowspan="4">③ 차감요율</td><td>0.3%p</td><td>장애인 기업, 창업초기기업(장애인 기업 : 장애인 고용비율이 5% 이상인 기업, 창업초기기업 : 창업한 지 만 1년이 되지 않은 기업)</td></tr>
<tr><td>0.2%p</td><td>녹색성장산업영위기업, 혁신형 중소기업 중 혁신역량 공유 및 전파기업, 고용창출 기업, 물가안정 모범업소로 선정된 기업</td></tr>
<tr><td>0.1%p</td><td>혁신형 중소기업, 창업 5년 이내 여성기업, 전시대비 중점관리업체, 회계투명성 제고기업</td></tr>
<tr><td>기타</td><td>경쟁력 향상, 창업지원 프로그램 대상 각종 협약보증</td></tr>
<tr><td>④ 조정요율</td><td>차감</td><td>최대 0.3%p</td></tr>
</table>

※ 가산요율과 차감요율은 중복적용이 가능하며 조정요율은 상한선 및 하한선을 넘는 경우에 대해 적용한다.

※ 최종 적용 보증료율 = ① + ② – ③ ± ④ = 0.5%(하한선)~2.0%(상한선) (단, 대기업의 상한선은 2.3%로 함)

※ 보증료 = 보증금액 × 최종 적용 보증료율 × 보증기간/365

43 B는 온라인상담게시판에 올라온 문의글을 읽었다. 다음 내용에 따라 보증료를 계산한다면 해당 회사의 보증료는 얼마인가?

〈고객상담게시판〉

[1:1 상담요청] 제목 : 보증료 관련 문의드립니다.

안녕하십니까. 지방에서 조그마한 회사를 운영하고 있는 자영업자입니다. 보증료 계산하는 것에 어려움이 있어 질문 남깁니다. 현재 저희 회사의 보증심사등급은 CCRS기준 K6등급입니다. 그리고 보증비율은 미충족상태이며 작년에 물가안정 모범업소로 지정되었습니다. 대기업은 아니고 다른 특이사항은 없습니다. 보증금액은 100억이고 보증기간은 73일로 요청드립니다.

① 2,000만 원　② 2,200만 원
③ 2,400만 원　④ 2,500만 원

44 B는 아래 자료들을 토대로 3개 회사의 보증료를 검토하게 되었다. 이 회사들의 보증료를 모두 계산하였을 때, 보증료가 높은 순서대로 정렬한 것은? (단, 주어진 내용 이외의 것은 고려하지 않는다)

구분	대기업 여부	심사등급	가산요율	특이사항	보증금액	보증기간
ㄱ	○	SB5	• 일부해지기준 미충족 • 장기분할해지보증 미이행	전시대비 중점관리 업체	200억	73일
ㄴ	×	K9	• 보증비율 미충족		100억	219일
ㄷ	×	K7	• 일부해지기준 미충족	창업 초기 기업	80억	365일

① ㄱ－ㄴ－ㄷ　② ㄴ－ㄱ－ㄷ
③ ㄴ－ㄷ－ㄱ　④ ㄷ－ㄴ－ㄱ

45 다음 〈표〉는 ○○은행의 2020년 3분기 재무상태표 중 자산항목만을 정리한 것이다. 이에 대한 〈보기〉의 설명 중 옳은 것만을 모두 고르시오.

〈표〉 2020년 3분기 ○○은행 재무상태표 자산 항목

(단위 : 백만 원)

과목	2020년 3분기	2019년
현금 및 예치금	17,612,711	19,639,860
당기손익	19,749,391	17,529,074
파생상품자산	2,449,448	2,107,875
대출채권	271,500,747	247,186,759
기타포괄손익	36,189,620	39,457,965
유가증권	19,188,231	19,323,185
유형자산	2,273,294	2,302,208
무형자산	491,940	545,409
투자자산	2,318,222	2,427,125
투자부동산	610,565	635,361
당기법인세자산	3,001	1,656
이연법인세자산	97,814	168,333
기타자산	12,301,114	13,416,838
비유동자산	32,988	2,693
자산 총계	384,819,086	364,744,341

보기

ㄱ. 자산 과목 중 2019년 대비 2020년 3분기에 금액이 감소한 과목의 수는 증가한 과목 수의 2배이다.
ㄴ. 현금 및 예치금과 당기손익의 합계는 2019년 대비 2020년 3분기에 증가하였다.
ㄷ. 자산 총계에서 기타포괄손익이 차지하는 비중은 2019년 대비 2020년 3분기에 감소하였다.
ㄹ. 2019년과 2020년 3분기 대출채권 금액 차이는 2020년 3분기 기타자산의 2배 이상이다.

① ㄱ, ㄴ
② ㄱ, ㄷ
③ ㄴ, ㄷ
④ ㄴ, ㄹ

46 **다음은 ○○은행 늘푸른하늘통장의 상품설명서이다. 이에 대한 설명으로 옳은 것을 고르시오.**

1. 상품 개요 및 특징
   - 상 품 명 : ○○은행 늘푸른하늘통장 – 실세금리정기예금
   - 상품특징 : 미세먼지 저감을 위해 환경보호 실천을 서약하고, 대기오염저감조치, 친환경차 이용 등 환경개선을 실천하는 기업에게 우대금리를 제공하는 거치식 예금 상품

2. 거래 조건

구분	내용	
계약기간	12개월 이상 36개월 이하 (월 단위)	
가입채널	영업점 창구, 기업인터넷뱅킹, 모바일뱅킹	
고시금리	계약기간 1년 : 1.48% 계약기간 2년 : 1.42% 계약기간 3년 : 1.44%	
우대금리	다음 조건을 충족하는 경우 만기해지 시 해당 우대이율 제공	
	조건	**적용 기준**
	환경보호 서약기업 (연 0.10%p)	○○은행의 「대한민국 환경보호실천 서약」 참여기업
	환경개선 실천기업 (연 0.10%p)	계약기간 동안 다음 요건 중 하나 이상을 충족 – 친환경 차량 이용 기업 – 자동차 대기매연저감장치 설치 기업 – 노후 경유차 폐차 기업 – 계약기간 동안 당행 환경 관련 대출 보유 기업
중도해지금리	만기일 이전에 해지할 경우 입금일부터 해지일 전까지의 기간(납입기간 경과)에 대하여 중도해지금리를 적용합니다. – 납입기간 경과 비율 10% 미만 : 고시금리의 5% – 납입기간 경과 비율 10% 이상 20% 미만 : 고시금리의 10% – 납입기간 경과 비율 20% 이상 40% 미만 : 고시금리의 20% – 납입기간 경과 비율 40% 이상 60% 미만 : 고시금리의 40% – 납입기간 경과 비율 60% 이상 80% 미만 : 고시금리의 60% – 납입기간 경과 비율 80% 이상 : 고시금리의 80%	

※ 1) 계약기간은 입금일부터 기산한다.
   2) 만기해지시 적용 금리는 해당 기간 고시금리에 우대금리를 합한 값이다.

① 중도해지 시에도 우대금리를 적용받을 수 있다.
② 계약기간이 길수록, 적용되는 고시금리는 낮아진다.
③ 계약기간 2년, 납입기간 경과 비율이 30%인 경우의 중도해지금리는 0.3% 이상이다.
④ 입금일부터 1년이 지난 시점에 해지하는 경우 금리의 최댓값과 최솟값 격차는 1.5%p 미만이다.

47 J는 2019년 3월 1일 월이율 0.2%의 1년 만기 정기 적금에 가입하였다. 매월 1일 20만 원씩 적립한다고 할 때, 만기에 찾게 될 금액이 얼마인지 고르시오. (단, 이자 소득에 대한 세금은 고려하지 않고, 이자는 복리로 계산하며, $1.002^{12}=1.024$로 계산한다)

① 2,400,480원
② 2,402,120원
③ 2,404,800원
④ 2,406,400원

48 **다음은 ○○은행 공공임대 전세대출의 상품설명서 중 일부를 발췌한 것이다. 이에 대한 설명으로 옳은 것을 고르시오.**

- 상품 특징
  - 공공임대주택 입주(예정)자 전용 전세대출
  - 임대차계약서상 임차보증금의 70% 이내에서 최대 2억 원까지 대출
- 계약기간
  - 6개월 이상 3년 이내(주소 이전이 없는 경우 3년을 초과하여 최장 20년까지 기간 연장 가능)
- 이자계산방법
  - 1년을 365일로 보고 1일 단위로 계산
- 대출금리

고정금리	변동금리(3개월 변동)
최고 연 3.42% = 은행내부금리(1.56%) + 가산금리(1.86%)	최고 연 3.45% = 3개월 KORIBOR(1.52%) + 가산금리(1.93%)

※ 대출금리는 신용등급에 따라 다르게 적용
※ 대출금리는 시장금리 및 대출조건에 따라 변동될 수 있음

- 중도상환수수료
  - 고정금리 : 상환금액 × 0.8% × [(3년 − 대출경과일수)/3년]
  - 변동금리 : 상환금액 × 0.5% × [(3년 − 대출경과일수)/3년]

  ※ 대출실행 3년 이후 전액 면제
- 부대비용
  - 인지세 : "인지세법"에 따라 대출약정 시 납부하는 세금으로 대출금액에 따라 세액이 차등 적용되며, 은행과 고객이 각각 50%씩 부담

대출금액	5천만 원 이하	5천만 원 초과 ~ 1억 원 이하	1억 원 초과 ~ 10억 원 이하	10억 원 초과
인지세액	비과세	7만 원 (각각 3만 5천 원)	15만 원 (각각 7만 5천 원)	35만 원 (각각 17만 5천 원)

  - 질권통지수수료 : 3만 원
- 추가 안내사항
  - 휴일 대출금 상환 가능
- 연체이자(지연배상금)
  - 여신이자율에 연체가산금리 연 3%를 더하여 적용. 단, 최고 지연배상금률은 연 11%

① 임대차계약서상 임차보증금이 3억 원인 경우의 가능한 최대 대출금액은 1억 5천만 원인 경우의 2배 미만이다.
② 최고 금리(1년 기준)에서 가산금리가 차지하는 비중은 고정금리가 변동금리보다 크다.
③ 3년을 초과하여 계약기간을 연장하기 위해서는 주소의 이전이 필요하다.
④ 대출금액이 5천만 원 이하인 경우에는 부대비용이 발생하지 않는다.

49 사원 J는 예금은행의 예금 현황에 대해 분석하고 있다. 종별 예금 현황과 요구불예금의 현황 자료를 통해 분석한 내용으로 옳지 않은 것을 고르시오.

〈그림〉 예금은행 종별 예금 현황

(단위 : 천억 원)

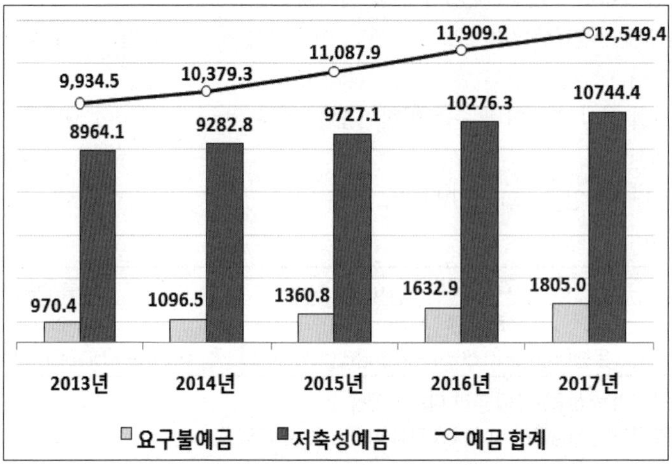

〈표〉 예금은행 요구불예금 현황

(단위 : 천억 원)

구분 \ 연도	2013	2014	2015	2016	2017
요구불예금 합계	970.4	1,096.5	1,360.8	1,632.9	1,805.0
당좌예금	30.5	29.2	25.1	26.5	27.1
가계당좌예금	6.9	7.4	8.6	9.3	10.1
보통예금	658.6	760.7	928.2	1,099.6	1,293.8
별단예금	212.1	224.4	235.5	238.9	243.4
공금예금	59.7	71.1	160.2	255.2	227.0
국고예금	2.6	2.6	3.1	3.3	3.6
여신관리자금	0.0	0.1	0.1	0.1	0.0

① 요구불예금의 전년 대비 증가율은 매년 10% 이상이다.
② 요구불예금 중 보통예금이 차지하는 비중은 매년 60% 이상이다.
③ 요구불예금과 저축성예금의 예금액 격차는 매년 지속적으로 증가하고 있다.
④ 가계당좌예금, 보통예금, 별단예금, 공금예금의 전년 대비 증감 방향은 매년 동일하게 나타난다.

50 **다음 중 N사의 ○○ 카드약관에 대한 사항을 바르게 이해한 것은?**

〈약관〉

※ 카드이용 시 제공되는 포인트 및 할인혜택 등의 부가서비스는 카드 신규출시(2015년 3월 31일) 이후 5년 이상 축소·폐지 없이 유지됩니다.

※ 상기에도 불구하고, 다음과 같은 사유가 발생한 경우 카드사는 부가서비스를 변경할 수 있습니다.

- 카드사 또는 부가서비스 관련 제휴업체의 휴업·도산·경영위기, 천재지변, 금융환경 급변 또는 그밖에 이에 준하는 사유의 발생
- 카드사의 노력에도 제휴업체가 일방적으로 부가서비스 변경을 통보(단, 다른 제휴업체를 통해 동종의 유사한 부가서비스 제공이 가능한 경우 제외)
- 카드 신규 출시 이후 5년 이상 경과했고, 해당 카드의 수익성 유지가 어려운 경우

※ 카드사가 부가서비스를 변경하는 경우에는 부가서비스 변경 사유, 변경 내용 등을 사유발생 즉시 홈페이지에 게시하고, 사전 또는 사후 개별 고지해 드립니다. 특히 카드 신규 출시 이후 5년 이상 경과했고, 해당 카드의 수익성 유지가 어려워 부가서비스를 변경하는 경우에는 6개월 전부터 매월 개별고지해 드립니다. (개별고지 방법 : 이용대금 명세서, 우편, 전자우편(e-mail), 휴대폰 문자 메시지 중 하나)

※ 필요 이상의 신용카드를 발급받을 경우 신용등급이나 이용한도 등에 영향을 미칠 수 있습니다.

※ 카드 신청 전 카드상품 안내장 및 약관의 내용을 반드시 읽어보시기 바랍니다.

〈서비스이용조건〉

- 이용실적은 해당 카드로 국내·외 가맹점 이용금액을 의미합니다.
  - 해외이용액은 매출표 접수 기준으로 포함 적용됩니다.
  - 상품권, 기프트카드 및 대학등록금, 제세공과금(국세, 지방세, 우체국 우편요금 등) 이용금액은 제외됩니다.
  - 매출취소 발생 시 취소 매출표 접수월 이용실적에서 차감됩니다.
  - 교통카드 이용금액 및 통신료 자동이체금액은 매출표 접수일 기준으로 해당 월 이용금액에 합산 적용됩니다.

    ※ 교통카드 이용대금은 당월이용금액이 다음 달 이용실적에 반영됩니다.
    - 가족카드의 경우 본인카드 이용실적과 합산되지 않으며, 카드별 이용실적을 각각 체크하여 서비스가 제공됩니다.
    - 카드서비스 적용은 ○○카드 가맹점 분류상 해당 가맹점·업종 이용액에 한합니다.

① 부가서비스 관련 제휴업체의 서비스에 문제가 없다고 해도 카드사의 이익이 별로 없다면 카드사는 임의로 업체를 변경할 수 있다.

② 5월 2일에 구매한 상품을 취소했는데 취소 매출 전표가 5월 31일에 접수되었다면 6월에 이용실적이 차감된다.

③ 자동이체로 납부하는 전기세는 카드 이용실적에는 반영하지 않지만 카드 포인트 산정에는 반영된다.

④ 11월 한 달 동안 이용한 대중교통 이용금액은 12월 사용실적에 반영된다.

51 다음 법령에 의할 때 외국에서 외국 법령에 근거하여 투자일임업에 상당하는 영업을 영위하는 자가 외국에서 국내 거주자를 상대로 직접 영업을 하는 경우에 반드시 갖추어야 할 요건이 아닌 것은?

〈자본시장과 금융투자업에 관한 법률〉

제18조(투자자문업 또는 투자일임업의 등록) ① 투자자문업 또는 투자일임업을 영위하려는 자는 다음 각 호의 사항을 구성요소로 하여 대통령령으로 정하는 업무 단위(이하 "등록업무 단위"라 한다)의 전부나 일부를 선택하여 금융위원회에 하나의 금융투자업등록을 하여야 한다. (중략)

② 제1항에 따라 금융투자업등록을 하려는 자는 다음 각 호의 요건을 모두 갖추어야 한다.

1. 다음 각 목의 어느 하나에 해당하는 자일 것. 다만, 외국 투자자문업자(외국 법령에 따라 외국에서 투자자문업에 상당하는 영업을 영위하는 자를 말한다. 이하 같다) 또는 외국 투자일임업자(외국 법령에 따라 외국에서 투자일임업에 상당하는 영업을 영위하는 자를 말한다. 이하 같다)가 외국에서 국내 거주자를 상대로 직접 영업을 하거나 통신수단을 이용하여 투자자문업 또는 투자일임업을 영위하는 경우에는 적용하지 아니한다.
   가. 「상법」에 따른 주식회사이거나 대통령령으로 정하는 금융기관
   나. 외국 투자자문업자로서 투자자문업의 수행에 필요한 지점, 그 밖의 영업소를 설치한 자
   다. 외국 투자일임업자로서 투자일임업의 수행에 필요한 지점, 그 밖의 영업소를 설치한 자
2. 등록업무 단위별로 1억 원 이상으로서 대통령령으로 정하는 금액 이상의 자기자본을 갖출 것
3. 다음 각 목의 구분에 따른 투자권유자문인력(제286조 제1항 제3호 가목에 따른 투자권유자문인력을 말한다. 이하 같다) 또는 투자운용인력(제286조 제1항 제3호 다목에 따른 투자운용인력을 말한다. 이하 같다)을 갖출 것. 이 경우 제1호 각 목 외의 부분 단서에 규정된 자가 해당 국가에서 투자권유자문인력 또는 투자운용인력에 상당하는 자를 다음 각 목의 수 이상 확보하고 있는 때에는 해당 요건을 갖춘 것으로 본다.
   가. 투자자문업의 경우에는 투자권유자문인력을 대통령령으로 정하는 수 이상 갖출 것
   나. 투자일임업의 경우에는 투자운용인력을 대통령령으로 정하는 수 이상 갖출 것
4. 임원이 「금융회사의 지배구조에 관한 법률」 제5조에 적합할 것
5. 대주주나 외국 투자자문업자 또는 외국 투자일임업자가 다음 각 목의 구분에 따른 요건을 갖출 것
   가. 제1호 가목의 경우 대주주(제12조 제2항 제6호 가목의 대주주를 말한다)가 대통령령으로 정하는 사회적 신용을 갖출 것
   나. 제1호 각 목 외의 부분 단서 및 같은 호 나목·다목의 경우 외국 투자자문업자 또는 외국 투자일임업자가 대통령령으로 정하는 사회적 신용을 갖출 것

5의2. 대통령령으로 정하는 건전한 재무상태와 사회적 신용을 갖출 것

6. 금융투자업자와 투자자 간, 특정 투자자와 다른 투자자 간의 이해상충을 방지하기 위한 체계로서 대통령령으로 정하는 요건을 갖출 것

〈자본시장과 금융투자업에 관한 법률 시행령〉

제21조(등록의 요건 등) ① (생략)

③ 법 제18조 제2항 제3호 가목에서 "대통령령으로 정하는 수"란 상근 임직원 1인을 말한다. 다만, 종합금융회사(「금융산업의 구조개선에 관한 법률」 제4조에 따른 인가를 받아 합병으로 신설되거나 존속하는 종합금융회사만 해당한다)인 경우에는 상근 임직원 4인을 말한다.

④ 법 제18조 제2항 제3호 나목에서 "대통령령으로 정하는 수"란 상근 임직원 2인을 말한다.

⑤ 법 제18조 제2항 제5호 가목에서 "대통령령으로 정하는 사회적 신용"이란 다음 각 호의 요건을 말한다.

1. 대주주가 별표 2 제1호부터 제3호까지 또는 제5호(라목은 제외한다)에 해당하는 자인 경우에는 같은 표 제1호 마목의 요건을 갖출 것. 다만, 법 제12조에 따른 금융투자업인가를 받은 자가 금융투자업등록을 하려는 경우에 관하여는 금융위원회가 그 요건을 달리 정하여 고시할 수 있다.
2. 대주주가 별표 2 제4호 또는 제5호 라목에 해당하는 자인 경우에는 같은 표 제4호 가목·라목 및 마목의 요건을 갖출 것. 이 경우에 같은 표 같은 호 가목 중 "인가"는 "등록"으로, "인가 받으려는"은 "등록하려는"으로 본다.

⑥ 법 제18조 제2항 제5호 나목에서 "대통령령으로 정하는 사회적 신용"이란 별표 2 제4호 가목·라목 및 마목의 요건을 말한다. 이 경우 같은 표 같은 호 가목 중 "인가"는 "등록"으로, "인가 받으려는"은 "등록하려는"으로 하며, 같은 호 라목 중 "3년"은 "2년"으로 본다.

⑦ 법 제18조 제2항 제5호의2에서 "대통령령으로 정하는 건전한 재무상태와 사회적 신용"이란 제16조 제8항에 따른 사항을 말한다.

① 임원이 「금융회사의 지배구조에 관한 법률」 제5조에 적합하여야 한다.
② 대통령령으로 정하는 건전한 재무상태와 사회적 신용을 갖추어야 한다.
③ '상법'에 따른 주식회사이거나 대통령령으로 정하는 금융기관이어야 한다.
④ 투자일임업의 경우에는 상근하는 투자운용인력을 2인 이상 갖추어야 한다.

52 **다음은 ○○은행에서 출시한 주택청약저축에 대한 상품설명서이다. 신입사원 J와 S는 상품 설명서를 읽으면서 분석한 내용에 대하여 토의하고 있다. 두 사람의 토의 내용 중 옳은 것을 고르시오.**

〈표〉 주택청약저축 상품설명서

상품특징	매월 약정 납입일에 월 저축금을 납입하는 적금식 상품으로 소정의 청약자격을 갖추면 국민주택 및 민영주택에 모두 청약할 수 있는 입주자저축
가입대상	국민인 개인(국내에 거소가 있는 재외동포 포함) 또는 외국인 거주자로서 연령에 관계없이 누구든지 가입가능 ※ 전 금융기관을 통하여 주택청약종합저축, 청약저축, 청약예금, 청약부금 중 1인 1계좌만 보유 가능
적립방법 및 저축금액	• 적립방법 : 자유적립식(매월 약정 납입일에 연체 없이 납입하여야 청약 우선순위 선정에 유리) • 저축가능금액 : 각 회차당 2만 원 이상 50만 원 이하 범위 내에서 10원 단위로 자유납입 ※ 단, 입금하려는 금액과 납입 누계액의 합이 1,500만 원 이하인 경우 50만 원을 초과하여 입금 가능 • 선납 : 정상 납입회차에 추가하여 최고 24회까지 선납 가능
세금	가입 시 일반과세·비과세 중 선택 가능 과세구분별 세율표 구분 / 일반과세 / 비과세 세율 / 15.4% / 0% ※ 기존 세금우대(9.5%) 가입계좌는 계좌해지일까지(또는 일반과세 전환일 전일까지) 세금우대 적용 ※ 단, 관련세법이 개정될 경우 세율이 변경되거나 세금이 부과될 수 있음
가입지역	제한 없음 ※ 단, 청약자격을 갖추어야 청약신청 가능
납입기간	가입일로부터 입주자로 선정된 날까지 ※ 단, 분양전환되지 않는 임대주택에 당첨된 경우 제외

① J－국민주택과 민영주택은 청약 가능한 자격이 각기 다릅니다.
② S－최초 가입 시 선택한 세율은 어떠한 경우에도 계좌해지일까지 유지됩니다.
③ J－타 은행에 청약예금을 보유하고 있는 분은 해당 상품에 가입하실 수 없습니다.
④ S－분양전환되지 않는 임대주택에 당첨된 경우에는 해당 상품에 추가 납입할 수 없습니다.

53 ○○은행에서는 교통이 불편한 산업단지 내의 중소기업 근로자들에게 교통비를 지원하는 카드를 출시하고, 이와 관련하여 다음과 같은 보도자료를 배포하였다. 보도자료의 내용을 토대로 〈보기〉 중 옳은 것만을 모두 고르시오.

○○은행, 중소기업 근로자 교통비 지원 '청년동행카드' 출시

○○은행은 교통여건이 열악한 산업단지 내 중소기업에 재직 중인 근로자에게 교통비를 지원하는 '함께 가요! 근로동행카드'를 출시한다고 밝혔다. 교통비는 2018년 7월부터 2021년 말까지 매월 1인당 최대 5만 원까지 지원되며 버스, 지하철, 택시, 주유비 등으로 사용하면 5만 원 한도 내에서 차감되는 방식이다. 지원 대상 산업단지는 한국산업단지공단 공식 블로그에서 확인할 수 있다.
신용과 체크카드로 발급 가능하며 ▲영화관 8천 원(체크카드는 4천 원) ▲주요 커피전문점 20% ▲3대 소셜커머스 20% ▲주요 패밀리레스토랑 20% 등의 할인 서비스를 제공한다. 신용카드는 ▲전 가맹점 2~3개월 무이자 할부 ▲전 주유소 리터당 60원 ▲대형마트 5% 할인 혜택을 추가로 받을 수 있다.
신용카드 연회비는 국내전용 2천 원, 국내외겸용 5천 원이며 체크카드는 연회비가 없다. 전국 영업점, 홈페이지, 카드 발급센터(☎15××－0088(내선10#))를 통해 신청 가능하며, 교통비 지원 사업에 관한 자세한 내용은 한국산업단지공단 홈페이지(www.kicox.or.kr)를 통해 확인할 수 있다.

보기

ㄱ. 제시된 혜택을 전혀 이용하지 않는다면, 체크카드로 신청하는 것이 유리하다.
ㄴ. 신용카드에만 적용되는 추가 혜택이 없다면, 신용카드와 체크카드로부터 받는 혜택이 동일하다.
ㄷ. 한국산업단지공단 홈페이지에서는 교통비 지원 사업에 대한 자세한 내용을 확인할 수 있으며, 신청도 가능하다.
ㄹ. 2018년 7월부터 매월 최대 한도의 지원을 받는다고 할 때, 1인당 수령 가능한 최대 지원 금액은 200만 원 이상이다.

① ㄱ, ㄴ
② ㄱ, ㄹ
③ ㄴ, ㄷ
④ ㄴ, ㄹ

[54~55] ㅇㅇ은행의 IT 개발팀에서는 대출 시 위험도를 측정하는 프로그램(Wise－Asset)을 개발하였다. K대리는 이 프로그램에 대한 프레젠테이션을 담당하며, 아래 내용은 K대리의 프레젠테이션 내용 일부를 발췌한 것이다. 이어지는 질문에 답하시오.

Wise－Asset프로그램은 개별 대출건을 위험과 안전 등 두 가지로 판정합니다. 위험이란 대출건에서 '연체'가 발생할 확률이 높은 경우 내리는 판정이고 안전은 대출건에서 '정상'이 발생할 확률이 높은 경우 내리는 판정입니다. 프로그램의 신뢰도를 평가하기 위하여 6개월간 시험운영한 결과는 〈표〉에 나타난 것과 같습니다.

〈표〉 프로그램 시험운용 결과

기간	판정－실제	사례 수	기간	판정－실제	사례 수
1월~3월	안전－정상	360	4월~6월	안전－정상	160
	안전－연체	140		안전－연체	40
	위험－정상	120		위험－정상	20
	위험－연체	180		위험－연체	180

※ 정상이란 대출건에서 정상적으로 원금과 이자를 회수한 경우를 말하고 연체란 대출건에서 원금을 회수할 수 없는 상황이 발생하거나 원금과 이자 등을 장기간 연체하고 있는 경우를 말한다.

〈중략〉

위 결과를 근거로 판단할 때 이 프로그램의 신뢰도는 대략 (가)%입니다.

※ 신뢰도 : 총 판정건수에서 개별 대출건을 안전으로 예측한 경우 '정상'이 발생하거나, 위험으로 예측한 경우 '연체'가 발생하는 경우에 해당하는 경우의 비율로 %로 나타낸다.

$$\text{신뢰도} = \frac{\text{'안전－정상'} + \text{'위험－연체'}}{\text{총 판정건수}}$$

54 (가)에 해당하는 숫자로 가장 적절한 것은?

① 30　② 45
③ 55　④ 75

55 다음은 K대리의 프레젠테이션이 끝난 후 회의에 참석하였던 관계자들의 진술이다. 옳은 발언을 한 사람을 모두 고르면?

〈관계자들의 진술〉

갑과장 : 만약 대출건이 50건이고 신뢰도가 80%라면 Wise－Asset프로그램의 예측이 정확한 경우는 40건밖에 안 되네요. 생각보다 잘못 예측하는 경우가 많은 것 같아요.

을부장 : 현재 Wies－Asset 프로그램의 신뢰도가 (가)%이고 '정상'인 대출건과 '연체'인 대출건에 대하여 동일한 신뢰도가 적용된다면, 대출건 50건 중 실제 정상인 대출건이 40건인 경우 이 프로그램이 '안전'하다고 판정하는 대출건수는 총 32.5건 정도네요.

병과장 : 음 … '정상'인 대출건과 '연체'인 대출건에 대하여 동일한 신뢰도가 적용된다면, 예를 들어 총 대출건수는 50건이고 실제 정상인 대출건이 40건인 경우 프로그램의 신뢰도가 높아질수록 '안전'판정을 받는 건수가 줄어드는 결과가 발생하네요. 신뢰도가 높아질수록 보수적인 판정을 한다고 생각하면 될까요?

① 갑과장　　② 병부장
③ 을부장, 병과장　　④ 갑과장, 을부장

56 다음은 KB국민은행의 예금거래기본약관의 일부이다. 제시자료의 내용과 부합하지 않는 것은?

제6조 입금

① 거래처는 현금이나 즉시 추심할 수 있는 수표·어음·기타 증권(이하 '증권'이라 합니다) 등으로 입금할 수 있습니다.

② 거래처는 현금이나 증권으로 계좌송금(거래처가 개설점 이외에서 자기 계좌에 입금하거나, 제3자가 개설점 또는 다른 영업점이나, 다른 금융기관에서 거래처 계좌에 입금하는 것)하거나, 계좌이체(거래처의 신청에 따라 은행이 특정계좌에서 자금을 출금하여 같은 은행 또는 다른 은행의 다른 계좌에 입금하는 것)를 할 수 있습니다.

③ 증권으로 입금할 때 입금인은 증권의 백지보충이나 배서 또는 영수기명날인 등 필요한 절차를 밟아야 하며, 은행은 백지보충 등의 의무를 지지 않습니다.

④ 입금하는 증권이 수표나 어음일 때 은행은 소정 금액란에 적힌 금액으로 처리합니다.

제7조 예금이 되는 시기

① 제6조에 따라 입금한 경우 : 다음 각 호의 시기에 예금이 됩니다.

1. 현금으로 입금한 경우 : 은행이 이를 받아 확인한 때
2. 현금으로 계좌송금하거나 또는 계좌 이체한 경우 : 예금원장에 입금의 기록을 한 때
3. 증권으로 입금하거나 계좌송금한 경우 : 은행이 그 증권을 교환에 돌려 부도 반환시한이 지나고 결제를 확인한 때. 다만, 개설점에서 지급하여야 할 증권은 그날 안에 결제를 확인한 때

② 제1항 제3호에도 불구하고 증권이 자기앞수표이고 지급제시기간 안에 사고신고가 없으며 결제될 것이 틀림없음을 은행이 확인한 경우에는 예금원장에 입금의 기록이 된 때 예금이 됩니다.

③ 은행은 특별한 사정이 없는 한 제1항 및 제2항의 확인 또는 입금기록을 신속히 하여야 합니다.

제8조 증권의 부도

① 제6조 제1항에 따라 입금한 증권이 지급거절되었을 때는 은행은 그 금액을 예금원장에서 뺀 뒤, 거래처(무통장 입금일 때는 입금의뢰인)가 신고한 연락처로 그 사실을 알립니다. 다만, 통화불능 등 부득이한 사유로 그 사실을 알릴 수 없는 경우에는 그러하지 아니합니다.

② 은행은 지급 거절된 증권을 그 권리보전절차를 밟지 아니하고, 입금한 영업점에서 거래처(무통장 입금일 때는 입금의뢰인)가 반환 청구할 때 돌려줍니다. 다만, 증권발행인이 지급 거절한 날의 다음 영업일까지 증권을 입금한 예금계좌에 해당자금을 현금이나 즉시 현금으로 바꿀 수 있는 증권으로 입금했을 때는 발행인에게 돌려줄 수 있습니다.

제9조 이자

① 이자는 원을 단위로 약정한 예치기간 또는 제7조에 따라 예금이 된 날(자기앞수표·가계수표는 입금일)부터 지급일 전날까지의 기간에 대하여 은행이 정한 이율로 셈합니다.

② 은행은 예금종류별 예금이율표를 영업점 및 인터넷 홈페이지에 비치·게시하고, 이율을 바꾼 때는 그 바꾼 내용을 영업점 및 인터넷 홈페이지에 1개월 동안 게시합니다.

③ 제2항에 따라 이율을 바꾼 때는, 입출금이 자유로운 예금은 바꾼 날로부터 바꾼 이율을 적용하며, 거치식·적립식예금은 계약 당시의 이율을 적용함을 원칙으로 하되, 변동금리가 적용되는 예금은 바꾼 날로부터 바꾼 이율을 적용합니다.
④ 변동이율을 적용하는 거치식·적립식 예금은 최초 거래시 이율적용방법을 통장, 전산통신기기 등으로 표시하며, 변동이율을 적용하는 적립식예금은 이율을 바꾼 때마다 바뀐 이율을 통장에 기록하거나 전산통신기기 등으로 안내합니다.
⑤ 거래처가 실제 받는 이자는 제1항에 따라 셈한 이자에서 소득세법 등 관계법령에 따라 원천징수한 세액을 뺀 금액입니다.

① 개설점에서 지급하여야 할 증권으로 입금한 경우, 그 날 안에 결제를 확인한 때에 예금이 된다.
② 입금한 증권이 지급거절되었을 경우 은행은 해당 금액을 예금원장에서 빼고, 통화불능 등의 부득이한 사유가 발생하지 않는 한 거래처가 신고한 연락처로 그 사실을 알려야 한다.
③ 지급제시기간 안에 사고신고가 없으며 결제될 것이 틀림없음을 은행이 확인한 자기앞수표의 경우 예금원장에 입금의 기록이 된 때로부터 지급일 전날까지의 기간에 대하여 은행이 정한 이율로 이자를 셈한다.
④ 예금종류별 이율이 변경된 경우 은행은 해당 내용을 영업점과 인터넷 홈페이지에 1개월 동안 게시하여야 한다.

57 다음 중 글을 바르게 이해한 것은?

제44조(정보통신망에서의 권리보호)

제1항 이용자는 사생활 침해 또는 명예훼손 등 타인의 권리를 침해하는 정보를 정보통신망에 유통시켜서는 아니 된다.

제2항 정보통신서비스 제공자는 자신이 운영·관리하는 정보통신망에 제1항에 따른 정보가 유통되지 아니하도록 노력하여야 한다.

제3항 방송통신위원회는 정보통신망에 유통되는 정보로 인한 사생활 침해 또는 명예훼손 등 타인에 대한 권리침해를 방지하기 위하여 기술개발·교육·홍보 등에 대한 시책을 마련하고 이를 정보통신서비스 제공자에게 권고할 수 있다.

제44조의2(정보의 삭제요청 등)

제1항 정보통신망을 통하여 일반에게 공개를 목적으로 제공된 정보로 사생활 침해나 명예훼손 등 타인의 권리가 침해된 경우 그 침해를 받은 자는 해당 정보를 처리한 정보통신서비스 제공자에게 침해사실을 소명하여 그 정보의 삭제 또는 반박내용의 게재(이하 "삭제등"이라 한다)를 요청할 수 있다.

제2항 정보통신서비스 제공자는 제1항에 따른 해당 정보의 삭제등을 요청받으면 지체 없이 삭제·임시조치 등의 필요한 조치를 하고 즉시 신청인 및 정보게재자에게 알려야 한다. 이 경우 정보통신서비스 제공자는 필요한 조치를 한 사실을 해당 게시판에 공시하는 등의 방법으로 이용자가 알 수 있도록 하여야 한다.

제3항 정보통신서비스 제공자는 자신이 운영·관리하는 정보통신망에 제42조에 따른 표시방법을 지키지 아니하는 청소년유해매체물이 게재되어 있거나 제42조의2에 따른 청소년 접근을 제한하는 조치 없이 청소년유해매체물을 광고하는 내용이 전시되어 있는 경우에는 지체 없이 그 내용을 삭제하여야 한다.

제4항 정보통신서비스 제공자는 제1항에 따른 정보의 삭제요청에도 불구하고 권리의 침해 여부를 판단하기 어렵거나 이해당사자 간에 다툼이 예상되는 경우에는 해당 정보에 대한 접근을 임시적으로 차단하는 조치(이하 "임시조치"라 한다)를 할 수 있다. 이 경우 임시조치의 기간은 30일 이내로 한다.

제5항 정보통신서비스 제공자는 필요한 조치에 관한 내용·절차 등을 미리 약관에 구체적으로 밝혀야 한다.

제6항 정보통신서비스 제공자는 자신이 운영·관리하는 정보통신망에 유통되는 정보에 대하여 제2항에 따른 필요한 조치를 하면 이로 인한 배상책임을 줄이거나 면제받을 수 있다.

제44조의3(임의의 임시조치)

제1항 정보통신서비스 제공자는 자신이 운영·관리하는 정보통신망에 유통되는 정보가 사생활 침해 또는 명예훼손 등 타인의 권리를 침해한다고 인정되면 임의로 임시조치를 할 수 있다.

제2항 제1항에 따른 임시조치에 관하여는 제44조의2 제2항 후단, 제4항 후단 및 제5항을 준용한다.

제44조의4(자율규제)

제1항 정보통신서비스 제공자단체는 이용자를 보호하고 안전하며 신뢰할 수 있는 정보통신서비스를 제공하기 위하여 정보통신서비스 제공자 행동강령을 정하여 시행할 수 있다.

제2항 정보통신서비스 제공자단체는 다음 각 호의 어느 하나에 해당하는 정보가 정보통신망에 유통되지 아니하도록 모니터링 등 자율규제 가이드라인을 정하여 시행할 수 있다.
제1호 청소년유해정보
제2호 제44조의7에 따른 불법정보
제3항 정부는 제1항 및 제2항에 따른 정보통신서비스 제공자단체의 자율규제를 위한 활동을 지원할 수 있다.

① 방송통신위원회는 타인에 대한 권리침해 방지 목적의 교육을 이용자에게 시행하여야 한다.
② 정보통신망을 통해 제공되는 정보에 권리를 침해받은 사람이 정보통신서비스 제공자에게 침해사실 소명하며 삭제를 요청했으나 이를 반영하지 않은 경우 배상책임을 질 수 있다.
③ 정보통신서비스 제공자는 자신이 운영·관리하는 정보통신망에 타인의 권리를 침해하는 정보가 유통된다고 인정, 정보에 대한 접근을 차단할 경우 정보게재자와 피해자에게 선공지해야 한다.
④ 정보통신서비스 제공자단체는 청소년유해정보가 정보통신망에서 유통되지 않도록 자율규제를 시행하는 정보통신서비스 제공자를 지원해야 한다.

58 **다음 글에서 서술된 세 가지 대책들과 〈보기〉에 기술된 각 상황들에서 이루어진 조치들이 올바르게 짝지어진 것은?**

부도가 난 ○○회사의 채무액은 2억 5,000만 원에 달하며, 한편 1억 원 상당의 유동자산을 보유하고 있다. 이 회사는 파산과 관련된 법적 비용들을 줄이기 위해 채권자들과 협의하여 다음의 조치들을 취할 계획이다.

A. **상환유예** : 채권자들은 자신들이 받아야 할 채권액 전부를 상환 받지만, 상환기일을 연기해 준다.
B. **부분상환** : 상환기일을 연기해 주지 않고 즉시 상환 받지만, 채권자들은 채권규모 비율에 따라 자신들의 채권액 중 일부분만을 상환 받는다.
C. **혼합** : 상환기일을 연기해 주면서 동시에 자신들의 채권액 중 일부분만 받는다.

보기

ㄱ. 각 채권자는 채권액 1,000만 원당 400만 원을 즉시 받고, 회사가 모든 채무를 이행한 것으로 간주한다.
ㄴ. 각 채권자는 채권액 1,000만 원당 200만 원씩 두 번에 나눠서 총 400만 원만을 받는다. 첫 상환은 90일 후에 행해지고, 두 번째 상환은 첫 상환 후 90일 후에 이루어진다.
ㄷ. 각 채권자는 채권액 1,000만 원당 세 번에 걸쳐 500만 원, 250만 원, 250만 원 총 1,000만 원을 상환 받는다. 첫 상환은 60일 후에 시작되며, 이어지는 상환은 60일의 간격을 두고 행해진다.

	ㄱ	ㄴ	ㄷ
①	상환유예	부분상환	혼합
②	부분상환	혼합	혼합
③	부분상환	혼합	상환유예
④	상환유예	부분상환	상환유예

[59~60] KB국민은행(신탁)은 한국 스튜어드십 코드에 참여하여, 선택적으로 수용한 세부 원칙을 이행하며, '내부통제규정', '준법감시업무규정', '이해상충의 관리 등에 관한 지침', '신탁업무지침' 등의 전문을 대외적으로 공개하지 않는 대신 이해상충 방지 방안에 대한 내용을 발췌하여 공개한다. 다음은 KB국민은행(신탁)이 공개하는 이해상충 방지 방안의 일부이다. 이어지는 질문에 답하시오.

1. 수탁자 책임을 이행함에 있어 발생 가능한 이해상충 문제를 체계적으로 관리하기 위한 세부 방안이 상기 관련 내부 규정 및 지침에 포함되어 있습니다.
   1) 수탁자 책임을 이행하는 과정에서 직면할 수 있는 이해상충 문제의 유형은 다음과 같습니다.
      ☞ KB국민은행(신탁)을 포함한 KB금융그룹의 사업관계 등에 따른 이해상충
      ☞ 신탁재산 투자운용 부서와 타 부서 간의 이해상충
      ☞ 신탁재산 투자운용 임직원의 겸직 및 거래관계 등에 따른 이해상충
   2) '이해상충의 관리 등에 관한 지침'에 의하면,
      ☞ 계열회사와 이해상충이 발생할 가능성이 큰 경우에 정보교류 차단을 위해 필요한 세부 지침이 마련되어 있습니다.
      ☞ 은행 내 고유재산운용업무·투자매매업·투자중개업과 집합투자업·신탁업 간, 기업금융업무와 고유재산운용업무·금융투자업 간 정보교류 차단을 위해 필요한 세부 지침이 마련되어 있습니다.
      ☞ 임직원에 대해 이해상충 가능성이 있는 겸직을 제한하고, 임직원 간 정보교류 및 전산설비 등의 공동사용을 제한하는 엄격한 차단벽이 마련되어 있습니다.
      ☞ 임직원의 금융투자상품 매매거래와 관련하여 업무상 직위를 이용하여 투자자의 신탁재산에 손해를 끼치는 행위 및 미공개정보에 근거한 매매거래를 등을 금지하는 세부 지침이 마련되어 있습니다.
2. 의결권 행사와 관련한 이해상충 문제를 방지하기 위하여 다음과 같은 방안을 마련하고 있습니다.
   1) 의결권 행사와 관련한 내부의 최고 의사결정기구를 두고 있습니다.
   2) 상기 최고 의사결정기구에 대하여 구성 및 운영의 독립성을 제고하기 위한 세부 방안을 마련하고 있습니다.
      ☞ 의결권 행사와 관련한 주요 사항에 대한 심의 및 의결 시에는 외부 전문가 등을 위원으로 위촉하여, 이들로 하여금 독립적인 위치에서 해당 사항을 판단하도록 하고 있습니다.
      ☞ 의결권 행사 여부 및 찬·반 행사 등을 결정함에 있어 이해상충 발생 가능성이 높은 위원에 대해서는 일부 의결권을 제한하도록 하고 있습니다.
   3) 특히, 의결권 찬·반 결정에 대하여 독립성 및 전문성을 충분히 갖춘 의결권 자문기관의 권고 의견을 참고하도록 하고 있습니다.
      ☞ 외부 의결권 자문기관은 객관적 기준에 따른 합리적인 절차에 의해 선정됩니다.
      ☞ 외부 의결권 자문기관에 대한 관리 및 평가는 주기적으로 실행합니다.
      ☞ 상기 평가 결과를 바탕으로 주기적으로 외부 의결권 자문기관을 교체함으로써 사업관계 고착에 따른 독립성 훼손을 방지하려고 노력합니다.

59 다음 중 수탁자 책임을 이행하며 발생할 수 있는 이해상충 문제의 관리를 위한 방안이 아닌 것은?

① 이해상충 발생 가능성이 큰 계열회사와의 정보교류 차단
② 기업금융업무와 고유재산운용업무 간의 정보교류 차단
③ 이해상충 가능성이 있는 임직원에 대한 겸직 제한
④ 임직원의 공개정보에 근거한 금융투자상품 매매거래 금지

60 의결권 행사와 관련된 이해상충 문제를 방지할 방안으로 옳지 않은 것은?

① 내부 최고 의사결정기구에서 주요 사항의 심의·의결을 위한 판단이 필요할 때 외부 전문가를 위촉한다.
② 이해상충 발생 가능성이 높은 위원의 경우 일부 의결권을 제한한다.
③ 합리적 절차에 의해 선정된 외부 의결권 자문기관은 주기적으로 교체된다.
④ 내부 최고 의사결정기구의 의결권 행사 시 외부 의결권 자문기관에 대한 평가를 선행한다.

61 다음은 KB국민은행의 예금거래기본약관의 일부이다. 제시자료의 내용과 부합하지 않는 것은?

제1조 적용범위

이 약관은 입출금이 자유로운 예금, 거치식예금, 적립식예금 거래에 적용합니다.

제2조 실명거래

① 거래처는 실명으로 거래하여야 합니다.

② 은행은 거래처의 실명확인을 위하여 주민등록증·사업자등록증 등 실명확인증표 또는 그밖에 필요한 서류의 제시나 제출을 요구할 수 있고, 거래처는 이에 따라야 합니다.

제3조 거래장소

거래처는 예금계좌를 개설한 영업점(이하 '개설점'이라 합니다)에서 모든 예금거래를 합니다. 다만, 은행이 정하는 바에 따라 다른 영업점이나 다른 금융기관, 또는 현금자동출금기·현금자동입출금기·컴퓨터·전화기 등(이하 '전산통신기기'라 합니다)을 통해 거래할 수 있습니다.

제4조 거래방법

거래처는 은행에서 내준 통장(증서, 전자통장을 포함합니다, 이하 같습니다.) 또는 수표·어음 용지로 거래하여야 합니다. 그러나 입금할 때와, 자동이체약정·전산통신기기·바이오인증 이용약정에 따라 거래하는 경우 및 기 등록된 생체정보(이하 "바이오정보"), 실명확인증표 등을 통해 본인확인된 경우에는 통장 없이(이하 "무통장")도 거래할 수 있습니다.

제5조 인감과 비밀번호 등의 신고

① 거래처는 거래를 시작할 때 인감 또는 서명, 비밀번호, 성명, 상호, 대표자명, 대리인명, 주소 등 거래에 필요한 사항을 신고하여야 합니다. 다만, 비밀번호는 비밀번호입력기(이하 "PinPad기"라 합니다)에 의하여 거래처가 직접 등록할 수 있으며, 거래처가 은행에 내점할 수 없는 경우 거래처는 개설된 예금의 첫거래 전에 은행이 정한 방법에 따라 전산통신기기를 이용하여 비밀번호를 등록하여야 합니다.

② 제1항에 불구하고 은행에서 따로 정하는 예금은 비밀번호를 신고하지 않습니다.

③ 거래처는 인감과 서명을 함께 신고하거나, 인감 또는 서명을 추가 신고할 수 있습니다.

④ 통장을 발행하지 않는 경우 은행은 거래처로부터 인감 또는 서명의 신고 절차를 생략할 수 있습니다.

제6조 입금

① 거래처는 현금이나 즉시 추심할 수 있는 수표·어음·기타 증권(이하 '증권'이라 합니다) 등으로 입금할 수 있습니다.

② 거래처는 현금이나 증권으로 계좌송금(거래처가 개설점 이외에서 자기 계좌에 입금하거나, 제3자가 개설점 또는 다른 영업점이나, 다른 금융기관에서 거래처 계좌에 입금하는 것)하거나, 계좌이체(거래처의 신청에 따라 은행이 특정계좌에서 자금을 출금하여 같은 은행 또는 다른 은행의 다른 계좌에 입금하는 것)를 할 수 있습니다.

③ 증권으로 입금할 때 입금인은 증권의 백지보충이나 배서 또는 영수기명날인 등 필요한 절차를 밟아야 하며, 은행은 백지보충 등의 의무를 지지 않습니다.

④ 입금하는 증권이 수표나 어음일 때 은행은 소정 금액란에 적힌 금액으로 처리합니다.

① 입출금이 자유로운 예금 거래에서 입금 시 바이오정보를 통한 본인확인 후에는 무통장 거래가 가능하다.

② 거래처가 거래에 필요한 사항 중 비밀번호를 신고할 때 PinPad기나 전산통신기기를 통해 등록할 수 있다.

③ 은행에 내점할 수 없는 거래처는 통장을 발행하지 않는 경우 비밀번호 등록과 인감 또는 서명 신고를 개설된 예금의 첫거래 전에 완료하여야 거래가 가능하다.

④ 은행은 거래처의 신청에 따라 특정계좌에서 자금을 출금하여 같은 은행 또는 다른 은행의 다른 계좌에 입금할 수 있다.

62 다음은 KB국민은행의 예금거래기본약관의 일부이다. 제시자료의 내용과 부합하지 않는 설명은?

> 제10조 지급·해지청구
>
> ① 거래처가 예금·이자를 찾거나 예금계약을 해지하고자 할 때는 신고한 비밀번호 등 필요한 사항을 적거나 PIN-Pad기에 입력하고, 거래인감을 날인하거나 서명감과 일치하게 서명한 지급 또는 해지 청구서를 제출 하여야 합니다.
>
> ② 거래처가 무통장으로 거래하고 실명확인증표 등에 의해 본인확인된 경우 은행이 정하는 바에 따라 제1항에 따른 절차의 전부 또는 일부를 생략할 수 있습니다.
>
> ③ 거래처가 자동이체·전산통신기기·바이오인증 등을 이용하여 찾을 때는 그 약정에서 정한 바에 따릅니다.
>
> 제11조 금융사고자금 지급정지
>
> ① 은행은 '금융사고예방을 위한 공동협약'(이하 '협약'이라 한다) 및 '금융사고예방을 위한 공동협약 시행세칙'(이하 '세칙'이라 한다)에서 정하는 금융사고(이하 '금융사고'라 한다)로 인한 사고자금이 이체된 거래처의 계좌(이하 '사고계좌'라 한다)에 대하여 금융사고가 발생한 금융기관의 요청이 있는 경우 지체없이 지급정지를 취한다.
>
> ② 제1항의 지급정지 금액은 금융사고로 인해 이체된 금액 이내로 한다.
>
> ③ 제1항의 지급정지기간은 지급정지한 날로부터 10영업일 이내로한다. 다만, 지급정지를 요청한 금융기관의 신청으로 법원에 의한 결정문 송달이 이루어진 경우에는 그러하지 아니하며, 법원의 결정문 송달이 지연되어 지급정지를 요청한 금융기관이 관련증빙서류를 첨부하여 서면으로 지급정지기간의 연장을 요청하는 경우 은행은 10영업일 이내에서 연장할 수 있다.
>
> ④ 은행이 제1항의 지급정지를 한 때에는 지체없이 거래처에 지급정지 사실과 이의신청 절차를 유선 또는 이와 상응하는 방법으로 통지하여야 하며, 거래처가 이의를 신청한 때에는 은행이 정한 민원처리 절차에 의하여 처리한다.
>
> ⑤ 거래처가 지급을 청구하는 경우에는 금융사고에 의해 이체된 자금을 제외하고 지급한다.
>
> ⑥ 은행은 금융사고와 관련한 사항이 해소 된 경우 지체없이 지급정지를 해지 하여야 한다.
>
> ⑦ 은행은 거래처의 계좌에서 금융사고로 인한 사고자금이 다른 금융기관에 이체된 경우 사고발생을 인지한 날로부터 10일 이내에 그 다른 금융기관에 대하여 지급정지를 요청할 수 있다.
>
> ⑧ 이 조의 금융사고자금 지급정지와 관련하여 이 조에서 정하지 아니한 사항은 제1항의 협약 및 세칙에서 정하는 바에 따른다.

① 실명확인증표에 의해 본인확인된 무통장 거래처가 예금계약을 해지하고자 하는 경우 비밀번호 입력, 해지청구서 제출 등의 절차의 일부를 생략할 수 있다.

② 은행은 금융사고가 발생한 금융기관의 요청이 있는 경우 사고자금이 이체된 거래처의 계좌에 대하여 10영업일 이내에 지급정지를 취해야 한다.

③ 지급정지를 요청한 금융기관이 지급정지기간의 연장을 요청할 경우 은행은 10영업일 이내에서 연장할 수 있다.

④ '금융사고예방을 위한 공동협약'에서 정하는 금융사고로 인하여 거래처의 계좌에 대하여 지급정지를 한 경우 이의신청 절차를 통지하여야 한다.

63 **다음은 ○○은행의 방카슈랑스 업무지침 중 일부이다. 이에 대한 설명으로 옳지 않은 것을 고르시오.**

> **제4조(판매담당자)** ① 보험상품의 모집에 종사할 판매담당자는 본점, 지점 등 점포별로 2인의 범위 안에서 신고된 소속 임원 또는 직원으로 운용할 수 있으며, 모집에 종사하는 자는 대출 등 불공정 모집의 우려가 있는 업무를 취급할 수 없다.
> ② 판매담당자는 모집하고자 하는 보험종목인 생명보험, 제3보험 및 손해보험의 대리점 자격을 취득한 자로 선정하는 것을 원칙으로 한다.
> ③ 판매담당자를 하는 경우에는 담당부서를 경유하여 금융감독원에 등록하여야 한다.
> ④ 보험상품의 모집에 종사할 판매담당자가 보험업법 시행령 제29조 제2항에 의한 모집종사자 보수교육을 이수하지 않을 경우에는 보험상품을 판매할 수 없다. 다만, 모집종사자 보수교육을 추가로 이수하면 보험상품 판매가 가능하다.
>
> **제5조(판매보험상품)** 판매보험상품은 제 26조에서 정한 모집가능 보험상품의 범위 내에서 고객선호도 및 수익성 등을 감안하여 결정한다.
>
> **제6조(수수료 취득)** 보험상품 판매에 대한 판매수수료는 당행과 제휴보험사간의 상품별 수수료 기준에 의하여 취득한다.
>
> **제7조(민원처리 및 전담창구 설치)** ① 보험계약과 관련하여 발생하는 민원은 당행과 제휴보험사에서 각각 접수하여 처리한다.
> ② 보험계약자 등의 보험민원을 접수하여 처리할 전담창구를 본점에 설치하여 운영하며 안내판을 설치하는 등의 방법으로 금융소비자가 쉽게 식별할 수 있도록 한다.

① 보험상품 판매담당자는 대출 업무를 취급할 수 없다.
② 보험상품 판매담당자는 담당부서를 경유하여 금융감독원에 등록하여야 한다.
③ 보험상품 판매담당자는 보험업법 시행령에 따른 보수교육을 이수하여야 보험상품 판매가 가능하다.
④ 보험계약과 관련된 민원은 상호 합의 하에 은행과 제휴보험사 중 한 곳에서 전담한다.

64 M사의 총무팀에서 근무하는 D대리는 회사 직원들의 초과근무와 관련된 업무를 담당하고 있다. M사의 초과근무수당 규정이 아래와 같을 때 D대리가 정리한 내용 가운데 적절하지 않은 것은?

〈초과근무 수당 규정〉

제2조 (정의)

1. 시간외 근무라 함은 규정된 근무시간에서 24시간 이상을 초과하여 업무를 수행하는 것을 말한다.
2. 야간근무라 함은 야간에 한해서 근무하는 자와 주야 교대 근무자로서 야간에 근무를 하는 것을 말한다.
3. 휴일 근무라 함은 공휴일에 특별히 근무하는 것을 말한다.

제3조 (초과근무와 절차)

1. 초과근무를 할 필요가 있는 직원은 초과근무 명세서(별지서식 제1호)에 의거 일과종료 1시간 전까지 초과근무 신청서(별지서식 제2호)를 작성하여 총무과장에게 제출하여야 한다.
2. 사전명령 없이 초과근무를 한 경우 또는 명령에서 정한 시간보다 초과하여 근무한 때에는 익일까지 명령권자의 사후 결재를 받아야 한다.

제4조 (근무의 확인)

1. 총무과장은 당일 일과 후부터 익일 일과 개시 전까지 초과근무자의 근무사항을 기재한 초과근무 대장(별지서식 제3호)를 당직실에 배치하고 당직 책임자에게 그 근무상황을 확인하게 한다.
2. 초과근무자는 근무종결 후 퇴근 시에 당직실에 비치되어 있는 초과근무대장에 퇴근시간을 기재하고 날인을 하여야 하며 당직책임자는 이를 확인하여야 한다.
3. 총무과장은 초과근무대장을 조회하여 초과근무자의 근무상황과 그 근무시간 등을 파악하여야 한다.

제5조 (수당의 인정범위)

1. 시간외 근무시간은 1일 4시간 주당 12시간을 초과하여 명령할 수 없고 월 36시간 이내의 시간에 한하여 인정한다.
2. 야간근무시간은 야간근무 수당 예산이 계상된 자로서 야간을 정규근무시간으로 근무하는 자에 한하여 당일 22 : 00부터 익일 06 : 00까지의 실제 근무시간을 계산한다.
3. 휴일근무는 휴일근무수당 예산이 계상된 자로서 근무명령에 따라 휴일에 출근하여 근무한 자에 대하여 실제 근무 일수를 계산한다. 다만, 평일을 대체 휴일로 하는 자의 휴일 근무에 대해서는 수당을 지급하지 아니한다.

① 초과근무는 원칙적으로 사전에 허가를 받아야 한다.
② 1주일간 20시간을 초과 근무하였더라도 최대 12시간만 인정하여 초과수당을 지급한다.
③ 사전명령이 없었던 초과근무의 경우에 사후결재를 반드시 받아야 한다.
④ 평일을 대체휴일로 하는 직원은 휴일에 근무하더라도 수당을 지급하지 않는다.

65 ○○은행에 근무하는 K사원은 창구사무를 담당하고 있다. 아래 〈금융실명거래를 위한 실명확인 필요서류〉에 따를 때, 별도의 서류를 추가요청하지 않고 바로 신규계좌를 개설할 수 있는 고객을 고르면?

〈금융실명거래를 위한 실명확인 필요서류〉

신청인	실명확인에 필요한 서류	보관서류
본인	실명확인증표 원본 : 주민등록증, 운전면허증, 여권 중 하나	실명확인증표 사본
가족	① 본인의 실명확인증표 ② 신청인의 실명확인증표 ③ 가족관계확인 서류	신청인의 실명확인증표 사본, 가족관계확인 서류 원본 또는 사본
대리인	본인 및 대리인의 실명확인증표에 의하여 실명확인 ① 본인의 실명확인증표(사본 가능) ② 대리인의 실명확인증표 ③ 위임장 ④ 본인의 인감증명서 또는 본인서명사실확인서	본인과 대리인의 실명확인증표 사본, 위임장, 본인의 인감증명서 또는 본인서명사실확인서 원본

※ 가족의 범위 : 배우자, 직계존비속, 외조부모, 외손자, 배우자 부모

① A는 본인의 통장을 신규개설하려고 한다. A는 국립대학교 학생증을 가져왔다.
② B는 아버지의 통상을 신규개설하려고 한다. B는 아버지의 주민등록증, 자신의 운전면허증을 가지고 왔다.
③ C는 아들인 D의 통장을 신규개설하려고 한다. C는 자신의 주민등록증, 아들의 여권, 가족관계증명서를 가지고 왔다.
④ E는 본인의 통장을 신규개설하려고 한다. E는 주민등록증을 복사한 서면을 가지고 왔다.

66 **다음은 ○○은행의 업무위탁 등에 관한 기준 중 일부를 발췌한 것이다. 이에 대한 설명으로 옳지 않은 것을 고르시오.**

제5조(리스크평가 및 관리) 제3자와 업무의 위탁 또는 수탁계약을 체결하고자 하거나 지정대리인과 업무의 위탁계약을 체결하는 부서는 위탁 또는 수탁계약 체결 전에 관련 업무에 따른 리스크를 사전에 평가하여 적절한 관리방안을 수립하고, 리스크총괄부의 합의를 받아야 한다.

제6조(비상계획) ① 제3자와 업무의 위탁 또는 수탁계약을 체결하고자 하거나 지정대리인과 업무의 위탁계약을 체결하는 부서는 제3자 또는 지정대리인의 부도·통신두절 등 긴급 상황이 발생할 경우를 대비하여 비상계획을 수립하여야 한다. 제3자 또는 지정대리인이 해당 업무를 포함한 비상계획을 수립한 경우에는 그러하지 아니할 수 있다.

② 클라우드컴퓨팅서비스를 이용한 업무를 위탁하고자 하는 경우, 다음 각 호의 사항을 기재하여 비상계획을 수립하여야 한다.

1. 합병·분할, 계약상 지위의 양도, 재위탁 등 중요 상황 발생시 대책(업무 연속성 계획 포함)에 관한 사항
2. 위탁업무를 다른 수탁자 또는 클라우드컴퓨팅 업무를 위탁한 금융회사 및 전자금융업자에 이전 시키는 경우 업무 장애·서비스지연, 이전을 지원할 의무 등 전환계획에 관한 사항
3. 위탁계약의 종료, 중단, 변경 시 데이터 반환·파기에 관한 사항

제7조(위탁업무 모니터링) ① 제3자와 업무의 위탁 또는 수탁계약을 체결하고자 하거나 지정대리인과 업무의 위탁계약을 체결하는 부서는 제3자 또는 지정대리인의 재무상태 악화 및 리스크 증가 등 업무에 영향을 줄 수 있는 중요사항의 발생에 대비하여 수시로 모니터링을 하여야 하며, 이를 위하여 부서 내에 담당직원을 별도로 지정하여야 한다.

② 제1항에 따라 모니터링을 실시하여 위탁 또는 수탁업무 수행에 중대한 영향을 미치는 사항이 발생하거나 발생할 것이 예상되는 경우에는 해당 부서는 지체 없이 모니터링 결과 등을 경영진에게 보고하고 대책을 수립하여야 한다.

③ 클라우드컴퓨팅서비스를 이용한 업무를 위탁하고자 하는 경우, 다음 각 호의 사항을 모니터링 하여야 한다.

1. 정보처리의 물리적 위치의 주기적 점검
2. 클라우드컴퓨팅서비스 제공자의 보안관리 수준에 관한 사항
3. 유·무형의 위탁업무 처리에 관한 최신 정보 등록·관리, 위탁업무의 품질 또는 서비스수준 등에 관한 사항

① 지정대리인과 업무의 위탁계약을 체결하고자 하는 부서는 계약 체결 전에 리스크총괄부와 합의를 거쳐야 한다.
② 제3자와 업무의 위탁 또는 수탁계약을 체결하고자 하는 부서는 긴급 상황에 대비한 비상계획을 직접 수립하지 않을 수 있다.
③ 지정대리인과 업무의 위탁계약을 체결하는 부서는 업무에 영향을 줄 수 있는 중요사항의 발생에 대비하여 부서 외부에 별도의 모니터링 직원을 지정해야 한다.
④ 클라우드컴퓨팅서비스를 이용한 업무를 위탁하는 경우, 서비스 제공자의 보안관리 수준에 관한 사항을 모니터링해야 한다.

67 **다음은 ○○은행의 '업무방법서' 중 일부를 발췌한 것이다. 이에 대한 설명으로 옳지 않은 것을 고르시오.**

> 제5조(대출금의 이율) ① 은행의 대출금의 이율은 은행장이 정한다.
>
> ② 채무자가 대출원금, 이자 또는 할부금의 납입을 약정한 기일에 이행하지 아니할 때에는 지연배상금으로서 연체이자를 징수하되 그 이율은 은행장이 정한다.
>
> 제6조(대출원리금의 감면) ① 은행의 대출 원금과 이자(이하 연체이자를 포함한다)는 이를 감면(이하 적용이율의 인하를 포함한다)할 수 없다.
>
> ② 은행은 다음 각호의 1에 해당하는 경우에 한하여 제1항의 규정에 불구하고 은행장이 이자를 감면할 수 있다.
>
> 1. 「채무자 회생 및 파산에 관한 법률」에 의한 회생계획안 인가 업체에 대하여 이자의 감면이 필요하다고 인정될 때
> 2. 채권회수의 최종적인 방법으로서 담보권을 실행하여도 회수불능할 때
> 3. 중소기업협동조합과 지방자치단체 또는 영리를 목적으로 하지 아니하는 법인이나 단체에 대한 대출금으로서 연체이자의 감면이 부득이하다고 인정된 때
> 4. 기업정상화를 위한 주요방안으로서 대출금에 대한 이자의 감면이 부득이하다고 인정된 때
> 5. 법 제36조의 규정에 의하여 대출금을 관리자금계좌에 이체하였다가 사업계획의 변경 또는 기타 부득이한 사유로 인하여 그 전부 또는 일부를 다시 당해 대출금상환에 충당함으로써 실질적으로 차주사업에 사용하지 아니하였을 때. 다만, 이 은행 관리자금에 대한 금리부담을 고려하여 결정하여야 한다.
> 6. 채무자의 기업정상화 또는 부실채권의 정리를 위한 주요방안에 채권자인 다른 금융기관과 공동으로 동의하는 때
>
> ③ 은행은 제2항 제1호, 제4호 및 제6호의 경우에 대출원금을 감면하지 아니하고서는 그 목적을 달성할 수 없다고 인정될 때에는 제1항의 규정에 불구하고 대출원금을 감면할 수 있다. 다만, 제4호의 경우에는 이사회가 의결하는 경우에 한한다.

① 대출금의 이율 및 지연배상금으로서 연체이자의 이자율은 은행장이 정한다.
② 은행은 원칙적으로는 대출원리금을 감면할 수 없으나, 예외 조항을 두고 있다.
③ 채권회수의 최종적인 방법으로 담보권을 실행하여도 회수가 불가능한 경우 대출원금의 감면이 가능하다.
④ 기업정상화를 위한 주요방안으로 대출원금을 감면하기 위해서는 이사회의 의결이 필요하다.

68 **다음은 ○○은행의 자금세탁방지업무 취급규정의 일부이다. 이에 대한 설명으로 옳은 것을 고르시오.**

> **제25조(의심되는 거래 보고)** ① 모든 임직원은 의심되는 거래로 판단되는 거래가 발생하거나 발생할 가능성이 있는 경우에는 담당책임자에게 즉시 보고하여야 한다.
> ② 담당책임자는 제1항의 보고사항이 의심되는 거래로 판단되는 경우에는 지체없이 보고책임자에게 보고하여야 한다.
> ③ 담당책임자는 제1항의 보고사항이 신고대상거래인 경우에는 지체없이 관할 수사기관에 신고 후 보고책임자에게 보고하여야 한다.
> ④ 보고책임자는 제2항 또는 제3항에 따라 보고받은 내용을 검토하여 의심되는 거래로 판단되면 지체없이 금융정보분석원장에게 보고하여야 한다.
>
> **제26조(고액 현금거래 보고)** 전산담당직원은 보고대상 고액 현금거래를 추출하여 동거래 발생 후 30일 이내에 금융정보분석원장에게 보고하여야 한다. 다만, 보고책임자가 보고방법을 따로 정한 경우에는 그러하지 아니하다.
>
> **제27조(비밀유지)** 임직원은 보고 또는 신고를 하고자 하거나, 보고 또는 신고를 한 경우 거래상대방을 포함하여 다른 사람에게 그 사실을 누설하여서는 아니된다.
>
> **제28조(자료의 보존)** 보고책임자는 고객확인 및 검증자료, 금융거래기록, 의심되는 거래 보고서 등을 포함한 내·외부 보고서 및 관련 자료 등을 관계 법령 등에서 정하는 바에 따라 보존하여야 한다.

① 모든 임직원은 의심되는 거래로 판단되는 거래가 발생한 경우에만 담당책임자에게 보고 할 수 있다.
② 담당책임자는 신고대상 거래를 보고받은 경우, 보고책임자에게 보고 후 관할 수사기관에 신고해야 한다.
③ 보고책임자는 보고대상 고액 현금거래를 추출하여 거래 발생 후 30일 이내에 금융정보분석원장에게 보고해야 한다.
④ 임직원은 보고 또는 신고를 하기 전이라도 관련 내용을 거래상대방을 포함한 다른 사람에게 누설해서는 안 된다.

69 다음 글을 읽고 판단했을 때, 〈보기〉의 내용 중 옳은 것만을 모두 고르시오.

〈보험 가입 시 주의사항〉

- 보험계약 체결 전 상품설명서 및 약관 확인
  – 보험계약 청약 시에 상품명, 기간, 보험료, 납입기간, 피보험자 등을 반드시 확인하시고 보험상품 내용을 설명받으시기 바랍니다.
- 알릴 의무 준수 및 자필서명
  – 보험계약 청약 시 계약 전 알릴 의무 사항에 대하여 사실대로 청약서에 기재하여야 하며, 청약서상의 자필서명란에 반드시 본인이 자필서명을 하셔야 합니다.
- 보험증권 수령일로부터 15일 이내 청약 철회 가능
  – 다만, 청약을 한 날부터 30일을 초과하는 경우, 회사가 건강상태 진단을 지원하는 청약, 보험기간이 90일 이내인 청약, 전문금융소비자가 체결한 청약은 철회할 수 없습니다.
  – 청약철회 기간 내에 청약철회를 하실 경우 납입한 보험료 전액을 돌려받으실 수 있습니다. 이 경우 회사는 청약의 철회를 접수한 날로부터 3영업일 이내에 이미 납입한 보험료를 돌려드립니다.
  – 판매담당자가 청약에 관한 중요내용(자필서명, 계약자 보관용 청약서 및 약관의 전달과 약관의 주요 내용)의 설명을 잘 이행했는지 확인하시기 바랍니다. 이를 이행하지 아니한 청약에 대하여 계약자는 청약이 성립한 날로부터 3개월 이내에 청약을 취소할 수 있습니다.

보기

ㄱ. 보험상품 내용에 대한 설명 및 약관의 확인 등은 보험계약 체결 전에 진행되어야 한다.
ㄴ. 보험기간이 80일인 경우에는 보험증권 수령일로부터 15일 이내라도 청약의 철회가 불가능하다.
ㄷ. 청약철회 기간 내에 청약철회를 하는 경우, 마지막 보험료를 납입한 날로부터 3영업일 이내에 납입한 보험료를 돌려받을 수 있다.
ㄹ. 판매담당자로부터 약관의 주요 내용을 제대로 설명받지 못한 경우에는 청약철회 기간의 종료일로부터 3개월 이내에 청약의 취소가 가능하다.

① ㄱ, ㄴ　　② ㄱ, ㄷ
③ ㄴ, ㄷ　　④ ㄴ, ㄹ

70 다음은 ○○은행의 예금규정 일부를 발췌한 것이다. 이에 대한 설명으로 옳은 것을 고르시오.

제7조(인감 또는 서명 신고)
① 예금거래를 시작할 때에는 인감 또는 서명을 신고받는다. 다만, 전자통장은 통장실물을 발급할 때 받는다.
② 인감과 서명은 함께 신고받거나, 인감 또는 서명을 추가하여 신고받을 수 있다.

제8조(비밀번호 신고) 예금거래를 시작할 때에는 4자리 숫자의 비밀번호를 신고받는다.

제9조(대리인과의 거래)
① 대리인을 통하여 거래할 때에는 예금주로부터 대리인지정신고서를 받고 제7조에 준하여 대리인의 인감 또는 서명을 신고받는다.
② 대리인 지정을 해제할 때에는 예금주로부터 대리인해제신고서를 받는다.

제10조(고객번호 및 계좌번호) 고객번호 및 계좌번호는 계좌개설순으로 자동 부여한다.

제11조(만기일의 산정) 기간을 정한 예금의 만기일은 다음에 의한다.
1. 연 또는 월로써 정한 때에는 예입일로부터 월력에 따라 연 또는 월수를 계산하여 그 최종월의 응당일로 한다. 다만, 최종월에 응당일이 없을 때에는 그 월의 말일을 만기일로 한다.
2. 일로써 정한 때에는 예입일로부터 계산하여 예입기간이 만료하는 날의 다음 날로 한다.

① 전자통장으로 예금거래를 시작하는 경우, 통장실물이 없더라도 인감 또는 서명을 받아야 한다.
② 대리인의 지정 또는 해제 시에는 예금주로부터 대리인지정 혹은 대리인해제 신고서를 받아야 한다.
③ 고객번호 및 계좌번호는 고객이 원하는대로 자유롭게 지정할 수 있다.
④ 2월 7일에 예입한 예입기간 7일 예금의 만기일은 2월 13일이다.

71 제4차 산업혁명 도래에 발맞춰, 개인 또는 기업의 데이터 활용을 지원하기 위하여 소관부처별로 나누어져 중복 규제 등의 문제가 있던 데이터 3법을 개정하였다. 다음 중 데이터 3법에 해당하지 않는 것을 고르시오.

① 개인정보보호법
② 전자금융거래법
③ 정보통신망법
④ 신용정보법

72 다음 〈보기〉에서 설명하고 있는 개념을 가리키는 용어를 고르시오.

보기
업무 프로세스 중에서 단순히 반복되는 과정들이 자동적으로 진행될 수 있도록 시스템화하는 작업을 의미한다. 단순 작업을 대체할 수 있는 인공지능, 로봇 등의 기술이 빠르게 발전하면서 주목받고 있다.

① EPS
② CNN
③ PER
④ RPA

73 다음 〈보기〉에서 설명하고 있는 개념이 무엇인지 고르시오.

보기
기존의 가상현실(Virtual Reality)보다 진보된 개념으로, 현실과의 경계가 허물어진 3차원의 가상 세계를 의미한다. 대표적으로 미국의 로블록스사(社)에서 제작 및 보급 중인 Roblox가 있으며, 한국에서는 네이버제트의 '제페토', NC Soft의 '유니버스', 빅히트엔터테인먼트의 '위버스' 등이 있다.

① 메타버스(Metaverse)
② 증강현실(Augmented Reality)
③ 세컨드 라이프(Second Life)
④ 블록체인(Block Chain)

74 사용자가 일상 생활 중에 주의를 기울일 필요가 없도록 조용하고 존재감이 없지만, 필요한 서비스를 그때마다 제공해주는 기술을 의미하는 용어는 무엇인지 고르시오.

① 프롭테크(Prop－tech)
② 섭테크(Sup－tech)
③ 캄테크(Calm－tech)
④ 레그테크(Reg－tech)

75 제품 개발 중 해당 제품을 가상의 공간에 배치하고, 실제 사용 시뮬레이션을 진행하여 발생 가능한 문제점을 해결하기 위하여 활용되는 기술을 가리키는 용어는 무엇인지 고르시오.

① Virtual Twin
② Digital Twin
③ Augmented Twin
④ Electronic Twin

76 일상에서 흔히 사용하는 사물에 센서를 부착하여 사물 간 데이터를 실시간으로 주고 받는 기술 및 환경을 일컫는 용어는 무엇인가?

① IoT
② NFC
③ RFID
④ Bluetooth

77 다음 중 단어와 그 단어에 대한 설명이 적절하게 연결되지 않은 것은?

① AR : 특정 장치를 이용하여 인간의 시각, 청각 등 감각을 통하여 컴퓨터의 소프트웨어 프로그램 내부에서 가능한 것을 현실인 것처럼 유사체험하게 만드는 기술

② 빅데이터 : 디지털 환경에서 생성되는 데이터로 그 규모가 방대하고, 생성 주기도 짧고, 형태도 텍스트 위주의 데이터뿐만 아니라 영상 데이터를 포함하는 대규모 데이터

③ 딥러닝 : 사물이나 데이터를 군집화하거나 분류할 때 사용하는 기술로 인공 신경망을 기반으로 한 기계학습 기술

④ 데이터 마이닝 : 여러 데이터 가운데 숨겨져 있는 유용한 상관관계를 발견하여 필요한 정보를 추출해내고 이를 의사결정에 이용하는 과정

78 다음에서 설명하고 있는 개념이 무엇인지 고르시오.

보기

가짜뉴스나 악성 루머 등 잘못된 정보가 온라인에서 전파되어 사회적 불안감을 조성하고, 경제적 혼란을 야기하는 등의 부정적 결과를 초래하는 것을 의미한다. 2019년 최초 발생 후 2020년부터 유행한 COVID-19와 관련하여 이 개념이 이슈가 된 바 있다.

① 팬데믹(Pandemic)
② 리터러시(Literacy)
③ 인포데믹(Infodemic)
④ 엔데믹(Endemic)

79 다음 중 NFT(Non-Fungible Token)에 대한 설명으로 옳지 않은 것을 고르시오.

① 각각의 토큰에 담겨 있는 정보와 가치가 모두 다를 수 있다.
② 그림이나 영상, 음악 등 디지털 자산에 적용 가능하다.
③ 기존 가상화폐에 적용되는 기술인 블록체인과는 무관하다.
④ 최초 판매자는 판매 이후 NFT가 거래될 때마다 수익을 얻도록 설정할 수 있다.

80 다음 중 암호화에 사용되는 키를 서로 다르게 하여 암호화할 때 사용하는 키는 공개하고, 복호화할 때 사용하는 키는 개인키로 하여 비밀을 보장하는 방식은 무엇인가?

① 디지털 서명
② 대칭키 암호화 기법
③ 방화벽
④ 비대칭 암호화 기법

상식 [81~100]

81 김샛별은 글로벌 증시에 투자하는 펀드 매니저이다. 각국의 투자지표가 〈보기〉와 같다고 할 때 김샛별의 바람직한 투자전략은? (단, A, B, C, D국 모두 경제 규모와 1인당 국민소득이 비슷하다고 가정한다)

보기

- A국 증시의 평균 PER(주가수익비율)은 10배이다.
- B국 증시의 평균 PER은 12배이다.
- C국 증시의 시가총액은 GDP(국내총생산) 대비 90% 이다.
- D국 증시의 시가총액은 GDP대비 110%이다.

① A, B, C, D국 주식을 골고루 매입한다.
② A국과 D국 주식을 매입한다.
③ B국과 D국 주식을 매입한다.
④ A국과 C국 주식을 매입한다.

82 최근 자금난을 겪던 A 기업은 기존 주주 등에게 새 주식을 발행하여 자금을 추가로 조달하기로 결정했다. A 기업이 자금난 해결을 위해 사용하려는 방법은 무엇인가?

① 무상증자 ② 유상증자
③ 스톡옵션 ④ 공개매수

83 한국은행은 물가안정목표제를 채택하고 있다. 물가안정목표제에 대한 설명으로 거리가 먼 것은?

① 한국은행은 미리 물가상승률 목표를 제시한다.
② 물가상승률 목표는 매달 달성하는 것을 원칙으로 한다.
③ 물가상승률 목표만을 제시하지만 단기적으로는 경기안정을 동시에 추구한다.
④ 한국은행은 물가안정목표를 달성하기 위해서 정책금리(기준금리)를 수단으로 사용한다.

84 **미국 연준의 지속적인 금리인상이 예상되고 있다. 이 경우 자국내 시장(= 미국시장)에 미칠 수 있는 영향으로 옳지 않은 것은?**

① 아시아권 투자자금 본국으로 유턴
② 달러화 평가 절상
③ 수입물가 하락
④ 미국내 물가 상승

85 **본원통화에 대한 설명 중 옳은 것은?**

① 통화량에 통화 승수를 곱하면 본원통화가 된다.
② 민간화폐 보유액에 금융기관 보유예금을 합한 것이다.
③ 금융기관은 본원통화의 여러 배에 해당되는 파생통화를 시중에 공급한다.
④ 민간화폐보유액에 금융기관 지준예치금을 합한 것이다.

86 **다음 중 수요견인 인플레션의 요인이 아닌 것은?**

① 가계소비성향의 증가
② 정부지출의 증가
③ 수입의 증가
④ 통화량 감소

87 다음 〈보기〉에서 설명하는 유형의 전자금융 사기수법은 무엇인가?

보기

- '돌잔치 초대장', '모바일 청첩장' 등을 내용으로 하는 문자메시지 발송
- 해당 문자의 인터넷주소를 클릭하면 악성코드가 스마트폰에 설치됨
- 피해자가 모르는 사이에 소액결제 피해 발생 또는 개인·금융정보 탈취

① 메모리해킹
② 피싱(Phishing)
③ 파밍(Pharming)
④ 스미싱(Smishing)

88 다음은 최근 각광받고 있는 금융상품 및 금융 보안 기술에 대한 설명이다. (가)와 (나)에 알맞은 용어를 순서대로 나열한 것은?

가. A씨는 급하게 쓸 일이 있어 1,000만 원을 빌리려고 한다. A씨는 은행에 가지 않고 인터넷 중개로 개인 간 직접 금융거래를 통해 필요한 돈을 빌렸다.
나. 온라인 금융 거래에서 해킹을 막는 기술. 누적된 거래 내역 정보가 특정 금융회사의 서버에 집중되지 않고 온라인 네트워크 참여자의 컴퓨터에 똑같이 저장되는 특징이 있다. 비트코인의 거래를 위한 보안 기술로 활용됐다.

① P2P 금융 – IC 칩
② P2P 금융 – 블록체인
③ P2P 금융 – 머신러닝
④ B2B 금융 – 블록체인

89 다음 〈보기〉에서 설명하는 용어는 무엇인가?

보기
구글, 페이스북, 넷플릭스 등과 같은 플랫폼 기업이 세계적으로 성장할 수 있었던 주된 배경 중 하나로 통신사 등 ISP가 특정 인터넷 기업 혹은 컨텐츠를 차단하는 것을 금지하는 산업 정책

① 무어의 법칙
② 라이파이
③ 망중립성
④ 인터넷 거버넌스

90 빅맥지수'(Big Mac index)는 영국의 경제주간지 이코노미스트가 1986년부터 세계 120개국에서 판매되는 미국 맥도날드 햄버거 주력제품인 빅맥 가격을 달러로 환산해 미국내 가격과 비교해 3개월 단위로 발표하는 대표적인 통화 및 물가지수이다. 만약 국내 빅맥 값이 5,000원, 원달러 환율은 1,300원, 미국이 빅맥 가격을 4달러로 가정한다면 빅맥지수와 연계된 적정 환율 수준은 얼마인가?

① 1,210원
② 1,225원
③ 1,230원
④ 1,250원

91 A국 국민소득계정의 구성 항목이 아래와 같다. A국의 (ㄱ) <u>총저축</u>과 (ㄴ) <u>민간저축</u>은?

• 소비지출=300	• 투자지출=200	• 정부지출=100
• 조세수입=150	• 수출=200	• 수입=150

	(ㄱ)	(ㄴ)
①	250	200
②	250	50
③	300	200
④	300	50

92 각 나라의 빅맥 가격과 현재 시장환율이 다음 표와 같다. 빅맥 가격을 기준으로 구매력평가설이 성립할 때, 다음 중 자국 통화는 각각 어떻게 평가되고 있는가?

국가	빅맥 가격	현재 시장환율
미국	3달러	–
한국	3,000원	1달러 = 1,100원
일본	270엔	1달러 = 100엔

	원화	엔화
①	과소평가	과소평가
②	과소평가	과대평가
③	과대평가	과소평가
④	과대평가	과대평가

93 실제성장률이 잠재성장률보다 클 때, 나타날 수 있는 현상이 아닌 것은?

① 물가상승
② 실업증가
③ 중앙은행의 축소금융정책 필요
④ 임금상승

94 **다음의 신문 기사는 2020년 펜데믹 상황에서 ○○일보의 신문기사이다. 여기서 사용하려는 밑줄 친 이 정책은 무엇인가?**

> 정부가 공적 마스크를 제외한 민간 공급물량 20%에 대해 시장 교란 행위가 발생하면 사익 추구 행위를 처벌하겠다고 강조했습니다.
> 김용범 기획재정부 1차관은 오늘(6일) 정부서울청사에서 '제3차 혁신성장 전략점검회의 및 정책점검회의'를 주재한 자리에서 이렇게 밝혔습니다.
> 김 차관은 "축소된 시장 기능을 악용해 사익을 추구하려는 부류도 있을 수 있고, 가격이 폭등할 것을 예상하고 사재기와 매점매석으로 의도적인 재고를 쌓아둘 수도 있다"며 "정부는 이러한 시장교란 행위를 절대 좌시하지 않겠다"고 경고했습니다. 그러면서 "필요하다면 지체 없이 <u>이 정책</u>을 사용하여, 매점매석으로 적발된 물량은 즉시 국민에게 보급하겠다"며 이를 위해 경찰청, 관세청, 국세청 등 관계 부처의 적극적인 업무 수행을 당부했습니다. 김 차관은 "마스크로 대변되는 국민의 안전은 이제 타협이 불가능한 정책의 우선 목표"라고 강조했습니다.

① 이중가격정책
② 최저가격제
③ 최고가격제
④ 최저가격보상제

95 **다음 〈보기〉에서 설명하는 용어로 적절한 것은?**

> **보기**
> 화폐의 액면가에서 화폐 제조비용과 유통비용을 뺀 차익으로, 중앙은행이 갖는 독점적 발권력에 의해 발생한다.
> 1만 원 권의 경우 종이·잉크 등의 재료비와 인쇄비용이 1천 원이라 할 때 그 차익은 9천 원에 이른다. 즉, 중앙은행은 1천 원의 비용을 들여 9천 원의 이익을 얻는 셈이 된다.
> 세계에 통용되는 기축통화인 달러를 발행하는 미국의 경우 세계를 대상으로 천문학적인 차익 효과를 얻게 된다. 예를 들어 미국이 100억 달러를 찍어 이를 외국상품 수입에 쓸 경우 상대적으로 적은 화폐 발행비용만으로도 100억 달러 가치의 실물상품을 얻게 되는 것이다.

① 양적완화
② 시뇨리지
③ 테이퍼링
④ 인플레이션조세

96 **다음 〈보기〉의 용어에 대한 설명 중 맞는 것을 모두 고르시오**

보기

ㄱ. 마이데이터는 은행 계좌와 신용카드 이용내역 등 금융데이터의 주인을 금융회사가 아니라 개인으로 정의하는 개념이다. 마이데이터가 허용되면 개인은 여러 금융회사에 흩어진 금융정보를 통합 관리할 수 있게 된다.
ㄴ. IPO(Initial Public Offering)란 비상장기업이 유가증권시장이나 코스닥시장에 상장하기 위해 주식을 법적인 절차와 방법에 따라 불특정 다수의 투자자들에게 팔고 재무내용을 공시하는 것이다.
ㄷ. 배당락은 두가지 의미로 사용된다. 첫째는 배당기준일이 경과하여 배당금을 받을 권리가 없어지는 것을 의미한다. 둘째는 주식배당으로 주식수가 늘어난 것을 감안, 시가총액을 배당락 전과 동일하게 맞추기 위해 주가를 인위적으로 떨어뜨리는 것을 말한다.
ㄹ. 메타버스는 현실세계와 같은 사회·경제·문화 활동이 이뤄지는 3차원 가상세계를 일컫는 말이다

① ㄱ, ㄴ, ㄷ, ㄹ
② ㄴ, ㄷ, ㄹ
③ ㄱ, ㄷ, ㄹ
④ ㄱ, ㄷ

97 **ㅇㅇ은행 B과장은 집을 살 계획으로 주택담보대출에 관심을 가지고 있는 고객과 상담 중이다. 주택담보대출에 관한 다음 설명 중 맞는 것을 모두 고르시오.**

ㄱ. 일반적으로 금리가 낮다.
ㄴ. 주택담보대출비율(LTV)이란 주택을 담보로 하여 대출취급 시 담보가치대비 최대대출 가능한도이다.
ㄷ. 총부채상환비율(DTI)이란 채무자의 연간 총소득에서 주택담보대출의 연간 원리금 상환액과 기타 부채의 연간 이자 상환액을 합한 금액이 차지하는 비율이다.
ㄹ. 부동산시장이 과열되거나 투기지역에 해당하는 경우에는 높은 LTV, DTI 비율을 적용한다.

① ㄱ, ㄴ, ㄹ
② ㄱ, ㄴ, ㄷ
③ ㄱ, ㄷ
④ ㄴ, ㄷ

98 **다음 중 상장지수펀드(ETF)에 관한 설명으로 틀린 것은?**

① 거래소에 상장되어 주식처럼 실시간 매매된다.
② 인덱스펀드이므로, 비용이 저렴하고 성과측정이 투명하다.
③ 상품구성이 다양해 투자자들의 선택 범위가 넓다.
④ 설정일로부터 90일 이내에 거래소시장에 상장하도록 하고 있다.

99 **다음은 최근 각광받고 있는 금융상품 및 금융보안기술에 대한 설명이다. (가)와 (나)에 알맞은 용어를 순서대로 나열한 것은?**

> (가) 후원, 기부, 대출, 투자 등을 목적으로 웹이나 모바일 네트워크 등을 통해 다수의 개인으로부터 자금을 모으는 행위를 말한다.
> (나) 온라인 금융 거래에서 해킹을 막는 기술이다. 누적된 거래 내역 정보가 특정 금융회사의 서버에 집중되지 않고 온라인 네트워크 참여자의 컴퓨터에 똑같이 저장되는 특징이 있다. 비트코인의 거래를 위한 보안 기술로 활용됐다.

① P2P 금융－IC 칩
② 크라우드 펀딩－블록체인
③ 크라우드 펀딩－머신러닝
④ B2B 금융－블록체인

100 **A기업의 순이익은 68억 원, 총부채는 160억 원이며 자기자본은 180억 원이다. 이때 A기업의 ROA(ROI)와 ROE는 각각 얼마인가?**

	ROA	ROE
①	0.2	0.38
②	0.2	0.27
③	0.38	0.36
④	0.38	0.45

제2회
실전모의고사

평가 시간	100분
평가 문항	100문항
맞힌 개수	문항

직업기초능력평가 [1~40]

01 **다음 글을 바르게 이해하지 못한 것을 〈보기〉에서 모두 고르면?**

KB금융그룹은 앞으로 10년간 ESG 상품과 투자, 대출을 50조 원까지 확대한다는 장기 프로젝트를 지난해(2019년)부터 실천하고 있습니다. 프로젝트에는 단기적인 수익보다는 환경이라는 더 큰 미래 가치를 좇는 KB금융그룹의 철학이 담겨 있습니다. 국내 금융권 최초로 전 계열사가 참여한 '탈석탄 금융' 선언은 이러한 KB금융그룹의 신념에서 비롯됐습니다. 석탄화력발전소는 국내 이산화탄소 배출량의 30%, 초미세먼지 배출량의 11%를 차지하는 기후변화의 가장 큰 원인입니다. KB금융그룹은 국내외 석탄화력발전소 건설을 위한 신규 사업 참여를 중단하는 한편, 기존의 석탄 관련 사업 비중을 줄이는 노력을 하고 있습니다. 동시에 저탄소 및 신재생에너지와 관련된 투·융자를 늘릴 예정입니다. KB금융그룹은 녹색미래를 향해 나아갑니다.

지구 온도 상승 폭을 1.5℃ 이하로 제한하는 파리기후협정에 적극 동참하고자 SBTi와 PCAF 등 글로벌 이니셔티브에 가입해 실천하는 기업으로 거듭납니다. KB금융그룹은 국내 금융사 최초로 PCAF 방법론을 활용하여 측정한 자산 포트폴리오 배출량을 공개하고 중장기 탄소중립 추진 전략인 'KB NetZero S.T.A.R.'를 선언하였습니다. 'KB Net Zero S.T.A.R.'는 친환경 기업을 육성 및 지원(Support)하여 저탄소 경제로의 전환(Transform)을 가속화하고, 파리기후협약의 적극적 이행(Align)을 통해 환경을 복원(Restore)하겠다는 KB의 의지를 담았습니다. KB금융그룹은 환경을 먼저 생각하는 친환경 녹색금융서비스를 제공하며 저탄소 경제로의 전환에 힘을 더하겠습니다. 기업과 소비자, 지구가 공존할 수 있는 사회를 만들기 위해 꾸준히 나아갈 것입니다.

보기

ㄱ. KB금융그룹은 석탄화력발전소를 국내 기후변화의 가장 큰 원인으로 여긴다.
ㄴ. 'KB Net Zero S.T.A.R.'의 S.T.A.R.은 친환경 기업에 대한 육성과 지원, 저탄소 경제 복원, 파리기후협약 이행을 의미한다.
ㄷ. 2020년 기준 국내 시중은행은 모두 '탈석탄 금융' 선언에 참여하였다.

① ㄱ, ㄴ
② ㄱ, ㄷ
③ ㄱ, ㄴ, ㄷ
④ ㄴ, ㄷ

02 다음 글을 바르게 이해하지 못한 것을 〈보기〉에서 모두 고르면?

> KB국민은행은 금융소비자 보호를 위해 'AI금융상담시스템'을 구축하였다. AI금융상담시스템은 상품 판매 시 고객에게 정확한 상품 설명을 진행하고 적법한 판매 절차를 준수하기 위한 서비스이다. TTS(Text to Speech) 및 STT(Speech to Text) 기술을 활용한 본 시스템은 고객의 투자 성향에 적합한 상품을 추천하고 설명 내용을 녹취하여 불완전판매 현황을 모니터링할 수 있다. 또한, AI가 상담내용을 실시간으로 분석하여 상담 진행 과정에서 불완전판매 여부를 자체 점검한 결과를 직원에게 직접 안내해주는 기능을 은행권 최초로 도입하였다. KB증권은 소비자 보호를 강화하기 위해 대표이사 직속으로 소비자보호본부를 신설하고 금융소비자보호총괄책임자를 별도로 선임하였으며, 기존 금융소비자보호협의회의 상위 협의체로 금융소비자보호위원회를 신설하였다. 또한, 금융자산 관리 상품의 관련 사항을 심의·의결하는 'WM상품위원회' 내에 'WM상품실무심의회'를 신설하여 사전점검표를 활용한 상품 리스크 및 소비자 영향평가를 수행하는 등 상품 판매 단계별 내부통제 모니터링 절차를 강화하였다. 또한, 불완전판매 모니터링 및 AMS를 구축·운영하여 소비자 보호 절차를 마련하는 등 사후관리체계도 강화하였다.

보기

ㄱ. TTS, STT 기술이 반영되어 있는 AI금융상담시스템을 통하여 불완전판매 현황을 모니터할 수 있다.

ㄴ. KB증권은 금융소비자보호위원회 산하에 금융소비자보호협의회를 신설하였다.

ㄷ. KB증권은 WM상품위원회를 신설하여 상품 판매 단계별 내부통제 모니터링 절차를 강화하였다.

① ㄱ

② ㄷ

③ ㄱ, ㄴ

④ ㄴ, ㄷ

03 **다음 글을 바르게 이해한 것을 〈보기〉에서 모두 고르면?**

KB금융그룹은 사회투자펀드를 결성하여 사회적 기업 육성과 자립 가능한 사회적 금융생태계를 조성하고 있습니다. 사회투자펀드는 총 1천억 원 규모로, KB금융그룹은 UN에서 제정한 지속가능한 개발 목표(UN SDGs, UN Sustainable Development Goals)를 준용하여 사회·환경 분야에 긍정적 임팩트를 창출할 수 있는 사회적 기업 등에 투자하고 있습니다. 특히, 인증받은 사회적 기업뿐만 아니라 사회적으로 의미 있는 효과를 창출하는 소셜벤처에도 투자함으로써 펀드의 사회적 효과와 재무적 성과를 동시에 추구하고 있습니다. 2020년까지 'KB사회투자펀드'가 투자한 회사는 22개 사이며, 투자금액은 265억 원에 이릅니다.
KB인베스트먼트는 2019년 150억 원 규모의 'KB소셜임팩트투자조합'을 결성하여 재무적 성과를 통해 사회문제 해결을 추구하는 사회혁신형 소셜벤처기업에 투자하고 있습니다. 현재 KB소셜임팩트투자조합은 소셜벤처기업에 65억 원을 투자하였고, 이 중 2020년 투자실적은 45억 원에 달합니다.
KB금융캠퍼스 S.I.N.G(Social Innovation startup New Guru) 프로젝트는 사회혁신 스타트업 기업의 사업역량을 강화하기 위해 2019년 시작된 KB국민은행의 사회공헌사업으로, 사회적 가치를 추구하는 3년차 이상 스타트업 기업을 선발하여 10주 동안 금융, 재무 관련 교육 및 멘토링을 진행하고 있습니다. 2020년 말 기준 총 31개 기업들이 참여하였으며, KB국민은행은 지속적으로 사회적 기업의 성장을 지원하고 있습니다.

보기

ㄱ. KB금융그룹은 2020년까지 사회적 기업과 소셜벤처 총 22곳에 총 265억 원을 투자하였다.
ㄴ. KB금융그룹의 사회투자펀드가 사회혁신형 소셜벤처기업을 통해 얻은 투자실적은 2020년 기준 45억 원이다.
ㄷ. KB금융캠퍼스 S.I.N.G 프로젝트는 2020년까지 총 22개 스타트업 기업에 멘토링을 진행하였다.

① ㄱ, ㄴ
② ㄱ, ㄴ, ㄷ
③ ㄱ, ㄷ
④ ㄴ, ㄷ

[04~05] 다음 글을 읽고 이어지는 물음에 답하시오.

경수를 감속재와 냉각재로 사용하는 가압경수형 원자로의 원자로냉각재계통은 원자로용기에 대칭으로 연결된 2개의 폐쇄유로로 구성된다. 각 유로는 내경 42인치인 출구관 하나, 증기발생기 한 대, 내경 30인치인 입구관 두 개, 원자로냉각재펌프 2대로 구성된다.
두 유로 중 하나에는 전기가열식 가압기가 연결되며 원자로용기 상부에 4개의 안전주입관이 연결된다. 원자로냉각재계통은 정상운전 시 2,250psia의 고압으로 가압되어 운전된다. 원자로냉각재는 입구관을 통해 원자로용기의 상부로 들어가서 원자로용기 벽과 노심 배럴(barrel) 사이를 흘러내려와 다시 노심을 통해 위로 흐른 후 출구관을 통해 원자로용기를 빠져나간다. 원자로용기를 빠져나온 원자로냉각재는 두 대의 수직 U자관 증기발생기의 관측을 흐르면서 핵분열에너지를 주증기계통으로 전달한다. 원자로냉각재펌프는 원자로냉각재를 원자로용기로 되돌려보낸다.
핵증기공급계통의 정격 열출력은 4,063MWt이며, 노심의 열출력은 3,983MWt이다. 2대의 증기발생기는 원자로 노심에서 연쇄 핵반응에 의해 발생된 열을 원자로냉각재에 의해 전달받아 터빈발전기 구동용 증기를 발생시킨다. 증기발생기에 내장되어 있는 수분분리장치는 정상운전 시 증기의 수분함유량을 일정 수준 이하로 제한한다.
4대의 원자로냉각재펌프는 전동기로 구동되는 단단형 원심펌프이며 펌프축은 기계적으로 밀봉된다. 펌프의 밀봉상태는 밀봉계통의 온도와 압력 감지장치에 의해 감시된다. 원자로냉각재펌프의 동력공급계통은 정상운전 시 원자로냉각재계통 압력을 유지하고 부하변동 시의 압력변동을 제한한다. 또한 계통 천이 시 계통의 압력변동을 설계범위 내로 유지시킨다. 원자로냉각재계통은 모두 누설이 없는 부품으로 구성되어 있으며 방사능이 계통 밖으로 누출되지 않도록 설계된다.

04 다음은 하나의 원자로냉각재계통을 구성하는 설비이다. 각 설비의 총 개수를 더한 값이 가장 작은 조합은?

① 출구관 + 원자로냉각재펌프 + 안전주입관
② 증기발생기 + 원자로냉각재펌프 + 폐쇄유로
③ 출구관 + 폐쇄유로 + 전기가열식 가압기
④ 폐쇄유로 + 안전주입관 + 출구관

05 다음 중 윗글을 바르게 이해한 것은?

① 원자로용기에 연결된 출구관의 내경은 입구관의 내경보다 작다.
② 2,250psia의 고압으로 운전하는 경우 원자로냉각재가 수직 U자관의 관측을 흐르면, 수분함유량이 일정 수준 이하인 증기가 발생한다.
③ 원자로냉각재는 두 대의 수직 U자관 증기발생기 사이를 흘러내려와 노심을 통해 위로 흐른 후 출구관을 통해 원자로용기를 빠져나간다.
④ 원자로냉각재펌프는 원자로냉각재가 전달하는 핵분열에너지에 의한 증기로 구동한다.

06 다음은 국내 운송수단에 관한 보고서를 발표하기 위해 K대리가 모은 자료이다. K대리의 보고서 내용 가운데 자료에 대한 K대리의 분석내용으로 적절하지 않은 것은?

〈자료 1〉 지하철, 버스, 택시의 연간 수송인원 변화

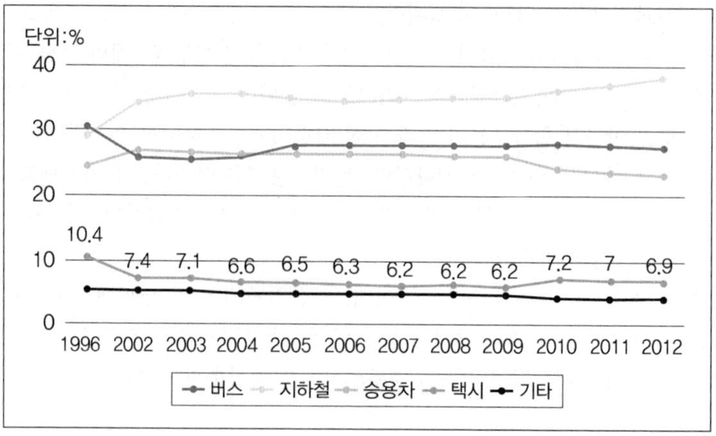

〈자료 2〉 2014년 서울시 버스, 택시 민원건수

(단위 : 건)

민원유형	버스	택시
합계	12,028	28,056
승차거부	55	9,477
불친절	2,081	8,760
승하차 전 출발, 무정차통과	6,715	
부당요금징수	81	5,121
장기정차 여객유치		751
난폭운전	1,339	2
도중하차	1	1,404
사업구역 외 영업		1,047
기타	1,036	1,494

〈K대리의 보고서 일부〉

① 〈자료1〉을 통해 보면 국내 운송수단인 지하철, 버스, 택시의 수송인원 순위는 2002년부터 2012년까지 변동 없이 유지되고 있다. 이러한 추세를 감안하면 운송수단의 수송인원 변화는 금세 바뀌지는 않을 것으로 전망된다. 가장 이용자가 많은 운송수단은 지하철로 출퇴근에 시간을 정확히 맞출 수 있다는 점에서 가장 무난한 운송수단이라고 볼 수 있다. 그러나 택시는 서울시 주요 교통수단 중 하나임에도 불구하고 수단분담률, 이용 고객 등이 줄어들고 있다. ② 〈자료1〉에 의하면 서울시 택시의 수단분담률은 1996년 이후 지속적으로 감소추세에 있으며, 2010년 수단분담률이 7.2%로 오른 이후 다시 감소하고 있다. ③ 2012년 기준 택시의 수단분담률은 6.9%로 지하철, 버스, 승용차에 이어 네 번째로 높게 나타나고 있다.

택시의 수단분담률은 저조한 반면 택시 관련 민원은 경쟁수단인 시내버스의 약 3배에 달하는 것으로 보아 이에 대한 개선이 좀처럼 나아지지 않고 있다고 볼 수 있다. ④ 2014년 버스와 시내버스의 민원건수 분석 결과 택시의 민원건수는 9,477건으로 동기간 시내버스 민원건수의 100배에 달하고 있다. 이는 경쟁수단인 시내버스에 비해 서비스 경쟁력이 부족함을 의미하며, 특히 고질적인 승차거부, 불친절에 대해선 아직도 시민의 불만이 사그라들지 않고 있다고 분석된다. 이용요금이 비싸다는 것은 현재 개선의 여지가 적은 부분이지만 택시의 승차거부나 불친절에 관한 불만 사항은 추후 개선할 수 있는 사항으로 즉각적으로 시정해야 한다.

※ 수단분담률 : 버스, 지하철, 승용차, 택시와 같은 분석단위별 수송량 분담 비율

07 **다음은 금융회사와 임직원의 행동지침을 구체화한 '표준윤리강령'과 10대 기본가치에 관한 글이다. 〈사례〉와 10대 기본가치가 적절하게 연결되지 않은 것을 고르시오.**

금융회사의 내부통제 강화와 함께 윤리의식 제고를 통해 국민의 신뢰를 회복하고 금융인으로서의 자긍심을 높이기 위해 금융업권별로 행동지침을 구체화하여 '표준윤리강령'을 제정하였다. 여기엔 모든 금융회사와 임직원이 공유하고 스스로 지켜나가야 할 10대 기본가치로 금융권 윤리헌장이 포함되어 있다.

- 하나, 회사와 임직원은 항상 고객의 입장에서 생각하고 고객에게 보다 나은 금융서비스를 제공하기 위해 노력하여야 한다. (고객우선)
- 둘, 회사와 임직원은 업무를 수행함에 있어 관련 법령 및 제 규정을 이해하고 준수하여야 한다. (법규준수)
- 셋, 회사와 임직원은 정직과 신뢰를 가장 중요한 가치관으로 삼고 신의성실의 원칙에 입각하여 맡은 업무를 충실히 수행하여야 한다. (신의성실)
- 넷, 회사와 임직원은 공정하고 자유로운 시장경제 질서를 존중하고, 이를 유지하기 위하여 노력하여야 한다. (시장질서 존중)
- 다섯, 회사의 경영진은 직원을 대상으로 윤리교육을 실시하는 등 올바른 윤리문화 정착을 위하여 노력하여야 한다. (경영진의 책임)
- 여섯, 회사와 임직원은 업무수행 과정에서 알게 된 회사의 업무정보와 고객정보를 안전하게 보호하고 관리하여야 한다. (정보보호)
- 일곱, 회사와 임직원은 경영환경 변화에 유연하게 적응하기 위하여 창의적 사고를 바탕으로 끊임없이 자기혁신에 힘써야 한다. (자기혁신)
- 여덟, 회사는 임직원 개개인의 자율과 창의를 존중하고 삶의 질 향상을 위하여 노력하여야 하며, 임직원은 서로를 존중하고 원활한 의사소통과 적극적인 협조 자세를 견지하여야 한다. (상호존중)
- 아홉, 회사와 임직원은 합리적인 의사결정과 투명한 경영활동을 통하여 주주와 기타 이해관계자의 가치를 극대화하기 위하여 최선을 다하여야 한다. (주주가치 극대화)
- 열, 회사와 임직원 모두 시민사회의 일원임을 인식하고, 사회적 책임과 역할을 다하여야 한다. (사회적 책임)

사례

〈사례 1〉 투자연구소의 투자 분석 업무를 맡고 있는 B는 C제약회사의 상반기 경영현황과 이번 분기의 수익예상 등에 대한 조사보고서를 신속하게 작성하라는 상사의 지시를 받았다. B는 곧바로 C사를 방문하였지만 C사에서는 IR 담당 임원이 출장 중이어서 인터뷰를 할 수 없었다. 그래서 B는 C사의 전기까지의 재무제표 등과 최근의 신문, 잡지 등의 기사를 기초로 하여 조사보고서를 작성하여 제출하였다. 조사보고서는 직접 인터뷰를 하여 작성된 것으로 취급되었다.

〈사례 2〉 애널리스트 D의 절친한 친구 E는 F통신회사의 홍보담당이사이다. D는 동창회 등의 모임 외에도 수시로 E를 만나고 있으며, E의 알선으로 무료골프를 수차례 치기도 하였다. D는 친구 E가 소속된 F회사에 대한 투자의견을 제시할 때, "좋은 것이 좋은 것이다"라는 생각으로 F회사에 유리하게 투자의견을 작성하였다.

〈사례 3〉 G증권회사의 법인부 총괄이사인 H는 종합전기 제조업체인 I사로부터 자기주식의 처분에 따라서 I사 주식이 대량매각될 예정이고 이와 관련하여 주가대책에 대한 상담을 요청받았다. 이에 따라 H는 동사 조사부에서 증권분석업무를 맡고 있는 J와 상의를 한 후에 "I사가 획기적인 제품개발에 성공했다"는 풍문을 유포시켰다. 이에 I사의 주가는 급등하고 I사는 자기주식을 성공리에 매각할 수 있었다.

① B의 행위는 정직과 신뢰를 기반으로 맡겨진 업무를 충실히 수행해야 한다는 신의성실의 윤리강령을 위반한 것이라 볼 수 있다.
② B의 행위는 직접 인터뷰가 가능하지 않았다는 것을 정직하게 상사에게 보고하지 않았기에 상호존중의 윤리강령을 위반하고 있다.
③ D의 행위는 주주관리의 수임자로서 주주의 입장에서 이익이 되도록 판단하여야 한다는 주주 가치 극대화라는 윤리강령을 위반하고 있다.
④ H의 행위는 주가형성이 공정한 시장기능에 맡겨져야 하고 이를 존중해야 한다는 시장질서 존중의 의무 윤리강령을 위반하고 있다.

[08~09] 다음은 J사의 고객서비스팀 회의록이다. 읽고 물음에 답하시오.

회의일시	2021년 6월 14일(월)	부서	고객서비스팀	작성자	W사원
참석자	팀장 J, 과장 K, 대리 Y, 사원 O, 사원 W				

가. 회의 안건	1. 고객관리 체계 개선 방안 모색 1) 체계적인 고객관리 방안 수립 2) 상담 고객 만족도 증진 방안 논의

	다. 내용	라. 비고
나. 회의 내용	1) 고객관리 방안 효율적 고객관리를 위해 전담 직원 추가 필요 생산부와의 상품 개선 논의 고객 정보 통합관리 담당 지정 2) 상담고객 만족도 증진방안 상담후 간단한 설문조사 상담원 교육 프로그램 운영(주 1회)	 생산부와 미팅 설문형식 작성 교육 담당 K과장

	바. 내용	사. 진행일정
마. 결정 사항	생산부 L과장과 미팅	6월 25일
	O사원 설문지 작성	6월 30일
	K과장 교육커리큘럼 작성 일정 공고	6월 18일

아. 특이 사항	

08 회의록 내용 가운데 타 부서와 추가적으로 협의가 필요한 항목은 무엇인가?

① 고객관리 전담 직원 채용
② 고객 정보관리 담당 지정
③ 서비스 만족 설문조사
④ 고객서비스팀 교육프로그램 일정 조율

09 **다음은 회의록을 검토한 Q부장의 말이다. Q부장의 지시 내용에 따라 수정 반영한 업무 처리로 바르지 못한 것은?**

Q부장의 지시

회의내용을 검토한 결과 일의 진행일정을 조율하였으면 하네. 생산부는 말일에 바쁘다고 하니 일정을 당겨서 금월 20일 이전에 미팅하도록 하게. 직원 서비스 교육은 커리큘럼이 중요할 듯하니 K과장 혼자 하기보다 팀 내 다른 직원과 함께 교육 내용을 살펴보고 외부 교육 회사를 알아보도록 하게. 필요하면 외부 컨설팅업체의 강사가 교육하는 것도 괜찮다고 생각하네. 설문지 작성 기간이 너무 긴 것 같으니 일주일 안에 작성해서 제출하게.

① 생산부 L과장과 통화하여 금주 내로 일정을 조율한다.
② 직원서비스 교육 방안에 O사원을 참여시킨다.
③ 서비스 교육이 중요하니 K과장의 6월 출장 스케줄을 모두 취소한다.
④ 설문지 작성은 일정을 조정하여 6월 18일까지 작성하도록 지시한다.

10 E회사를 다니던 A는 다음 달 퇴사를 앞두고 퇴직금이 얼마나 되는지 알아보기 위해 E회사 담당직원인 P에게 메일을 보내 문의를 했다. A의 질문을 고려하여 규정에 따라 퇴직금을 산정한다고 할 때 P가 한 대답으로 옳지 않은 것은?

〈E사의 퇴직금 지급규정〉

제3조 (지급기준) ① 퇴직금은 대표이사를 포함한 정규직 직원과 임시직 직원이 회사에 1년 이상 근속하고 퇴직하였을 경우에는 평균월급여액과 근속기간에 따라 퇴직금을 지급한다.

② 제1항에서 정한 퇴직에는 면직, 징계 파면 및 해임, 계약만료로 인한 퇴직도 포함된다.

③ 평균 월급여액이라 함은 다음 각 호의 합계액으로 한다.

1. 퇴직금 지급사유가 발생한 날 이전 3개월간에 그 직원에게 지급된 본봉과 제수당을 합산하여 3등분한 금액
2. 퇴직금 지급사유가 발생한 날 이전 1년간의 복리후생비 등을 합산하여 12등분한 금액

제5조 (근속기간의 계산) ① 근속기간은 채용된 날부터 지급사유가 발생한 날까지로 한다.

② 근속기간의 계산에 있어서 1년 미만은 월할계산에 의하고, 1월 미만은 1월로 계산한다.

③ 다음 각 호의 경우를 제외하고는 휴직 및 정직기간은 근속기간에 삽입하지 아니한다.

1. 공무 중 부상 등 본인 이외의 귀책사유로 인하여 휴직된 자의 휴직기간
2. 형사사건으로 기소되어 휴직된 자가 불기소처분 또는 무죄한 판결을 받은 경우의 휴직기간
3. 육아를 위한 출산휴가
4. 군입대를 위한 입영 휴직기간

A가 보낸 메일

이전 직장인 W사에서 근속한 기간은 3개월, E사에 근무한 기간은 만 8년이나 됩니다. W사에 근무할 때는 중간에 군입대를 하는 바람에 3개월 만에 그만두었고, E사로 옮겨 근무할 당시 부모님 간병으로 6개월 휴직을 했습니다. 제 근속기간은 어떻게 산정되나요? 그리고 이전 직장도 근속기간에 포함되나요? 저는 정규직인데 퇴직금이 더 많지 않은가요?

P의 답변

안녕하세요, 회계팀 퇴직금 정산 업무를 담당하는 P입니다. 문의하신 내용에 대한 답변은 다음과 같습니다.
우선 근속기간을 산정하는 데 필요한 E회사의 규정을 말씀 드리겠습니다. ㉮ 규정에 의하면 부모님을 간병하기 위한 휴직은 규정 5조에 의해 근속기간에 포함되지 않습니다. ㉯ 다만 군입대로 휴직을 하셨으니 근속기간에 포함하여 산정합니다. ㉰ 당사는 퇴직금에 대해 정규직과 비정규직을 기준으로 삼지는 않습니다. ㉱ 이전 직장에 계셨던 3개월은 근속연수에 포함하여 산정합니다. 따라서 근속연수는 8년 3개월이 됩니다.

① ㉮, ㉯ ② ㉯, ㉱
③ ㉮, ㉰ ④ ㉰, ㉱

11 다음 안내문을 통해 볼 때 제시된 〈사례〉는 대출빙자 사기 가운데 어떠한 경우에 속하는가?

〈대출빙자 사기의 특징〉

- 저금리로 대출을 알선해 주겠다고 미끼를 던집니다.
  공신력 있는 제도권 금융회사의 직원을 사칭하여 저금리 대출로 대환해 주겠다며 접근합니다. 그런 후 대부업체 등의 고금리 대출을 받게 하고, 대환대출(금융회사에서 대출을 받아 이전의 대출금이나 연체금을 갚는 제도) 명목으로 대출금을 입금하게 하여 돈을 가로챕니다. 또는 은행 등의 저금리 대출을 알선해 주겠다며 일정기간 동안의 예치금 또는 공탁금 등의 명목으로 돈을 요구합니다.
- 무작위로 SMS 문자 메시지를 발송하거나 스마트폰 악성 앱을 이용합니다.
  사기범들은 무작위로 저금리 대출을 해 줄 것처럼 문자 메시지를 보낸 후, 대출 상담 전화가 걸려오면 전화번호를 비롯한 개인정보들을 수집합니다. 또한, 사기범에게 대출을 필요로 하는 사람으로 한번 기록되면 반복해서 대출 알선 문자를 보내거나 전화를 합니다.
- 신용등급 상향 조정을 미끼로 보증료 등을 요구합니다.
  신용등급이 낮아 대출 진행이 어려우므로 보증보험에 가입해야 한다고 하면서 보증료 납부를 요구하거나, 채무 이행 담보 명목으로 이자 선납 또는 신용불량 정보 삭제를 위한 전산비용 등을 요구합니다.
- 공증료 등 법률비용 납부를 요구합니다.
  대출 실행 후에 발생할 수 있는 채무 불이행 또는 채권 추심 등에 대비한 공증료 등의 명목으로 금전을 요구합니다.
- 통장 사본, 휴대전화 등 실물을 요구합니다.
  대출을 받기 위해서는 통장 또는 휴대전화 개설이 필요하다고 하면서 통장 사본, 체크(현금)카드, 휴대전화 등을 보내 달라고 요구 합니다. 피해자가 사기범의 요구대로 통장 사본, 휴대전화 등을 보내면 사기범은 이를 수령한 뒤 연락을 끊고 대포통장 또는 대포폰으로 악용합니다.

사례

P씨는 ㅇㅇ캐피탈 직원을 사칭하는 사기범으로부터 저금리로 1,500만 원까지 대출(마이너스 통장 개설)이 가능하다는 전화를 받았다. 사기범은 P씨의 현재 소득수준으로는 대출이 불가능하지만, 대출이 가능하도록 알선해줄 테니 ㅇㅇ은행에서 전화가 오면 P씨 본인이 ㈜ㅁㅁ공업 팀장으로 재직 중이라고 이야기하라면서 P씨를 현혹했다. 곧, ㅇㅇ은행 직원을 사칭하는 자로부터 연락이 왔고, 채무불이행 상황에 대비해 공증료 등 법률비용을 납부해야 한다며 380만 원을 세 개의 계좌(대포통장)로 분산 입금하라고 요구했다. P씨는 요구대로 입금했고, 사기범들은 이를 인출한 후 잠적하였다.

① 예치금이나 공탁금 명목으로 돈을 요구한 경우
② SMS 문자 메시지를 발송하여 개인정보를 수집한 경우
③ 신용등급을 상향해 주겠다고 하여 보증료를 요구한 경우
④ 공증료 등 법률 비용을 요구한 경우

12 **K건축회사의 김사원은 국내 아파트 설계를 위해 아파트의 주거환경을 조사하여 최부장에게 보고하였다. 최부장은 김사원의 보고서 A의 위치에 사례를 더 넣었으면 좋겠다는 추가 의견을 보내왔다. 다음 중 A에 들어갈 사례로 가장 적절한 내용은 무엇인가?**

> 아파트 주거환경은 일반적으로 공동체적 연대를 약화시키는 것으로 인식되어 왔다. 그러나 오늘날 한국사회에서 보편화되어 있는 아파트 단지에는 도시화의 진전에 따른 공동체적 연대의 약화를 예방하거나 치유하는 집단적 노력이 존재한다.
>
> 물론 아파트의 위치나 평형, 단지의 크기 등에 따라 공동체 형성의 정도가 서로 다른 것은 사실이다. (　　　A　　　) 더 심각한 문제는 사회문화적 동질성에 입각한 아파트 근린 관계가 점차 폐쇄적이고 배타적인 공동체로 변하고 있다는 것이다.
>
> 이에 대한 대책으로 '소셜 믹스(social mix)'가 제안된다. 이는 동일 지역에 다양한 계층이 더불어 살도록 함으로써 계층 간 갈등을 줄이려는 정책이다. 그러나 이 정책의 실제 효과에 대해서는 회의적 시각이 많다. 대형 아파트 주민들도 소형 아파트 주민들과 이웃되기를 싫어하지만 저소득층이 대부분인 소형 아파트 주민들 역시 부자들에게 위화감을 느끼면서 굳이 같은 공간에서 살려고 하지 않기 때문이다.
>
> 그럼에도 불구하고 우리나라에서는 사회통합적 주거환경을 규범적 가치로 인식하여, 아파트 단지 구성에 있어 대형과 소형, 분양과 임대가 공존하는 수평적 공간 통합을 지향한다. 부자 동네와 가난한 동네가 뚜렷이 구분되지 않는 주거환경을 우리 사회가 규범적으로는 지향한다는 것이다.
>
> 아파트를 둘러싼 계층 간의 공간 통합 혹은 공간 분리 문제를 단순히 주거환경의 문제로만 보면 근본적인 해결이 어려울 수도 있다. 지금의 한국인에게 아파트는 주거공간으로서의 의미를 넘어 부의 축적 수단이라는 의미를 담고 있기 때문이다.

① 아파트 부녀회의 자원 봉사자들이 단지 내의 경로당과 공부방을 중심으로 다양한 프로그램을 운영하여 주민들 사이의 교류를 활성화시킨 사례

② 대형 고급 아파트 단지에서는 이웃에 누가 사는지도 잘 모르는 반면 중소형 서민 아파트 단지에서는 학부모 모임이 활발한 사례

③ 소형 서민 아파트 단지에서 부동산 가격이 하락세를 보이던 시기에 부녀회를 중심으로 담합하여 아파트의 가격을 유지하려 노력했던 사례

④ 재건축 예정인 아파트 소유자의 상당수가 거주 목적이 아닌 투자 목적으로 아파트를 소유하고 있다는 조사 결과

13 다음은 J가 등산에 앞서, 본인의 산행 속도를 정리한 것이다. J가 A코스로 올라갈 때 1시간 40분, B코스로 내려올 때 2시간이 걸렸다면, B코스로 올라갔다가 A코스로 내려오는 데 걸리는 시간은 얼마인가?

〈표〉 코스별 산행 속도

A코스	올라갈 때	2.4km/h
	내려올 때	3.0km/h
B코스	올라갈 때	1.5km/h
	내려올 때	1.8km/h

① 3시간 32분
② 3시간 36분
③ 3시간 40분
④ 3시간 44분

14 ○○기업의 채용 필기시험은 총 30문제로 구성되어 있으며, 답을 적어 맞히면 +5점, 답을 적었는데 틀리면 −3점, 빈 칸으로 제출하면 −1점의 점수를 부여한다. 응시생 J는 21문제를 답을 적어 맞혔고, 나머지는 모두 답을 적었는데 틀렸거나 빈 칸으로 제출하였다. 이때 J의 최종 점수로 가능한 것은?

① 76점
② 81점
③ 86점
④ 91점

15 벽돌 쌓기 숙련공 A는 B와 C 둘 중 한 명을 데리고 담장을 쌓으려고 한다. 혼자 한 면의 담장을 쌓는 데 걸리는 시간은 A는 2시간, B는 3시간, C는 6시간이 걸린다. A가 B와 함께 한 면의 담장을 쌓는 데 걸리는 시간과 C와 함께 한 면의 담장을 쌓는 데 걸리는 시간의 차이는?

① 10분
② 12분
③ 15분
④ 18분

16 ○○기업의 직원은 전체 850명이고, 수도권 대학 출신이 80%, 비수도권 대학 출신이 20%이다. 이번에 채용이 확정된 인원은 총 100명이며, 수도권 대학 출신과 비수도권 대학 출신이 같은 비율로 선발되었다. 수도권 대학 출신 인원의 증가율과 비수도권 대학 출신 인원의 증가율을 알맞게 짝지은 것을 고르시오.

	수도권	비수도권
①	6.8	28.8
②	6.8	29.4
③	7.4	29.4
④	7.4	30.2

17 어느 날 비가 내렸다면 다음날 연속으로 비가 내릴 확률은 $\frac{1}{2}$이고, 비가 오지 않은 다음 날 연속으로 비가 오지 않을 확률은 $\frac{2}{3}$이다. 어제 비가 내리지 않았다면, 모레 비가 내릴 확률은 얼마인가?

① $\frac{43}{108}$　② $\frac{44}{108}$

③ $\frac{45}{108}$　④ $\frac{46}{108}$

18 다음 〈표〉는 ○○박물관의 오전 시간대 관람객 출입 현황을 나타낸 것이다. 이를 토대로 각 시점별로 박물관 내부에 있는 관람 인원이 바르게 연결된 것을 고르시오.

〈표〉 ○○박물관 오전 시간대 관람객 출입 현황

관람객 그룹	인원(명)	입장 시각	퇴장 시각
A	5	09 : 00	10 : 00
B	2	10 : 20	12 : 00
C	3	09 : 20	11 : 40
D	1	10 : 40	11 : 50
E	4	09 : 00	10 : 40
F	5	11 : 20	12 : 00
G	3	09 : 50	11 : 20
H	2	10 : 10	11 : 50
I	4	09 : 00	10 : 20
J	7	09 : 00	12 : 00

	09 : 30	10 : 30	11 : 30
①	21명	21명	22명
②	21명	23명	20명
③	23명	21명	20명
④	23명	21명	22명

19 다음 〈표〉는 응급의료비 대불금에 대한 개인 상환 현황을 나타낸 것이다. 이에 대한 〈보기〉의 설명 중 옳은 것만을 모두 고르시오.

〈표〉 응급의료비 대불금 상환 현황

(단위 : 건, 백만 원)

구분 \ 연도		2015	2016	2017	2018	2019
대불	건수	7,923	8,259	8,340	7,086	5,854
	금액	3,136	3,723	4,401	4,166	4,548
상환	건수	1,542	1,849	1,950	2,435	3,453
	금액	263	397	413	575	706

보기

ㄱ. 응급의료비 대불 1건당 금액은 매년 상환 1건당 금액보다 크다.
ㄴ. 2016년 이후 대불 건수의 전년대비 격차가 가장 큰 해에는 대불 금액의 격차 역시 가장 크다.
ㄷ. 응급의료비 대불 금액 대비 상환 금액의 비율이 가장 작은 해는 2017년이다.
ㄹ. 제시된 기간 동안 응급의료비 상환 건수와 금액은 각각 매년 꾸준히 증가하였다.

① ㄱ, ㄴ
② ㄱ, ㄹ
③ ㄴ, ㄷ
④ ㄷ, ㄹ

20 다음 〈표〉는 산업통상자원부의 R&D 지원액 규모별 수행과제 분포를 정리한 것이다. 이에 대한 설명으로 옳은 것을 고르시오.

〈표〉 산업통상자원부의 R&D 지원액 규모별 수행과제 분포

(단위 : 개)

구분		1억 미만	1억 이상 5억 미만	5억 이상 10억 미만	10억 이상 50억 미만	50억 이상
2017	대기업	26	120	84	135	13
	중견기업	5	199	107	74	1
	중소기업	92	1,554	379	156	1
2018	대기업	13	95	60	126	5
	중견기업	7	228	144	78	1
	중소기업	100	1,821	436	170	3
2019	대기업	11	68	35	109	9
	중견기업	11	167	125	69	3
	중소기업	121	1,870	472	207	2

① 지원액 규모가 10억 이상인 대기업의 수행과제는 매년 감소하고 있다.
② 지원액 규모가 1억 미만인 수행과제 중 중소기업이 수행한 과제의 비중은 매년 증가하고 있다.
③ 중견기업이 수행한 수행과제의 합계는 2017년 대비 2019년에 증가하였다.
④ 2017년 지원액 규모가 50억 이상인 대기업 수행과제의 지원액 합계는 1억 미만인 수행과제의 지원액 합계의 25배 이상이다.

21 다음 〈표〉는 최근 5년간 특허, 상표, 실용신안, 디자인의 출원과 등록 현황을 나타낸 것이다. 〈보기〉의 정보를 통해 판단했을 때, A~D 각 알파벳에 적절하게 연결된 것을 고르시오.

〈표〉 특허 등의 출원/등록 현황

구분		2015	2016	2017	2018	2019
출원	계	396,996	430,164	434,047	475,802	463,862
	A	188,915	204,589	210,292	213,694	208,830
	B	12,424	10,968	9,184	8,711	7,767
	C	63,135	66,940	64,345	67,954	65,659
	D	132,522	147,667	150,226	185,443	181,606
등록	계	243,869	280,691	288,542	274,424	286,586
	A	113,467	127,330	129,786	101,873	108,875
	B	6,353	5,959	4,955	3,253	2,854
	C	46,146	47,308	54,010	54,551	55,602
	D	77,903	100,094	99,791	114,747	119,255

보기

- 2015년 대비 2019년에 출원건수 변동 폭이 가장 큰 두 항목은 특허와 상표이다.
- 2019년 전년 대비 등록건수의 증감방향이 나머지와 다른 하나는 실용신안이다.
- 2016년 출원 건수 대비 등록 건수의 비율은 상표가 특허보다 높다.

	A	B	C	D
①	특허	디자인	실용신안	상표
②	특허	실용신안	디자인	상표
③	상표	실용신안	디자인	특허
④	상표	디자인	실용신안	특허

22 다음 〈표〉는 ○○기업에서 생산한 제품 중 불량품을 모아, 추정 원인과 실제 원인을 정리한 것이다. 이에 대한 설명으로 옳은 것을 고르시오.

〈표〉 불량품 원인 분석

(단위 : 개)

실제 \ 추정	A	B	C	D	E	합계
A	21	2	3	1	0	27
B	3	32	5	7	2	49
C	1	3	18	4	1	27
D	5	6	11	22	4	( )
E	4	1	4	6	30	45
합계	34	( )	41	( )	37	196

① 전체 불량품 중에서 추정 원인과 실제 원인이 동일한 불량품의 비중은 65% 이상이다.
② 실제 원인이 A인 불량품 중 추정 원인이 A가 아닌 불량품의 비중은 20% 미만이다.
③ 실제 원인이 D인 불량품의 개수는 추정 원인이 D인 불량품의 개수보다 10개 더 많다.
④ 추정 원인과 실제 원인의 불량품 개수 차이가 가장 큰 원인은 C이다.

제2회 실전모의고사

23 다음 〈표〉는 2018~2020년 사이 K협회에서 주최한 박람회의 참석 현황을 나타낸 것이다. 〈보기〉의 각 방법에 따라 2021년의 전체 참석자를 예상한다고 할 때, 각 방법에 따른 2021년 전체 예상 참석자가 바르게 연결된 것을 고르시오.

〈표〉 박람회 참석 현황

(단위 : 명)

구분		2018	2019	2020
'가' 구역	신청자	54	56	70
	참석자	48	51	63
'나' 구역	신청자	62	73	60
	참석자	57	55	48
'다' 구역	신청자	21	19	32
	참석자	18	20	24
'라' 구역	신청자	33	35	28
	참석자	24	27	21

보기

- 방법1
  - 2020년을 기준으로 신청자가 가장 많은 구역 신청자의 4배를 2021년의 전체 예상 신청자로 한다.
  - 2020년 참석률이 가장 높은 구역의 참석률을 2021년의 전체 예상 참석률로 한다.
- 방법2
  - 2018~2020년 구역별 평균 신청자를 2021년의 구역별 예상 신청자로 한다.
  - 2020년의 구역별 참석률을 2021년의 구역별 예상 참석률로 한다.
- 예상 참석자=예상 신청자×예상 참석률

	방법1	방법2
①	248명	146명
②	248명	148명
③	252명	146명
④	252명	148명

24 다음 〈표〉는 2017~2020년의 전국 도로 현황을 나타낸 것이다. 이를 분석한 〈보기〉의 내용 중 옳은 것만을 모두 고르시오.

〈표〉 2017~2020년 전국 도로 현황

(단위 : km, %)

구분	2017		2018		2019		2020	
	연장	포장율	연장	포장율	연장	포장율	연장	포장율
합계	105,673	91.6	107,527	92.1	108,780	92.4	110,091	92.8
고속국도	4,139	100	4,193	100	4,438	100	4,717	100
일반국도	13,950	99.5	13,948	99.6	13,977	99.7	13,983	99.7
특별·광역시도	20,154	99.7	20,314	99.7	20,581	99.8	20,906	99.8
지방도	18,058	91	18,087	91.2	18,121	91.5	18,055	91.7
시·군도	49,372	84.7	50,985	85.8	51,663	86.5	52,430	87.2

보기

ㄱ. 일반국도, 특별·광역시도, 지방도의 연장 합계는 매년 시·군도의 연장보다 길다.
ㄴ. 2017년 대비 2020년의 도로연장 증가율이 가장 큰 도로는 시·군도이다.
ㄷ. 도로별 포장률이 높은 순서로 순위를 매기면, 매년 그 결과가 동일하게 나타난다.
ㄹ. 합계 도로연장에서 특별광역시도 도로연장이 차지하는 비중은 매년 감소하고 있다.

① ㄱ, ㄴ
② ㄱ, ㄷ
③ ㄴ, ㄷ
④ ㄷ, ㄹ

25 다음은 우리나라의 대외채무, 대외채권의 현황을 표로 나타낸 것이다. 이를 토대로 한 해석 중 옳지 않은 것을 고르시오.

〈표〉 분기별 대외채무, 대외채권 현황

(단위 : 억 달러, %)

구분	2016 3/4	2016 4/4	2017 1/4	2017 2/4	2017 3/4
대외채무	4,004	3,809	4,057	4,073	4,091
단기채무	1,118	1,052	1,154	1,173	1,198
외환보유액 대비 단기채무 비율	29.6	28.3	30.7	30.8	31.1
대외채권	7,839	7,843	8,131	8,304	8,565
순채권	3,835	4,034	4,074	4,231	4,474

① 직전 분기 대비 대외채권 변동 폭이 가장 큰 분기에는 순채권의 변동 폭도 가장 크게 나타난다.

② 순채권의 규모는 2016년 3/4분기 이후 매 분기 증가하고 있다.

③ 2016년 4/4분기 대비 2017년 1/4분기에 대외채무 중 단기채무의 비중은 증가하였다.

④ 대외채무와 단기채무의 분기별 증감방향은 서로 동일하게 나타나며, 대외채권과 순채권의 증감방향 역시 서로 동일하게 나타난다.

26 다음 〈표〉는 K 수학학원의 미니테스트 결과를 정리한 자료이다. 〈조건〉의 내용을 바탕으로 〈표〉의 ㉠과 ㉡에 들어갈 수 있는 숫자가 바르게 연결된 것을 고르시오.

〈표〉 미니테스트 결과

구분	평균				총점
	1학년		2학년		
	A그룹 (10명)	B그룹 (10명)	A그룹 (15명)	B그룹 (15명)	
10월	7.2	6.8	(　)	(　)	(㉡)
11월	7.4	6.9	7.2	5.0	326
12월	7.5	(㉠)	7.4	6.2	(　)

* 미니테스트는 10점 만점이다.

조건

- 1학년 A그룹과 B그룹의 평균 점수 격차는 매월 꾸준히 줄어들고 있다.
- 제시된 기간 동안 1학년 B그룹 평균 점수가 가장 높은 달의 평균 점수는 1학년 A그룹 평균 점수가 가장 낮은 달의 평균 점수보다 낮다.
- 1학년 B그룹의 11월 미니테스트 총점은 2학년 B그룹의 10월 미니테스트 총점과 동일하다.
- 2학년 A그룹의 11월 미니테스트 평균 점수는 10월 대비 20% 증가하였다.

	㉠	㉡
①	7.0	299
②	7.1	299
③	7.1	300
④	7.2	300

제2회 실전모의고사

27 다음 〈표〉는 2015~2019년 ㅇㅇ기업의 부서별 직원 수를 나타낸 것이다. 이 〈표〉와 〈조건〉을 반영하여 작성한 2020년의 ㅇㅇ기업 부서별 직원 수 그래프로 적절한 것을 고르시오.

〈표〉 2015~2019년 ㅇㅇ기업의 부서별 직원 수

(단위 : 명)

부서 \ 연도	2016	2017	2018	2019
A	68	62	55	63
B	71	78	75	77
C	42	43	44	39
D	58	55	59	61
E	21	19	20	20

조건

- 2020년 A부서의 직원 수는 2016~2019년 A부서의 연평균 직원 수와 같다.
- 2020년 B부서와 E부서의 직원 수 합계는 같은 해 C부서와 D부서의 직원 수 합계와 같다.
- 2020년 D부서 직원 수는 E부서 직원 수의 3배 이상이다.

①
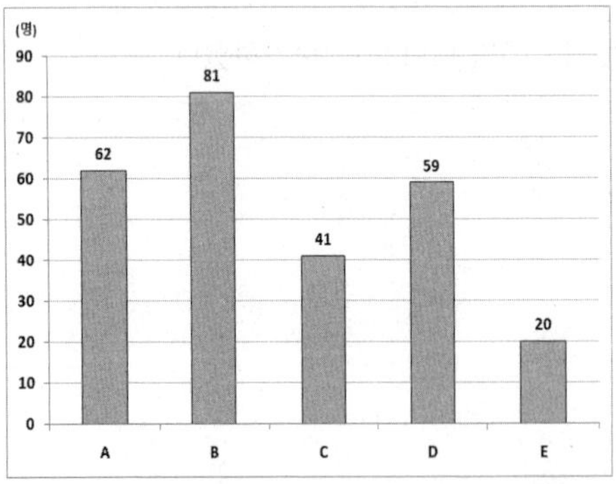

②
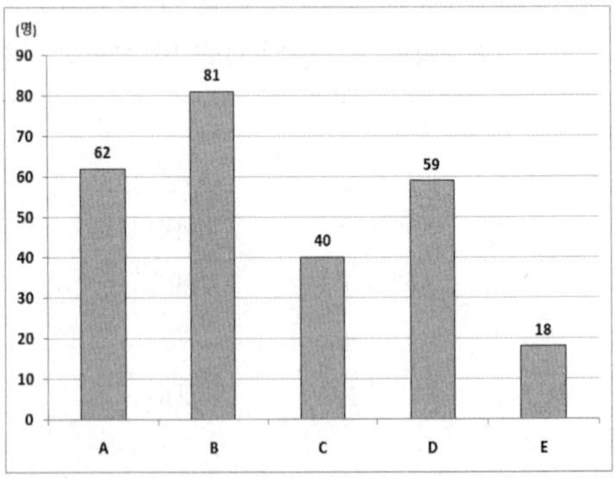

③
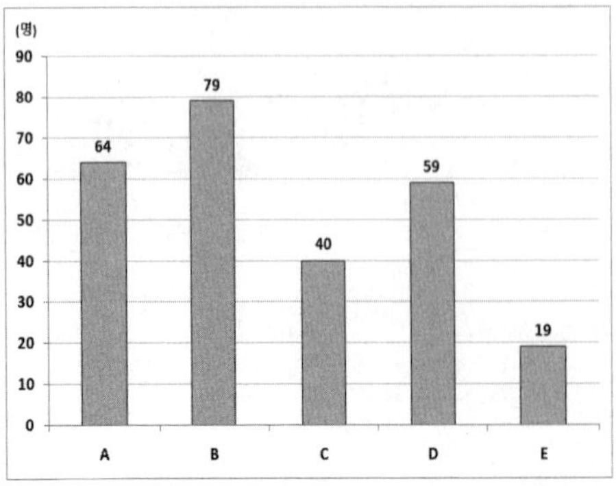

④
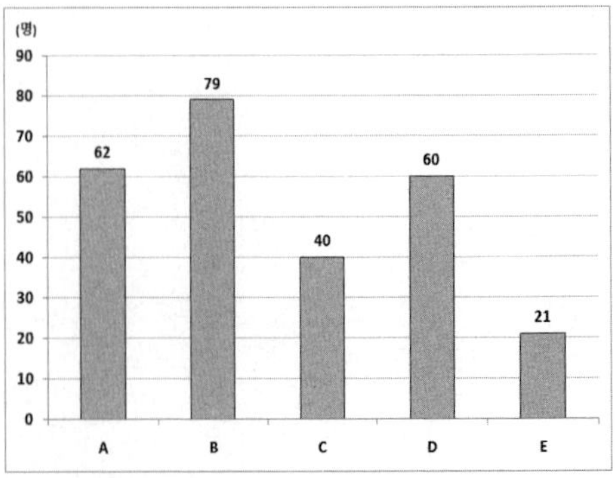

28 다음 〈표〉는 2014~2020년의 댐 저수 현황을 나타낸 것이다. 이에 대한 다음 〈보기〉의 설명 중 옳은 것만을 모두 고르시오.

〈표〉 댐 저수 현황

구분 / 연도	강수량 (㎜)	유입량 (백만㎥)	방류량 (백만㎥)	평균저수량 (백만㎥)
2014	1,192	11,379	11,634	5,897
2015	925	7,831	7,374	5,026
2016	1,265	12,580	11,275	6,372
2017	877	9,768	10,093	6,398
2018	1,438	14,025	13,680	7,147
2019	1,076	11,263	14,740	7,734
2020	1,646	17,148	17,867	8,324

보기

ㄱ. 평균저수량은 매년 유입량의 절반 이상으로 나타났다.
ㄴ. 유입량이 방류량보다 많았던 해는 유입량이 방류량보다 적었던 해보다 적다.
ㄷ. 2015년 이후 평균 저수량은 매년 꾸준히 증가하는 것으로 나타났다.
ㄹ. 강수량이 두 번째로 많았던 해에는 유입량과 방류량도 각각 두 번째로 많았다.

① ㄱ, ㄴ
② ㄱ, ㄷ
③ ㄴ, ㄷ
④ ㄴ, ㄹ

29 **A~G는 새롭게 제안된 사내 복지정책에 대하여 각각 찬성 또는 반대하였다. 찬반 의견에 대한 다음 내용이 모두 참이라고 할 때, A~G 중 찬성한 사람의 수를 고르시오.**

- A 또는 B가 찬성하면, C와 D도 찬성한다.
- E가 찬성하면, B 또는 C가 찬성한다.
- E와 F가 찬성하면, B나 D 중에서 적어도 한 명이 찬성한다.
- G가 반대하면, F는 찬성한다.
- D는 반대한다.
- E는 찬성한다.

① 1명
② 2명
③ 3명
④ 4명

30 **제시된 〈보기〉의 문장들이 모두 참이라고 할 때, 반드시 참이 되는 문장을 고르시오.**

보기

- 화재 사건의 원인은 P 또는 Q이다.
- P가 원인이라면, R 또는 S 현상이 나타난다.
- Q가 원인이라면, T 또는 U 현상이 나타난다.
- R 현상이 나타난 경우, T 현상도 나타난다.
- S 현상이 나타난 경우, U 현상도 나타난다.

① T 현상이 나타난 경우, 화재 사건의 원인은 Q이다.
② U 현상이 나타나지 않았다면, T 현상이 나타난다.
③ P가 원인이라면, S 또는 U 현상이 나타난다.
④ Q가 원인이 아니라면, R 현상이 나타난다.

31 다음 〈그림〉은 영화관의 전체 좌석표를 나타낸 것이다. 이 〈그림〉과 〈대화 내용〉을 토대로 을과 병이 앉아 있던 좌석 번호의 합을 구하시오.

〈그림〉 영화관 좌석표

SCREEN								
통로	11	12	13	통로	14	15	16	통로
	21	22	23		24	25	26	
	31	32	33		34	35	36	

대화 내용

갑 : 아, 나는 영화 보는 내내 너무 불편했어. 영화 시작했는데도 사람들이 계속 내 바로 옆에 있는 통로로 지나다니고, 앞에 앉아 있는 사람은 몸을 앞으로 기울이고 봐서 머리로 스크린 가리고, 왼쪽에 앉아 있는 을은 계속 휴대폰 보고…

을 : 나도 보고 싶어서 본 게 아니야. 뒷사람이 자꾸 발로 건드려서 방해하니까 영화에 집중을 못하겠더라고.

병 : 나도 앞과 뒤에 앉은 사람들 때문에 좀 불편하더라. 그래도 통로 바로 옆은 아니라 다행이었지.

① 36　② 45
③ 47　④ 56

32 지우, 현수, 정수, 미현, 욱진 5명의 친구는 약속 장소에 도착한 순서에 대해 대화를 나누고 있다. 다음 대화의 내용을 통해 판단했을 때, 반드시 참이라고 할 수 없는 것을 고르시오.

> 지우 : 나는 두 번째로 도착하지 않았어.
> 현수 : 나는 욱진이보다는 먼저 도착했어.
> 정수 : 지우가 그래도 나랑 욱진이보다는 먼저 도착했어.
> 미현 : 내가 도착했을 때, 지우는 없었어.
> 욱진 : 그래도 내가 마지막은 아니야.

① 미현이는 현수보다 먼저 도착했다.
② 지우는 현수보다 나중에 도착했다.
③ 욱진이는 미현이보다 나중에 도착했다.
④ 욱진이는 정수보다 먼저 도착했다.

33 갑~무는 각각 A~E 과목 중 한 과목을 수강하고 있다. 다음 진술 내용이 모두 참이라고 할 때, 옳지 않은 것을 고르시오. (단, 동일한 과목을 두 사람 이상이 수강하는 경우는 없는 것으로 가정한다)

> 갑 : 난 A와 C를 수강하고 있지 않다.
> 을 : 난 B 또는 C를 수강한다.
> 병 : 나는 C와 D는 수강하고 있지 않다.
> 정 : 나는 E를 수강하고 있다.
> 무 : 나는 B와 C를 수강하고 있지 않다.

① 갑이 B를 수강하고 있다면, 무는 D를 수강하고 있다.
② 갑이 D를 수강하고 있다면, 병은 B를 수강하고 있다.
③ 병이 B를 수강하고 있다면, 무는 A를 수강하고 있다.
④ 무가 A를 수강하고 있다면, 갑은 B를 수강하고 있다.

34 다음을 근거로 판단할 때, 반드시 참이라고 할 수 없는 것을 고르시오.

- 갑은 29세, 을은 27세, 병은 31세, 정은 35세, 무는 33세로, 이들의 직업은 각각 요리사, 의사, 군인, 작가, 축구선수 중 하나이다.
- 요리사와 의사는 모두 30대이다.
- 군인은 요리사보다 나이가 많다.
- 정은 군인이 아니다.

① 작가와 요리사 나이의 평균은 30세 이하이다.
② 갑~무 중에서 의사인 사람의 나이가 가장 많다.
③ 의사는 작가보다 6살 많다.
④ 군인과 축구선수 나이의 평균은 30세 이상이다.

35 다음은 J기업에서 개최한 사내 구기종목대회의 〈점수 획득 방식〉과 〈종목별 현황〉을 정리한 것이다. 이를 통해 판단했을 때, 〈보기〉의 내용 중 반드시 참인 것만을 모두 고르시오.

점수 획득 방식

종목별 우승팀과 준우승팀에게 점수를 부여한다. 우승팀이 획득하는 점수는 '우승팀 점수'에 팀당 참여인원을 곱한 값이며, 준우승팀이 획득하는 점수는 우승팀이 획득하는 점수의 절반이다. 종목별 획득 점수의 합계가 가장 큰 팀이 종합 우승을 차지한다.

〈종목별 현황〉

종목	팀당 참여인원	우승팀 점수	결승 진출팀
배구	6	14	A : B
족구	5	8	C : E
야구	9	16	C : D
축구	11	20	B : E
농구	5	12	A : D
테니스	2	6	C : D

보기

ㄱ. A팀이 획득 가능한 점수와 C팀이 획득 가능한 점수의 격차는 최소 20점이다.
ㄴ. B팀이 획득하는 점수는 D팀이 획득하는 점수보다 100점 이상 높다.
ㄷ. C팀이 야구에서 우승한다면, C팀의 점수는 어떤 경우에도 D팀의 점수보다 높다.
ㄹ. B팀이 축구에서 우승한다면, B팀이 종합 우승을 차지한다.

① ㄱ, ㄴ
② ㄱ, ㄷ
③ ㄴ, ㄷ
④ ㄷ, ㄹ

36 ××시에서는 미성년 자녀를 키우는 가구들에게 매월 생활비의 일부를 지원하고 있다. 그러나 지원 대상이 너무 적다는 민원이 제기되었고, 이에 따라 지원금을 조금 줄이는 대신 지원 대상을 확대하기로 결정하였다. 지원 대상자는 매년 1월 1일을 기준으로 선정하며, 다른 사항은 고려하지 않는다고 가정할 때, J 빌라의 가구들이 2021년에 수령하는 지원금 합계와 2022년에 수령하는 지원금 합계의 차이를 고르시오.

〈표 1〉 지원 제도의 변경

구분		변경 전(2021)	변경 후(2022)
선정 조건	가구주 연령	• 만 45세 이상	• 만 40세 이상
	××시 거주 기간	• 10년 이상	• 5년 이상
	미성년 자녀	• (만 19세 이하) 3명 이상	• (만 18세 이하) 2명 이상
	가구 소득	• 연 4,500만 원 이하	• 연 5,000만 원 이하
지원금		미성년 자녀 1인당 월 40만 원	미성년 자녀 1인당 월 30만 원

* 선정 조건을 모두 만족하는 가구만 선정한다.

〈표 2〉 J 빌라 지원 대상 가구 현황(2021년 1월 1일 기준)

가구	가구주 연령	××시 거주 기간	미성년 자녀	가구 소득 (2022년 증가율)
A	만 47세	11년	만 19세, 만 16세, 만 8세	3,400만 원(12%)
B	만 39세	4년	만 7세, 만 5세	4,200만 원(10%)
C	만 40세	6년	만 14세, 만 9세	4,700만 원(7%)
D	만 46세	12년	만 19세, 만 18세, 만 15세	3,900만 원(20%)
E	만 42세	15년	만 12세, 만 6세	4,100만 원(5%)

① 480만 원　　② 600만 원
③ 720만 원　　④ 840만 원

37 A~E는 주사위를 굴려 실패조건에 해당하지 않으면, 성공 보상금을 획득하는 게임을 진행 중이다. 단계별 실패조건 및 주사위 결과가 다음과 같을 때, A~E가 최종적으로 획득하게 되는 성공 보상금의 합계를 구하시오.

〈단계별 실패조건〉

단계	실패조건	성공 보상금
1	같은 숫자가 나온 경기자는 모두 실패	2만 원
2	같은 숫자가 나오거나, 1이 나온 경기자는 모두 실패	4만 원
3	홀수가 나온 경기자는 모두 실패	8만 원
4	5와 6을 제외한 숫자가 나오면 실패	16만 원
5	1 : 1~4단계 상금을 그대로 획득 2 : 1~4단계 상금의 절반만 획득 3 : 1~4단계 상금의 1/4만 획득 4 : 1~4단계 상금의 1.5배 획득 5 : 1~4단계 상금의 2배 획득 6 : 1~4단계 상금의 3배 획득	

〈주사위 결과〉

단계 \ 경기자	A	B	C	D	E
1단계	3	2	4	1	2
2단계	4	1	5	3	4
3단계	2	5	1	4	6
4단계	3	5	4	4	3
5단계	1	3	5	2	4

① 43만 원 ② 45만 원
③ 47만 원 ④ 49만 원

38 다음에 제시된 〈면접 안내〉와 〈표〉에 따라 판단할 때, 최종 합격자를 고르시오.

면접 안내

- 면접은 면접관 3인과 면접자 1인의 다대일 형식입니다.
- 면접관은 면접자마다 능력, 적성, 인성의 각 요소를 상, 중, 하로 평가합니다.
- 각 면접관은 세 가지 요소 중 한 가지를 가중 요소로 선정합니다.
- 상은 5점, 중은 3점, 하는 1점으로 환산하여, 세 면접관의 결과를 모두 합산합니다. 단, 면접관이 가중 요소로 선정한 요소는 본래 환산 점수에 3점을 가산합니다.
- 합산 점수가 가장 높은 면접자 1인이 최종 합격합니다.
- 같은 요소를 두 명 이상의 면접관에게 '하'로 평가 받은 면접자나 한 명의 면접관이 둘 이상의 요소에 대해 '하'로 평가한 면접자는 점수와 무관히 탈락입니다.

〈표〉 최종 면접 결과

면접자	면접관 A			면접관 B			면접관 C		
	능력	**적성**	인성	능력	적성	**인성**	**능력**	적성	인성
갑	중	상	하	중	중	중	상	중	중
을	하	중	상	중	상	중	하	상	상
병	상	상	하	상	중	중	상	하	중
정	상	중	중	상	하	하	중	중	상

* 진한 색으로 표시된 것은 각 면접관이 가중 요소로 선정한 요소이다.

① 갑　　② 을
③ 병　　④ 정

39 ○○기업 L대리는 조찬회의의 디저트를 준비하기 위해 아침 7시에도 오픈하는 카페를 알아보고 있다. 아침 7시에 회의실 근처 카페가 오픈하는 〈상황〉이 다음과 같을 때, L대리가 조찬회의의 디저트를 주문할 수 있는 카페는?

상황

- 아침 7시에 화이트카페가 오픈하면 그레이카페가 오픈하지 않는다.
- 아침 7시에 베이지카페가 오픈하지 않는다면 그레이카페가 오픈하거나 네이비카페가 오픈하다.
- 베이지카페와 그레이카페가 오픈하는 시각은 다르다.
- 아침 7시에 화이트카페가 오픈하지 않는다면 브라운카페도 오픈하지 않는다.
- 아침 7시에 네이비카페는 오픈하지 않는다.
- 아침 7시에 베이지카페가 오픈한다면 네이비카페도 오픈한다.

① 베이지카페
② 그레이카페
③ 베이지카페, 브라운카페
④ 그레이카페, 브라운카페

40 ㅁㅁ피트니스센터에서 일하는 ×××트레이너는 센터에 방문하여 PT이용권을 구입한 회원 5명(가희, 나경, 다솔, 라윤, 마리)에 대한 정보를 정리하고 있다. 5명의 〈정보〉를 참고할 때, 항상 옳지 않은 것을 고르면?

정보

- 5명은 서로 다른 날 ㅁㅁ피트니스센터를 방문하여 PT이용권을 구입했다.
- 5명은 1회이용권, 2회이용권, 3회이용권, 4회이용권 중 하나를 구입했다.
- 같은 횟수의 PT이용권을 구입한 사람은 2명이다.
- ㅁㅁ피트니스센터를 마지막으로 방문한 1명은 3회이용권을 구입하였다.
- 라윤은 가희와 다솔보다 먼저 방문하였다.
- 라윤과 다솔이 구입한 이용권의 횟수의 합은 마리가 구입한 이용권의 횟수와 같다.
- 나경은 마리보다는 늦게, 가희보다는 일찍 구입하였다.
- 다솔과 같은 횟수의 PT이용권을 구입한 회원이 있다.
- 가희는 마지막으로 방문하지 않았다.

① 마리가 구입한 이용권은 4회권이다.
② 나경이 구입한 이용권으로 가능한 경우는 2가지이다.
③ 라윤과 마리 중 누가 먼저 구입했는지는 알 수 없다.
④ 나경과 다솔이 같은 횟수의 이용권을 구입했다면 가희는 3회권을 구입했다.

직업심화능력평가 [41~80]

[41~42] 다음 글을 읽고 이어지는 질문에 답하시오.

확정급여형(DB형) 퇴직연금은 도산 위험이 없고, 임금 상승률이 높은 기업에 재직하는 근로자에게 유리하다. 확정급여형(DB형) 제도에 가입한 근로자는 '퇴직 직전 3개월의 평균 급여×근속연수'에 해당하는 퇴직금을 연금 또는 일시금으로 받을 수 있다. 퇴직 직전 3개월의 평균 급여는 수당, 상여금 등을 포함하는 총 수령액을 의미한다. 중간 인출은 불가능하고, 추가 납입도 원칙적으로 불가능하다.
확정기여형(DC형) 퇴직연금은 체불위험이 있거나 연봉제인 기업에 재직하는 근로자에게 유리하다. 확정기여형(DC형) 제도에 가입한 근로자는 매년 총 급여의 1/12를 적립원금으로 하고, 이를 운용하여 발생한 수익이 더해진 (혹은 손액이 감해진) 금액을 연금 또는 일시금으로 받을 수 있다. 추가납입이 가능하며, 주택 구입 등의 사유가 발생할 경우 중간인출도 가능하다.

41 D는 4년 동안 K회사에서 근무하다가 201×년 ×월에 퇴직하였고, 확정급여형 퇴직연금에 가입되어 있었다. 다음 조건을 참고할 때 D가 지급받게 될 퇴직금은? (단, 만 원 미만은 절사한다)

- 퇴직 시 D의 월 급여는 300만 원이었고, 퇴직 전 6개월 동안 일정하게 같은 액수였다.
- D는 퇴직 한 달 전 연차수당 10만 원과 상여금 80만 원을 수령하였다.

① 1,200,000원 ② 1,260,000원
③ 1,320,000원 ④ 1,380,000원

42 A와 B는 같은 시기에 입사하여 3년 동안 재직하였고, 같은 시기에 퇴사를 결정하였다. A는 입사 1년차에 평균 200만 원의 월급을 받았고, 월급은 매년 5%씩 상승하였다. A는 확정기여형 퇴직연금에 가입하여 적립금을 운용하여 30만 원의 수익을 얻었다. B의 입사 1년차의 월급과 연봉상승률은 A와 같으나, B는 A와 달리 확정급여형 퇴직연금에 가입하였고, 퇴사 직전 3개월 동안 월급여 외의 수령액은 받지 않았다. 다음 〈보기〉의 진술 중 옳은 것만을 고르면?

보기

ㄱ. A의 퇴직금과 B의 퇴직금은 같다.
ㄴ. A의 퇴직금은 B의 퇴직금보다 많다.
ㄷ. A의 퇴직금은 B의 퇴직금보다 적다.
ㄹ. A와 B의 퇴직금액 차이는 5만 원 이하이다.
ㅁ. A와 B의 퇴직금액 차이는 5만 원을 초과한다.

① ㄱ ② ㄴ, ㄹ
③ ㄴ, ㅁ ④ ㄷ, ㄹ

43 **다음은 ○○은행의 아이행복(신용/체크)카드 사용설명서의 일부이다. A씨, B씨의 금월 카드사용내역이 다음과 같을 때 두 사람의 계좌에서 출금(청구)된 금액의 총액은?**

1. 아이행복(체크/신용)카드는

만 0세부터 만 5세까지 취학 전 아동을 대상으로 정부에서 제공하는 복지서비스(바우처)를 담아 이용하실 수 있는 카드입니다.

어린이집	유치원
보육료 지원	유아학비 지원

※ 어린이집에서 아이행복카드로 보육료(정부지원금＋부모부담금)를 결제 또는 유치원에서 아이행복카드로 유아학비(부모부담금)를 결제하시면, 추후 부모부담금만 계좌에서 출금(체크카드) 또는 카드 사용액으로 청구(신용카드) 됩니다.

※ 아이행복카드를 발급받으신 후 보육료/유아학비를 지원받기 위해서는 별도로 복지로 홈페이지(www.bokjiro.go.kr) 또는 거주지 읍/면/동 주민센터를 통하여 신청을 하셔야 합니다. (단, 정부지원금은 신청이 완료된 아이행복카드로 결제 시에만 지원이 됩니다.)

※ 아이행복카드를 어린이집, 유치원 외 일반 가맹점에서 사용하시면 본 설명서에서 제시된 청구할인 혜택을 받으실 수 있습니다.

2. 보육맘 특화 서비스

구분	신용카드 서비스 안내	체크카드 서비스 안내
육아/교육	• 어린이집 및 유치원(정부지원금 제외) 학원 업종 5% 청구할인 －월 2회, 최대 1만 원 한도	• 어린이집 및 유치원(정부지원금 제외) 학원 업종 5% 청구할인 －월 1회, 최대 5천 원 한도
의료	• 병/의원 업종 5% 청구할인 －월 1회, 최대 1만 원 한도	• 병/의원 업종 5% 청구할인 －월 1회, 최대 5천 원 한도
온라인쇼핑	• 주요 온라인 쇼핑몰 5% 청구할인 －G마켓, 옥션, 11번가, 쿠팡, 위메프, 티몬 －월 2회, 3만 원 이상 승인건에 한함	• 주요 온라인 쇼핑몰 5% 청구할인 －G마켓, 옥션, 11번가, 쿠팡, 위메프, 티몬 －월 2회, 3만 원 이상 승인건에 한함
외식/커피	• 주요 커피 전문 20% 청구할인 －스타벅스, 커피빈, 카페베네 －월 4회, 1만 원 이상 승인건에 한함 • 주요 패밀리레스토랑 20% 청구할인 －아웃백, TGIF, VIPS －월 1회	• 주요 커피 전문 10% 청구할인 －스타벅스, 커피빈, 카페베네 －월 4회, 1만 원 이상 승인건에 한함

3. 통합 월 할인한도

아이행복신용카드				
전월실적	30만 원 이상	80만 원 이상	140만 원 이상	200만 원 이상
통합 월 할인한도	5천 원	1만 원	2만 원	3만 원

아이행복체크카드				
전월실적	30만 원 이상	50만 원 이상	70만 원 이상	100만 원 이상
통합 월 할인한도	5천 원	7천 원	1만 원	1만5천 원

※ 통합 월 할인한도는 보육맘 특화서비스에만 적용됩니다.

〈카드사용내역〉

- A씨 : 아이행복신용카드를 발급받아 복지로 홈페이지에서 바우처 신청을 완료했고, 전월실적은 220만 원이다.
- B씨 : 아이행복체크카드를 발급받았으며 바우처 신청 예정으로, 전월실적은 80만 원이다.
- A씨, B씨의 금월 카드사용내역

구분	어린이십	유치원	미술학원	음악학원	병원	11번가	스타벅스	아웃백
A씨	350,000원 (부모부담금 14만 원)	–	120,000원	80,000원	–	50,000원 ×1회	10,000원 ×4회	40,000원 ×1회
B씨	–	240,000원 (부모부담금 12만 원)	50,000원	–	50,000원 ×1회	–	15,000원 ×2회	40,000원 ×1회

① 685,500원

② 723,500원

③ 835,500원

④ 843,500원

[44~45] 다음 〈표〉는 ㅇㅇ은행의 보장성보험인 "(무배당) 건강하게 사는 암보험 이야기"의 가입 안내, 유형별 월 보험료, 해지환급률에 대한 내용을 정리한 것이다. 물음에 답하시오.

〈표 1〉 가입 안내

보험기간	10년 만기, 20년 만기(가입 연령 기준 최대 100세까지 자동갱신)
납입방법	월납(가입일부터 납입)
가입유형	고급플랜, 일반플랜, 실속플랜
가입나이	고급플랜 : 20세 ~ 60세 일반플랜 : 20세 ~ 65세 실속플랜 : 20세 ~ 65세

〈표 2〉 유형별 월 보험료

(단위 : 원)

나이	고급플랜		일반플랜		실속플랜	
	남성	여성	남성	여성	남성	여성
40세 미만	10,000	10,000	10,000	10,000	10,000	10,000
40세 이상 50세 미만	10,000	18,500	10,000	11,270	10,000	10,000
50세 이상 60세 미만	27,230	25,000	17,106	16,042	10,000	10,000
60세 이상	62,175	39,000	38,624	24,284	20,817	13,132

〈표 3〉 해지환급률

10년 만기		20년 만기	
경과 기간	해지환급률	경과 기간	해지환급률
1년 미만	0%	3년 미만	0%
1년 이상 3년 미만	10%	3년 이상 5년 미만	10%
3년 이상 5년 미만	20%	5년 이상 10년 미만	20%
5년 이상 7년 미만	15%	10년 이상 15년 미만	15%
7년 이상 10년 미만	10%	15년 이상 20년 미만	10%
10년(만기)	5%	20년(만기)	5%

※ 해지환급금 = 납입보험료의 합계 × 해지환급률

44 제시된 상품에 대한 〈보기〉의 설명 중 옳은 것만을 모두 고르시오.

보기

ㄱ. 20세 되는 해의 1월에 10년 만기 일반플랜에 가입한 사람은 최대 6회까지 자동 갱신이 가능하다.
ㄴ. 50세 미만 여성의 월 보험료는 어떤 플랜에서든 같은 나이 남성의 월 보험료보다 같거나 크다.
ㄷ. 60세 이상에서 남성의 월 보험료 대비 여성의 월 보험료 비율이 가장 큰 플랜은 일반플랜이다.
ㄹ. 동일 시점에 가입한 경우, 가입 후 1년 이상 5년 미만인 경우 10년 만기 상품의 해지환급률이 더 크지만, 5년 이상에서 10년까지는 20년 만기 상품의 해지환급률이 더 크다.

① ㄱ, ㄴ
② ㄱ, ㄷ
③ ㄴ, ㄷ
④ ㄴ, ㄹ

45 다음 〈표〉에 제시된 갑~병이 수령하게 되는 해지환급금의 합계를 구하시오.

〈표〉 고객 가입 기록 카드

고객 이름 : 갑			
성별	남성	가입 당시 나이	24세
보험 가입일	2017년 11월 5일	상품 종류	10년 만기 일반 플랜
보험료 납부일	매월 5일	보험 해지일	2020년 2월 4일

고객 이름 : 을			
성별	여성	가입 당시 나이	57세
보험 가입일	2014년 7월 21일	상품 종류	20년 만기 고급 플랜
보험료 납부일	매월 21일	보험 해지일	2020년 7월 20일

고객 이름 : 병			
성별	여성	가입 당시 나이	48세
보험 가입일	2012년 3월 14일	상품 종류	10년 만기 실속 플랜
보험료 납부일	매월 14일	보험 해지일	2020년 9월 13일

① 576,000원
② 588,400원
③ 606,600원
④ 612,000원

46 다음은 〈○○금융 임직원 행동지침〉 중 금품 등 수수 행위 제한과 관련된 내용이다. 이에 대한 설명으로 옳은 것은?

〈○○금융 임직원의 행동지침〉

1. 금품 등 수수 행위 제한
   가. 임직원은 직무관련자 및 직무관련임직원으로부터 금품 등을 받거나 요구 또는 제공받기로 약속해서는 아니 된다. 다만, 다음의 경우는 예외로 한다.
   ① 원활한 직무수행, 사교·의례 목적으로 제공되는 3만 원 이하의 음식물·편의 또는 5만 원(농수산물·농수산가공품 10만 원) 한도내에서 제공되는 선물(유가증권 제외)
   ② 직무와 관련된 공식적인 행사에서 주최자가 참석자에게 일률적으로 제공하는 교통·숙박 또는 음식물
   ③ 불특정 다수인에게 배포하기 위한 기념품 또는 홍보용 물품
   ④ 기타 업무 또는 영업상 부득이하다고 인정하는 경우
   나. 직무관련임직원은 금품 등을 받는 것이 금지된 임직원에게 금품 등을 제공해서는 아니 된다. 다만, 가목 단서에서 예외로 정한 경우에는 제공할 수 있으며, 이 경우에도 은행법상 은행업무 등과 관련하여 정상적인 수준을 초과하는 재산상 이익(3만 원 이하의 물품·식사 제외)을 은행 이용자에게 제공 시 준법감시인 보고 등 내부통제 절차를 이행하여야 한다.
   다. 임직원의 가족·친인척 및 지인 등을 통해 주고받는 경우, 본인의 행위로 본다.
   라. 임직원은 청탁금지법을 위반하여 공직자 등에게 또는 그 공직자의 배우자에게 수수 금지 금품 등을 제공하거나 그 제공의 약속 또는 의사표시를 해서는 아니된다.
   마. 임직원이 금지된 금품 등을 받을 경우 다음 처리방법에 따른다.

2. 금지된 금품 등의 처리
   가. 용어 등 정의
   ① 금품 : 금전(현금 및 상품권, 이용권 등 유가증권 포함), 선물(물품) 등을 말함
   ② 선물 : 대가없이 제공되는 물품 또는 숙박권, 회원권, 입장권, 그 밖에 이에 준하는 것을 말함
   ③ 향응 : 음식물, 골프 등의 접대 또는 교통·숙박 등의 편의를 제공하는 것
   ④ 지역윤리경영책임관 : 영업본부장
   ⑤ 윤리경영책임관 : 준법감시인
   나. 이 지침에 위반하여 금품 등을 받는 임직원은 제공자에게 그 기준을 초과한 부분이나 받는 것이 금지된 금품 등을 즉시 반환하여야 한다. 이 경우 그 임직원은 증명자료를 첨부하여 그 반환 비용을 윤리경영책임관에게 청구할 수 있다.
   다. 반환하여야 하는 금품 등이 멸실·부패·변질 등의 우려가 있거나 그 제공자나 제공자의 주소를 알 수 없거나 제공자에게 반환하기 어려운 사정이 있을 때에는 즉시 지역윤리경영책임관 또는 윤리경영책임관에게 신고하여야 한다.

라. 신고를 받은 지역윤리경영책임관 또는 윤리경영책임관은 그 금품 등을 다음 각호의 어느 하나의 기준에 의하여 처리할 수 있다. ① 부패·변질 등으로 경제적 가치가 없는 금품 등은 폐기처분 ② 부패·변질 등으로 경제적 가치가 훼손될 우려가 있는 금품 등은 사회복지시설 또는 공익단체 등에 기증 ③ 제1호 및 제2호 이외의 경우로써 다른 법률에 특별한 규정이 있는 경우를 제외하고는 사회복지시설 또는 공익단체 등에 기증 ④ 기타 은행장이 정하는 기준

① 임직원이 원활한 직무수행 목적의 3만 원 이하 유가증권을 직무관련자에게 제공받은 경우 반환하지 않아도 된다.

② 직무관련임직원은 은행법상 은행업무등과 관련하여 3만 원 이하의 물품을 은행이용자에게 제공 시 내부통제 절차를 이행하여야 한다.

③ 제공자에게 금품을 반환하여야 하나 반환하기 어려운 사정이 있을 때에는 은행장에게 즉시 신고하여야 한다.

④ 금지된 금품을 수수하여 반환한 임직원은 준법감시인에게 반환 비용을 청구할 때 증명자료를 첨부하여야 한다.

47 다음은 K은행의 ○○맑음카드의 혜택을 정리한 자료이다. ○○맑음카드를 소지한 고객이 받을 수 있는 혜택으로 적절하지 않은 것은? (단, 고객 모두는 혜택제공 기준을 충족하였다)

〈○○맑음카드 혜택 안내〉

1. 기본사항 안내
   - 연회비 : 해외겸용 3만 원
   - 혜택제공 기준 : 직전 1개월 실적 30만 원 이상 사용 시

2. 혜택
   - 대중교통 : KTX, SRT 일반석 20% 할인
   - 레저 : 해외항공권 8% 할인, 해외호텔 30% 할인
   - 카페 : 출입국 시 인천공항 커피전문점 아메리카노 2잔 무료 제공
   - 쇼핑 : 온라인 소셜커머스 5만 원 이상 결제 시 5% 할인
   - 프리미엄 : 인천·김포공항 발레파킹 서비스 제공, 국내 공항라운지 무료이용

① A는 ○○맑음카드로 6월에 KTX 일반석을 20% 할인가로 이용하였다.
② B는 해외출장을 앞두고 ○○맑음카드를 사용하여 인천공항에서 동료와 아메리카노를 무료로 마셨다.
③ C는 ○○맑음카드로 80만 원인 해외 편도 항공권을 54만 원에 구입했고, 1박에 5만 원인 해외호텔에서 10만 원으로 3박을 하였다.
④ D는 ○○맑음카드로 온라인 소셜커머스에서 80,000원인 제품을 76,000원에 구매하였다.

48 L은 〈KB국민은행 가계신용대출〉로 1억2천만 원을 대출하였고, 매월 납입해야 하는 이자를 1개월 연체하였다. 연체 1개월시점에 L이 납부해야 할 금액은? (단, 연체 1개월 시점에서 기한의 이익 상실은 없다고 가정한다)

〈KB국민은행 가계신용대출〉

- 대출종류 : 가계신용대출
- 상환방식 : 만기일시 상환방식 (이자는 매월 납입)
- 약정이자율 : 연 5%

※ 약정이자 계산방법 : 원금×5%×1/12
※ 지연배상금 계산방법 : 지체된 약정이자×(약정이자율 5%+연체가산이자율 3%)×1/12

① 503,333원　　② 1,003,333원
③ 1,006,666원　　④ 2,603,333원

49 다음은 K은행의 송금 수수료 관련 규정과 A~E의 금일 송금내역이다. 금일 송금에 대한 송금 수수료가 3번째로 높은 고객과 4번째로 높은 고객을 바르게 연결한 것은?

〈송금 수수료 관련 규정〉

이용형태	단위/기준	일반고객	할인고객
창구 송금수수료 (같은 은행으로 보낼 때)	10만 원 이하	면제	면제
	10만 원 초과 ~ 100만 원 이하	면제	면제
	100만 원 초과	면제	면제
창구 송금수수료 (다른 은행으로 보낼 때)	10만 원 이하	500원	400원
	10만 원 초과 ~ 100만 원 이하	2,000원	1,600원
	100만 원 초과 ~ 500만 원 이하	3,500원	2,800원
	500만 원 초과	4,000원	3,200원

* 연계(가상)계좌는 은행 고유 예금이 아니므로 창구 송금 시 별도의 수수료가 적용됩니다.
  - 10만 원 이하 : 면제
  - 10만 원 초과~100만 원 이하 : 1,000원
  - 100만 원 초과 : 1,500원
  (단, 골드스타고객 이상 또는 은행상품요건에 의한 경우 면제)

구분	고객등급	이용형태	송금은행	송금액
A	일반고객	창구	X은행	30만 원
B	일반고객	가상계좌	K은행	120만 원
C	할인고객	창구	Y은행	520만 원
D	일반고객	창구	K은행	580만 원
E	골드스타고객	가상계좌	K은행	600만 원

① A－C
② A－E
③ B－A
④ B－C

50 음료회사 영업부에 갓 입사한 사원 P는 업무차 지방 출장을 가게 되었는데 자신의 운전면허증(2종 보통)을 갱신해야 할 기간임을 잊고 있었다. 다행히 기간은 지나지 않았지만 정작 본인이 갱신을 하러 갈 수 없어 동생에게 부탁하였다. 다음 중 P의 동생이 대리 신청을 할 경우 필요한 서류는?

<table>
<tr><th>신청사무</th><th colspan="2">신청인 제출서류</th><th>담당공무원 또는 업무담당자 확인사항</th><th>수수료</th></tr>
<tr><td>제2종 운전면허 갱신</td><td rowspan="4">※ 대리신청하는 경우 : 위임장 및 대리인 신분증

* 신청인 제출서류 중 신분증은 확인 후 돌려드립니다.</td><td>1. 운전면허증
2. 신청일부터 6개월 내에 촬영된 컬러사진(3cm×4cm) 1장
3. 국내거소신고사실증명서 또는 외국인등록사실증명서(재외동포 또는 외국인인 경우로서 업무담당자가 행정정보의 공동이용을 통하여 신청인의 대한민국 안의 거소에 관한 정보나 국내 체류지에 관한 정보를 확인하는 것에 동의하지 아니하는 경우에만 제출합니다.)</td><td>외국인 또는 재외동포의 경우 외국인등록사실증명 중 국내 체류지에 관한 정보 또는 국내거소신고사실증명 중 대한민국 안의 거소에 관한 정보(신청인이 국내거소신고사실증명서나 외국인등록사실증명서를 제출하지 아니한 경우만 해당합니다.)</td><td rowspan="3">「도로교통법」 제139조에 따라 도로교통공단이 경찰청장의 승인을 받아 결정·공고하는 금액</td></tr>
<tr><td>운전면허증 재발급 (잃어버렸거나 헐어 못쓰게 된 경우)</td><td>신분증, 운전면허증(헐어 못쓰게 된 경우에 한정)</td><td></td></tr>
<tr><td>운전면허증 갱신 (적성검사) 연기</td><td>신분증 또는 신분증 사본(사본은 신분증을 제출할 수 없는 경우만 해당), 연기사유증명서</td><td>출입국에 관한 사실증명(해외에 체류 중임을 이유로 연기를 신청하는 경우만 해당합니다.)
병적증명서(군 복무 중임을 이유로 연기를 신청하는 경우만 해당합니다.)</td></tr>
<tr><td>국제운전면허증 발급</td><td>신청일부터 6개월 내에 촬영된 컬러사진(3cm×4cm) 1장</td><td>운전면허증
여권</td><td>8,500원</td></tr>
</table>

유 의 사 항
1. 운전면허증 갱신(적성검사)을 받지 못하는 사람은 기간 경과 전에 연기신청을 하셔야 합니다. 2. 운전면허증 갱신(적성검사) 연기신청을 한 사람은 연기사유 해제일부터 3개월 내에 운전면허증 갱신(적성검사)을 받으셔야 합니다.

① 위임장, P의 운전면허증, 사진, 대리인 신분증
② 위임장, P의 신분증 사본, 사진, 적성검사 연기 신청서
③ P의 신분증, P의 운전면허증, 위임장, 대리인 신분증
④ 국내거소사실증명서, P의 신분증, P의 운전면허증, 위임장

51 **다음은 K은행의 계좌 신규 개설에 필요한 서류에 대한 규정이다. 아래 규정에 따를 때 〈직원과 고객과의 대화〉에서 빈 칸에 들어갈 직원의 대답으로 가장 적절한 것은?**

명의인	신청인	실명확인에 필요한 서류	보관서류
개인 (개인 사업자 포함)	본인	실명확인증표에 의하여 실명을 확인 • 주민등록증 – 운전면허증, 공무원증, 여권, 학생증, 노인 복지카드(경로우대증), 장애인복지카드(장애인 등록증 포함), 선원수첩, 공익근무요원증, 장기하사관 이상의 신분증, 비밀 취급인가증, 군 운전면허증, 국가(독립, 5.18 등)유공자(유족 포함)증, 새터민 임시신분증 등도 가능	실명확인증표 사본
	가족	대리인이 본인의 가족으로 확인되는 서류와 대리인의 실명확인증표로 실명 확인 • 신청인(대리인)의 실명확인증표 • 가족관계확인서류(가족관계가 표시된 경우에 한함)(다음중 하나) – 주민등록등본 – 제적등본, 가족관계증명서 – 의료급여증(지자체가 발급하고 가족관계가 표시된 의료급여증에 한함) – 가족관계가 표시된 구 의료보험증 – 명의인의 가족의 범위 : 배우자, 직계존비속, 외조부모, 외손자, 배우자 부모(사위, 며느리 포함) • 가족의 범위에 속하지 아니하는 자 – 형제, 자매, 삼촌, 고모, 이모, 외삼촌 등	신청인의 실명확인증표 사본, 가족관계확인서류 원본 또는 사본
	대리인	본인 및 대리인의 실명확인증표에 의하여 실명확인 • 본인의 실명확인증표(사본가능) • 대리인의 실명확인증표 • 위임장 • 본인의 인감증명서	본인과 대리인의 실명 확인증표 사본, 위임장, 본인의 인감 증명서 원본

〈직원과 고객과의 대화〉

고객 : 통장을 새로 만들고 싶은데요, 어떤 서류가 필요한가요?
직원 : 고객님 명의의 통장을 말씀하시는 건가요?
고객 : 아니요, 외국에 출장 중인 동생이 대신 만들어 달라고 부탁을 했어요.
직원 : (   )

① 동생분과 고객님의 실명확인증표, 위임장, 동생분의 인감증명서가 필요합니다.
② 가족이 아니면 대신 개설을 하실 수가 없습니다.
③ 가족임을 증명할 수 있는 서류와 대리인 신분증을 지참하시면 됩니다.
④ 위임장을 받아오셔야 대신 만드실 수 있습니다.

52 다음은 K생명에서 판매하는 드림연금보험의 가입설명서 중 일부분과, 고객들이 K생명 고객센터의 상담원과 나눈 상담 내용이다. 가입설명서를 참고할 때, 고객의 문의에 대해 잘못 답한 부분은?

〈보험료 우대에 관한 사항〉

1. 고객계약에 대한 보험료 우대
   회사는 매월 납입하는 기본보험료가 50만 원 이상인 계약에 한하여 보험료 납입 시(선납 시 해당 납입회차 계약해당일)에 아래에 해당하는 금액을 추가로 적립하여 드립니다.

기본보험료	고액계약 보험료 우대율
50만 원 이상 100만 원 미만	기본보험료의 0.5%
100만 원 이상	기본보험료의 0.7%

2. 장기납입에 대한 보험료 우대
   회사는 5년 이상 기본보험료를 완납한 계약에 한하여 향후 기본보험료 납입 시(선납 시 해당 납입회차 계약해당일)에 아래에 해당하는 금액을 추가로 적립하여 드립니다.

구분	장기납입보험료 우대율
납입회차 61회부터 추가 적립	기본보험료의 1.0%

3. 자동이체에 대한 보험료 우대
   회사는 보험료가 금융기관 자동이체 등을 통하여 납부되는 경우 기본보험료의 0.5%를 추가로 적립합니다.

4. 1, 2, 3은 중복 적용이 가능합니다.

〈중도인출에 관한 사항〉

연금개시 전 보험기간 중 보험년도(계약한 날부터 1년 단위로 계산한 연도) 기준 연 12회에 한하여 인출할 당시 해지환급금(보험계약 대출원리금을 차감한 금액)의 80% 이내에서 가능하며, 중도인출 시 수수료는 없습니다(다만, 10만 원 이상 만 원 단위로 인출 가능).

〈월공제액에 관한 사항〉

1. 보험료 납입기간 이내 : 월공제액은 해당 월의 위험보험료와 부가보험료의 합계액으로써 해당 월의 기본보험료를 납입할 때 공제합니다.
2. 보험료 납입기간 경과 후 : 월공제액은 해당 월의 위험보험료와 부가보험료(납입 후 유지비)의 합계액으로써 매월 월계약해당일에 해지환급금(보험계약대출원리금을 차감한 금액)에서 공제합니다.

〈보험료납입 일시중지제도에 관한 사항〉

1. 보험계약일로부터 5년 이상 지난 유효한 계약에 한하여 기본보험료 납입의 일시중지신청이 가능합니다.
2. 보험료납입 일시중지 기간만큼 납입기간이 연장되고, 연장된 보험료 납입기간이 연금개시 전 보험기간을 초과하는 경우에는 초과되는 기간만큼 연금개시 전 보험기간이 자동 연장됩니다. 다만, 납입일시중지 신청에도 불구하고 연장된 연금개시시점이 피보험자(보험대상자)의 80세를 초과하는 경우에는 납입중지를 신청할 수 없습니다.
3. "월공제액에 관한 사항"에도 불구하고 납입일시중지기간 및 연장된 납입기간 동안 적용하는 월공제액은 다음과 같습니다.
   1) 납입일시중지기간 중 월공제액 : 해당 월의 위험보험료와 부가보험료(수금비 제외)의 합계액을 매월 계약해당일에 해지환급금(보험계약대출원리금을 차감한 금액)에서 공제합니다.
   2) 연장된 납입기간 동안 적용하는 월공제액 : 해당 월의 위험보험료 및 부가보험료 합계액을 해당 월의 기본보험료 납입 시 공제합니다.

〈고객문의에 대한 답변〉

기본 이율 외에 추가로 우대받을 수 있는 이율에 대해 문의하셨는데요, ① 매월 50만 원씩 20년 동안 납입하는 상품에 가입하려고 하신다니 월 납입하는 기본보험료가 50만 원 이상의 계약이므로 기본보험료의 0.5%가 추가 적립됩니다.
그리고 ② 보험 가입 후 5년 이상 유지하시면 장기납입에 대한 우대 이율로 기본보험료의 1.0%가 추가 적립됩니다. 금융기관 자동이체를 통하여 납부되는 경우 기본보험료의 0.5%를 추가 적립해드리니 자동이체도 신청하세요. ③ 이 우대 이율은 중복 적용 가능합니다.
또한 연금은 저축과 달리 필요할 때 인출할 수도 없고 납입 기간도 길다고 고민하셨는데요,
④ 해지환급금의 80% 이내에서 계약한 날부터 1년 단위를 기준으로 연 12회 중도인출이 가능하고, 보험계약일로부터 5년 이상 지난 계약은 납입일시중지를 신청할 수 있으니 이 제도를 활용하실 수 있습니다.

53 다음은 건강보험 지역가입자의 건강보험료 산정방법에 관한 자료이다. 〈보기〉의 가입자가 납부해야 할 월 건강보험료는?

지역가입자의 건강보험료 산정방법

- 지역 세대의 가입자가 보유한 부과요소(소득, 재산, 자동차)별 합산한 부과점수에 점수당 금액을 곱하여 산정하되, 연소득 100만 원을 기준으로 달리 적용한다.
  - 연 소득 100만 원 이하 세대 건강보험료 = 소득최저보험료(13,100원) + [재산(전월세 포함) 점수 + 자동차 점수를 합산한 보험료 부과점수 × 부과점수당 금액(183.3원)]
  - 연 소득 100만 원 초과 세대 건강보험료 = 부과요소별[소득 + 재산(전월세 포함) + 자동차] 점수를 합산한 보험료 부과점수 × 부과점수당 금액(183.3원)
- 지역 건강보험료 하한금액과 상한금액
  - 하한 보험료 : 13,100원
  - 상한 보험료 : 3,096,570원

소득 보험료 부과점수의 기준

- 소득의 범위 : 이자소득, 배당소득, 사업소득, 근로소득, 연금소득, 기타소득
- 소득 적용 방법
  - 이자, 배당, 사업, 기타소득 : 연간소득금액의 100% 적용
  - 근로, 연금소득 : 연간소득금액의 30% 적용

재산 보험료 부과점수의 기준

- 재산의 범위 : 주택, 건물, 토지, 선박, 항공기, 전/월세
  - 재산세 과세 대상이 되는 주택, 건물, 토지, 선박, 항공기(단, 종중재산(宗中財産), 마을 공동재산, 그 밖에 이에 준하는 공동의 목적으로 사용하는 건축물 및 토지는 제외한다)
  - 주택/건물을 소유하지 아니한 경우에는 임차주택에 대한 보증금 및 월세금액

자동차 보험료 부과점수의 기준

- 자동차의 범위 : 「지방세법 시행령」 제123조제1호, 제2호에 따른 승용자동차 및 그 밖의 승용자동차(전기, 수소, 태양열 등)
  - 부과 제외되는 자동차
    * 사용연수가 9년 이상인 경우
    * 배기량 1,600cc 이하인 경우. 다만, 차량가액이 4천만 원 이상인 경우는 부과
    * 국가유공자 및 보훈보상대상자 상이자 소유 자동차
    * 등록 장애인 소유 자동차
    * 「지방세특례제한법」에 따라 과세하지 않는 자동차
    * 승합·화물·특수차, 영업용 자동차
- 자동차 적용 방법
  - 사용연수는 자동차 최초 등록일부터 월 단위로 계산
  - 자동차 가액으로 부과되는 경우 차량의 경과연수별 잔존가치율 적용
  - 자동차가 2대 이상인 세대는 각각의 자동차 등급별 점수 합산

보기

퇴직자인 세대주 김건보 씨(60세)는 배우자(48세)와 대학생인 자녀(남, 20세)와 함께 살고 있다. 그의 연간소득은 5천만 원(1,431점)이며 보유재산은 주택(5억 원)과 승용차(2,000cc, 사용연수 9년 2개월, 현재 잔존가액 4천만 원)이다.

〈재산등급별 점수(일부)〉

등급	재산금액 (만 원)	점수
33	48,100 초과 ~ 53,600 이하	812
34	53,600 초과 ~ 59,700 이하	841
35	59,700 초과 ~ 66,500 이하	881

※ 4천만 원 미만으로 2,000cc를 초과하며 6년 이상 된 승용자동차의 등급점수는 65점

※ 원 단위 절사

① 395,250원

② 398,420원

③ 407,850원

④ 411,140원

54 J는 정기 적금 상품에 가입하기 위해 상품설명서를 확인하고 있다. A상품은 월이율 0.2%, 1년 만기이고, B상품은 월이율 0.3%, 2년 만기이다. 2021년 5월 1일 두 상품에 각각 가입하여, 가입한 날부터 매월 1일 마다 40만 원씩 적금한다고 할 때, 각 상품에서 만기(A상품 만기는 2022년 4월 30일, B 상품 만기는 2023년 4월 30일이다)에 찾게 되는 금액의 차이를 구하시오. (단, 이자 소득에 대한 세금은 고려하지 않고, 이자는 복리로 계산하며, $1.002^{12}=1.024$, $1.003^{24}=1.075$로 계산한다)

① 4,809,600원

② 5,042,200원

③ 5,220,400원

④ 5,406,400원

[55~56] 다음은 연도별 국가채무 현황을 나타낸 〈표〉이다. 물음에 답하시오.

〈표〉 연도별 국가채무 현황

(단위 : 조 원, %)

구분		2017	2018	2019	2020	2021	2022	2023
국가채무 합계		660.2	680.5	731.6	805.6	887.6	970.6	1,061.3
채무 주체	중앙정부	627.4	651.8	701.9	773.6	852.9	933.4	1,021.3
	지방정부	32.8	28.7	29.7	32.0	34.7	37.2	40.0
채무 성격	적자성	374.8	379.2	415.4	476.5	548.1	625.0	710.8
	금융성	285.4	301.3	316.2	329.1	339.5	345.6	350.5
GDP 대비 국가채무 비율		36.0	35.9	37.2	39.8	42.1	44.2	46.4
실질 GDP 성장률		3.2	2.7	2.0	2.5	2.4	2.5	2.6
명목 GDP 성장률		5.5	3.1	1.2	3.8	4.1	4.1	4.1

55 다음 〈보기〉의 설명 중 제시된 〈표〉에 대한 설명으로 옳은 것만을 모두 고르시오.

보기

ㄱ. 2020년과 2021년에는 전년대비 국가채무 합계의 증가율이 10%를 상회한다.
ㄴ. 중앙정부와 지방정부 각각 제시된 기간 동안 매년 채무 발행액이 꾸준히 증가하고 있다.
ㄷ. 국가채무 합계에서 중앙정부 채무가 차지하는 비중은 매년 90% 이상으로 나타난다.
ㄹ. 제시된 기간 중 GDP 대비 국가채무 비율이 전년대비 가장 크게 증가한 해에는 명목 GDP 성장률이 가장 낮다.

① ㄱ, ㄴ
② ㄱ, ㄷ
③ ㄴ, ㄷ
④ ㄴ, ㄹ

56 **다음은 제시된 〈표〉의 내용을 바탕으로 작성한 그래프이다. 〈표〉의 내용을 적절히 반영하지 못한 것을 고르시오. (계산 결과는 반올림하여 소수점 아래 첫째 자리까지 구한다)**

① 국가채무 합계의 전년대비 증가폭

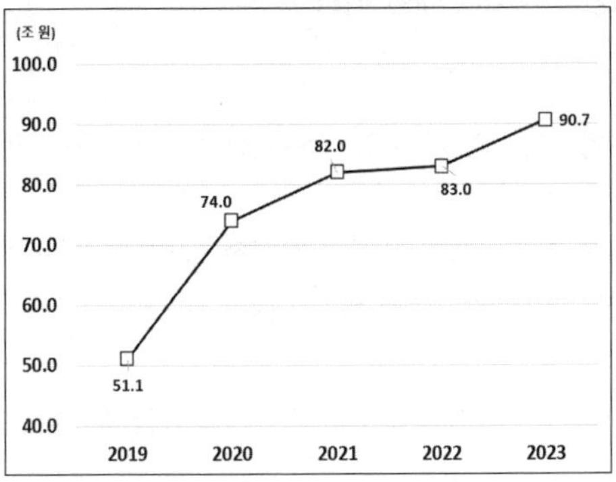

② 국가채무 합계 대비 지방정부 채무 비중

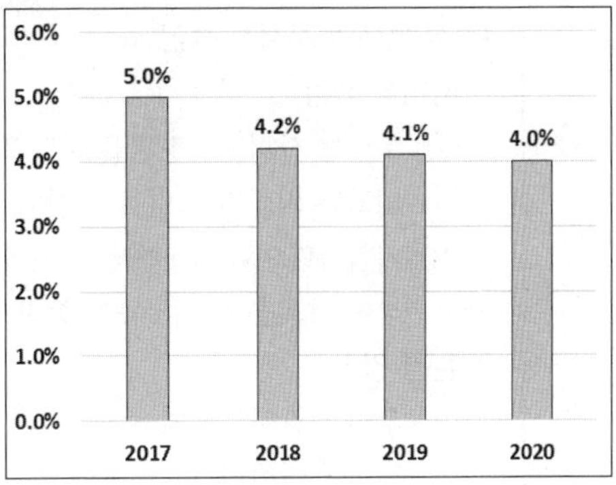

③ 실질 GDP 성장률 − 명목 GDP 성장률

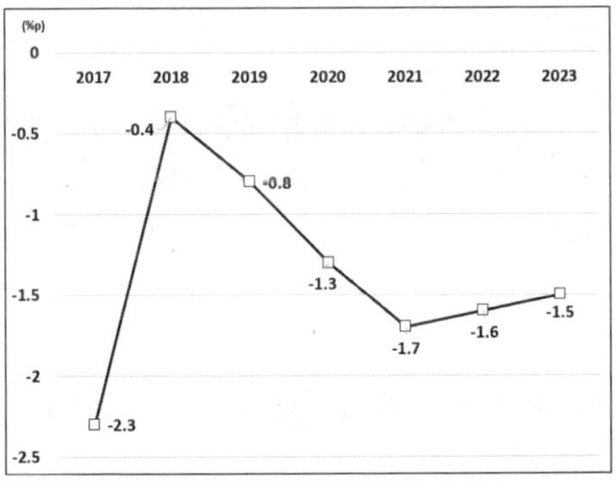

④ 2021~2023년 GDP

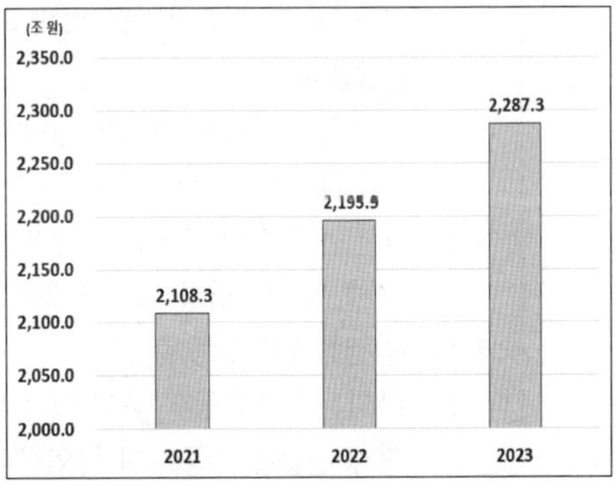

57 **다음은 ○○은행 행동강령 "제4장 국가와 사회에 대한 책임" 중 일부를 발췌한 것이다. 이에 대한 〈보기〉의 설명 중 옳은 것만을 모두 고르시오.**

> **제4장 국가와 사회에 대한 책임**
>
> 제1절 은행의 사회적 책임
>
> 1. 사회적 책임
>
> (1) 우리는 사회책임경영을 바탕으로 적법하고 정당한 기업활동을 함으로써 다른 기업의 귀감이 되도록 최선의 노력을 다한다.
>
> (2) 기업시민으로서의 책임을 인식하고, 고용의 창출과 조세의 성실한 납부로 국가발전에 이바지하며 사회공헌활동 등을 통하여 지역사회를 풍요롭게 하는 역할을 수행한다.
>
> 2. 환경 경영
>
> (1) 우리는 환경문제의 중요성을 깊이 인식하여 자연을 보호하고 환경오염을 방지하는 데 최선의 노력을 다한다.
>
> (2) 우리는 환경보호에 위배되는 사업활동을 하지 않으며, 환경보호와 관련한 제반법규를 준수하고 공해 및 오염방지를 위해 최선을 다한다.
>
> 3. 정치 개입 금지
>
> (1) 우리는 부당하게 정치에 개입하지 아니하며, 임직원에게 특정 정당이나 후보자를 지지하거나 지원하도록 요청하는 등 정치적 중립을 침해하는 행위를 하지 아니한다.
>
> (2) 우리는 임직원 개개인의 참정권 및 정치적 견해를 존중한다. 다만, 임직원은 개인의 정치적 견해가 은행의 입장으로 오해받지 않도록 주의하여야 한다.
>
> 4. 국제경영활동규범 등 준수
>
> (1) 우리는 영업활동을 하고 있는 모든 지역 및 국가의 제반법규를 준수하고 사회적 가치관 및 상거래 관습을 존중하여 영업한다.
>
> (2) 우리는 국제경제협력개발기구(OECD의 "국제상거래에 있어서 외국공무원에 대한 뇌물제공방지를 위한 협약"과 미국의 "해외부패방지법", 영국의 "뇌물방지법", 우리나라의 "국제상거래에 있어서 외국공무원에 대한 뇌물방지법", "부정청탁 및 금품 등 수수의 금지에 관한 법률" 등 투자와 거래에 관한 국제적 협약과 제규정을 준수하고 현지국의 법규와 문화를 존중한다.

보기

ㄱ. ○○은행은 다른 기업 및 국가와 지역사회에 긍정적인 영향을 미칠 수 있도록 노력한다.

ㄴ. ○○은행은 환경보호에 위배되는 사업활동을 하지 않으며, 환경오염을 방지하는 데 최선의 노력을 다한다.

ㄷ. ○○은행 임직원은 어떤 경우에도 특정 정당이나 정치인을 지지하지 않는다.

ㄹ. ○○은행은 국내뿐만이 아니라 영업활동을 하지 않는 모든 지역 및 국가의 제반법규를 준수한다.

① ㄱ, ㄴ   ② ㄱ, ㄷ

③ ㄴ, ㄷ   ④ ㄴ, ㄹ

58 **소액투자자 J는 내년에 종자돈 100만 원을 주식과 채권에 1년간 투자하려고 한다. 다음과 같은 〈조건〉에 따라 J의 기대수익금을 구하시오.**

조건
• 기대수익금은 투자금×기대수익률의 결과이다. • 내년에 경기상황이 호황일 확률은 0.2, 보통일 확률은 0.5, 불황일 확률은 0.3이다. • 주식의 경우 경기상황에 따른 기대수익률은 호황일 때 10%, 보통일 때 5%, 불황일 때 −5%이다. • 채권의 경우 경기상황에 따른 기대수익률은 호황일 때 8%, 보통일 때 4%, 불황일 때 2%이다. • 투자비율은 주식 60%, 채권 40%이다.

① 32,600원
② 33,400원
③ 34,200원
④ 34,800원

59 **다음은 ㅇㅇ은행의 자동화기기 이용수수료 기준 중 일부이다. 이에 대한 설명으로 옳지 않은 것을 고르시오.**

제2조(종류 및 수입기준) ① ㅇㅇ은행 자동화기기에서 이용할 경우 수수료의 종류 및 금액은 다음 각 호와 같다.

1. 자동화기기 출금수수료(같은 은행 기기 이용시) : 무료
2. 자동화기기 송금수수료(같은 은행으로 보낼 때) : 무료
3. 자동화기기 송금수수료(다른 은행으로 보낼 때)
   가. 건당 이체금액이 10만 원 이하인 경우 : 건당 500원
   나. 건당 이체금액이 10만 원 초과인 경우
      (1) 영업시간 내 : 건당 700원
      (2) 영업시간 외 : 건당 900원

② ㅇㅇ은행이 아닌 다른 은행 자동화기기에서 이용할 경우 수수료의 종류 및 금액은 다음 각 호와 같다.

1. 자동화기기 출금수수료(다른 은행기기 이용시)
   가. 영업시간 내 : 건당 700원
   나. 영업시간 외 : 건당 900원
2. 자동화기기 송금수수료(ㅇㅇ은행으로 보낼 때)
   가. 건당 이체금액이 10만 원 이하인 경우 : 건당 500원
   나. 건당 이체금액이 10만 원 초과인 경우
      (1) 영업시간 내 : 건당 700원
      (2) 영업시간 외 : 건당 900원
3. 자동화기기 송금수수료(다른 은행으로 보낼 때)
   가. 건당 이체금액이 10만 원 이하인 경우 : 건당 500원
   나. 건당 이체금액이 10만 원 초과인 경우
      (1) 영업시간 내 : 건당 700원
      (2) 영업시간 외 : 건당 900원

① 영업시간이 아닐 때 12만 원을 송금하는 경우에는 어떤 자동화기기를 이용하더라도 수수료는 항상 900원이다.

② 다른 은행 자동화기기로 출금이나 송금을 하는 경우 금액이 10만 원을 초과하는 경우에는 같은 시간이라면 수수료가 항상 동일하다.

③ ㅇㅇ은행 자동화기기에서 다른 은행으로 송금할 때의 수수료는 다른 은행 자동화기기에서 ㅇㅇ은행으로 송금할 때의 수수료와 동일하다.

④ 다른 은행 자동화기기에서 다른 은행으로 5건의 송금을 한 경우, 수수료 합계의 최댓값과 최솟값 차이는 2,000원이다.

60 ○○은행 △△지점에 근무 중인 Q사원은 채권추심업무를 담당하고 있다. Q사원은 최근 부도난 A회사의 채권(10억 원 상당)을 추심하려고 한다. A회사의 경우 ○○은행을 포함하여 여러 금융기관에서 빌린 총 채무액은 25억 원에 달하고, 10억 원 상당의 유동 자산을 보유하고 있다. ○○은행에서는 채무가 있는 회사가 부도난 경우 아래 3가지 방안 중 하나를 선택하여 채권추심을 진행한다. Q사원이 (가) 채권 전액을 회수하려고 할 때 선택하여야 하는 방안과 이를 위한 구체적인 실행방안, (나) 채권 추심업무를 최대한 빠르게 마무리하려고 할 때 사용하여야 하는 〈방안〉과 이를 위한 〈구체적인 실행방안〉을 바르게 짝지은 것을 고르면?

방안

- 부분상환 : 상환기일을 연기해 주지 않고 즉시 상환 받지만 채권액 중 일부만을 상환 받는다.
- 상환연기 : 상환기일을 연기해 주고 채권액 전부를 상환 받는다.
- 결합추심 : 상환 기일을 연기해 줄 뿐만 아니라 채권액 중 일부분만 받는다.

구체적 실행방안

ㄱ. 채권액 10억 원 중 5억 원만 즉시 받고, 나머지 채무는 A회사가 모두 이행한 것으로 간주한다.
ㄴ. 채권을 두 번에 나누어 받되, 첫 상환은 90일 후 4억 원을, 두 번째 상환은 첫 상환 후 60일 후에 3억 원을 상환 받는다.
ㄷ. 채권을 두 번에 나누어 받되 첫 상환은 60일 후 5억 원을, 두 번째 상환은 첫 상환 후 180일 후에 5억 원을 상환 받는다.

	(가)	(나)
①	상환연기 – ㄱ	부분상환 – ㄴ
②	상환연기 – ㄷ	부분상환 – ㄱ
③	부분상환 – ㄱ	결합추심 – ㄷ
④	부분상환 – ㄴ	결합추심 – ㄷ

61 **지방 출장을 가던 O는 신호 대기 중에 있는 앞차를 들이받는 사고를 냈다. 자신의 차는 문제가 없었지만 앞사람의 차는 범퍼 일부분이 찌그러져 수리를 해야 하는 상황이다. O는 보험회사의 담당직원에게 연락하여 필요한 서류와 보험금 지급일정에 관해 물었다. 아래의 약관에 의거하여 담당직원이 대답한 내용 가운데 적절하지 않은 것은?**

제26조 (청구절차 및 유의사항)

① 보험회사는 보험금 청구에 관한 서류를 받았을 때에는 지체 없이 지급할 보험금액을 정하고 그 정하여진 날부터 7일 이내에 지급합니다.

② 보험회사가 정당한 사유 없이 보험금액을 정하는 것을 지연하였거나 제1항에서 정한 지급기일 내에 보험금을 지급하지 않았을 때, 지급할 보험금이 있는 경우에는 그 다음 날부터 지급일까지의 기간에 대하여 보험개발원이 공시한 보험계약대출이율에 따라 연 단위 복리로 계산한 금액을 보험금에 더하여 드립니다. 다만, 피보험자의 책임이 있는 사유로 지급이 지연될 때에는 그 해당기간에 대한 이자를 더하여 드리지 않습니다.

③ 보험회사가 보험금 청구에 관한 서류를 받은 때부터 30일 이내에 피보험자에게 보험금을 지급하는 것을 거절하는 이유 또는 그 지급을 연기하는 이유(추가 조사가 필요한 때에는 확인이 필요한 사항과 확인이 종료되는 시기를 포함)를 서면(전자우편 등 서면에 갈음할 수 있는 통신수단을 포함)으로 통지하지 않는 경우, 정당한 사유 없이 보험금액을 정하는 것을 지연한 것으로 봅니다.

④ 보험회사는 손해배상청구권자가 손해배상을 받기 전에는 보험금의 전부 또는 일부를 피보험자에게 지급하지 않으며, 피보험자가 손해배상청구권자에게 지급한 손해배상액을 초과하여 피보험자에게 지급하지 않습니다.

⑤ 피보험자의 보험금 청구가 손해배상청구권자의 직접청구와 경합할 때에는 보험회사가 손해배상청구권자에게 우선하여 보험금을 지급합니다.

제27조 (제출서류)

피보험자는 보장종목별로 다음의 서류 등을 구비하여 보험금을 청구하여야 합니다.

보험금 청구 시 필요 서류 등	대인 배상	대물 배상	자기 차량 손해	자기 신체 사고	무보험 자동차에 의한 상해
1. 보험금 청구서	○	○	○	○	○
2. 손해액을 증명하는 서류	○	○	○	○	○
3. 손해배상의 이행사실을 증명하는 서류	○	○			○
4. 사고가 발생한 때와 장소 및 사고사실이 신고된 관할 경찰관서					○
5. 배상의무자의 주소, 성명 또는 명칭, 차량번호					○
6. 도난 및 전손사고 시 폐차증명서 또는 말소사실 증명서			○		

① 보험금을 청구할 때 보험금 청구서를 제출하셔야 합니다.
② 상대 차가 파손되었을 경우 손해액을 증명하는 서류와 손해배상 이행 사실 증명 서류 둘 다 제출하셔야 합니다.
③ 만일 상대방 운전자가 손해배상 청구를 한다면 상대방 운전자에게 먼저 보험금을 지급해야 합니다.
④ 보험금 지급이 늦어진다면 고객님 사고에 대한 조사를 진행하는 중이니 기다리시기 바랍니다.

62 **K씨는 최근 2년 동안 매출액 5억 원 이상의 기업가들을 대상으로 업종별로 기업인들이 향후 경기 동향에 대해 어떻게 전망하고 있는가를 분석하여 정리하였다. 다음 중 잘못된 해석은?**

〈산업별 BSI지수〉

산업별	2013년				2014년			
	1분기	2분기	3분기	4분기	1분기	2분기	3분기	4분기
음식료 산업	100	112	108	90	89	106	110	89
중화학 산업	101	104	100	94	92	102	105	103
소재 산업	90	102	91	82	96	97	91	102
중간재 산업	98	112	102	100	100	104	109	102
섬유 산업	64	101	80	67	75	87	92	94
반도체 산업	102	108	95	100	92	87	86	109
전자 산업	86	110	76	100	106	117	100	104

※ 기업경기전망(실사)지수(BSI : Business Survey Index) : 기업 활동의 실적·계획·경기 동향 등에 대한 기업가들의 의견을 직접 조사하여 지수화한 것으로 향후 기업의 경영상황에 대한 심리 및 전반적 경기 동향을 파악하는 지표이다. 기업가들의 경기에 대한 판단, 전망 등이 설문지를 통해 조사되며 중요한 경기예측지표로 사용된다. BSI는 '긍정, 보통, 부정'이란 3점 척도에 따라 계산되며 0에서 200의 값을 갖는다. BSI가 100을 넘으면 경제 상황에 대한 기업의 심리가 낙관적임을 의미하며, 100 미만이면 경제 상황에 대한 기업의 심리가 비관적임을 의미한다.

※ $\text{BSI지수} = [\frac{(\text{긍정적 응답 업체수} - \text{부정적 응답 업체수})}{\text{전체 응답 업체수}} \times 100] + 100$

① 2013년 1사분기 대비 2014년 4사분기에 BSI 지수의 증감폭이 가장 큰 산업은 소재 산업이었다.
② 향후 경제 상황에 대한 소재 산업 기업가들의 평가는 조사기간 중 2013년 4사분기에 가장 비관적이었다.
③ 조사대상 모든 산업이 앞으로의 경제 상황을 낙관적으로 전망한 분기는, 조사기간 중 2013년 2사분기뿐이다.
④ 중화학 산업의 기업가들을 대상으로 한 조사에서 앞으로의 경제 상황을 낙관적으로 전망한 업체수와 비관적으로 전망한 업체수가 같았던 분기는 1번뿐이었다.

63 아래는 대한민국 거주 외국인근로자 전용보험에 관한 안내이다. 안내문에 준하여 볼 때 다음 사례 중 적절하지 않은 것은?

〈보험의 종류〉

- 출국만기보험 – 상시근로자 1인 이상 사업장에서 근로자 퇴직급여보장법상 퇴직금 일시지급에 따른 부담을 완화하기 위하여 가입하는 보험입니다. 단, '상시 4인 이하의 사업장은 '11.8.1 이후부터 새로 고용(신규 입국자 및 사업장 변경자)하는 외국인 근로자에 대해 의무가입을 적용합니다.
- 보증보험 – 사업주의 외국인근로자에 대한 체불임금을 보증하기 위한 보험입니다.
- 귀국비용보험 – 외국인근로자가 출국 시 귀국경비를 충당하기 위한 보험입니다.
- 상해보험 – 외국인근로자의 업무상 재해 이외의 사망 또는 질병 등을 보상하는 보험입니다.

〈보상금액〉

보험종류	보험 가입자	보상금액
출국만기 보험	사업주	1년 미만 근무한 경우 지급 사유 발생 시까지 적립된 금액을 사업주에게 지급하고, 외국인근로자가 근로개시일(보험개시일)로부터 1년 이상 근무하고 최초 보험료 납입일로부터 경과기간에 따라 적립된 금액에 12개월 이상~24개월 미만(101.5%), 24개월 이상~36개월 이상~48개월 미만(103.5%), 48개월 이상~(106%)를 적용하여 외국인에게 지급 단, 2014.7.29 이전에 근로개시(보험가입)되어 사업장을 이탈할 경우에는 근로기간과 상관없이 지급사유 발생 시까지 적립된 금액을 사업주에게 지급합니다. ※ 지급사유 발생일 2013년 7월 1일 이전의 경우 적립된 금액[보험 개시일로부터 사업장 이탈 없이 1년 이상 근무하고 최초보험료 납입일로부터 350일 이상(100.5%), 4차년도(102%), 5차년도(104%)를 외국인에게 지급] 단, 변경된 보험금 지급률 이전에 가입된 피보험자 또는 수익자의 경우에는 그 적용일 이전 기간에 대해서는 변경 전의 보험금지급률을 적용하고, 그 적용일 이후의 기간에 대해서는 변경 후의 보험금 지급률을 적용합니다.
보증보험	사업주	외국인근로자 1인당 200만 원 한도
귀국비용 보험	외국인 근로자	최초보험료 납입일로부터(분할납의 경우 완납일로부터) 12개월 미만(원금100%),12개월 이상~24개월 미만(101.5%), 24개월 이상~36개월 미만(102%), 36개월 이상~48개월 미만(103.5%), 48개월 이상~(106%) 적용하여 외국인근로자에게 지급 ※ 지급사유 발생일 2013년 7월 1일 이전의 경우 납부금액 [단, 최초보험료 납입일로부터 30개월(101%), 42개월(103%), 54개월(105%) 적용]
상해보험	외국인 근로자	업무외 상해사망/후유장해, 업무외 질병사망/고도장해

① 2010년 입국한 근로자 K는 다니던 사업장의 폐쇄로 인해 5개월 치 임금 600만 원을 받지 못했다. 다행히 보증보험에 가입되어 있어 200만 원을 받을 수 있었지만 나머지 400만 원의 월급은 보전 받지 못했다.

② 외국인 근로자 U씨는 고용기간인 2013년 7월 ~ 2015년 7월의 25개월이 만료되어 자신의 고향으로 돌아가려고 한다. U는 귀국비용보험에 가입되어 있으며 납부금액이 120만 원이 된다. 귀국할 때 그가 받을 수 있는 금액은 납부한 120만 원의 102%가 된다.

③ 경기도의 한 제조회사에서 근무하던 외국인근로자 M씨는 근무 중 다리를 다쳐 일을 그만두어야 했다. 그는 상해보험에 가입되어 있었는데 가입한 연도가 2012년 12월로 2015년 11월 현재 30개월이 넘었기 때문에 보험금은 가입금액의 101%를 보상받는다.

④ M회사에 2012년 3월부터 근무하던 외국인근로자 P는 아무런 사유 없이 그해 8월부터 출근하지 않았다. 출국만기보험을 통해 M사의 사장이 적립금을 받게 되었다.

64 다음 중 자료를 읽고 〈보기〉에서 거짓말을 한 사람은 모두 몇 명인지 고르시오.

1. 상품 개요 및 특징
   - 상 품 명 : KB놀이터적금
   - 상품특징 : 스탬프 적립에 따라 우대금리를 제공하는 비대면전용 자유적립식 적금상품

2. 거래 조건

구분	내용
가입자격	실명의 개인(개인사업자 제외), 1인 최대 5계좌까지 가입 가능
구성상품	가계우대정기적금 (자유적립식)
적립금액	1천 원 이상 월 1백만 원 이하로 동일인당 한도 2천만 원 이내 적립가능(초입금은 월 한도에 포함)
계약기간	6개월 이상 12개월 이하 (월단위 지정 가능)
미션 우대금리	• 개인스마트뱅킹(KS뱅크)을 통해 미션을 수행하며, 만기 전일까지 적립된 스탬프 수에 따라 최대 연 0.3%p까지 제공합니다. 단, 만기일 전일까지 적립된 스탬프 수에 따라 우대금리가 제공됩니다. ① 스탬프 2개~4개 적립 시 : 연 0.1%p ② 스탬프 5개~9개 적립 시 : 연 0.2%p ③ 스탬프 10개 적립 시 : 연 0.3%p * 스탬프 적립은 「KB놀이터예금」과 동일하게 적용되며, 이 적금과 「KB놀이터예금」의 마지막 계좌가 해지된 후 기존 스탬프 적립내역은 초기화됩니다. • KB놀이터페이지에서 아래의 미션수행 시 스탬프가 적립되며 적립된 스탬프 수에 따라 우대금리를 제공합니다. 단, 스탬프는 최대 10개까지 제공합니다. (아래 표 참조) * 이 적금(KS놀이터예금포함) 가입 후 추가가입 시 적립됩니다. ** 연금저축펀드통장/해외주식투자전용저축통장의 경우 최초통장(모계좌)개설 시에만 적립되며, 기존 통장에 담을 펀드 추가가입 시 적립되지 않습니다. • 상기 우대금리는 만기 해지 시에만 제공합니다.
이자 지급방식	만기일시지급식
계약의 해지	개인스마트뱅킹(KS뱅크), 개인인터넷뱅킹

미션 구분	미션수행 내용	스탬프 적립 수	제한사항
게임미션	게임 선택하여 참여한 경우	1개	최대 5개 적립, 1일 1회 제공
추천미션	이 적금을 친구에게 추천한 경우	1개	최대 3개 적립, 1일 1회 제공
가입미션*	개인스마트뱅킹(KS뱅크)에서 예금, 적금, 펀드**, 보험 상품을 가입한 경우	3개	최대 6개 적립

3. 유의사항
   - 비대면 전용상품으로 통장발행이 불가합니다.

보기

갑 : 목돈이 필요해서 적금을 영업점에서 해지했습니다.
을 : 계약기간의 월단위 지정이 가능해 18개월로 정했었지요.
병 : 초입금을 많이 넣어 월 한도 적립금액을 늘렸습니다.
정 : 만기일 1주 전 게임미션에 3회 참여/적금을 4인에게 추천/KS뱅크에서 직장인우대예금과 연금저축펀드통장에 가입을 통해 우대금리를 연 0.2% 제공받았지요.

① 1명
② 2명
③ 3명
④ 4명

[65~67] 다음은 202×년 국민은행 경영공시 중 리스크 관리에 대한 내용이다. 이어지는 물음에 답하시오.

KB국민은행(은행 자회사 포함)은 은행이 직면한 중요 리스크를 인식, 측정, 평가하고 있으며 이를 전사적 차원에서 통합하여 관리하고 있음. 또한 안정적인 내부자본 관리를 위해 사업그룹별 및 리스크유형별로 내부자본 한도를 설정하고 한도관리 결과를 경영의사결정에 반영하는 종합적 리스크관리 체제를 구축·운영하고 있음. 중요 리스크로는 신용리스크, 시장리스크, 운영리스크, 금리리스크, 유동성리스크, 신용편중리스크, 전략리스크, 평판리스크, 외환결제리스크가 있음. KB국민은행은 이 모든 리스크관리를 전사적 차원에서 일관성 있는 리스크관리 체계, 조직 구조, 측정 및 모니터링 프로세스에 따라 관리하고 있음

■ 은행의 리스크관리 지배구조

1) **리스크관리위원회** : 이사회 내 위원회로 리스크관리에 대한 최고의사결정기구로서 이사회의 위임을 받아 경영목표 및 사업전략과 연계성을 감안한 리스크관리 전략수립, 부담 가능한 전행 리스크 수준(Risk Appetite)의 설정, 리스크관리 정책 및 시스템의 적정성 감독, 내부자본기준 리스크 한도설정 및 배분, 리스크측정요소(PD, LGD, EAD) 및 리스크 유형별 측정 시스템의 중요한 변경 및 개선, 자산건전성 분류기준 및 대손충당금 적립기준 등의 업무수행을 하며 사외이사 3인으로 구성되어 있음
2) **리스크관리협의회** : 리스크관리에 대한 의사결정기구로서 리스크관리위원회의 위임을 받아 리스크관리 정책 및 절차의 수립, 리스크관리업무 집행의 적정성 감독, 리스크 유형별 세부한도 설정 및 변경, 리스크 측정요소(PD, LGD, EAD) 및 리스크 유형별 측정 시스템의 일반적 변경사항 등의 업무를 수행하며, 관련 그룹대표로 구성되어 있음
3) **리스크관리심의회** : 리스크관리협의회의 위임을 받아 리스크관리 정책 및 절차와 관련한 실무적인 의사결정을 수행함
   - 신용리스크관리심의회 : 신용리스크를 수반하는 신상품(파생상품 포함)에 대한 신용리스크 검토, 산업별 Total Exposure 한도 및 Sub-limit 설정, Total Exposure 관리지침의 개정 등에 대한 심의를 수행하며, 관련 업무 부서장들로 구성되어 있음
   - 시장리스크관리심의회 : 시장리스크관련 제한도의 설정, 정형화된 신상품 투자승인, 정형 및 비정형·복합 신상품의 세부투자기준 승인 등 시장리스크 관련 사항에 대한 의결 및 심의를 수행하며, 관련 업무 부서장들로 구성되어 있음
   - 운영리스크관리심의회 : 주요 제도와 프로세스 및 시스템 등의 신설·변경·폐지 관련사항, 당행의 운영리스크에 중대한 영향을 미치는 신규사업 시행 및 영업전략 변경 등에 대한 심의를 수행하며, 관련 업무 부서장들로 구성되어 있음
   - 신탁·펀드 고객자산 리스크관리심의회 : 신탁자산 및 신탁·펀드 투자상품의 한도 설정 및 관리 등 신탁·펀드 고객자산의 리스크관리에 대한 중요한 사항의 심의를 수행하며, 관련 업무 부서장들로 구성되어 있음

■ 은행 내 리스크 문화에 대한 의사소통을 위한 공식·비공식적 채널

당행은 수익과 리스크 최적화를 통한 은행의 지속적이고 안정적인 성장 도모, 은행의 전략사업 및 재무 목표 달성의 촉진 및 적정 신용등급 유지를 리스크관리 목표로 하고 있음. 자산의 운용이나 업무 수행, 그 밖의 각종 거래에서 발생하는 위험을 적시에 인식·평가·감시·통제하기 위한 위험관리수준, 허용한도 설정 및 모니터링 등의 리스크관리절차 등을 리스크관리규정과 지침을 통해 수립 및 운영하고 있으며, 이러한 리스크관리

기준은 리스크관리 실무 조직뿐만 아니라 자산운용부서 등 리스크를 부담하는 모든 사업부문에 의해 이행되고 준수되도록 하는 등 은행 내 리스크문화에 대한 의사소통 체계는 마련되어 있음. 은행 경영관리에 중대한 영향을 미치는 리스크 이벤트가 발생하는 경우에는 리스크관리 의사결정기구인 리스크관리위원회 및 리스크관리협의회에 안건으로 보고하여 심도있고 효율적인 논의를 통한 의사결정체계를 마련하고 있음

■ 리스크관리 시스템의 범위 및 주요 특징

당행은 신용/시장/운영/금리/유동성 리스크관리시스템을 구축 및 운영 중이며, 개별 시스템으로부터 위험가중자산(RWA), 리스크 유형별 VaR 등을 산출하여 BIS 비율, 바젤Ⅲ 유동성 규제비율(LCR, NSFR) 및 리스크 허용한도 설정 등에 활용하고 있음

■ 이사회 및 경영진에게 리스크 관련 정보를 보고하는 과정 등

이사회는 리스크관리기준의 수립 및 변경에 관한 사항에 대한 결의기능을 수행하며, 이사회 내에 '리스크관리위원회'를 두고 위원회에서는 결의된 사항을 각 이사에게 통지하여야 함. 리스크관리위원회는 매분기 1회 개최하는 것을 원칙으로 하되, 위원장이 필요하다고 인정할 경우 수시로 소집할 수 있음. 위원회는 전행 리스크관리전략 수립, 목표 Risk Appetite 설정 등을 결의하며, 자본적정성 유지를 위한 리스크관리 방안 검토, 리스크관리협의회 활동내용, 리스크관리상 중요사항 등을 심의 또는 보고받음. 리스크관리협의회는 월 1회 이상 개최하는 것을 원칙으로 하고, 리스크관리 정책 및 절차의 수립, 리스크관리업무 집행의 적정성 감독 등의 업무를 수행함. 협의회는 리스크 유형별 리스크관리 정책 수립 및 집행에 관한 사항, 금리/유동성/시장리스크 한도 설정 등을 결의하며, 내부자본 기준 리스크한도 설정 및 배분 등을 심의하고, 신용/시장/운영리스크관리심의회의 주요 활동 내역 등을 보고받음

65 다음 중 리스크관리협의회에 대한 내용으로 바르지 않은 것은?

① 리스크관리업무 집행의 적정성을 감독한다.
② 관련 그룹대표로 구성되어 있다.
③ 원칙적으로 매분기 1회 개최한다.
④ 운영리스크관리심의회의 주요 활동 내역을 보고받는다.

66 다음 중 리스크관리심의회에 대한 내용으로 옳지 않은 것은?

① 신용리스크관리심의회에서는 파생상품을 포함하는, 신용리스크를 수반하는 신상품에 대한 신용리스크를 검토한다.
② 시장리스크관리심의회는 관련 업무의 부서장들로 구성되어 있으며, 정형화된 신상품의 투자를 승인한다.
③ 운영리스크관리심의회는 프로세스 및 시스템 등의 신설이나 변경, 폐지와 관련된 사항에 대하여 심의를 수행한다.
④ 신탁·펀드 고객자산 리스크관리심의회는 주요 활동 내역을 리스크관리협의회에 주기적으로 보고한다.

67 **제시문을 바르게 이해하지 못한 것을 다음 〈보기〉에서 모두 고르면?**

보기

ㄱ. KB국민은행은 신용리스크, 시장리스크, 운영리스크, 금리리스크, 유동성리스크, 신용편중리스크, 전략리스크, 평판리스크, 외환결제리스크를 전사적 차원에서 통합하여 관리한다.

ㄴ. KB국민은행은 리스크 관리 실무 조직에 한하여 리스크관리기준이 철저히 이행·준수되도록 하고 있다.

ㄷ. 은행 경영관리에 중대한 영향을 미치는 리스크 이벤트가 발생할 경우 리스크관리위원회, 리스크관리협의회, 리스크관리심의회가 논의를 통하여 대응한다.

① ㄱ, ㄴ
② ㄱ, ㄴ, ㄷ
③ ㄱ, ㄷ
④ ㄴ, ㄷ

[68~70] 신용리스크와 관련된 KB국민은행의 규정을 설명한 다음 글을 읽고, 이어지는 물음에 답하시오.

■ **신용리스크 관리 및 통제 기능의 구조와 조직 : 당행은 신용리스크 관리 및 통제를 위하여 신용리스크관리 규정을 제정하고, 이를 운영하는 구조와 조직을 갖추어 일관성 있는 신용리스크 관리를 도모하고 있음**

(가) 주요 의사결정 조직
- 신용포트폴리오 주요사항 심의/결의 : 리스크관리위원회, 리스크관리협의회, 신용리스크관리심의회 등
- 개별여신관련 의사결정 : 여신위원회 및 본부 심사역협의체 등

(나) 신용포트폴리오관리 실행부서
- 신용포트폴리오 정책수립 및 여신운용방향 설정 : 신용리스크부, 중소기업고객부, 개인여신부
- 신용자산 유입대상 선별 : 중소기업고객부, CIB기획부, 기업/개인여신심사부
- 신용자산 유입 이후 Loan Review 및 조기경보 : 신용감리부, 기업여신심사부
- 여신사후관리 : 여신관리부, 기업경영개선부

■ **신용리스크 관리, 리스크 통제, 준법감시 및 내부감사 기능 간 관계 : 당행은 해당 부점에서 내부통제 및 리스크관리를 1차적으로 수행하고, 준법감시인 조직과 리스크전략그룹조직에서 2차적으로 관리현황 모니터링을 실시함. 마지막으로 감사조직이 독립된 관점에서 전체 시스템 적정성을 점검하는 3단계 통제관리시스템을 구축함**

■ **최고경영진 및 이사회에 제출되는 신용리스크 익스포저 및 신용리스크 관리기능에 대한 보고 범위 및 그 주요 내용 : 리스크관리위원회규정, 리스크관리협의회규정, 신용리스크관리심의회운영지침 등에 신용리스크 관련 보고 범위 및 내용이 정의되어 있음**

(가) 리스크관리위원회 신용리스크관리현황 보고 내용
- 전행 포트폴리오(총여신, 건전성, 우량등급비중, 담보비중)
- 국별신용 공여한도 현황, 신용리스크내부자본한도관리, 신용편중리스크 관리현황

(나) 리스크관리협의회 신용리스크관리현황 보고 내용
- 전행 포트폴리오(총여신, 건전성, 우량등급비중, 담보비중)
- Total Exposure 관리현황(산업T/E, Sub－Limit, 국외점포 T/E), 국별신용 공여한도
- 외화 및 장외파생상품관리현황, 신용리스크내부자본한도관리, 신용편중리스크 관리현황
- Sell－down 관리한도 운영현황, 대체투자자산 관리현황

(다) 신용리스크관리심의회 신용리스크관리현황 보고 내용
- 전행 포트폴리오(총여신, 건전성, 우량등급비중, 담보비중)
- Total Exposure 관리현황(산업 T/E, Sub－Limit, 국외점포 T/E), 국별신용 공여한도
- 외화 및 장외파생상품관리현황, 신용리스크내부자본한도관리, 신용편중리스크 관리현황
- Sell－down 관리한도 운영현황

(라) 경영진간담회 보고 내용
- 가계 및 기업여신 포트폴리오 분석 및 이슈사항 보고

■ **심사조직 및 심사역 현황, 부실징후기업에 대한 관리시스템, 부실여신발생에 따른 대응조치 및 조기정리방안 등 신용리스크 관리정책**

(가) 심사조직 : 여신심사본부는 3개 부서, 4개 심사Unit, 1개 심사센터로 구성

(나) 주요 역할 : 여신심사본부는 기업 및 개인고객에 대한 신용평가, 여신심사 업무를 수행함

- 기업여신심사부 : 본부 승인 대상 법인 및 SOHO에 대한 심사 및 신용평가, 승인 여신에 대한 금리결정 및 조건부 이행 점검, 기업집단 분석 및 평가등급 부여, 심사 관련 제도 기획, 조기경보시스템에 의한 모니터링 수행 등
- 개인여신심사부 : 본부 승인대상 개인/집단/SOHO 여신에 대한 심사 및 신용평가, 승인 여신에 대한 금리결정, 집단대출 관리 등
- CIB/글로벌심사부 : 본부 승인대상 CIB Biz(주채무계열, IB·투자금융, 인프라금융, 자산유동화)에 대한 신용평가 및 금리결정, 여신심사, 기업집단 분석 및 평가등급 부여, 주채무계열그룹 및 거액여신 보유 그룹/개별기업에 대한 여신심사 정책 운영, 조기경보업무 수행 등

* 신용리스크 : 거래상대방의 채무불이행, 계약불이행 및 신용도의 저하로 인하여 보유하고 있는 자산 포트폴리오로부터 손실을 입을 위험. 은행은 난내 및 난외거래를 포함한 신용위험관리 대상자산에 대해 예상손실(Expected Loss) 및 내부자본(Internal Capital)을 측정하고 관리하고 있음

* 익스포저(Exposure) : 리스크에 노출되어 있는 금액을 의미함. 노출된 리스크의 유형에 따라 시장리스크 익스포저, 신용리스크 익스포저 등으로 구분됨

68 **여신심사본부에 대한 설명으로 옳지 않은 것을 〈보기〉에서 모두 고르면?**

보기

ㄱ. 여신심사본부는 기업여신심사부, 개인여신심사부, CIB/글로벌심사부 외에 1개 심사센터와 4개 심사Unit으로 구성되어 있다.
ㄴ. 기업여신심사부에서 기획한 심사 관련 제도를, 개인여신심사부에서 평가한다.
ㄷ. 기업여신심사부에서는 거액여신을 보유한 그룹에 대하여 여신심사 정책을 운영한다.

① ㄱ, ㄴ
② ㄱ, ㄴ, ㄷ
③ ㄱ, ㄷ
④ ㄴ, ㄷ

69 다음 〈보기〉에서 조직별 최고경영진 및 이사회에 제출하는 신용리스크관리현황 보고의 범위 및 주요 내용을 바르게 연결한 것을 모두 고르면?

보기

ㄱ. 리스크관리위원회 보고 내용 : 국별신용 공여한도 현황 및 장외파생상품관리현황 보고
ㄴ. 리스크관리협의회 보고 내용 : 국별신용 공여한도 현황 및 신용편중리스크 관리현황 보고
ㄷ. 신용리스크관리심의회 보고 내용 : Total Exposure 관리현황 및 대체투자자산 관리현황 보고

① ㄱ
② ㄴ
③ ㄷ
④ ㄱ, ㄴ

70 다음은 신용리스크 관리와 리스크 통제, 준법감시 및 내부감사 기능 간 관계를 도식화한 것이다. ⓐ~ⓓ에 적질한 단어를 바르게 니열한 것은?

	[조직]	[수행사항]
1차	해당 부점	(ⓐ), 리스크관리
2차	준법감시인조직, (ⓑ)	관리현황 모니터링 실시
3차	(ⓒ)	(ⓓ) 구축

① ⓐ－준법감시, ⓑ－감사조직, ⓒ－준법감시인조직, ⓓ－모니터링시스템
② ⓐ－모니터링, ⓑ－준법감시인조직, ⓒ－감사조직, ⓓ－리스크관리시스템
③ ⓐ－내부통제, ⓑ－리스크전략그룹조직, ⓒ－감사조직, ⓓ－통제관리시스템
④ ⓐ－내부통제, ⓑ－리스크관리조직, ⓒ－감사조직, ⓓ－모니터링시스템

71 다음 중 소프트웨어 개발 과정의 베타 테스트(Beta Test)에 관한 설명으로 옳은 것은?

① 프로그램 개발 시에 내부에서 미리 평가해보고, 버그를 찾아 수정하기 위해서 시행하는 검사를 말한다.
② 정식으로 프로그램을 공개하기 전에 한정된 집단 또는 일반 사용자를 대상으로 프로그램 기능을 테스트하는 것을 말한다.
③ 컴퓨터 하드웨어와 소프트웨어 성능을 비교 및 평가하는 검사를 말한다.
④ 프로그램 개발 과정에서 컴퓨터의 바이러스 감염을 알아내기 위한 검사를 말한다.

72 다음 중 네트워크 연결방식의 하나인 P2P(peer to peer)에 대한 설명으로 옳지 않은 것은?

① 워크스테이션, PC 등을 단말기로 하는 소규모 네트워크에 많이 사용된다.
② 컴퓨터와 컴퓨터가 각각 동등하게 연결되는 방식을 말한다.
③ 동시에 양방향 송수신이 불가능한 반이중 방식을 사용한다.
④ 개별 컴퓨터는 클라이언트이면서 서버가 될 수 있다.

73 다음에서 설명하고 있는 개념이 무엇인지 고르시오.

디지털(Digital) 기술을 이용하여 기존의 구조를 혁신하는 것을 의미한다. 예를 들어 기업에서 사물인터넷이나 인공지능, 클라우드 컴퓨팅 등의 정보통신기술을 이용하여 기존의 기업 운영 방식을 혁신적으로 변화시키는 것이다.

① 디지털 워터마크(Digital watermark)
② 디지털 혁명(Digital revolution)
③ 디지털 전환(Digital transformation)
④ 디지털 경제(Digital economy)

74 **다음에서 설명하고 있는 개념이 무엇인지 고르시오.**

사용자의 시스템을 파괴하거나 의도적으로 정보를 유출하는 등의 목적으로 개발된 소프트웨어를 의미한다. 바이러스보다 더 넓은 개념으로, 트로이 목마와 같이 바이러스가 아니면서도 시스템에 해를 끼치는 프로그램까지 포함한다.

① malware ② spyware
③ freeware ④ firmware

75 **다음에서 설명하고 있는 개념이 무엇인지 고르시오.**

기존의 중앙집중적이었던 금융 시스템을 벗어난 탈중앙화된 금융 시스템으로, 블록체인 기술을 기반으로 하여 정부나 기업의 통제없이 인터넷을 통해 금융 서비스를 제공하는 것을 의미한다.

① NFT ② De-fi
③ P2P 금융 ④ 테크핀

76 **다음에서 설명하고 있는 개념이 무엇인지 고르시오.**

심층신경망의 일종으로, 사람의 시신경 구조를 모방하여 개발되었다. 합성곱 계층과 풀링 계층으로 나뉘며, 입력된 데이터에 대하여 필터가 돌아다니면서 합성곱을 계산하여 특징지도를 생성하는 방식으로 특징을 추출한다.

① ANN ② CNN
③ RNN ④ GAN

77 **다음에서 설명하고 있는 개념이 무엇인지 고르시오.**

> 이것은 두 신경망 모델을 경쟁시킴으로써 인공지능을 학습시킨다. 두 신경망 모델은 각각 'Generator'와 'Discriminator'로 불리는데, 먼저 Generator는 실제 데이터를 바탕으로 이와 유사한 거짓(fake) 데이터를 생성한다. Generator의 목적은 보다 더 실제 데이터에 가까운 거짓 데이터를 생성하는 것이다. 반면 Discriminator는 데이터가 실제인지 거짓인지 판별하도록 학습한다. Discriminator의 목적은 Generator가 생성한 거짓 데이터에 속지 않고, 실제 데이터를 판별하는 것이다.

① IoT　② CNN
③ SaaS　④ GAN

78 **빅데이터(Big Data)에 대한 다음 〈보기〉의 설명 중 옳은 것만을 모두 고르시오.**

> **보기**
> ㄱ. 빅데이터의 기본적인 특징은 Volume, Velocity, Verifier의 3V로 정리할 수 있다.
> ㄴ. 빅데이터에는 기존에 데이터 분석의 대상이 아니었던 비정형 데이터까지 포함된다.
> ㄷ. 이미지나 텍스트 등 숫자 형식이 아닌 데이터는 빅데이터의 분석 대상에 포함되지 않는다.
> ㄹ. 비정형 데이터의 처리를 위해서는 데이터의 특징을 추출하여 정형, 또는 준정형의 데이터로 변환하는 전처리 과정이 필요하다.

① ㄱ, ㄴ　② ㄱ, ㄷ
③ ㄴ, ㄹ　④ ㄷ, ㄹ

79 특정 데이터를 한 곳에 집중하여 보관하지 않고 해당 데이터의 생성, 변경 등에 참여한 사람들의 PC 등에 똑같이 저장하는 기술로, 비트코인의 보안에 적용된 기술은 무엇인가?

① O2O ② 콜드체인
③ 블록체인 ④ 파이썬

80 머신러닝, 딥러닝 등의 학습 알고리즘이 무엇을 학습해야 하는지 알도록, 데이터에 표식을 하는 작업을 무엇이라고 하는가?

① Annotation ② Association
③ Validation ④ Transform

상식 [81~100]

81 **통화량(M)을 현금(C)과 요구불예금(D)의 합으로, 본원통화(B)를 현금(C)과 지급준비금(Z)의 합으로 정의하자. 이 경우 현금예금비율(k)은 C/D, 지급준비금 비율(z)은 Z/D로 나타낼 수 있다. 중앙은행이 본원통화를 공급할 때 민간은 현금 보유분을 제외하고는 모두 은행에 예금하며, 은행은 수취한 예금 중 지급준비금을 제외하고는 모두 대출한다고 가정한다. k가 0.02, z가 1.4%일 경우 통화승수의 크기는?**

① 10　② 20
③ 30　④ 40

82 **다음 글에서 설명하는 인플레이션의 효과에 대한 용어는?**

> 인플레이션이 지속적으로 발생하거나 향후 인플레이션이 발생할 것이라고 예상되면 경제 주체들은 화폐가치 하락에 대비하여 현금을 최대한 적게 보유하고, 대신 수익이 발생하는 다양한 실물 및 금융상품의 보유 비중을 늘린다. 현금을 적게 보유하고 있으면 그만큼 예금과 출금을 위해 자주 은행을 방문하게 되므로 이로 인하여 생기는 사회적 비용을 뜻한다.

① 기회비용　② 귀속비용
③ 메뉴비용　④ 구두창비용

83 **신용부도스와프(CDS)에 대한 설명으로 틀린 것은?**

① 채권자의 일종의 위험헤지(hedge) 파생상품이다.
② 기초자산의 손실위험에 대한 보증보험에 가입하는 것과 유사하다고 볼 수 있다.
③ 서브프라임 모기지론 사태로 촉발된 미국의 금융위기를 증폭시킨 요인으로 지적된다.
④ 신용보장매입자가 프리미엄을 얻는다.

84 기관 또는 기업이 운영하며 사전에 허가를 받은 사람만 사용할 수 있는 블록체인으로, 참여자 수가 제한돼 있어 상대적으로 속도가 빠른 블록체인은?

① 프라이빗 블록체인
② 퍼블릭 블록체인
③ 소프트포크(Soft Fork) 블록체인
④ 하드포크(Hard Fork) 블록체인

85 다음 중 한 사람이 어떤 상품을 소비하기 시작하면 덩달아 너도나도 소비하는 경향을 나타내는 효과는?

① nudge effect
② snob effect
③ veblen effect
④ bandwagon effect

86 다음에서 설명하는 <u>이 사업</u>을 뜻하는 용어는?

> 빅데이터를 필두로 한 데이터 활용은 최근의 큰 화두이다. 데이터를 잘 활용하기 위해서는 정확한 데이터가 다량 필요하므로 항상 개인정보보안과 상충된다. 미국과 중국 같은 경우에는 데이터 활용에 적극적인 반면 유럽은 보호에 더 적극적인 모습이다. 데이터의 활용은 그 나라의 경쟁력과도 연관된만큼 각자 합리적이고 효율적인 방법들을 모색하고 있다.
> <u>이 사업</u>의 가장 큰 근간은 정보사용 및 제공의 주체를 기업에서 개인으로 바꾼다는 것에 있다. 기존에는 A기업에서 B기업으로 정보제공이 필요할 때, 고객의 동의를 받았다. A기업에서 정보제공동의를 받고 B기업에 제공해 준 것이다. 하지만, <u>이 사업</u>에 따르면 앞으로는 B기업에서 고객의 동의를 받아, A기업에게 고객의 데이터를 달라고 할 수 있다. 그러면 <u>이 사업</u>을 하는 기관은 고객의 동의를 받아 은행, 카드사, 병원 등의 데이터를 수집하여 서비스를 제공할 수 있게 되는 것이다.

① 핀테크
② 빅데이터
③ 마이데이터
④ 데이터마이닝

87 다음 중 FDS(Fraud Detection System, 이상금융거래탐지시스템)에 대한 설명으로 옳지 않은 것은?

① 거래 이후 서버 단에서 보안 절차에 집중해 진행된다.
② 금융기관 데이터베이스로의 접근을 엄격히 제한해 해커의 침입을 막는 등 실시간 경계를 강화하는 데 주력한다.
③ 결제자의 다양한 정보를 수집해 패턴을 만든 후 패턴과 다른 이상 결제를 잡아내고 결제 경로를 차단하는 보안방식이다
④ 전자금융거래 시 단말기정보와 접속정보, 거래정보 등을 수집·분석한다.

88 주식시장의 급등락이 발생하는 경우 시장에 미치는 충격을 완화하기 위해 주식매매거래를 일시중단하는 제도이다. 지수가 직전 거래일 종가보다 10% 이상 하락한 상태로 1분간 지속되면 (   )가 발동돼 20분간 모든 종목의 거래가 중단된다. 빈칸에 알맞은 말은?

① 서킷브레이커 ② 사이드카
③ 상한가·하한가 제도 ④ 차익거래

89 대학생 A씨는 경제기사를 읽던 중 아래와 같은 뉴스를 보게 되었다. 뉴스와 관련하여 추론한 생각으로 옳은 것은?

> 미국 중앙은행인 연방준비제도가 기준금리를 2개월 연속 0.75%포인트 올리는 자이언트 스텝을 단행했다.
> 미국 경제전문방송 CNBC, 월스트리트 저널(WSJ) 등 외신에 따르면 이날 연준은 이틀 간의 연방공개시장위원회(FOMC) 정례회의 종료 후 성명을 통해 연방펀드 금리 목표범위를 2.25~2.5%로 인상한다고 밝혔다.
> 한편 이날 연준이 금리를 0.75%포인트 올리면서 2020년 2월 이후 약 2년 반 만에 미국과 한국의 금리가 역전됐다. 이제 미국 금리는 기존 1.50~1.75%에서 2.25~2.50% 수준으로 상승해 한국의 기준금리인 2.25%를 넘어섰다.

① 한국의 주식시장은 강세를 보일 것이다.
② 금리인상의 결과로 인플레이션의 위험은 더 커진다.
③ 미국의 금리인상에 따라 세계경기는 위축될 것이다.
④ 원/달러 환율은 지속적으로 하락할 것이다.

90 D씨는 예금할 금융기관을 정하기 위해 관련 정보를 찾아보고 있다. 다음 중 예금업무를 취급하는 금융기관이 아닌 것은?

① 신용협동조합　② 새마을금고
③ 상호저축은행　④ 리스회사

91 특정기업의 자기자본과 부채가 얼마나 되는지 알고 싶은 경우, 다음 중 어떤 재무제표를 보아야 하나?

① 재무상태표　② 손익계산서
③ 현금흐름표　④ 이익잉여금처분계산서

92 지녀에게 주택청약종합저축통장을 만들어 주고 싶은 A씨는 은행원 김계장에게 상담을 요청하였다. 이에 관한 김계장의 설명으로 바르지 못한 것은?

① 국민주택과 민영주택 청약 시에 사용할 수 있다.
② 가입 시 연령제한이 있다.
③ 가입자 사망 시 상속인 명의로 변경 가능하다.
④ 일정한 요건을 갖춘 경우 소득공제가 가능하다.

93 노후대비에 관심이 많은 B씨는 금융사 박과장에게 연금신탁에 관한 상담을 요청하였다. 이에 관한 박과장의 설명으로 바르지 못한 것은?

① 전 금융기관을 합산하여 연 1,800만 원 이내에서 저축할 수 있다.
② 저축기간은 5년 이상 연단위이다.
③ 공적연금을 제외한 연간 연금소득금액이 1,200만 원을 초과하는 경우 종합소득 신고를 해야 한다.
④ 연금의 계약이전 시 장부가평가 상품을 시가평가 상품으로 전환할 수 없다.

94 **예금자보호법상 예금자보호에 대한 설명으로 가장 거리가 먼 것은?**

① 2개 금융기관이 합병되는 경우, 합병 후 1년까지는 각각의 보호금액한도 5천만 원에 대해 보호된다.
② 보호받지 못한 나머지 예금은 채권자로서 파산절차에 참여하여 배당받음으로써 그 일부를 돌려받을 수 있다.
③ 법인은 보호대상이 아니다.
④ 예금자가 대출이 있는 경우, 예금에서 대출금을 상환시키고 남은 예금을 기준으로 보호한다.

95 **주식투자 관련 시장가치비율에 대한 설명으로 틀린 것은?**

① 주당순이익(EPS)은 주식 1주당 얼마의 수익을 창출하느냐를 나타낸 것으로 주당순이익이 크면 클수록 주식가격이 높다.
② 주가수익비율(PER)은 주가를 주당 순이익으로 나눈 것으로 주당순이익에 몇 배가 주가로 나타나는가를 나타내고 있다.
③ 주가매출액비율(PSR)은 기업의 순수한 영업활동의 결과인 매출액을 이용함으로써 주가수익비율의 약점을 보완하고 있다.
④ 주가수익비율(PER)이 높은 경우에도 주가현금흐름비율(PCR)이 낮으면 해당 주식에 대한 주가의 과대평가의 가능성이 높다.

96 **현재 우리나라 채권시장에 대한 설명 중 가장 거리가 먼 것은?**

① 주식거래와 달리 채권매도 시에는 증권거래세가 없다.
② 발행만기는 장기화되고 있다.
③ 국공채보다 회사채의 발행 및 유통 비중이 높다.
④ 장외거래 비중이 크다.

97 **예금계약과 관련하여 계약당사자의 일방이 미리 작성하여 정형화시켜 놓은 일반거래 약관에 따라 체결되는 계약은 어떤 성격을 말하는가?**

① 위임계약
② 상사계약
③ 부합계약
④ 소비임치계약

98 **다음 〈보기〉는 선물계약와 선도계약에 대한 설명이다. 각 용어에 대한 설명으로 바르게 연결된 것을 고르시오.**

| 보기 |

ㄱ. 거래당사자들의 협의에 의해 계약규모 및 만기일이 결정된다.
ㄴ. 대부분의 경우 만기일 이전에 반대매매를 통하여 계약이 종료된다.
ㄷ. 일일정산제도를 채택하여 거래한다.
ㄹ. 신용도가 높은 은행 및 딜러 등 기관투자가와 기업이 주로 이행한다.
ㅁ. 만기일에 특정 상품의 인수도가 이루어지는 경우가 대부분이다.
ㅂ. 결제소의 보증에 의한 간접거래가 이루어진다.

	선물계약	선도계약
①	ㄱ, ㄴ, ㅂ	ㄷ, ㄹ, ㅁ
②	ㄱ, ㄷ, ㅁ	ㄴ, ㄹ, ㅂ
③	ㄴ, ㄷ, ㅂ	ㄱ, ㄹ, ㅁ
④	ㄴ, ㄹ, ㅂ	ㄱ, ㄷ, ㅁ

99 **다음은 경합성과 배제성에 대한 설명이다. 옳은 것을 고르시오.**

① 공공재는 경합성과 배제성 모두를 가지고 있는 재화를 의미한다.
② 여러 사람이 동시에 사용할 수 있는 재화의 경우 비배제성을 가지고 있다.
③ 한산하여 체증이 생기지 않는 도로의 경우 비경합성을 가지고 있는 재화이다.
④ 재화가 비경합성을 가지고 있을 때 무임승차와 같은 현상이 발생한다.

100 **A국 정부의 통계 담당 부서에서는 202×년에 다음과 같은 통계 자료를 발표하였다. 이를 근거로 A국의 202×년 실업률을 구하시오.**

(단위 : 만 명)

구분	인구 수
15세 이상 인구	4,000
경제활동인구	2,500
비경제활동인구	1,500
취업자	2,350
실업자	150

① 1%
② 3.75%
③ 4.8%
④ 6%

제3회

실전모의고사

평가 시간	100분
평가 문항	100문항
맞힌 개수	문항

직업기초능력평가 [1~40]

01 **다음을 통해서 알 수 있는 블록체인의 특징과 거리가 먼 것을 고르시오.**

> 블록체인의 개념은 사토시 나카모토(이는 가명으로 알려져 있으며, 그 주인공이 누구인지는 밝혀지지 않았다)라는 사람이 쓴 비트코인에 대한 논문에서 처음으로 소개되었다. 비트코인은 가상화폐로서 여러 국가에서 화폐로 사용되고 있다. 비트코인을 가장 처음으로 정식 화폐로 인정한 국가는 영국이며, 이후 미국, 일본이 비트코인을 정식 화폐로 인정하였다.
> 블록체인 방식에서 네트워크 참여자들은 모든 정보를 분산된 형태로 보유한다. 이는 모든 정보가 중앙 서버에 모여서 처리되는 클라우드 방식과 대조적이다. 이러한 블록체인의 분산형 구조는 클라우드 방식과 비교해서 세 가지 장점을 가지고 있다.
> 첫째, '위변조' 방지이다. 블록체인의 데이터는 분산된 형태로 퍼져 있기 때문에 데이터가 위변조 될 확률이 매우 낮다. 블록체인의 대표적 사례인 비트코인의 경우, 슈퍼컴퓨터 10대가 있어야 거래 내역의 과반수를 해킹할 수 있다고 한다. 즉, 슈퍼컴퓨터 10대가 있어도 위변조가 가능하다고 장담할 수는 없다는 것이다.
> 둘째, '투명성'이다. 블록체인은 중앙 서버에 의해 관리되는 구조가 아니다. 모든 참여자들이 정보를 가지고 있고, 익명성을 보장하기 위해서 모든 내용의 정보가 암호화된 형태로 관리된다. 그러므로 중앙에서 통제 받을 일이 줄어들고, 이는 네트워크 구조의 투명성을 증가시킨다.
> 셋째, '비용감소'이다. 이는 중앙 서버를 운영하는 기관이 얻을 수 있는 장점이다. 중앙 서버에서는 저장한 정보를 보호하기 위해서 보안 시스템들을 운영한다. 이에 따라 보안에 필요한 인력 및 유지비가 들어간다. 물론 정보를 서버에 저장하는 자체도 유지비용을 발생시킨다. 그러나 블록체인 방식은 특별히 보안 시스템이 필요하지 않은 개념이기 때문에 이에 대한 유지비용이 발생하지 않는다.

① 사토시 나카모토는 가상 화폐에 대한 논문을 작성하면서, 블록체인에 대한 개념을 소개하였다.
② 블록체인의 중앙 서버는 클라우드 방식과 달리, 정보를 분산된 형태로 보유한다.
③ 블록체인 데이터의 위변조가 어려운 이유는 수많은 데이터가 분산되어 있기 때문이다.
④ 블록체인 방식은 클라우드 방식에 비하여 네트워크 구조의 투명성이 높다.

02 다음 중 제시문을 바르게 이해한 것은?

스타일투자(Style investing)란 주식들을 고유의 속성에 따라 스타일로 구분하고, 스타일 단위에서 주식을 매매하는 투자행위를 지칭한다. 예컨대 대형주, 중소형주, 가치주, 성장주, IT주, 헬스케어주 등으로 구분하는 것이다. 'Barberis and Shleifer'에 의하면 투자자들이 스타일투자를 하는 이유는 두 가지로 요약된다. 첫째, 주식시장에 존재하는 수천 개의 종목을 몇 가지 스타일로 분류함으로써 선택의 문제를 단순화하고, 방대한 양의 정보를 효율적으로 처리하는데 도움이 된다. 둘째, 스타일별 비교집단(peer group)이 생겨 포트폴리오 매니저의 성과를 평가하기 용이해진다.
해외에서는 이러한 스타일투자 개념이 실무계·학계에서 널리 이용되고 있다. 글로벌 펀드평가사인 모닝스타(Morningstar)는 스타일 박스(Style Box)라는 도구를 통해 주식 및 뮤추얼 펀드의 투자의 스타일을 시각화해준다. 가로축을 가치형, 혼합형, 성장형(Value, Blend, Growth)으로 구분하고, 세로축을 대형, 중형, 소형(Large, Mid, Small)로 구분하여 총 9칸(3*3)으로 구성된 스타일 박스에서 특정 포트폴리오가 속하는 칸을 표시해주는 것이다. 이러한 방식은 투자자가 주식 및 펀드의 특성에 대해 쉽게 이해하고, 여러 카테고리에 속하는 다양한 포트폴리오를 통해 잘 분산된 전체 포트폴리오를 구성하도록 돕는다.
스타일투자는 포트폴리오 운용과정에서 체계적인 룰을 지키며 신인의무를 다해야 하는 연기금에게 인기를 얻고 있다. 연기금의 경우 기금운용에 있어 자금의 일부를 시장의 운용사에 위탁하므로 운용사들이 투자목적에 맞게 펀드를 운용하고 있는지 꾸준히 모니터·평가할 수 있는 시스템 구축이 중요하다. 스타일 분석을 통해 위탁펀드의 운용 스타일을 분석하고, 펀드 매니저의 자산구성 전략을 확인할 수 있으며, 운용 스타일에 대응하는 벤치마크와 비교하여 펀드의 성과를 가늠할 수 있으므로 위탁펀드 관리 시 스타일투자는 매우 유용하다. 국내 대형연기금들은 이러한 스타일투자의 장점을 활용하여 국내주식 위탁운용에 있어 유형별 운용자금 배분을 하고 있다.

① 국내 대형연기금들은 시장의 운용사에 운용자금 배분 시 스타일 분석을 시행한다.
② 포트폴리오 매니저를 평가할 목적으로 개발된 스타일투자 개념은 현재 연기금 위탁운용 평가에 요긴하게 활용된다.
③ 시장의 운용사가 운용하는 연기금의 경우 스타일박스를 통한 모니터링·평가가 정기적으로 시행된다.
④ 투자자가 주식을 스타일 단위로 매매할 경우 스타일별 비교집단의 자산구성 전략을 파악할 수 있다.

[03~04] 다음 글을 읽고 이어지는 물음에 답하시오.

일반적으로 장애소득보장 급여는 크게 '소득보전급여'와 '추가비용급여'로 구분한다. 장애에 대한 소득보전급여는 장애로 인해 근로능력 또는 소득활동 능력에 심각한 손상을 입어 더 이상 일을 할 수 없어 소득이 단절되는 상황에 있는 장애인과 그 가족이 기본적인 생활을 영위할 수 있도록 하기 위한 각종의 급여를 의미한다. 장애에 대한 추가비용급여는 장애인이 무상의 혹은 비용의 일부 부담을 요하는 각종의 서비스를 제공받고도 완전히 충족되지 않은 욕구를 충족하고자 장애인이 추가적으로 지출하는 비용을 보전함으로써 장애인이 비장애인과 동등한 수준의 삶의 질을 영위할 수 있도록 하는 급여를 의미한다.

우리나라의 장애 소득보전급여에는 장애인연금의 기초급여, 국민연금의 장애연금, 산재보험의 장해급여가 있다. 세 가지 급여를 다층소득보장체계로 보면, 장애인연금 기초급여는 정액급여, 국민연금의 장애연금은 소득비례급여로 볼 수 있다. 산재보험의 장해급여는 기업이 전액 부담하는 보험이라는 점에서 실질적으로 기업 차원의 보장제도인 기업연금 성격으로 보는 견해도 있다. 18세 이상 장애인만을 대상으로 하는 이러한 세 가지 급여 외에 기초생활보장 생계급여와 기초연금도 각각 빈곤 장애인과 65세 이상 장애인에 대한 소득보장에서 중요한 역할을 담당하고 있다.

한편, 장애인 복지법에 기반한 장애인연금 부가급여, 장애수당, 장애아동수당은 장애 추가비용급여로 볼 수 있다. 장애인연금 부가급여와 장애수당은 18세 이상 성인을 대상으로 하면서 각각 중증장애인과 경증장애인으로 그 대상을 달리하며, 장애인연금 부가급여는 소득하위 70%까지 비교적 포괄적으로 지급되는데 비해 장애수당은 차상위계층까지만 지급된다. 18세 미만 중증 혹은 경증 장애인이면서 기초생활보장수급자 혹은 차상위계층에게는 장애아동수당이 추가비용급여로 지급된다.

03 다음 〈보기〉에서 윗글에 대한 바른 해석을 모두 고르면?

보기

ㄱ. 장애소득보장 급여는 장애인의 기본적인 생활 영위 및 비장애인과 동등한 수준의 삶의 질 영위를 목적으로 한다.
ㄴ. 소득보전급여 중 정액급여인 장해급여는 기업연금의 성격을 띤다.
ㄷ. 18세 이상인 장애인은 장애아동수당과 장애인연금 기초급여 지급 대상에서 제외된다.

① ㄱ
② ㄴ
③ ㄱ, ㄴ
④ ㄱ, ㄴ, ㄷ

04 다음은 윗글을 토대로 우리나라 장애소득보장 급여를 정리한 자료이다. ㉠~㉣ 중 바르게 정리된 항목은?

구분	소득보전급여			추가비용급여		
	0~17세	18~64세	65세 이상	0~17세	18~64세	65세 이상
산재보험	–	㉠ 기초급여		–	–	–
국민연금	–	㉡ 기초생활보장 생계급여		–	–	–
장애인연금	–	㉢ 장애연금		–	–	
장애인 복지법	–	–	–	㉣ 장애 아동수당	장애인연금 부가급여	

① ㉠ ② ㉡

③ ㉢ ④ ㉣

05 이 글에서 알 수 있는 것은?

우리 피부는 약산성이므로 가능하면 약산성 세정제를 사용하는 것이 부드럽고 좋을 것이지만, 아쉽게도 비누는 지방산나트륨염으로 구성되어 있어서 약 알칼리성이다. 인터넷 등에서 많은 사람들이 약산성 비누를 만들려고 비누에 구연산 같은 산을 섞어서 약산성 세정제를 만들려고 시도하거나, 또는 왜 안 되는지 질문하는 것을 보게 된다. 원리적으로 그런 시도는 성공할 수 없다.

지방산은 카르복실산이 붙어있어서 나트륨이 되면 기본적으로 약염기성이 되기 마련이고 만약에 중성 이하가 되면 나트륨염이 양성자로 바뀌어 지방산염으로부터 지방산으로 돌아가 버리게 된다. 지방산염은 계면활성제 역할을 하지만 약산성인 상태에서 지방산이 되고 나면 지용성이 되어 물에 녹지 않게 되므로 기름 덩어리처럼 분자들끼리 엉겨 붙어 세정 기능을 잃어버리게 된다.

최근에 등장한 약산성 비누는 순수한 천연 지방산염이 아니고, 지방산 대신에 강산성인 설폰산 기가 붙어있는 화학물질로 변형하여 만든 것이다(합성계면활성제도 설폰산임). 설폰산은 지방산의 카르복실산보다 강산이기 때문에 약산성 상태에서도 양성자로 치환되지 않고 소듐(또는 칼륨)염으로 존재하기 때문에 계면활성제 역할을 할 수 있다.

약산성 비누의 주원료로 사용되는 물질로서는 소듐코코일이세치오네이트(신테트)와 소듐코코일타우린에이트 등이 개발되어있다. 이런 종류의 물질을 흔히 천연 유래의 원료라 하여 합성계면활성제와 구분하기도 한다. 이 물질의 생분해성이나 안전성에 대해서는 문제가 없다고 알려져 있다. 다만 원래 비누에 비해서 부드럽기는 하지만 세정력이 떨어지고, 피부가 따가운 증상도 일부 있는 것으로 알려져 있다.

약산성 비누와 순 비누(약알칼리성) 중 어느 것을 사용하는 것이 좋을지에 대한 선택은 사용자의 몫이 된다. 약산성 비누는 순하지만 세정효과가 약하고 피부 자극이 있을 수 있고, 순 비누는 세정효과가 좋지만 거친 느낌이 들 수 있다. 순 비누라 하더라도 비누화 반응의 완결 정도나 첨가물에 따라 매우 다르기 마련이다.

① 설폰산은 약알칼리성 비누에만 들어 있다.
② 천연 제제의 약산성 비누는 만들 수 없다.
③ 약알칼리성 비누는 약산성 비누보다 세정효과가 약하다.
④ 약산성 비누를 만들 때 합성계면활성제를 빠뜨릴 수 없다.

06 다음 글을 읽고 이해한 것으로 적절한 것은?

금융과 기술의 융합을 뜻하는 핀테크(Fintech)는 ICT 기술을 기반으로 새로운 금융서비스의 진화를 일으키고 있다. 핀테크는 2008년 글로벌 금융위기 이후 기존 금융기관 중심의 서비스를 대체할 수 있는 보다 새롭고 혁신적인 금융서비스에 대한 수요가 높아지면서 시작되었다. 또한 스마트폰의 확산에 따른 모바일 인터넷 사용자 증가는 편리함과 효율성이 강조된 새로운 형태의 핀테크 서비스 등장에 기여하였다. 인터넷 뱅킹이나 스마트폰 뱅킹과 같은 전통적 핀테크가 기존의 전자금융 시스템을 보조하는 '조력자' 역할에 충실했다면, 신흥 핀테크는 빅데이터, 클라우드, 머신러닝 등 ICT 기술 혁명을 기반으로 기존 금융시스템에 '파괴적 혁신'을 일으킬 수 있다. 이에 기존 금융기관들도 관련 ICT 기술 개발을 통해 핀테크 스타트업들과 경쟁하거나 협업하면서 핀테크 혁신에 대비하고 있다.
핀테크 서비스는 크게 지급·결제, 해외 송금, P2P 대출, 크라우드펀딩, 로보어드바이저, 인터넷 전문은행, 블록체인 및 암호화폐 등으로 나눌 수 있다. 특히 P2P 금융과 지급·결제 분야가 각각 18%와 17.6%의 가장 높은 시장 비중을 차지하고 있어 소매금융 분야를 중심으로 스타트업들의 활발한 시장 진출이 이루어지고 있는 모습이다.
모바일 기반 지급·결제는 핀테크의 대표적 서비스 분야로 기존의 복잡한 결제과정의 간소화를 통해 결제 편의성을 높이고자 한다. 핀테크 간편결제는 고객의 신용카드나 계좌정보를 저장해두고 온·오프라인 거래 시 스마트폰에 비밀번호를 입력하는 방식 등으로 보다 간편한 금융거래 서비스를 지원한다. 해외의 경우 페이팔과 알리페이가 글로벌 간편결제 시장을 주도하고 있으며, 국내에서는 카카오가 2014년 9월 국내 첫 간편결제 서비스인 '카카오페이'를 출시한 것을 시작으로 현재 네이버페이, 삼성페이, 페이코 등이 각자 차별화된 서비스로 시장을 공략하고 있다. 국내 모바일 결제 시장규모는 2017년 약 46억 달러에서 2021년 229억 달러로 급격히 성장할 것으로 전망되고 있어 향후 관련 신사업 기회도 많아질 것으로 예상된다.

① 글로벌 간편결제 시장을 주도하는 해외 기업들이 각자의 개성 있는 서비스로 국내 시장을 공략하고 있다.
② 핀테크 서비스는 특히 기업 중심의 간편 결제 서비스를 지원하는 등 관련 사업에 활발하게 진출하고 있다.
③ 스마트폰에 고객의 신용카드나 계좌정보를 저장할 필요 없이 비밀번호를 입력하도록 하여 결제 편의성을 높였다.
④ 핀테크는 기존 금융기관 중심의 서비스가 교체되기를 바라는 요구에 부응했으며 모바일 사용환경에 최적화된 서비스 제공에 공헌했다.

[07~08] 다음 글을 읽고 질문에 답하시오.

2015년 5월부터 7월까지 전국을 공포와 불안으로 몰아넣었던 중동호흡기증후군(메르스)이 유독 우리나라에서만 급속도로 확산된 원인은 무엇일까. 전문가들은 그 원인을 환자 가족에 의한 간병문화와 더불어 환자를 직접 방문해 위로하는 우리의 문병문화에 있다고 본다. 이처럼 문병객과 간병인들이 3차 감염자가 되거나 전파자가 되는 것을 막기 위해선 이미 2013년도에 도입되어 현재 시범사업 중인 "간호·간병통합서비스"가 대안이라고 전문가들은 말한다.

그렇다면 우리나라의 간병실태는 어떠할까? 통계에 의하면 입원환자의 19.3%가 유료 간병인을 이용하고, 보호자 간병을 포함할 경우에는 최대 72%까지라 한다. 또한, 간병비 환자부담금을 보면 개인 간병인을 고용했을 경우 1일 7~8만 원, 공동 간병 1일 약 3만 원을 환자가 부담함에 따라, 경제적으로나 가족 간의 고통 등은 당연할 것이다. 맞벌이 등 바쁜 직장 생활속에서 낮에는 직장생활, 밤에는 병간호, 그렇다고 간병인을 쓰자니 주위의 시선도 따갑지만 경제적 부담도 만만치 않은 것이 현실이다. 이러한 가족 간병에 따른 경제적 부담과 가족간의 간병 고통 등을 덜어주고, 메르스와 같은 전염병의 감염이나 전파자가 되지 않기 위해서는 보호자가 상주하지 않고 병원에서 간호사가 환자의 모든 수발과 관리를 도맡아보는 "간호·간병 통합서비스" 사업 확대가 절실하다고 본다.

지난 몇 년간의 포괄간호서비스 시범사업에서 나타난 효과로는 간호서비스가 향상되었고, 환자부담이 대폭 경감되었으며, 입원환자들의 만족도가 높았다는 것인데, 간호서비스가 향상되어 환자 1인당 간호제공 시간이 1.7배 증가하다보니 욕창 발생이 75%나 감소했으며, 낙상 발생은 19%가 감소, 환자 간병비 부담도 93% 감소하여 기존에 사적 간병비로 8만 원을 환자가 부담하던 것이, 간호·간병통합서비스 병동에 입원할 경우 종합병원 기준 입원료(6인실) 본인부담은 7,284원에서 22,344원으로 1일 15,060원 증가하지만, 환자 사적 간병비(1일 8만 원 경우) 부담은 7일간(1주) 454,580원 감소함으로 간호·간병통합서비스 병동에 입원한 환자 85%가 간호·간병통합서비스 병동을 재이용하겠다는 의사를 밝힌 것으로 나타났다.

메르스 사태를 교훈삼아 이제 우리나라도 가족 간병문화를 하루빨리 바꿀 때가 왔다. 간병의 패러다임을 바꾸어 간병은 (   ) "간호·간병 통합서비스" 사업이 성공적으로 빠른 정착을 하기 위해서는 환자 가족은 간호사를 믿고 맡길 수 있어야 하고 요양기관은 환자를 내 가족처럼 책임지고 돌볼 수 있도록 지속적인 제도 정비와 모니터링으로 환자와 가족이 행복하고 모두가 건강한 사회가 되어야 한다.

07 위 글에 대해 적절한 반응을 보인 사람을 고르시오.

① 지수 : 가족 간병문화가 메르스 사태를 악화시켰다니 소름이 돋는 걸? 보호자가 상주하다보니 간병비 부담도 늘어났고 말이야.

② 상민 : 간호사가 가족이나 간병인에 비해 전염병 감염에 취약하지 않을 거라는 근거가 어디 있어? 결국 병원비를 올려받겠다는 심산인 게지.

③ 성욱 : 간호·간병통합서비스를 통해 입원료 부담은 다소 늘어났지만 전문적인 간호서비스가 제공되어 부상이나 질병도 줄일 수 있었네.

④ 한호 : 간호·간병통합서비스 병동을 이용한 환자들의 다수가 재이용 의사를 밝혔다니 입원료 부담보다 간병비 부담이 컸기 때문이라고 보이는군.

08 빈칸에 알맞은 내용을 고르시오.

① 가족 간병문화와 전문 간병인의 장점을 합친
② 가족이 아닌 병원에 상주하는 간호사가 24시간 돌보는
③ 전문적인 간호서비스와 보다 저렴한 입원비로도 가능한
④ 요양기관의 간호 부담을 덜고 간병인의 역할을 축소하는

09 다음 글에 대한 반응으로 적절한 것을 〈보기〉에서 모두 고른 것은?

레몬 시장은 겉만 번지르르하고 품질은 엉망인 '빛 좋은 개살구'만 남은 시장을 서양 학자들이 칭하는 말이다. 이 이론은 제품의 품질이 다양한데 소비자가 개별 제품의 품질에 대한 구체적인 정보를 갖고 있지 못하면 평균보다 품질이 나쁜 제품만 시장에 남게 되고 결국 시장 자체가 사라질 수 있다고 예측한다.
예를 들어 중고차 시장에서 소비자가 구매하려는 중고차에 대한 고장이나 사고에 대한 이력 등 품질에 대한 정보를 얻을 수 없다고 하자. 공급된 중고차 중 겉은 번지르르하지만 품질이 나쁜 차도 있고 새 차나 다름없이 관리가 잘된 차도 있다고 하자. 그러면 소비자는 품질이 나쁜 자동차를 구매할 위험에 대비해 공급된 차들의 평균적인 품질을 기준으로 가격을 지급하려고 할 것이다.
이때 모든 중고차에 적용되는 가격이 평균 품질을 기준으로 일률적으로 결정된다는 점이 중요하다. 공급자들은 자신이 공급하는 자동차 품질을 잘 알고 있으므로 적용 가격 이상의 품질을 가진 중고차는 공급하지 않는다. 결국 나쁜 품질의 중고차만 시장에 남게 되는 것이다. 레몬 시장이 발생할 가능성이 있으면 시장은 정보를 최대한 제공하기 위한 여러 제도적 장치들을 개발하고 그도 부족하면 정부가 시장을 형성해 주기도 한다.

보기

ㄱ. 단기적으로는 소비자가 이익을 누리게 된다.
ㄴ. 레몬 시장은 정보의 비대칭성 때문에 비정상적인 선택이 이루어진다.
ㄷ. 레몬 시장에서는 재화나 서비스 품질을 소비자가 알 수 없기 때문에 불량품만 유통된다.
ㄹ. 레몬 시장은 실제로 구입해 보지 않으면 진짜 품질을 알 수 없는 제품이 거래되는 시장을 의미한다.

① ㄱ, ㄴ, ㄷ
② ㄱ, ㄴ, ㄹ
③ ㄱ, ㄷ, ㄹ
④ ㄴ, ㄷ, ㄹ

[10~11] 다음 글을 읽고 질문에 답하시오.

사회책임투자는 윤리투자의 개념보다 확대된 투자 의사결정이다. 사회책임투자의 원리로는 단순히 돈을 벌려는 목적이 아니라 돈을 가치있게 투자하여 사회를 바꾸려는 가치투자와 주주행동주의, 공동체를 위한 대안투자 등을 들 수 있다. 일반적으로 윤리투자는 윤리적 이유로 주식을 사거나 또는 사지 않는 스크리닝 방식의 윤리펀드를 의미하는 단어로 사용되지만, 사회책임투자는 주주행동주의를 포함하여 여러 가지 의미의 단어로 사용된다.

사회책임투자는 부정적이거나 긍정적인 스크리닝 기법을 활용하여 가치체계에 맞는 종목들을 가려낸다. 부정적 스크리닝 방법은 투자를 단순히 제외하는 방식으로 담배, 알코올, 무기, 도박, 음란물 제조, 낙태 등에 관련된 기업들이 일반적으로 해당되며, 1970~1980년대에는 대부분 이러한 부정적 스크리닝을 하였다. 특히 종교계에서 부정적인 스크리닝은 반윤리적이고 비도덕적인 기업에 투자하는 것을 배제하는 것에서 시작되었다.

이에 반해 긍정적인 스크리닝 방법은 기업분석기법이 보다 객관적인 스크리닝으로 기업의 사회 및 환경적 성과를 평가하기 위한 방법이다. 그 기준으로는 경제면에서 투명하고, 고용정책면에서 모범적이며, 소비자와 주주들 사이의 상호관계가 좋은 기업, 환경적으로 우수한 평가를 받는 기업, 사회적으로 공헌도가 높은 기업 등이다. 일반적으로 스크리닝은 긍정적인 사회변화를 쉽사리 일으키지는 않지만 기업과 여러 분야의 사회 참여자들과 지속적인 대화를 갖게 한다.

주주행동주의는 이해관계자들에게 기업의 주인으로서의 권리 및 책임을 다하며 기업경영에 적극적으로 참여함으로써 사회와 환경에 긍정적인 변화가 생길 수 있도록 영향력을 끼친다. 이를 통해 윤리투자자들은 이사회를 구성하거나 이사의 보수한도를 정하고, 또한 노동조건이나 환경과 보건 및 복지 등의 기업지배구조 이슈를 개선하기 위한 활동을 하고 있다.

한편 지역공동체를 위한 투자는 저소득층과 빈민층, 원주민 공동체, 여성소유 영세업자, 실업자 등을 위한 것으로 지역사회개발금융기관에는 지역사회개발은행, 지역사회개발대출펀드, 지역사회개발신용조합 등이 있다.

10 이 글에서 알 수 있는 것은?

① 사회책임투자는 돈을 버는 데 목적이 있지 않다.
② 사회책임투자에는 종교계 자본의 투자는 포함되지 않는다.
③ 주주행동주의는 이사회의 구성과 이사의 대우에 관해서는 개입하지 않는다.
④ 긍정적인 스크리닝은 경제면에서 투명하고 고용정책적으로 모범적인 기업인지 평가한다.

11 이 글의 제목은?

① 사회책임투자의 역사
② 스크리닝 기법의 종류
③ 투자 의사결정의 목표
④ 사회책임투자의 개념과 원리

12 다음 글에서 추론할 수 없는 것은?

아이를 엄격하게 키우는 것은 부모와 다른 사람들에 대해 반감과 공격성을 일으킬 수 있고, 그 결과 죄책감과 불안감을 낳으며, 결국에는 아이의 창조적인 잠재성을 해치게 된다. 반면에 아이를 너그럽게 키우는 것은 그와 같은 결과를 피하고, 더 행복한 인간관계를 만들며, 풍요로운 마음과 자기신뢰를 고취하고, 자신의 잠재력을 발전시킬 수 있도록 한다. 이와 같은 진술은 과학적 탐구의 범위에 속하는 진술이다. 논의의 편의상 이 두 주장이 실제로 강력하게 입증되었다고 가정해보자. 그렇다면 우리는 이로부터 엄격한 방식보다는 너그러운 방식으로 아이를 키우는 것이 더 좋다는 점이 과학적 연구에 의해 객관적으로 확립되었다고 말할 수 있을까?
위의 연구를 통해 확립된 것은 다음과 같은 조건부 진술일 뿐이다. 만약 우리의 아이를 죄책감을 지닌 혼란스러운 영혼이 아니라 행복하고 정서적으로 안정된 창조적인 개인으로 키우고자 한다면, 아이를 엄격한 방식보다는 너그러운 방식으로 키우는 것이 더 좋다. 이와 같은 진술은 상대적인 가치판단을 나타낸다. 상대적인 가치판단은 특정한 목표를 달성하려면 어떤 행위가 좋다는 것을 진술하는데, 이런 종류의 진술은 경험적 진술이고, 경험적 진술은 모두 관찰을 통해 객관적인 과학적 테스트가 가능하다. 반면 "아이를 엄격한 방식보다는 너그러운 방식으로 키우는 것이 더 좋다."라는 문장은 가령 "살인은 악이다."와 같은 문장처럼 절대적인 가치판단을 표현한다. 그런 문장은 관찰에 의해 테스트할 수 있는 주장을 표현하지 않는다. 오히려 그런 문장은 행위의 도덕적 평가기준 또는 행위의 규범을 표현한다. 절대적인 가치판단은 과학적 테스트를 통한 입증의 대상이 될 수 없다. 왜냐하면 그와 같은 판단은 주장을 표현하는 것이 아니라 행위의 기준이나 규범을 나타내기 때문이다.

① 아이를 엄격한 방식보다는 너그러운 방식으로 키우는 것이 더 좋다는 것은 경험적 진술이 아니다.
② 아이를 엄격한 방식보다는 너그러운 방식으로 키우는 것이 더 좋다는 것은 상대적인 가치판단이다.
③ 아이를 엄격한 방식보다는 너그러운 방식으로 키우는 것이 더 좋다는 것은 과학적 연구에 의해 객관적으로 입증될 수 있는 주장이 아니다.
④ 정서적으로 안정된 창조적 개인으로 키우려면, 아이를 엄격한 방식보다는 너그러운 방식으로 키우는 것이 더 좋다는 것은 상대적인 가치판단이다.

13 J는 집 근처 시험장에서 자격증 시험을 보았다. 집에서 시험장으로 갈 때는 급한 마음에 6km/h의 속력으로 걸었으나, 시험을 마치고 돌아오는 길에는 여유있게 4.2km/h의 속력으로 걸었다. J의 이동시간 합계가 총 85분이라고 할 때, 집에서 시험장까지의 거리는 얼마인가?

① 2.8km ② 3.2km
③ 3.5km ④ 4.0km

14 F1컵에는 총 32팀이 출전하여 조별리그와 토너먼트를 통해 우승팀을 가린다. 조별리그는 4팀이 1개조로 편성, 같은 조에 속한 다른 팀들과 1경기씩 진행하며, 그 결과 각 조에서 성적이 높은 상위 2개팀만이 토너먼트에 진출한다. 조별리그에서 살아남은 16팀은 토너먼트를 진행하게 되는데, 16강~4강까지는 2경기씩 진행하며, 결승전은 단 한 경기만을 진행한다. 조별리그 관람료는 경기당 30,000원이며, 토너먼트는 16강전 경기당 40,000원에서 시작하여, 라운드가 높아질수록 경기당 관람료가 10,000원씩 증가한다. 이번 F1컵에서 우승한 '가'팀의 경기를 모두 관람한 A가 지불한 F1컵 관람료의 총액은 얼마인지 고르시오.

① 460,000원 ② 470,000원
③ 480,000원 ④ 490,000원

15 단독으로 보고서를 완성하는 데 소요되는 시간은 A과장이 5시간, B사원이 8시간이다. A과장이 보고서를 1시간 30분 동안 작성한 뒤에 B사원에게 넘겨 나머지 부분을 완성하도록 하였다면, 보고서 작성에 총 몇 시간이 소요되었는지 고르시오.

① 6시간 48분 ② 6시간 54분
③ 7시간 ④ 7시간 6분

16 ○○자격증의 응시 현황을 보았더니, A지역의 응시자와 B지역 응시자 비율이 6 : 5였고, A지역 합격자와 B지역 합격자 비율이 3 : 2였다. A지역 합격자가 18명이고, 응시자 대비 합격자 비율이 20%라면, B지역의 응시자 대비 합격자 비율이 얼마인지 고르시오.

① 16% ② 18%
③ 20% ④ 22%

17 J 고등학교에서는 전교생을 대상으로 중요 안건에 대한 찬반 투표를 진행하였다. 1학년은 전교생의 30%이고, 1학년 중 50%가 찬성하였다. 2학년은 전교생의 40%이고, 2학년 중 30%가 찬성하였다. 3학년은 전교생의 30%이고, 3학년 중 40%가 찬성하였다. 찬성표를 던진 학생 K가 2학년일 확률을 구하시오. (단, 투표에 참여하지 않은 학생은 없고, 모든 학생은 찬성 또는 반대를 선택하였다)

① $\frac{9}{39}$　② $\frac{10}{39}$
③ $\frac{11}{39}$　④ $\frac{12}{39}$

18 다음 〈표 1〉은 지역가입자의 건강보험료 산정을 위한 자동차 등급별 점수 산정표의 일부를 정리한 것이다. 이를 통해 계산했을 때, 〈표 2〉의 지역가입자 A~D의 자동차 점수 합계로 적절한 것은?

〈표 1〉 자동차 등급별 점수

구분			사용연수별 점수		
등급	자동차 가격	배기량	3년 미만	3년 이상 6년 미만	6년 이상 9년 미만
5	4,000만 원 미만	1,600cc 초과 2,000cc 이하	79	63	48
6	4,000만 원 이상		113	90	68
7	4,000만 원 미만	2,000cc 초과 2,500cc 이하	109	87	65
8	4,000만 원 이상		155	124	93
9	4,000만 원 미만	2,500cc 초과 3,000cc 이하	130	104	78
10	4,000만 원 이상		186	149	111

〈표 2〉 지역 가입자 A~D의 자동차

지역가입자	자동차 가격	배기량	사용연수
A	3,250만 원	2,500cc	5년
B	4,300만 원	3,000cc	2년
C	2,400만 원	2,000cc	7년
D	4,800만 원	2,500cc	1년

① 452점　② 476점
③ 514점　④ 536점

19 제시된 〈표〉와 〈그림〉은 IMD와 WEF에서 발표한 재정건전성 관련 순위를 나타낸 것이다. 이에 대한 해석으로 옳은 것을 고르시오.

〈표〉 한국의 재정건전성 순위

구분	2012	2013	2014	2015	2016	2017
IMD 종합순위	22	22	26	25	29	29
IMD 공공재정 순위	10	9	24	25	20	19
WEF 종합순위	19	25	26	26	26	-
WEF 정부 재정수지 순위	17	18	14	19	18	-
WEF 정부 부채 순위	55	50	55	52	40	-

〈그림〉 2014년 WEF 기준 주요 국가 재정건전성 순위

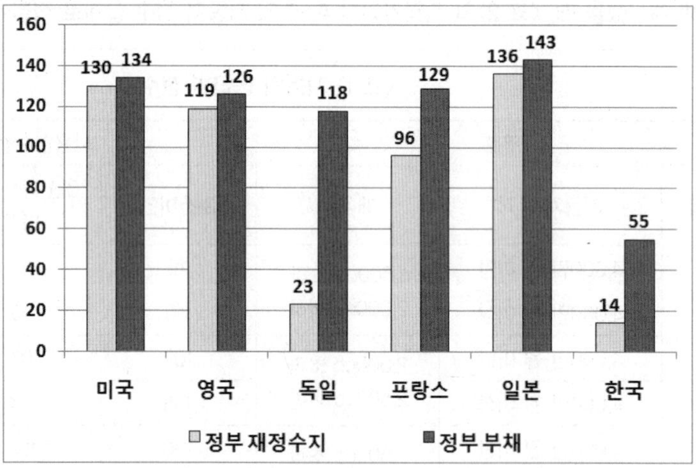

① 2014년 우리나라의 정부 부채 규모는 독일의 절반 이하이다.
② 2012년과 2014년 우리나라의 정부 부채 규모는 동일하게 나타난다.
③ 2014년 주요 국가의 정부 재정수지 순위는 정부 부채 순위보다 높게 나타난다.
④ IMD 공공재정 순위는 2014년에 크게 하락한 이후, 20위 안으로 들어오지 못하고 있다.

20 다음 〈표〉는 2014~2018년 진료비 추이를 나타낸 것이다. 이에 대한 〈보기〉의 설명 중 옳은 것만을 모두 고르시오.

〈표〉 2014~2018년 진료비 추이

(단위 : 백억 원)

구분	2014	2015	2016	2017	2018
총 진료비	6,570	6,950	7,810	8,370	9,330
비급여 진료비	1,120	1,150	1,350	1,430	1,550
본인 부담금	1,300	1,400	1,580	1,690	1,830
공단 부담금	4,150	4,400	4,890	5,250	5,950

※ 건강보험보장률 = $\frac{\text{공단 부담금}}{\text{총 진료비}} \times 100$

보기

ㄱ. 2018년 건강보험보장률은 2014년에 비해 증가하였다.
ㄴ. 비급여 진료비와 본인 부담금의 격차는 매년 증가하는 것으로 나타났다.
ㄷ. 2015~2018년 중 비급여 진료비의 전년대비 격차가 가장 큰 해에는 총 진료비의 전년대비 격차 역시 가장 크다.
ㄹ. 2018년 총 진료비 대비 본인 부담금의 비중은 전년대비 감소하였다.

① ㄱ, ㄴ　　② ㄱ, ㄹ
③ ㄴ, ㄷ　　④ ㄷ, ㄹ

21 다음 〈표〉는 甲, 乙, 丙, 丁 4개국의 신재생에너지 발전량 추이를 나타낸 것이다. 〈조건〉에 따라 판단했을 때, A~D에 해당하는 국가가 바르게 연결된 것을 고르시오.

〈표〉 주요국 신재생에너지 발전량 추이

(단위 : Gwh, %)

구분 \ 연도		2015	2016	2017	2018	2019
A	발전량	105,757	111,161	150,012	158,944	167,220
	비중	15.7	17.7	19.1	21.3	24.5
B	발전량	229,439	254,354	277,497	202,823	236,369
	비중	9.9	10.4	12.4	12.9	13.1
C	발전량	125,343	128,870	128,424	130,826	135,744
	비중	9.7	11.6	12.5	13.6	15.3
D	발전량	51,112	54,378	74,653	77,290	78,827
	비중	10.1	10.3	10.4	10.7	10.9

※ 비중은 해당 국가의 총 전력 생산량 대비 신재생에너지 발전량의 비중을 의미함.

조건

- 2015~2019년 중 매년 甲국의 신재생에너지 발전량은 丙국 신재생에너지 발전량의 2배 미만이다.
- 2015년 대비 2019년 신재생에너지 발전량 증가율은 丙국이 가장 높다.
- 丁국의 경우 2016~2019년 중 전년대비 신재생에너지 발전량이 감소한 해가 있다.

	A	B	C	D
①	乙	丙	丁	甲
②	丙	甲	丁	乙
③	丙	乙	丁	甲
④	丁	乙	丙	甲

22 다음 〈표〉는 분기별 가계신용 동향을 나타낸 것이다. 이에 대한 분석으로 옳은 것을 고르시오.

〈표〉 분기별 가계신용 동향

(단위 : 조 원, %)

구분		2017년 4/4분기	2018년 1/4분기	2018년 2/4분기	2018년 3/4분기
가계신용	금액	1,450.8	1,468.2	1,492.4	1,514.4
	전년동기대비 증감액	108.3	109.1	104.4	95.1
	전년동기대비 증감율	8.1	8	7.5	6.7
가계대출	금액	1,370.1	1,387.2	1,409.2	1,427.7
	전년동기대비 증감액	100.3	101.1	96.3	86.4
	전년동기대비 증감율	7.9	7.9	7.3	6.4
판매신용	금액	80.8	81	83.1	86.7
	전년동기대비 증감액	8.1	8	8.2	8.7
	전년동기대비 증감율	11.1	11	10.9	11.1

※ 가계신용은 일반가정이 은행 등 금융기관에서 대출을 받거나 외상으로 물품을 구입한 대금 등을 합한 금액으로, 가계대출과 판매신용으로 구성됨.

① 2016년 4/4분기부터 2018년 3/4분기까지 판매신용은 매분기마다 꾸준히 증가하였다.
② 2016년 4/4분기 대비 2018년 3/4분기의 가계신용 증가액은 같은 기간 판매신용 증가액의 10배 이상이다.
③ 가계신용에서 가계대출이 차지하는 비중은 2017년 3/4분기 대비 2018년 3/4분기에 감소하였다.
④ 2018년 1/4분기부터 2018년 3/4분기까지 가계신용의 직전 분기 대비 증가액은 꾸준히 증가하였다.

23 다음은 K가 운영할 편의점의 초기 투자비용과 예상되는 월 수익, 지출 현황을 나타낸 것이다. K의 월 순수입 합계가 초기 투자비용을 넘어서는 데 필요한 기간은 몇 개월인가?

〈표 1〉 편의점 초기 투자비용

초기 투자비용	점포임차	권리금	6,000만 원
		보증금	6,000만 원
	가맹계약·상품준비		2,300만 원

〈표 2〉 편의점의 예상 월 수익과 월 지출

월 수입	월 매출(a)	6,000만 원
	판매마진율(b)	27%
	정산금(a×b)	(　　)
	－가맹 로열티	정산금의 30%
	＋본사 지원금	200만 원
	월 수입 합계	(　　)
월 지출	점포 월세	200만 원
	인건비	450만 원
	세금 및 공과금	250만 원
	월 지출 합계	(　　)

① 33개월
② 34개월
③ 35개월
④ 36개월

24 다음 〈표〉는 2020년 6대 광역시의 사회복지시설 자원봉사자 현황을 나타낸 것이다. 이에 대한 〈보기〉의 설명 중 옳은 것만을 모두 고르시오.

〈표〉 2020년 6대 광역시 사회복지시설 자원봉사자 현황

(단위 : 명)

시설＼지역	부산	대구	인천	광주	대전	울산
합계	56,083	45,423	45,479	48,150	40,435	35,863
아동복지시설	7,425	4,028	5,113	9,488	5,308	1,984
노인복지시설	13,706	13,541	15,509	13,353	9,867	11,515
장애인복지시설	8,801	9,841	9,755	12,615	10,288	10,311
여성복지시설	223	486	429	448	704	846
정신요양시설	373	214	204	529	851	275
노숙인복지시설	160	520	437	126	206	2
복지관	17,195	13,102	6,716	5,639	8,766	2,388
법인/단체	8,200	3,691	7,316	5,952	4,445	8,542

보기

ㄱ. 자원봉사자 합계 대비 법인/단체 자원봉사자의 비중이 10% 미만인 지역은 두 곳이다.

ㄴ. 노인복지시설 자원봉사자 대비 장애인복지시설 자원봉사자 비율이 가장 낮은 광역시는 인천광역시이다.

ㄷ. 자원봉사자수가 많은 순으로 각 광역시를 나열했을 때, 아동복지시설의 순위와 복지관의 순위가 동일한 지역은 두 곳이다.

ㄹ. 자원봉사자 합계 대비 정신요양시설 자원봉사자의 비중과 노숙인복지시설 자원봉사자 비중의 격차가 가장 큰 곳은 대전광역시이다.

① ㄱ, ㄴ
② ㄱ, ㄷ
③ ㄴ, ㄷ
④ ㄴ, ㄹ

25 ○○시의 환경 정책과는 ○○시 내에서 공장을 가동 중인 모든 제조업체들을 대상으로 환경오염물질 배출 기준을 제시하였고, 불시에 점검하여 통과여부를 확인하였다. 다음 그래프는 ○○시의 각 지역별로 통과 업체 수와 비율을 나타낸 것이다. 이를 해석한 것으로 옳은 것을 고르시오.

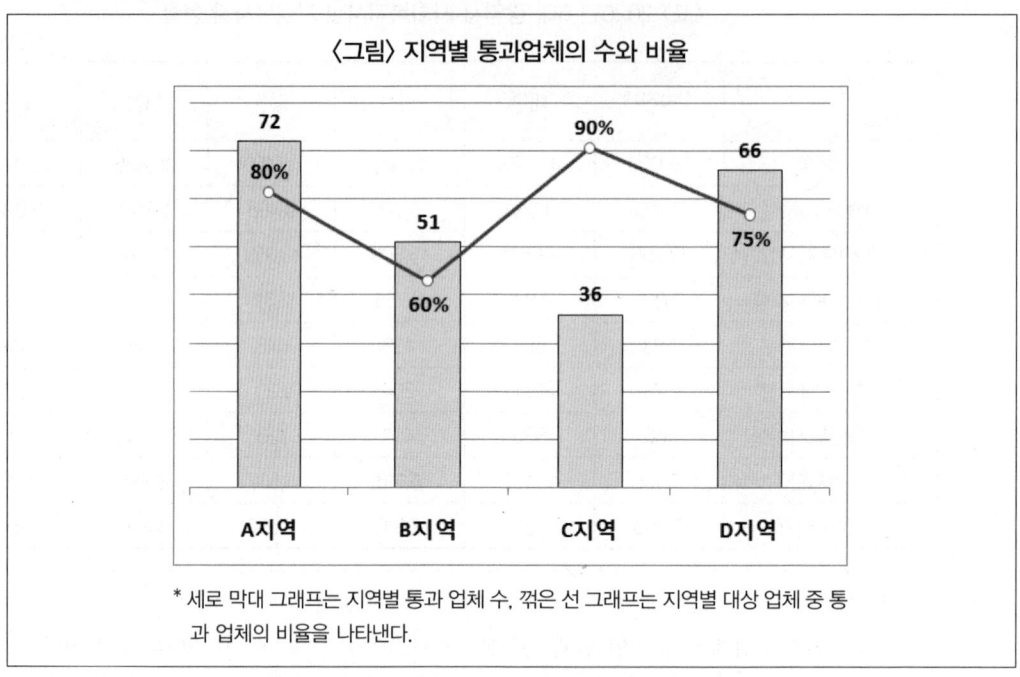

〈그림〉 지역별 통과업체의 수와 비율

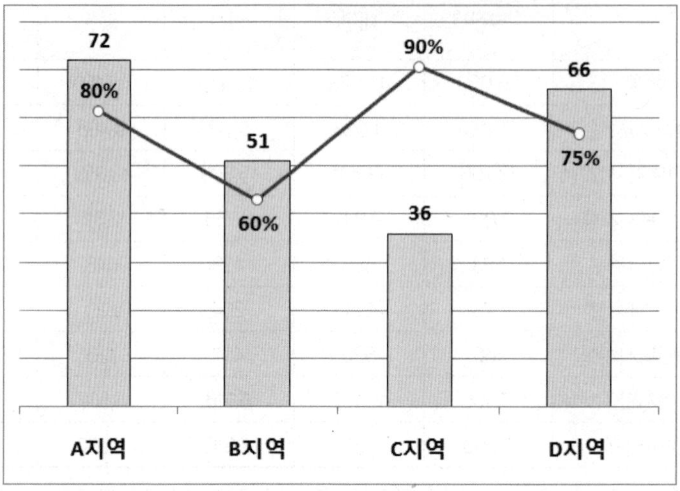

* 세로 막대 그래프는 지역별 통과 업체 수, 꺾은 선 그래프는 지역별 대상 업체 중 통과 업체의 비율을 나타낸다.

① ○○시의 내에서 공장을 가동 중인 제조업체의 수는 모두 305개이다.
② ○○시 전체를 기준으로 했을 때, 통과 업체의 비율은 75% 이상이다.
③ 통과 업체의 수가 많은 지역의 순서는 대상 업체가 많은 지역의 순서와 동일하다.
④ A지역과 C지역의 통과 업체 비율이 서로 바뀐다면, ○○시 전체 통과 업체 수는 230개를 초과한다.

26 다음 〈표〉는 A~D 네 기업의 연도별 판매 현황을 나타낸 것이다. 〈표〉와 〈조건〉을 토대로 빈 칸의 값을 예측했을 때, ㉠~㉢에 들어갈 값으로 가능한 것으로만 묶인 것을 고르시오.

〈표〉 기업별 판매 현황

(단위 : 원, 개)

기업	구분	2015	2016	2017	2018
A	판매가격	2,500	2,600	2,600	2,700
	판매량	12,000	(㉠)	12,500	12,000
B	판매가격	1,700	1,800	1,900	1,900
	판매량	20,000	18,000	(㉡)	21,000
C	판매가격	3,200	3,500	3,500	3,500
	판매량	8,000	( )	8,400	(㉢)
D	판매가격	4,700	4,700	4,700	4,600
	판매량	2,700	2,900	3,500	( )

* 매출액 = 판매가격×판매량

보기

- 가격이 오른 연도에는 반드시 판매량이 감소했다.
- 2017년 B의 판매량은 C 판매량의 두 배보다 많았다.
- 2015년 대비 2018년의 판매량이 10% 이상 증가한 기업은 D 뿐이다.
- 전년대비 판매가격을 유지한 경우, 판매량은 반드시 증가했다.
- 제시된 기간 동안 A의 판매량이 전년대비 10% 이상 변동한 적은 없었다.

	㉠	㉡	㉢
①	10,500	16,500	8,300
②	10,500	17,500	8,500
③	11,500	17,500	8,500
④	11,500	17,500	8,900

제3회 실전모의고사

27 다음 〈표〉는 5개 구의 대기 오염물질 농도 및 대기환경지수 계산식을 나타낸 것이다. 5개 구의 통합대기환경지수를 그래프로 나타냈다고 할 때, 옳은 것을 고르시오.

〈표 1〉 대기 중 오염물질 농도

지역	미세먼지($\mu g/m^3$)	초미세먼지($\mu g/m^3$)	이산화질소(ppm)
중구	44	31	0.019
성동구	67	23	0.029
동대문구	57	25	0.037
중랑구	48	22	0.041
강북구	44	23	0.042

〈표 2〉 오염물질별 대기환경지수 계산식

오염물질	조건	계산식
미세먼지	농도가 51 이하일 때	0.9×농도
	농도가 51 초과일 때	1.0×농도
초미세먼지	농도가 25 이하일 때	2.0×농도
	농도가 25 초과일 때	1.5×(농도－25)+51
이산화질소	농도가 0.04 이하일 때	1,200×농도
	농도가 0.04 초과일 때	800×(농도－0.04)+51

※ 통합대기환경지수는 오염물질별 대기환경지수 중 최댓값임.

①
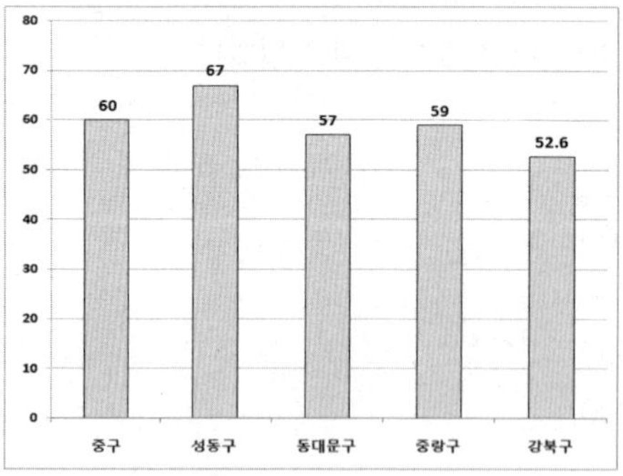

②
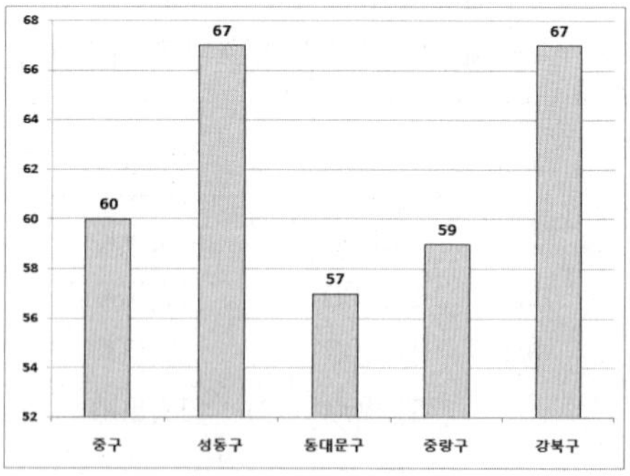

③
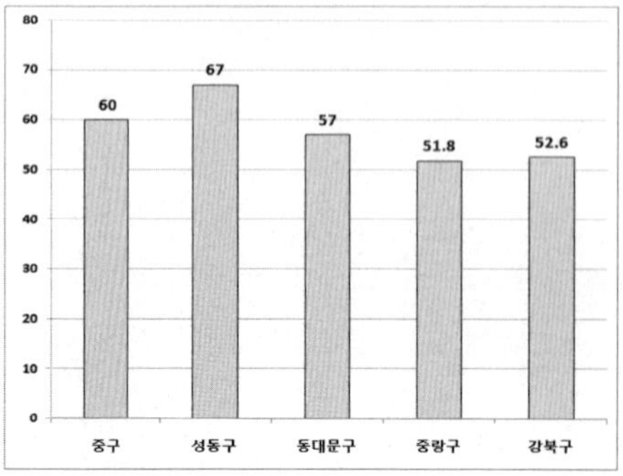

④
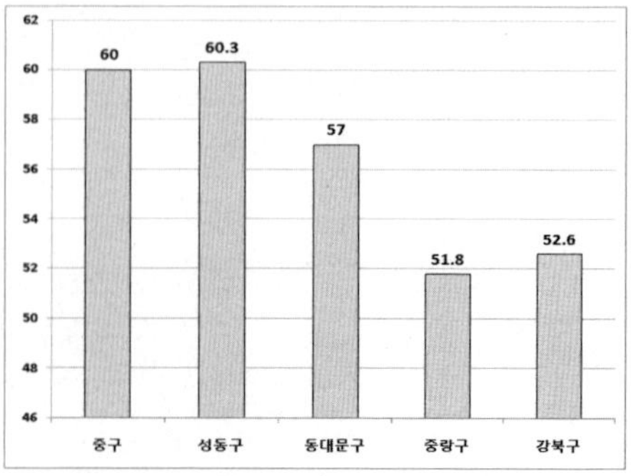

28 다음 〈표〉는 통근 소요시간에 따른 부서별 통근자 수 분포를 나타낸 것이다. 이에 대한 설명으로 옳지 않은 것을 고르시오.

〈표〉 통근 소요시간에 따른 부서별 통근자 수 분포

(단위 : 명)

소요시간 / 부서	30분 미만	30분 이상 1시간 미만	1시간 이상 1시간 30분 미만	1시간 30분 이상
가	5	8	9	5
나	4	10	11	6
다	3	5	9	2
라	6	8	6	2
마	7	10	12	1

① 부서별 인원은 '나'부서가 가장 많고, '다'부서가 가장 적다.
② 1시간 미만 통근자 비율이 50% 이상인 부서는 '마'부서 뿐이다.
③ '가~마' 부서 전체 인원 중 통근 소요시간이 1시간 30분 이상인 인원의 비율은 10% 이상이다.
④ '가~마' 부서 전체 인원 중 통근 소요시간이 30분 이상 ~ 1시간 30분 미만인 인원은 88명이다.

29 **다음을 읽고 판단했을 때, 〈보기〉의 내용 중 옳은 것만을 모두 고르시오.**

A~H 8명의 친구들은 다음 달에 있을 정기 모임을 앞두고 있다. 그동안의 참석 현황에 따라 다음과 같은 사실들이 항상 참이라는 것을 발견했다.

- A 또는 C는 반드시 참석한다.
- A가 참석하면 D 또는 H가 반드시 참석한다.
- C가 참석하면 E 또는 F가 반드시 참석한다.
- D 또는 E가 참석하면 B가 반드시 참석한다.
- H 또는 F가 참석하면 G가 반드시 참석한다.

보기

ㄱ. 모임에 참석하는 최소 인원은 4명이다.
ㄴ. H가 참석하지 않았다면, D가 참석하였을 것이다.
ㄷ. B 또는 G는 반드시 참석한다.
ㄹ. A와 G가 참석하지 않았다면, E가 참석하였을 것이다.

① ㄱ, ㄴ
② ㄱ, ㄷ
③ ㄴ, ㄷ
④ ㄷ, ㄹ

30 **○○은행의 신입사원 A~E는 영업부, 재무부, 기획부, 총무부, 인사부에 한 명씩 배치되었다. 〈보기〉에 제시된 진술은 A~E가 본인과 동기 1명의 부서 배치에 대해서 말한 것이다. 두 가지 진술은 모두 참이거나 모두 거짓이며, 5명 중 3명은 진실만을 말했고, 2명은 거짓만을 말했다고 할 때, A~E의 배치 부서가 바르게 연결된 것을 고르시오.**

보기

- A : 나는 영업부이고, C는 기획부이다.
- B : 나는 재무부이고, D는 총무부이다.
- C : 나는 총무부이고, D는 기획부이다.
- D : 나는 총무부이고, E는 인사부이다.
- E : 나는 재무부이고, A는 기획부이다.

	A	B	C	D	E
①	영업부	기획부	재무부	인사부	총무부
②	영업부	재무부	기획부	총무부	인사부
③	기획부	영업부	재무부	총무부	인사부
④	기획부	재무부	영업부	인사부	총무부

31 **다음을 읽고 판단했을 때, 항상 참인 것을 고르시오.**

> • 갑~무는 각각 종로, 성북, 금천, 용산, 강북 중 한 곳에 거주하고 있으며, 거주지와 다른 한 곳에 직장을 가지고 있다.
> • 갑~무 중 같은 곳에 거주하는 사람은 없으며, 직장의 위치가 같은 사람도 없다.
> • 다음은 갑~무의 진술인데, 이 중 4명은 진실만을 말했고, 1명은 거짓만을 말했다.
> – 갑 : 병은 성북구에 거주하고 있다.
> – 을 : 나는 금천구에 거주하고 있고, 무의 직장은 종로구에 위치하고 있다.
> – 병 : 정은 종로구에 거주하고 있고, 을의 직장은 강북구에 위치하고 있다.
> – 정 : 갑의 직장은 성북구에 위치하고 있다.
> – 무 : 나는 강북구에 거주하고 있고, 을의 직장은 용산구에 위치하고 있다.

① 정의 거주지는 을의 직장 위치와 동일하다.
② 거짓을 말한 사람이 병이라면, 병의 직장 위치는 강북구이다.
③ 거짓을 말한 사람이 무라면, 정의 직장 위치는 금천구이다.
④ 병의 거주지는 갑의 직장 위치와 동일하다.

32 **친구인 甲~戊는 함께 기차를 타고 여행을 갔다. 다음 〈그림〉과 〈대화 내용〉을 통해 판단했을 때, 옳지 않은 것을 고르시오.**

〈그림〉 갑~무가 탑승한 기차의 구조

← 앞 뒤 →

	A1	B1	C1	D1	
	A2	B2	C2	D2	
출입문	통로				출입문
	A3	B3	C3	D3	
	A4	B4	C4	D4	

※ 1) 통로와 인접한 2번과 3번 좌석을 통로측 좌석, 통로와 떨어져 있는 1번과 4번 좌석을 창측 좌석이라고 한다.
2) 출입문에 인접한 좌석은 A열과 D열의 좌석 모두를 의미한다.

대화 내용

甲 : 내 자리는 통로측 좌석도 아니고, 출입문에 인접한 좌석도 아니야.
乙 : 난 창측 좌석에 앉지 않았어.
丙 : 난 출입문에 인접한 좌석에 앉지 않았어.
丁 : 난 乙 바로 뒤에 앉아 있었고, 내 바로 옆에는 戊가 앉아 있었어.
戊 : 우리 중에 C열과 D열에 앉은 사람은 없었네.

① 乙의 자리가 A2였다면, 甲의 자리는 B1이다.
② 甲은 丙의 바로 옆에 앉아 있었다.
③ 丙의 자리가 B2였다면, 乙의 자리는 A3이다.
④ 甲~戊 중 乙의 바로 옆 자리에 앉아 있던 사람은 없다.

33 ○○기업의 영업팀 직원 A~E 5명은 홍보팀 직원 5명과 5 : 5 다트 게임을 하기로 하였다. 이에 영업팀 직원들은 다트를 던지는 순서에 대해 다음과 같이 이야기하였다. 각자가 이야기한 내용이 모두 반영되었다고 할 때, 영업팀 직원들의 다트 던지는 순서로 옳은 것을 고르시오.

> A : 나는 마지막 순서만 아니면 돼. 너무 부담스러워.
> B : 나는 D 바로 다음에 던질게. 근데 나도 마지막은 아니었으면 좋겠어.
> C : 난 첫 번째가 싫던데.
> D : 난 세 번째 이후로 해줘.
> E : 난 A보다는 먼저 던지는 것이 좋을 것 같아.

① A－E－B－D－C
② A－E－D－B－C
③ E－A－B－D－C
④ E－A－D－B－C

34 갑대, 을한, 병민, 정국 네 사람은 달리기 시합을 하였다. 도착 순서에 대한 〈보기〉의 진술이 모두 참이라고 할 때, 네 사람의 도착 순서로 가능한 것을 고르시오.

> **보기**
> - **갑대** : 내가 도착하기 전에 을한이는 이미 도착해 있더라.
> - **을한** : 나는 1등은 아닌데, 그렇다고 꼴등도 아니야.
> - **병민** : 정국이는 확실히 나보다 늦게 들어왔어.
> - **정국** : 나보다 늦게 들어온 사람이 적어도 1명은 있어.

① 을한－병민－정국－갑대
② 을한－갑대－정국－병민
③ 병민－갑대－을한－정국
④ 병민－을한－정국－갑대

제3회 실전모의고사

35 **다음 글을 읽고 판단했을 때, 합산 점수가 높은 순으로 바르게 나열한 것을 고르시오.**

프로야구 리그에서는 야구팬들을 위한 이벤트로 홈런 레이스를 진행하기로 하였다. 홈런 레이스 진행 규칙은 다음과 같다.

- 참가 선수 1명당 총 10개의 공을 던진다.
- 선수는 주어진 공 10개에 대해 승부를 하며, 승부의 결과는 홈런, 안타, 헛스윙, 땅볼, 파울의 5가지로 구분한다.
- 홈런의 경우 비거리에 따라 100m 미만인 경우 5점, 100m 이상 120m 미만인 경우 7점, 120m 이상인 경우 10점을 획득한다.
- 안타의 경우 비거리에 따라 90m 이상인 경우 3점, 90m 미만인 경우 1점을 획득한다.
- 헛스윙을 한 경우에는 3점을 차감한다.
- 땅볼 또는 파울인 경우에는 점수를 가감하지 않는다.
- 연속 2번 이상 또는 10번의 승부 중 4번 이상의 홈런을 친 선수는 파울의 비거리(m)를 모두 합산하여 그것의 5%를 특별 점수로 획득한다.
- 획득한 점수를 합산하여, 합산 점수가 가장 높은 선수가 우승을 차지한다.

〈표〉 A~D의 홈런 레이스 결과

(단위 : m)

승부 \ 선수	A		B		C		D	
	결과	비거리	결과	비거리	결과	비거리	결과	비거리
1회	홈런	108	안타	82	안타	90	홈런	105
2회	안타	95	파울	42	땅볼	13	홈런	124
3회	헛스윙	–	홈런	132	파울	110	파울	78
4회	홈런	99	땅볼	22	홈런	102	안타	82
5회	땅볼	12	파울	15	홈런	98	헛스윙	–
6회	안타	88	홈런	128	안타	64	헛스윙	–
7회	땅볼	24	안타	73	헛스윙	–	땅볼	20
8회	파울	84	땅볼	17	홈런	117	땅볼	14
9회	홈런	121	파울	94	안타	77	홈런	117
10회	헛스윙	–	헛스윙	–	파울	46	파울	82

① A－B－C－D
② A－C－D－B
③ C－A－D－B
④ C－D－A－B

36 다음 글을 읽고 판단했을 때, J가 오늘 학교 가는 지하철 안에서 시청한 영상의 실제 재생 시간 합계를 구하시오.

대학생인 J는 스마트기기를 이용하여 각종 영상을 시청하고 있다. J가 주로 시청하는 채널은 전공과 관련된 지식을 습득할 수 있는 지식 채널과 스트레스 해소를 위한 예능 채널, 최신 이슈를 모아서 분석하는 시사 채널 3가지 유형으로 구분할 수 있다.

J는 지식 채널을 시청하는 경우에는 0.8배속으로, 예능 채널을 볼 때는 1배속으로, 시사 채널을 볼 때는 1.5배속으로 각각 재생 속도를 달리하여 시청한다.

다음은 J가 오늘 학교에 가는 지하철 안에서 시청한 채널 및 영상 재생 시간을 정리한 것이다.

채널 이름	채널 유형	영상 제목	재생 시간(1배속 기준)
쓸잡Tube	시사	미국 선거 결과 예측	12분
ㅎㅎTV	예능	추억의 예능 다시 보기	15분 30초
JtbN	예능	내가 만들어 먹는 집밥	8분 20초
BuSyTube	지식	K교수의 그림 경제학	16분 40초
시사접촉	시사	IMF가 발표한 경제성장률	18분

① 62분 20초
② 63분 30초
③ 64분 40초
④ 65분 50초

37 A~E 5명은 함께 자격증을 준비하는 친구들로, 같은 고사장에서 자격증 시험을 치르게 되었다. 〈그림〉의 고사장 구조와 〈보기〉의 내용을 통해 판단했을 때, A~E의 수험번호가 바르게 연결된 것을 고르시오.

〈그림〉 고사장 구조

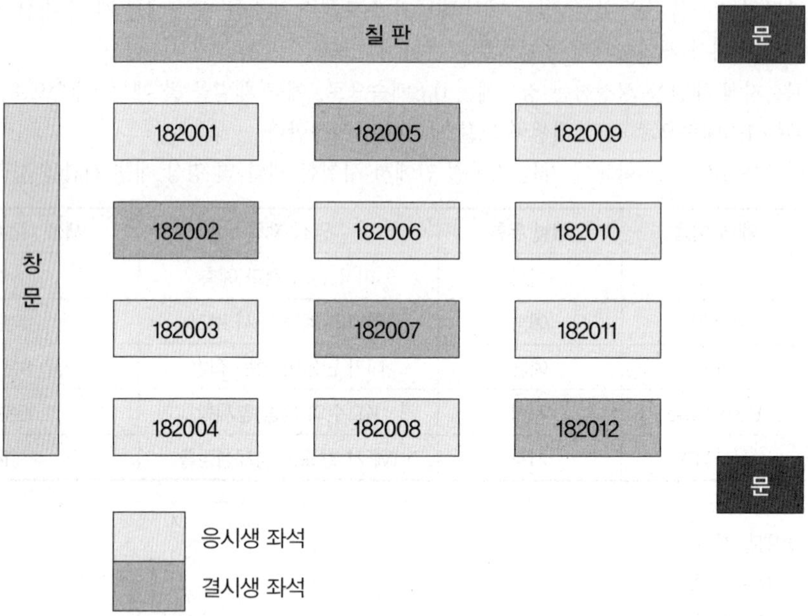

* 좌석 안의 번호는 수험번호를 의미한다.

보기

- A : 난 창문 바로 옆에 앉아서 햇빛 때문에 불편했어. 덥고, 눈부시고...
- B : 나는 창문 옆은 아니었는데, 맨 앞자리 앉으니까 앞이 어수선해서 조금 별로더라.
- C : 그래도 앞자리가 낫지. 난 맨 뒷자리 앉아서 칠판이 하나도 안보였는데.
- D : 나는 앞자리가 공석이어서 마음에 들었어. 은근히 앞사람 때문에 신경 많이 쓰이거든.
- E : 야, 그런 걸 알면 너도 조심해. 내가 너 뒷자리였는데 다리 엄청 떨더라.

	A	B	C	D	E
①	182001	182009	182008	182003	182004
②	182001	182011	182004	182003	182008
③	182001	182011	182004	182006	182008
④	182003	182009	182008	182001	182004

38 다음은 치매국가책임제와 관련하여 건강보험공단에서 배포한 홍보물의 일부이다. 이에 대한 설명으로 옳지 않은 것을 고르시오.

• 방문요양 제도

구분	24시간 방문요양	종일 방문요양
1회 제공 시간	16시간(기본)+8시간(선택)	12시간 (2회 연속 사용 가능)
급여비용	16~24시간 17만 3,350원 24시간 이상 21만 5,330원	12시간 14만 3,780원 (기본 8만 원+가산 6만 3,780원)
본인 부담액	16시간 기준 2만 3,260원	12시간 기준 1만 2,000원
연간 이용횟수	6회(최대 144시간)	12회(최대 144시간)
이용대상	장기요양 1~2등급 치매수급자	

• 장기요양기관 종사자 장기근속 장려금 개선

	근무기간 \ 기관유형	36개월 이상 60개월 미만	60개월 이상 84개월 미만	84개월 이상
기존	입소형	5만 원	6만 원	7만 원
	방문형	4만 원	5만 원	6만 원
개편	입소형 방문형	6만 원	8만 원	10만 원

① 24시간 방문요양과 종일 방문요양의 경우 연간 이용횟수에는 차이가 있으나, 이용 가능 최대 시간은 동일하다.

② 24시간 방문요양의 시간당 본인 부담액은 종일 방문요양의 시간당 본인 부담액의 1.5배 이상이다.

③ 장기근속 장려금 수령 대상이라면, 근무기간이나 기관유형과 무관히 수령하는 장기근속 장려금이 현재보다 늘어난다.

④ 같은 기관에서 근무하는 근무기간 65개월인 장기요양기관 종사자와 근무기간 85개월인 장기요양기관 종사자의 장기근속 장려금 격차는 개편 이후가 더 크다.

39 다음 제시된 연령별 비만도 진단기준 자료를 참고하여 A, B, C의 비만도를 바르게 나열한 것은?

• 영유아(3세 미만) 비만도 진단기준

카우프지수	18.5 이하	18.6~22.9	23~24.9	25~29.9	30 이상
비만도	저체중	정상	과체중	비만	고도비만

※ 카우프지수 = 체중(kg) ÷ 신장(m) ÷ 신장(m)

• 어린이(3세 이상 13세 미만) 비만도 진단기준

신장	110~129cm		130~149cm		150cm 이상	
로러지수	180 미만	180 이상	170 미만	170 이상	160 미만	160 이상
비만도	정상	소아비만	정상	소아비만	정상	소아비만

※ 로러지수 = 체중(kg) ÷ 신장(m) ÷ 신장(m) ÷ 신장(m) × 10

• 성인(13세 이상) 비만도 진단기준

체질량지수	18.5 미만	18.5 이상 23.0 미만	23.0 이상 25.0 미만	25.0 이상 30.0 미만	30.0 이상 35.0 미만	35.0 이상
비만도	저체중	정상	과체중	경도비만	중등도비만	고도비만

※ 체질량지수 = 체중(kg) ÷ 신장(m) ÷ 신장(m)

	나이	신장(cm)	체중(kg)
A	18	170	80
B	2	80	10.5
C	11	120	32

① 과체중 – 저체중 – 정상
② 경도비만 – 정상 – 정상
③ 과체중 – 정상 – 소아비만
④ 경도비만 – 저체중 – 소아비만

40 다음은 정신건강복지센터, 중독관리통합지원센터 설치 및 운영인력에 관한 자료이다. 다음 중 가능한 상황을 고르면?

- 설치사항
  - 설치자 : 국가 또는 지방자치단체 (시·도지사, 시장·군수·구청장)
- 운영인력
  - 센터장, 상근 부센터장, 상임팀장*, 팀장, 팀원, 임상자문의 등으로 구성
  - 자격

센터장	직영	보건소장
	위탁	정신건강의학과 전문의로 전문의 자격 취득 후 지역사회 정신건강증진 사업경력 1년 이상(공중보건의사 제외)인 자 또는 1급 정신건강전문요원으로 지역사회 정신건강증진사업 경력 8년 이상인 자
부센터장	1급 정신건강전문요원으로 지역사회 정신건강증진 사업경력 8년 이상인 자(경력사항 중 정신·자살·중독센터 팀장 경력 4년 이상 포함)	
상임팀장	1급 정신건강전문요원으로 지역사회 정신건강증진 사업경력 5년 이상인 자(경력사항 중 정신·자살·중독센터 근무경력 2년 이상 포함)	
팀장	정신건강전문요원(경력사항 중 정신·자살·중독센터 근무경력 2년 이상 포함)	
팀원	정신건강전문요원, 간호사, 임상심리사, 시회복지사, 작업치료사 및 기타 관련 분야 자격자	
임상자문의	정신건강의학과 전문의	

* 조직 규모에 따라 팀장이 그 업무를 수행할 수 있음

① 지역사회 정신건강증진 사업을 5년 운영하고, 정신·자살·중독센터에서 팀장으로 3년을 근무한 1급 정신건강전문요원 A씨는 ××시 중독관리통합지원센터의 부센터장으로 임명되었다.
② 중독센터 3년 근무경력이 있는 정신건강전문요원 B씨는 △△시 중독관리통합지원센터에서 상임팀장의 업무를 수행하고 있다.
③ 지역사회 정신건강증진 사업경력 2년인 공중보건의사 C씨는 정신건강복지센터(위탁)의 센터장 직을 역임하고 있다.
④ 1급 정신건강전문요원인 D씨는 ㅁㅁ도 정신건강복지센터의 임상자문의로 임명되었다.

직업심화능력평가 [41~80]

41 다음은 가계용 은행여신거래기본약관의 중요사항 일부를 설명한 자료이다. 바르지 않은 해석은?

〈은행여신거래기본약관 중요사항 설명서〉

1. 연체이자(지연배상금)을 내셔야 하는 경우

1) 「이자를 납입하기로 약정한 날」에 납입하지 아니한 때

☞ 이자를 납입하여야 할 날의 다음날부터 1개월(주택담보대출의 경우 2개월)까지는 내셔야 할 약정이자에 대해 연체이자가 적용되고, 1개월 (주택담보대출의 경우 2개월)이 경과하면 대출원금에 대한 연체이자를 내셔야 합니다.

2) 「원금을 상환하기로 약정한 날」에 상환하지 아니한 때

☞ 원금을 상환하여야 할 날의 다음날부터는 대출원금에 대한 연체이자를 내셔야 합니다.

3) 「분할상환금(또는 분할상환 원리금)을 상환하기로 한 날」에 상환하지 아니한 때

☞ 분할상환원금(또는 분할상환원리금)을 상환하여야 할 날의 다음날부터는 해당 분할상환원금(또는 분할상환원리금)에 대한 연체이자를 내셔야 하며, 2회 이상(주택담보대출의 경우 3회 이상) 연속하여 지체한 때에는 대출원금잔액에 대한 연체이자를 내셔야 합니다.

4) 기타 은행여신거래기본약관 제7조에서 정한 대출기한 전의 채무변제의무 사유에 해당되어 기한의 이익이 상실된 때

☞ 기한의 이익이 상실되는 날부터 대출원금에 대한 연체이자를 내셔야 합니다.

※ 이자납입 연체로 인하여 대출잔액에 연체이율이 적용되었을 경우, 연체이자 전액을 납입하지 않고 일부 연체이자를 정리하는 경우에도 대출잔액에 연체이율이 적용됨을 유의하시기 바랍니다.

2. "기한의 이익"이 상실되는 경우

1) 기한의 이익이란 ?

기한의 존재로 말미암아 당사자가 받는 이익을 말하며, 은행과의 여신거래에서 고객은 당초 약정한 대출기한까지는 대출금을 상환하지 않아도 되므로 그 기간동안 고객이 가지는 이익을 기한의 이익이라 합니다.

2) 기한의 이익이 상실되면 ?

☞ 모든 대출금(또는 해당 대출금)을 즉시 상환하셔야 합니다.

☞ 대출금에 대하여 약정이자가 아닌 고율의 연체이자를 부담하셔야 합니다.

☞ 일정기간이 경과되면 신용관리대상자로 등록되어 신용거래시 상당한 불이익을 받을 수 있습니다.

☞ 고객 또는 보증인의 제 예치금 등에 대하여 상계(담보제공 여부 불문)실행 또는 여신거래자의 담보 일반재산에 대한 법적절차 착수 등으로 재산상 손해가 발생할 수 있습니다.

3) 주요 기한의 이익 상실사유

	기한의 이익 상실사유	독촉여부	대상채무
1	• 고객의 제 예치금 등(예 · 적 · 부금, 당좌개설보증금 등)에 대하여 가압류 · 압류명령이 발송될 때	필요없음	모든 채무
2	• 고객이 제공한 담보재산(부동산 담보 등)에 대하여 압류명령이 발송되었거나 강제집행개시가 있는 때 * 고객의 일반재산에 대한 압류 · 체납처분압류 : 독촉필요 * 가압류명령 발송 또는 임의경매개시가 있는 때 : 독촉필요	필요없음	모든 채무
3	• 고객이 채무불이행자명부에 등재 신청이 있는 때 • 고객이 개인회생절차 또는 파산절차의 신청이 있는 때 • 고객이 어음교환소의 거래정지처분(가계당좌부도)이 있는 때 * 그 이외의 신용관리대상자로 규제된 때 : 독촉필요	필요없음	모든 채무
4	• 이자금액 지급을 1개월(주택담보대출의 경우 2개월) 이상 지체한 때 또는 분할상환원(리)금 지급을 2회 이상(주택담보대출의 경우 3회 이상) 연속하여 지체한 때	필요없음	해당 채무
5	• 대출기간이 경과되었거나 기한의 이익이 상실된 대출금을 한 개라도 갚지 않는 경우 • 고객이 허위, 위 · 변조 또는 고의로 부실자료를 은행에 제출한 경우	필요	모든 채무

① 주택담보대출의 이자를 납입하지 않았고 납입하기로 약정한 날의 다음날부터 2개월이 경과한 경우 대출원금에 대한 연체이자를 내야 한다.

② 주택담보대출 분할상환원리금의 상환을 3회 이상 연속하여 지체한 경우 대출원금잔액에 대한 연체이자를 내야 한다.

③ 고객이 채무불이행자명부 등재 신청을 한 경우 독촉 없이 모든 채무에 대한 기한의 이익을 상실한다.

④ 주택담보대출이 아닌 대출의 이자금액 지급을 1개월 이상 지체한 경우 독촉 없이 모든 채무에 대한 기한의 이익을 상실한다.

[42~43] 다음은 주택도시기금에서 제공하는 주거안정월세대출 상품 안내서이다. 읽고 물음에 답하시오.

[대출 대상]
- 주거급여대상이 아닌 무주택자로서 다음 하나에 속하는 자(주거급여 대상자에 해당되면 대출금 지급 중단)
- 취업준비생 : 부모와 따로 거주하는 자 또는 독립하려고 하는 자 중 만 35세 이하 무소득자로 부모 소득이 6천만 원 이하인자
- 희망키움통장 가입자
- 대출신청일 기준 최근 1년 이내 수급사실이 인정되는 근로장려금 수급자 중 세대주(세대주로 인정되는 자)
- 사회초년생 : 취업 후 5년 이내로 다음 조건을 모두 충족하는 경우
  - 대출 신청일 현재 만 35세 이하인 자
  - 부부합산 연소득이 4천만 원 이하인 자

[대출 금리]
- 금리 연 1.5%[국토교통부 고시금리(변동금리)]
- 금리 우대 : 없음
- 이자 및 지연배상금은 1일 단위로 계산, 지연배상금은 납입할 금액에 대해 연체이율 적용

[대출 한도]
- 매월 최대 30만 원씩 2년간 총 720만 원 한도로 대출[임대인 통장에 지급 시 연단위(최대 360만 원)로 최대 2회 지원 가능]

[대출 대상주택]
- 형태상 제한 없음(단, 무허가건물 등 불법 건물과 고시원은 대출 불가)
- 임차보증금 1억 원 이하 및 월세 60만 원 이하
- 임차전용면적 85㎡ 이하(도시지역이 아닌 읍 또는 면 지역은 100㎡ 이하)

[대출 기간]
- 3년 만기일시상환방식(1년 단위로 총 3회 연장, 최장 6년까지 가능)

  ※ 단, 주거급여 대상자로 확인된 경우 기한연장 불가
  - 기한연장 시 1·2회 연장 시는 대출 최종 잔액 기준 20% 상환, 3회는 30% 상환(미상환시 기한연장 불가)

[중도상환수수료]
- 없음

[고객부담비용]
- 보증료 0.18%(2015.07.01 기준, 주택금융공사의 보증료 운용 규정에 따라 변동 가능)

42 아래는 고객이 게시판에 문의한 내용이다. 이에 대한 답변으로 적절하지 않은 것은?

Q. 저는 현재 공무원 시험을 준비하는 29세 남자로 노량진에서 월세(5,000/50)로 원룸에 거주하고 있습니다. 직장이 없는 사람도 가입이 가능하다고 들었는데 정말 대출이 가능한가요?

A. 안녕하세요, 문의하신 내용에 대한 답변입니다. ① 현재 취업을 준비하시고, 29세이므로 무조건 대상조건에 충족됩니다. 사시는 곳이 ② 고시원이나 허가가 나지 않은 건물이 아니라면 대출이 가능하며 ③ 2년간 매월 최대 30만 원 가능합니다. 대출기간은 ④ 3년 후 상환하셔야 하는데 연장이 가능하니 만기 시 한 번 더 문의하시기 바랍니다. 대출기간에 중도 상환하고 싶으시다면 중도상환 수수료가 없으니 부담 없이 하시면 됩니다.

43 결혼을 3개월 앞둔 맞벌이 신혼부부가 전셋집을 구하지 못해 직장 근처의 오피스텔에 월세로 신접산림을 차렸다. 이 신혼부부는 월세 일부를 지원받는다는 공고를 보고 찾아와 자격조건이 어떻게 되는지 문의를 하였다. 귀하가 신혼부부에게 상품 설명을 할 때 가장 먼저 알려주어야 할 절차는 무엇인가?

① 매월 최대 30만 원씩 2년간 총 720만 원 한도에서 지원 가능하다.
② 신혼부부이고 연 소득이 합산하여 4천만 원이 안 되면 해당된다.
③ 이 상품은 주거안정월세대출 상품으로 직장생활 5년 이내 연 소득이 4천만 원 이하여야 한다.
④ 사는 주택이 고시원이나 무허가 건물인 경우 해당이 되지 않는다.

44 미용사 자격증을 잃어버린 P씨는 재발급에 관한 문의를 아래와 같이 메일로 작성하여 담당자 A에게 보냈다. P의 질문에 대한 담당자 A의 답변으로 적절하지 않은 것은?

P의 메일 : 얼마 전 개명 신청 허가가 나서 2008년 취득한 미용사자격증에 정보 변경을 하여 재발급 받고 싶습니다. 제가 지금 외국에 있는데 다음 주에 국내에 들어갈 예정입니다. 미리 인터넷으로 신청하고 다음 주에 방문해서 수령하고 싶은데 어떻게 하면 되나요?

재발급안내	자격증 재발급 신청방법 : 인터넷 발급 및 방문발급 가능
인터넷 재발급 방법	• 인터넷으로 재발급 신청 시 택배수령 및 방문수령 • 인터넷 자격증 재발급 신청 접수기간 – 월요일 ~ 일요일(24시간) 연중 무휴 • 인터넷을 이용한 자격증 재발급 신청이 가능한 경우 – 배송신청가능자 : 공단이 본인 사진확인용 사진 확보 (2005년 이후 자격취득자 및 공인인증 가능자) – 방문수령 가능자 : 공인인증 불가 • 인터넷을 이용한 자격증 재발급 신청이 불가한 경우 – 신분미확인자 / 자격취득사항(성명, 주민번호, 종목 등)의 변경이 필요한 경우 • 인터넷 자격증 재발급 시 비용 – 수수료 : 3,100원 / 택배비 : 2,280원(방문 수령 시 택배비 없음) • 구(舊)자격증 – 관할 자격시험센터로 우편 송부(분실한 경우 제외) 또는 본인이 직접 파기
방문발급	• 재발급 시 준비물 – 신분증(주민등록증) : 본인이 직접 방문 시는 본인신분증, 대리인이 방문 시는 본인신분증 + 대리인신분증을 필히 지참하시기 바랍니다. – 미성년자의 신분증으로 학생증을 지참할 경우 사진과 주민등록번호가 모두 명시된 학생증에 한하며, 주민등록번호가 명시되어 있지 않은 경우는 주민등록등본을 함께 지참하시기 바랍니다. – 구(舊)자격증 : (분실한 경우 제외) / 사진 1매(증명사진) / 수수료 : 3,500원 – 국가기술자격증 발급신청서(공단에서 발급) : 개명, 입양 등으로 성명 및 주민등록번호가 변경된 경우 이를 증명할 수 있는 관련 서류(변경내용이 기재된 주민등록초본 등) 첨부
발급장소	6개 자격시험센터 및 1개 지사

A의 답변 : 문의사항에 대한 답변 드리겠습니다. 현재 국내에 계시지 않다면 인터넷 신청을 하시는 것이 좋은 방법이지만 ① ㅇㅇ님의 경우는 자격취득사항이 변경된 경우라서 인터넷 재발급신청이 불가합니다. 방문 시 ② 재발급 준비물은 신분증과 구자격증, 사진을 준비하셔야 합니다. 그리고 공단에서 발급한 국가기술자격증 발급신청서를 작성하시면 되는데 ③ 신청서를 제출하실 때 주민등록초본을 첨부해 주셔야 합니다. ④ 발급장소는 총 7군데가 있으니 위치를 확인하시어 이용이 편리한 곳을 선택하여 방문하시면 되겠습니다. 재발급 시에는 수수료 3,500원을 지불하셔야 합니다.

45 다음은 청년전용 전월세대출에 관한 설명이다. 고객의 문의에 대한 답변으로 적절한 것을 〈보기〉에서 모두 고르시오. (단, 제시된 내용의 적절성만 판단한다)

구분	내용
대출대상자	아래의 요건을 모두 갖춘 고객 • 대출 신청일 현재 만 34세 이하인 무주택 단독세대주(단독세대주 예정자 포함)로서 최근년도 연소득 2천만 원 이하(배우자 있는 경우 부부합산 기준)인 고객 • 부동산 중개업소를 통하여 임차보증금 5천만 원 이하 및 월세금 60만 원 이하인 주택임대차계약(보증부 월세계약)을 체결하고, 임차보증금의 5% 이상을 지불한 고객
대상주택	임차전용면적 60㎡ 이하 주택(주거용 오피스텔 포함)
대출금리	※ 2019. 1. 21 현재, 국토교통부 고시에 따른 변동금리 • 임차보증금 대출 : 연 1.8% • 월세금 대출 : 연 1.5%
대출한도	• 임차보증금 대출과 월세금 대출의 합계액이 4천만 원 이내(임차보증금의 80% 이내) • 임차보증금 대출 : 3천 5백만 원 이내(임차보증금의 70% 이내) • 월세금 대출 : 960만 원 이내(월 40만 원 이내, 24개월 기준)
대출기간	• 2년 1개월 이내에서 임대차계약 만기일 1개월 경과 해당일 (4회 연장하여 최장 10년 5개월 가능)
담보종류	주택도시보증공사 전세금안심대출보증서

보기

ㄱ. 고객 : 중개업소를 통하여 보증금 4천 5백만 원, 월세 55만 원인 사무용 오피스텔의 임대차계약을 체결하고 잔금까지 모두 지불했는데 대출이 가능할까요?

직원 : 대상주택에는 주거용이 아닌 사무용 오피스텔은 해당되지 않습니다.

ㄴ. 고객 : 현재 미혼이며 만 30세로 작년 소득이 1천 8백만 원인 무주택 단독세대주입니다. 부동산 앱을 통해 집 주인과 직접 거래하여 임대차계약을 체결한 뒤 보증금의 절반을 지불한 상태인데 대출대상자로 적합할까요?

직원 : 대출대상자로 제시된 요건은 모두 갖추어야 합니다. 그런데 고객님께서는 부동산 중개업소를 거치지 않고 집 주인과 직접 계약을 체결하셔서 요건을 충족하지 못한 경우입니다.

ㄷ. 고객 : 보증금이 4천만 원이고 월세가 50만 원인 주택의 전월세계약을 체결 중입니다. 임차보증금과 월세금을 동시에 대출신청할 경우 합산해서 얼마까지 받을 수 있을까요?

직원 : 고객님의 경우 임차보증금은 70%인 2천 8백만 원 이내로 대출 가능하시지만, 월세금은 월 40만 원 이내로 24개월 기준 960만 원 이내로 가능하십니다. 따라서 3,760만 원 이내의 액수를 대출받으실 수 있습니다.

① ㄱ, ㄴ
② ㄴ, ㄷ
③ ㄱ, ㄷ
④ ㄱ, ㄴ, ㄷ

46 다음은 ○○은행의 이용약관 신구조문 대비표이다. 개정 이유에 대한 설명으로 적절하지 않은 것을 보기에서 모두 고르면?

현행	개정(안)	개정 이유
제4조(서비스의 신청·승인 및 해지) 이 서비스의 신청·승인 및 해지 방법은 다음과 같습니다. 1. (생략) 2. 서비스 이용 해지시 서면으로 해지신청서를 은행에 제출하여야 합니다.	제4조(서비스의 신청·승인 및 해지) 이 서비스의 신청·승인 및 해지 방법은 다음과 같습니다. 1. (현행과 같음) 2. 서비스 이용 해지는 서면으로 해지신청서를 영업점에 제출하거나 온라인 본인확인을 통해 해지신청이 가능 합니다.	㉠
제6조(본인확인방법) 은행은 다음과 같이 서비스 종류별로 은행이 요구하는 해당 항목을 이용자가 입력했을 때 동 내용이 은행에 등록 된 것과 일치할 경우 이용자 본인으로 간주하여 요청한 서비스를 제공합니다. 1. 텔레뱅킹 : 텔레뱅킹 이용자번호, 텔레뱅킹 비밀번호, 계좌비밀번호, 보안카드 비밀번호, OTP 카드 비밀번호, 스마트보안카드 비밀번호 등. 2. 인터넷뱅킹 및 스마트폰뱅킹 : 이용자 ID, 이체비밀번호, 계좌비밀번호, 보안카드비밀번호, OTP카드비밀번호, 스마트보안카드 비밀번호, 공인인증서 암호 등.	제6조(본인확인방법) 은행은 다음과 같이 서비스 종류별로 은행이 요구하는 해당 항목을 이용자가 입력했을 때 동 내용이 은행에 등록된 것과 일치할 경우 이용자 본인으로 간주하여 요청한 서비스를 제공합니다. 1. 텔레뱅킹 : 텔레뱅킹 이용자번호, 텔레뱅킹 비밀번호, 계좌비밀번호, 보안매체 비밀번호 등. 2. 인터넷뱅킹 및 스마트폰뱅킹 : 이용자 ID, 이체비밀번호, 계좌비밀번호, 보안매체 비밀번호, 인증서 암호 등.	㉡
제8조(출금계좌 및 입금계좌) ① 이용자는 서비스 신청 시 은행이 정한 출금가능 과목중 이용자 본인명의 계좌를 출금계좌로 지정하며, 출금계좌의 추가 지정은 이용자 본인의 서면신청에 따라 은행이 정한 출금계좌수 이내에서 지정 가능 합니다. 다만, 인터넷뱅킹을 통한 출금계좌 추가 및 삭제(단, 공인인증서를 보유한 개인이용자에 한합니다)의 경우에는 신청서상에 표시된 이용자의 의사에 따라 전자적 장치를 통해 직접 처리할 수 있습니다. ② (생략)	제8조(출금계좌 및 입금계좌) ① 이용자는 서비스 신청 시 은행이 정한 출금가능 과목중 이용자 본인명의 계좌를 출금계좌로 지정하며, 출금계좌의 추가 지정은 이용자 본인의 서면신청에 따라 은행이 정한 출금계좌수 이내에서 지정 가능 합니다. 다만, 비대면을 통한 출금계좌 추가 및 삭제(개인이용자에 한함)의 경우에는 신청서상에 표시된 이용자의 의사에 따라 전자적 장치를 통해 본인 확인 절차를 거쳐 직접 처리할 수 있으며, 비대면을 통해 개설한 계좌(입출금이 자유로운 예금)의 경우 자동등록 됩니다. ② (현행과 같음)	㉢

보기

㉠ 서비스 해지 신청을 영업점 서면제출 외에 온라인에서도 가능하도록 변경하였습니다.
㉡ 나열된 보안 매체의 종류를 축소하였습니다.
㉢ 출금계좌를 추가하는 채널의 제한적 수용이 가능하도록 변경하였고 비대면 개설계좌의 자동 등록기준을 명확히 하였습니다.

① ㉠　　② ㉡
③ ㉠, ㉡　　④ ㉡, ㉢

47 〈신용카드 개인회원 약관 신·구 조문 대비표〉를 보고 〈보기〉에 나온 고객의 반응 중 적절한 것을 모두 고르시오.

〈신용카드 개인회원 약관 신·구 조문 대비표〉

현행	개정안
제11조(할부구입) ① ~ ⑥ (생략) 〈신설〉	제11조(할부구입) ① ~ ⑥ (현행과 같음) ⑦ 카드사는 할부거래법이 적용되지 않거나 할부거래법이 적용되더라도 동 법상 철회·항변권이 적용되지 않는 경우를 회원이 알 수 있도록 휴대폰 문자메시지로 그에 관한 유의사항을 안내해야 합니다.(4개월 미만의 거래와 자동차, 백화점, 대형마트, 통신, 보험, 국세·지방세, 병원에서의 거래는 제외) 다만, 회원이 안내를 명시적으로 거절한 경우에는 그러하지 아니합니다.
제14조(단기카드대출(현금서비스)) ① ~ ② (생략) ③ 카드사는 제11조제6항과 같은 사유로 단기카드대출(현금서비스) 수수료율을 인상할 수 있습니다. (이하 '신설')	제14조(단기카드대출(현금서비스)) ① ~ ② (현행과 같음) ③ 카드사는 제11조제6항과 같은 사유로 단기카드대출(현금서비스) 수수료율을 인상할 수 있으며 회원은 단기카드대출(현금서비스)도 제23조에서 규정한 장기카드대출(카드론)의 금리인하요구권과 같이 카드사에 대해 금리인하를 요구할 수 있습니다.
제23조(장기카드대출(카드론) 금리인하요구권) ① 제22조에 의한 이자 등의 율과 관련하여 카드사가 정하는 바에 따라 장기카드대출(카드론)을 이용하는 회원은 약정당시와 비교하여 회원의 신용등급 개선 등 신용상태의 현저한 변경이 있다고 인정되는 경우 합리적인 근거를 서면으로 제시하고 금리변경을 요구할 수 있습니다. ② 이 경우 카드사는 그 적정성 여부를 성실히 심사하고 그 심사 결과를 회원에게 10영업일 이내에 통지합니다. 〈신설〉	제23조(장기카드대출(카드론) 금리인하요구권) ① 회원은 취업, 소득증가, 신용등급 상승 등 기타 신용상태가 호전된 경우 전화, 서면, 인터넷 홈페이지 등을 통해 카드사에 금리 인하를 요구할 수 있습니다. ② 카드사는 회원이 대출금리 인하를 요구하는 경우 자체 심사를 거쳐 10영업일 이내에 회원에게 금리인하 심사결과 등을 서면, 우편, 팩스, 전자우편(E-MAIL), 휴대폰 문자메시지 등으로 통보해야 합니다. ③ 회원은 카드사의 요청이 있는 경우 채무자의 신용상태 변동 등을 입증할 수 있는 서류를 제출해야 합니다. ④ 카드사는 제1항의 금리인하 요구권과 관련하여 금리인하요구 요건, 신청 및 통지절차 등을 마련하여 홈페이지 등에 별도로 고지합니다.

보기

ㄱ. 신용등급이 오르면 뭐합니까? 현금서비스의 금리는 카드론처럼 내려달라고 요구할 수 없는데요.
ㄴ. 세상 좋아졌네요! 최근 취업하게 되어 장기카드대출의 금리를 인하해달라고 카드사에 전화했죠. 예전엔 서류를 통해서만 가능했었답니다.
ㄷ. 7월 10일에 홈페이지를 통해 카드론의 대출금리를 인하해달라고 요구했는데도 열흘이 지나도록 심사 결과를 알려주지 않다니 약관 위반 아닌가요?
ㄹ. 병원에서 3개월 무이자 할부로 치료비를 납부했는데도 거래 시 철회·항변이 적용되지 않는 경우라는 문자 메시지를 받지 못했어요.

① ㄱ, ㄴ
② ㄴ, ㄷ
③ ㄷ, ㄹ
④ ㄱ, ㄹ

48 **다음은 금융감독원에서 제작한 소비자를 위한 금융사기 예방에 관한 안내문 일부이다. K은행의 김 사원은 방문하는 고객에게 서비스 차원에서 금융사기수법 예방에 대해 상세하게 알려주고 있다. 아래의 내용에 따를 때 스미싱에 대한 김 사원의 전달 내용이 잘못된 부분을 고르면?**

〈스미싱이란?〉

스미싱은 문자 메시지(SMS)와 피싱(phishing)의 합성어로 2012년도 국내에 처음 등장한 신종 금융사기입니다. 그 수법은 문자 메시지를 이용하여 악성 앱이나 악성코드를 휴대전화에 유포한 후 휴대전화 소액결제 관련 정보를 가로챕니다. 이후 게임 사이트에서 아이템 구매 등을 하여 소액결제 피해를 입힙니다.

최근에는 소액결제 피해뿐만 아니라 신·변종 스미싱 피해 사례들이 발생하고 있습니다. 문자 메시지의 인터넷 주소 등을 통해 금융회사를 가장한 악성 앱이나 악성코드를 설치하도록 유도하고, 앱에 표시된 번호로 전화를 걸면 사기범의 전화로 연결되어 다양한 명목으로 송금을 요구하거나 악성코드를 통해 피싱 사이트로 연결하기도 합니다.

〈스미싱의 특징〉

① 문자 메시지를 클릭해서 악성 앱을 설치하도록 유도합니다.
악성코드나 악성 앱이 설치되도록 하는 인터넷 주소가 담긴 문자 메시지를 불특정 다수에게 발송하여 주로 휴대전화 소액결제 피해를 일으킵니다.
최근에는 문자 메시지의 인터넷 주소를 클릭하면 설치되는 악성 앱을 통해 금융거래정보를 손에 넣는 등 신종 수법들이 등장하고 있으므로 휴대전화 이용자들의 각별한 주의가 필요합니다.

② 문자 메시지 내용이 매우 다양하고 교묘하게 진화하고 있습니다.
스미싱 문자 메시지 내용은 무료·할인 쿠폰, 돌잔치·결혼 청첩장, 경찰 출석 요구서, 교통범칙금 조회, 건강보험공단 무료 암 검진, 카드대금 조회 등 그 유형이 매우 다양합니다.
또한, 문자 메시지의 인터넷 주소 역시 '① 포털사이트 단축 URL(http : //goo.gl/, http : //me2.do/) → ② 무료 도메인 사이트(http : //oa.to/, http : //co1.kr/) → ③ 확장 URL (**.kr, **.net, **.com)'로 변화하는 등 그 수법이 교묘해지고 있습니다.

① 스미싱 피해는 모바일 게임을 즐기는 사람들이 주로 피해 대상이 되므로 주의하시기 바랍니다.
② 휴대전화에서 소액결제를 하실 때 악성코드로 인해 개인정보가 사기범들에게 빠져나갈 수 있으므로 주의해야 합니다.
③ 문자 메시지의 내용이 매우 다양하니 의심이 되는 문자는 신고를 하시는 것이 좋습니다.
④ 잘 모르는 사람에게서 문자가 왔을 때 휴대전화의 문자 메시지에 표시되는 인터넷 주소를 연결하지 않도록 하시기 바랍니다.

49 K은행에는 두 가지 종류의 예금 상품이 있다. A예금은 2년 만기 정기 예금으로 8개월에 한 번씩 복리 2%로 이자를 계산하며, B예금은 A예금과 만기는 동일하지만, 1년에 한 번씩 단리 3.5%로 이자를 계산한다. 두 예금에 각각 1,000만 원씩 입금했을 때, 만기에 찾게 되는 금액의 차이는 얼마인지 고르시오.

① 85,820원
② 86,560원
③ 87,240원
④ 87,920원

50 다음은 반기별 은행의 수신종류별 수신동향을 정리하여 분석한 〈자료〉이다. 이에 대한 해석으로 올바르지 않은 것을 고르시오.

〈자료〉 은행의 수신종류별 수신동향

(단위 : 10억 원, %)

구분		증감액			2021년 상반기 말	
		2020년 상반기 말	2020년 하반기 말	2021년 상반기 말	잔액	구성비
예금		21,255(4.2)	14,303(2.7)	974(0.2)	539,201	69.6
	(정기예금)	13,386(5.3	3,674(1.4)	7,988(3.0)	277,070	35.8
	(기업자유예금)	7,406(14.9)	4,658(8.2)	−4,384(−7.1)	57,428	7.4
	(저축예금)	1,496(1.6)	3,111(3.3)	−1,950(−2.0)	94,639	12.2
금전신탁		−9,531(−12.9)	−6,047(−9.4)	−6,614(−11.4)	51,521	6.7
시장형상품		6,805(11.2)	3,510(5.2)	8,120(11.4)	79,296	10.2
	(CD)	2,370(9.3)	9,055(32.6)	4,056(11.0)	40,884	5.3
금융채		6,643(8.3)	7,159(8.2)	10,467(11.1)	104,450	13.5
총수신		25,172(3.5)	18,925(2.5)	12,948(1.7)	774,468	100.0

※ 증감액 및 증감률은 전기말 대비 증감액, 증감률이다.

① 2020년 하반기 말 기업자유예금의 잔액은 60조 원 이상이다.
② 2020년 상반기 말 현재 은행수신 잔액은 약 774조 5천억 원으로, 2020년 하반기 말보다 약 13조 증가했다.
③ 2021년 상반기 말 상품별 수신액을 보면, CD, 금융채, 정기예금은 2020년 하반기 말에 비해 증가폭이 확대되었다.
④ 2021년 상반기 말을 기준으로 수신잔액의 규모가 큰 순서대로 나열해 보면, 예금, 금융채, 시장형상품, 금전신탁 순이다.

51 다음 〈표〉는 2015~2019년 우리나라의 경상수지를 나타낸 것이다. 이에 대한 〈보기〉의 설명 중 옳은 것만을 모두 고르시오.

〈표〉 2015~2019년 우리나라 경상수지

(단위 : 백만 달러)

연도 \ 항목	경상수지	상품수지	서비스수지	본원소득수지	이전소득수지
2015	105,119	120,275	−14,626	4,455	−4,985
2016	97,924	116,462	−17,338	4,567	−5,767
2017	75,231	113,593	−36,734	5,337	−6,965
2018	77,467	110,087	−29,369	4,902	−8,153
2019	59,971	76,856	−23,021	12,199	−6,063

보기

ㄱ. 상품수지 대비 본원소득수지의 비율은 매년 꾸준히 증가하였다.
ㄴ. 2016~2019 중 전년대비 경상수지 감소폭이 가장 큰 해는 2019년이다.
ㄷ. 2019년 상품수지와 본원소득수지의 합은 전년대비 20% 이상 감소하였다.
ㄹ. 2015~2019년 본원소득수지 및 이전소득수지의 합계는 0달러 미만이다.

① ㄱ, ㄴ
② ㄱ, ㄷ
③ ㄴ, ㄷ
④ ㄷ, ㄹ

52 ○○은행에서는 청년들의 목돈 마련을 위하여 '청년 미래적금'을 출시하였다. 제시된 가입자 정보와 현황을 통해 판단했을 때, 〈보기〉의 내용 중 옳은 것을 모두 고르시오.

〈표 1〉 가입자 정보

(단위 : 명)

<table>
<tr><td rowspan="2">고용 형태</td><td colspan="3">정규직</td><td colspan="3">비정규직</td></tr>
<tr><td colspan="3">3,291</td><td colspan="3">1,215</td></tr>
<tr><td rowspan="2">직종</td><td>제조업</td><td>서비스업</td><td>요식업</td><td>도, 소매업</td><td>운수업</td><td>기타</td></tr>
<tr><td>1,097</td><td>1,875</td><td>212</td><td>410</td><td>28</td><td>884</td></tr>
<tr><td rowspan="2">근무연수</td><td>6개월 미만</td><td>6개월 이상
1년 미만</td><td>1년 이상
2년 미만</td><td>2년 이상</td></tr>
<tr><td>1,121</td><td>1,024</td><td>1,471</td><td>890</td></tr>
</table>

〈표 2〉 가입 현황

(단위 : 명)

종류	가입 인원	유지 인원	중도해지 인원
청년 미래적금1	1,795	1,742	53
청년 미래적금2	2,711	2,494	217
전체	4,506	4,236	270

보기

ㄱ. 제조업과 서비스업을 제외한 나머지 직종의 가입자 수는 전체 가입자의 40%를 상회한다.
ㄴ. 정규직 가입자 중에서 서비스업에 종사하는 사람의 수는 최소 660명이다.
ㄷ. 정규직 가입자 중에서 청년 미래적금1 가입자의 비중은 최소 20% 이상이다.
ㄹ. 전체 가입자의 가입 인원 대비 유지 인원 비중과 청년 미래적금2의 가입 인원 대비 유지 인원 비중의 차이는 2%p 이상이다.

① ㄱ, ㄴ
② ㄱ, ㄷ
③ ㄴ, ㄷ
④ ㄴ, ㄹ

[53~54] 다음은 무주택세대주에게 월세금을 지원하는 상품을 설명한 것이다. 질문에 답하시오.

상품특징	무주택세대주가 월세계약을 체결할 경우 주거안정을 위한 월세금을 지원하는 상품
대출대상	주거급여대상자가 아닌 무주택(세대원 포함)세대주 * 자세한 요건은 아래 계약안내사항 참고
대출기간	2년, 2년 단위로 4회까지 기한연장가능(최대 10년)
대출한도	최대 960만 원(매월 최대 40만 원 이내, 2년간)
상환방법	만기일시상환
필요서류	• 필수서류 – 주민등록증(실명확인증표) – 확정일자부 임대차(월세)계약서 – 임차주택 건물 등기사항전부증명서(1개월 이내 발급분) – 주민등록등본(1개월 이내 발급분) – 주거급여 비수급자 확인서 – 재직(사업)관련 서류 〈본인 및 배우자〉 – 소득입증 서류 〈본인 및 배우자〉 – 신청대상에 따라 ①, ②, ③, ④ 서류 중 하나 ① 취업준비생 : 최종학교 졸업증명서, 건강보험자격득실확인서 ② 희망키움통장 가입자 : 주소지 관할 지자체에서 확인한 희망키움통장 유지확인서(1개월 이내 확인분) ③ 근로/자녀장려금수급자 : 주소지 관할 세무서가 발급한 근로/자녀장려금 수급 사실증명원(1개월 이내 발급분) ④ 사회초년생 : 근로자 확인서류 및 급여총액 확인서류 • 추가서류 – 단독세대주 : 가족관계증명서 – 결혼예정자 확인서류 : 청첩장 또는 예식장계약서, 배우자(예정자)주민등록등본, 가족관계증명서 – 배우자 분리세대일 경우 : 가족관계증명서, 배우자 주민등록등본 – 필요시 영업점 요청서류
계약 안내사항	대출신청대상 다음 ① ~ ⑤ 중 어느 하나에 해당하는 고객 ① 취업준비생으로 부모와 따로 거주하는 자 또는 독립하려고 하는 자 중 다음 조건을 모두 충족하는 고객 가. 대출신청일 현재 만 35세 이하의 무소득자 나. 부모 소득이 6천만 원 이하인 고객 ② 희망키움통장 가입 고객 ③ 대출신청일 기준 최근 1년 이내 수급사실이 인정되는 근로장려금 수급자 중 세대주인(세대주로 인정되는*) 고객 ④ 사회초년생(취업 후 5년 이내)으로 다음 조건을 모두 충족하는 고객 가. 대출신청일 현재 만 35세 이하인 고객 나. 부부합산 연소득 4천만 원 이하인 고객 ⑤ 대출신청일 기준 최근 1년 이내 수급사실이 인정되는 자녀장려금 수급자 중 세대주인(세대주로 인정되는*) 고객

계약 안내사항	* 세대주로 인정되는 고객 1. 세대주의 세대원인 배우자 2. 만 25세 미만 미혼세대주로 직계존속 중 1인 이상과 동일세대를 구성하고 주민등록등본 상 부양기간이 계속해서 6개월 이상인 고객 3. 대출신청일부터 3개월 이내에 결혼으로 인하여 세대주로 예정된 고객 4. 만 25세 미만의 단독세대주로서 만 19세 미만의 형제·자매로 구성된 세대의 세대주

53 다음 중 〈보기〉의 질문에 필요한 서류로 적절하지 않은 것은?

보기

저는 근로장려금 수급자로 직장 때문에 전업주부인 아내·자식과 떨어져 살고 있습니다. 제가 제출해야 할 서류는 무엇인가요?

① 가족관계증명서
② 배우자의 소득입증 서류
③ 확정일자부 월세 계약서
④ 주거급여 비수급자 확인서

54 다음 중 대출신청 대상자로 적절한 경우를 모두 고른 것은?

ㄱ. 만 22세 미혼 세대주로 3년째 모친을 부양하고 있는 희망키움통장 가입자
ㄴ. 2년 전 자녀장려급을 수급하였으며 부부 연소득 합계 4천만 원인 세대주
ㄷ. 부친과 모친의 소득이 합계 6천 5백만 원이며 부모에게서 독립하려고 하는 만 31세 무소득 취업준비생
ㄹ. 생애 첫 취업 후 4년째로 본인 소득이 2천만 원, 약혼녀의 소득이 1천 5백만 원으로 결혼을 2개월 앞둔 만 36세 세대주

① ㄱ　　② ㄱ, ㄴ
③ ㄷ, ㄹ　　④ ㄱ, ㄴ, ㄷ

55 다음은 ○○은행의 〈자유로 우대적금〉 상품 설명서이다. 신입직원인 K사원은 고객들의 상품에 대한 문의에 답을 하는 업무를 한다. 고객의 질문 내용에 대한 답변으로 적절한 것은?

<table>
<tr><th>구분</th><th>내용</th></tr>
<tr><td>가입자격</td><td>개인</td></tr>
<tr><td>계약기간
(적립기간)</td><td>1년~20년 이내(연단위)
계약기간 만료 전 1회 연장 가능하나 총 계약기간은 20년을 초과할 수 없음</td></tr>
<tr><td>적립방식</td><td>자유적립</td></tr>
<tr><td>가입금액</td><td>초입금 10만 원 이상, 매입금 1만 원 이상(계좌별)
매월 5백만 원(1인당), 총 불입액 10억 원(1인당) 이내</td></tr>
<tr><td>거래방식</td><td>매 연 단위별로 적립액과 이자를 더한 원리금을 별개의 예금으로 구분하여 회차별 적립 및 예치</td></tr>
<tr><td>기본금리</td><td>• 자유로 우대적금 기본 금리를 적용하며 ➡ 해당 연차별 연차 시작일에 변경 적용
<table>
<tr><th>구분</th><th>신규 또는 적립 시</th><th>자동 재예치 1년차</th><th>자동 재예치 2년차 이상 ➡</th></tr>
<tr><td>금리적용</td><td>자유로 우대적금
1년제 금리(연 %)</td><td>자유로 우대적금
2년제 금리(연 %)</td><td>자유로 우대적금
3년제 금리(연 %)</td></tr>
</table>
☞ ××년 ×월 ×일 현재 기본 금리며 실제적용금리는 가입일 당시 고시금리에 따름</td></tr>
<tr><td>우대금리
(최고
0.5%p)</td><td>• 아래 우대조건을 충족하고 이 적금을 만기 해지하는 경우 각 호에 정한 우대금리를 계약기간 동안 합산 적용[단, 중도인출(해지) 시에는 적용하지 않음].
<table>
<tr><th>우대조건</th><th>우대금리
(세전, %)</th></tr>
<tr><td>① 이 적금 가입시점에 『All100플랜 통장』을 보유하고 있는 경우</td><td>0.1</td></tr>
<tr><td>② 같은 날 부부가 모두 가입하고 신규금액이 각 10만 원 이상인 경우(각 적금은 만기까지 보유하고 있어야 함)</td><td>0.1</td></tr>
<tr><td>③ 이 적금 계약기간이 3년 이상이고, 만기 시 월 평균 10만 원 이상 입금된 경우</td><td>0.1</td></tr>
<tr><td>④ 이 적금 신규일로부터 만기일까지 『All100플랜 연금예금』을 6개월 이상(연속해서) 보유하고 있는 경우(신규 또는 기존가입 포함)</td><td>0.2</td></tr>
</table></td></tr>
<tr><td>만기
금리
(연%,
세전)</td><td>• ○○은행 자유로 우대적금 중도해지금리 및 만기 후 금리 적용
<table>
<tr><th colspan="2">중도해지 금리
(신규 또는 매적립회차 시작일 기준)</th><th colspan="2">만기 후 금리
(재예치시점 또는 만기시점)</th></tr>
<tr><td>1개월 미만</td><td>0.1</td><td rowspan="3">만기 후 1년 이내</td><td rowspan="3">만기시점
계약기간별
기본금리의 1/2</td></tr>
<tr><td>3개월 미만</td><td>0.15</td></tr>
<tr><td>3개월 이상
~ 3년 미만</td><td>기본금리×경과
기간별 적용률</td></tr>
<tr><td>3년 이상</td><td>3년제 기본금리
변동적용</td><td>만기 후 1년 초과</td><td>보통예금 금리</td></tr>
</table></td></tr>
</table>

이자지급 방식	만기일시지급식
중도인출	• 이 적금은 연단위 적립원금별 재예치된 금액을 대상으로 회차별 중도인출 가능 • 중도인출 시 연단위 충족분은 기본 금리를 적용하고 연단위 미충족분은 마지막 재예치시점 기준 만기 후 금리를 적용 • 적립액 전부를 중도 인출 시에는 계좌해지로 처리하며 중도해지금리를 적용
세제관련	비과세종합저축으로 가입 가능 (관련 세법이 개정될 경우 가입한도, 세율 등이 변경되거나 세금이 부과될 수 있음)

① Q : 50만 원씩 5년을 납입했고 작년에 사정이 생겨 6개월 납입 중단을 한 적이 있습니다. 자금이 필요한데 중도인출이 가능한가요?

A : 중간에 미납하신 개월 수가 3개월 이상인 경우 중도인출이 어렵습니다.

② Q : 2년간 60만 원씩 납입하였습니다. 사정이 생겨 해지하려고 합니다. 중도해지할 경우에 금리는 어떻게 적용되나요?

A : 고객님, 2년간 납입하셨으니 3개월 이상 ~ 3년 미만의 구간에 해당합니다. 납입하신 금액의 0.15%가 적용됩니다.

③ Q : 가입할 때 아내와 함께 가입했습니다. 저는 매달 15만 원, 아내는 10만 원을 넣고 있습니다. 우대조건에 해당되나요? 해당된다면 우대금리는 얼마나 됩니까?

A : 만기까지 유지하신다면 우대금리 0.1%, 만일 3년 이상 유지하시면 0.1% 합산 적용됩니다. 또한 NH All100플랜통장이 있으시다면 추가로 우대받으실 수 있습니다.

④ Q : 이 상품은 누구에게나 비과세 가입이 가능한 상품인가요?

A : 고객님, 이 상품은 비과세 종합저축으로 제한 없이 누구나 적용이 가능합니다.

[56~57] 다음은 ◇◇은행에서 새롭게 선보이는 상품인 ○카드에 관한 설명서이다. 내용을 읽고 물음에 답하시오.

〈공통서비스〉

- ○○홈쇼핑 10~20% 청구할인

구분	인터넷	모바일
할인율	10%	20%

이용건당 2만 원 이상 건에 한함
통합 월 할인한도 내 혜택제공, 할인횟수 제한 없음

〈특별서비스〉

- 전국 주요 놀이공원 할인

놀이공원명	제공서비스
○랜드, △△월드, □환타지아, 한국△△촌	본인 자유이용권 50% 현장 할인
○○베이	본인 입장료 30% 할인
아쿠아☆아	본인 및 동반 1인 입장료 30% 현장 할인
○○동물원	본인 무료입장

전월실적 30만 원 이상 시 제공(월 1회, 연 6회)

〈알찬서비스〉

- 백화점/병·의원/약국/커피전문점/베이커리/주유소(전국 모든 주유소) 10% 청구할인
- 대형마트/△△클럽·마트 5% 청구할인
  - 이용건당 2만 원 이상 시 할인제공(커피전문점/병·의원/약국은 1만 원 이상 시 할인제공)
  - 통합 월 할인한도 내 혜택제공, 할인횟수 제한 없음
  - 백화점 및 할인점 입점 매장 구매 및 상품권 구매(기프트카드 구입, 충전 포함)는 할인 제외됨

〈서비스 이용조건〉

- 카드 사용등록일로부터 다음 달 말일까지는 전월실적 미달 시에도 특별서비스를 제공하며, 전월실적 조건 달성 시 해당 구간의 적립률 또는 할인한도를 제공합니다.
- 전월실적은 해당카드로 전월(1일~말일) 국내·외 일시불/할부 이용금액을 의미합니다.
- 해외이용액은 전월 매출표 접수기준으로 포함 적용됩니다.
- 상품권, 기프트카드 및 대학 등록금, 제세공과금(국세, 지방세, 우체국 우편요금), 단기카드대출(현금서비스), 장기카드대출(카드론) 등의 이용금액은 실적에서 제외됩니다.
- 매출취소 발생 시 취소매출표 접수월 이용실적에서 차감됩니다.

- 월간 적립/할인한도가 제한된 서비스는 매월별(1일 ~ 말일) 해당카드 매출표 접수일 기준으로 순차적으로 적용됩니다.
  - 교통카드 이용금액 및 통신료 자동이체 금액은 매출표 접수일 기준으로 해당 월 이용금액에 합산 적용됩니다.
  - 가족카드의 경우 본인카드 이용실적과 합산되지 않으며, 카드별 이용실적을 각각 체크하여 서비스가 제공됩니다.
  - 즉시결제 서비스는 제공되지 않습니다.

56 **다음은 ○카드에 대해 문의하는 고객과 상담원과의 대화이다. 상담원의 대응 중 옳지 않은 것은?**

① Q : 이 카드로 모든 주유소에서 할인을 받을 수 있나요?
A : 알찬서비스는 전월실적과 무관하게 한도 없이 모든 주유소 이용 시 10% 청구할인이 가능한 서비스입니다.

② Q : 이 카드가 있으면 ○○동물원에 무료로 입장할 수 있죠?
A : 특별서비스는 전월 30만 원 이상 사용해야 받을 수 있으며, ○○동물원 무료입장은 본인에 한하여 연 6회 가능합니다.

③ Q : 12월 23일에 카드를 받아 등록하였는데 사용하지 않았습니다. 오늘(1월 16일) ○랜드를 가려고 하는데 자유이용권 할인이 가능한가요?
A : 카드 사용등록일부터 다음 달 말일까지는 전월실적이 없다고 해도 50% 할인이 가능합니다.

④ Q : 지난달에 직원 선물로 상품권 100만 원 어치를 구매했습니다. 상품권 구매도 실적에 포함되나요?
A : 기프트 카드, 상품권을 구매하신 금액은 실적에 포함되지 않습니다.

57 **다음은 7월에 ○카드 사용등록한 갑이 같은 해 9월과 10월에 사용한 ○카드 사용 내역을 정리한 것이다. 갑이 10월에 받을 수 있는 할인 혜택 금액의 합계를 구하시오.**

9월 사용 내역		10월 사용 내역	
내용	금액	내용	금액
대형마트(××점)	94,500원	○○홈쇼핑(인터넷)	18,000원
○○베이	58,000원	아쿠아☆아(본인 입장료)	25,000원
기프트카드 구매	75,000원	대형마트(△△백화점)	40,000원
주유소	80,000원	○○홈쇼핑(모바일)	35,000원

① 0원
② 7,000원
③ 9,000원
④ 16,500원

58 ○○공사에서는 성년의 날 기념 이벤트를 진행하였다. 아래는 이벤트를 진행하면서 수집한 개인정보에 관한 안내문이다. ○○공사에 근무하는 K사원이 안내문을 이해한 것으로 적절한 것은?

〈개인정보 수집 및 이용에 관한 안내〉

제1조 개인정보 항목

① 개인정보 수집 및 이용주체

본 홈페이지를 통해 수집되는 개인정보는 공사가 직접 접수하고 관리하며, 향후 관리책임은 공사에 있습니다.

② 수집항목 : 이름, 연락처

③ 수집방법 : 홈페이지를 통해 이용자가 제시한 개인정보를 수집

④ 동의를 거부할 권리 및 동의 거부에 따른 불이익

이용자는 아래 개인정보 제공 등에 관해 동의하지 않을 권리가 있습니다.

단, 제공받는 정보는 이벤트를 위한 필수적인 항목이므로 해당정보를 제공받지 못할 경우 회사는 이벤트를 진행할 수 없습니다. 따라서 개인정보 제공에 대해 동의하지 않는 경우 이벤트 참여가 제한됩니다.

제2조 개인정보 처리목적

공사는 다음의 목적을 위하여 개인정보를 처리합니다. 처리하고 있는 개인정보는 다음의 목적 이외의 용도로는 이용되지 않으며 이용목적이 변경되는 경우에는 관계 법률에 따라 별도의 동의를 받는 등 필요한 조치를 이행할 것입니다.

1. 프로모션의 당첨자 선정 및 행사진행, 경품 전달 시 이용

제3조 개인정보 처리 및 보유기간

이용자의 개인정보는 원칙적으로 개인정보의 수집 및 이용목적이 달성되면 지체 없이 파기합니다. 단, 다음의 정보에 대해서는 아래의 이유로 명시한 동안 보존합니다.

1. 이벤트 경품 배송 확인 사유 : 당첨자 발표 후 2개월 뒤 삭제

〈개인정보 취급위탁에 대한 안내〉

제4조 개인정보의 취급위탁

공사는 응모자가 요청한 서비스를 제공하기 위해서 아래와 같이 개인정보를 위탁하고 있습니다.

• 수탁업체 : ** 커뮤니케이션

• 위탁업무 내용 : 이벤트 진행 및 경품 전달을 위한 개인정보 수집

• 개인정보의 보유 및 이용기간 : 이벤트 당첨자 발표 후 2개월 또는 위탁계약 종료 시까지

① 개인정보 이용 목적에 대한 통보 없이는 이벤트를 진행할 수 없다.

② 만일 정보가 유출되었다면 수탁업체인 ** 커뮤니케이션이 책임져야 한다.

③ 개인정보는 이벤트가 종료됨과 동시에 자동으로 폐기하도록 규정되어 있다.

④ 이벤트를 추진하면서 개인이 제시한 정보 외에 추가정보가 필요할 경우 요청 가능하다.

59 **甲은 가격이 1,000만 원인 자동차 구매를 위해 A, B, C 세 은행에서 상담을 받았다. 다음 상담 내용에 따를 때, 〈보기〉에서 옳은 것을 모두 고르면? (단, 총비용으로는 은행에 내야 하는 금액과 수리비만을 고려하고, 등록비용 등 기타 비용은 고려하지 않는다)**

- A은행 : 고객님이 자동차를 구입하여 소유권을 취득하실 때, 저희 은행이 자동차 판매자에게 즉시 구입금액 1,000만 원을 지불해 드립니다. 그리고 그 날부터 매월 1,000만 원의 1%를 이자로 내시고, 1년이 되는 시점에 1,000만 원을 상환하시면 됩니다.
- B은행 : 저희는 고객님이 원하시는 자동차를 구매하여 고객님께 전달해 드리고, 고객님께서는 1년 후에 자동차 가격에 이자를 추가하여 총 1,200만 원을 상환하시면 됩니다. 자동차의 소유권은 고객님께서 1,200만 원을 상환하시는 시점에 고객님께 이전되며, 그 때까지 발생하는 모든 수리비는 저희가 부담합니다.
- C은행 : 저희는 고객님이 원하시는 자동차를 구매하여 고객님께 임대해 드립니다. 1년 동안 매월 90만 원의 임대료를 내시면 1년 후에 그 자동차는 고객님의 소유가 되며, 임대기간 중에 발생하는 모든 수리비는 저희가 부담합니다.

보기

ㄱ. 자동차 소유권을 얻기까지 은행에 내야 하는 총금액은 A은행의 경우가 가장 적다.
ㄴ. 1년 내에 사고가 발생해 50만 원의 수리비가 소요될 것으로 예상한다면 총비용 측면에서 A은행보다 B, C은행을 선택하는 것이 유리하다.
ㄷ. 최대한 빨리 자동차 소유권을 얻고 싶다면 A은행을 선택하는 것이 가장 유리하다.
ㄹ. 사고 여부와 관계없이 자동차 소유권 취득 시까지의 총비용 측면에서 B은행보다 C은행을 선택하는 것이 유리하다.

① ㄱ, ㄴ
② ㄴ, ㄷ
③ ㄷ, ㄹ
④ ㄱ, ㄷ, ㄹ

60 다음 글의 내용과 부합하는 것을 〈보기〉에서 모두 고르면?

가. "회원이 카드를 분실하거나 도난당한 경우에는 즉시 서면으로 신고하여야 하고 분실 또는 도난당한 카드가 타인에 의하여 부정사용되었을 경우에는 신고접수일 이후의 부정사용액에 대하여는 전액을 보상하나, 신고접수한 날의 전날부터 15일전까지의 부정사용액에 대하여는 금 2백만원의 범위 내에서만 보상하고, 16일 이전의 부정사용액에 대하여는 전액 지급할 책임이 회원에게 있다."고 신용카드 발행회사 회원규약에 규정하고 있는 경우, 위와 같은 회원규약을 신의성실의 원칙에 반하는 무효의 규약이라고 볼 수 없다.

나. 카드의 월간 사용한도액이 회원 본인의 책임한도액이 되는 것은 아니므로 부정사용액 중 월간 사용한도액의 범위 내에서만 회원의 책임이 있는 것은 아니다.

다. 신용카드업법에 의하면 "신용카드가맹점은 신용카드에 의한 거래를 할 때마다 신용카드 상의 서명과 매출전표 상의 서명이 일치하는지를 확인하는 등 당해 신용카드가 본인에 의하여 정당하게 사용되고 있는지 여부를 확인하여야 한다."라고 규정하고 있다. 따라서 가맹점이 위와 같은 주의의무를 게을리하여 손해를 자초하거나 확대하였다면, 그 과실의 정도에 따라 회원의 책임을 감면해 주는 것이 거래의 안전을 위한 신의성실의 원칙상 정당하다.

보기

ㄱ. 신용카드사는 회원에 대하여 카드의 분실 및 도난 시 서면신고 의무를 부과하고, 부정사용액에 대한 보상액을 그 분실 또는 도난된 카드의 사용시기에 따라 상이하게 정할 수 있다.

ㄴ. 회원이 분실 또는 도난당한 카드가 타인에 의하여 부정 사용되었을 경우, 신용카드사는 서면으로 신고 접수한 날 이후의 부정사용액에 대한 보상액을 제한할 수 있다.

ㄷ. 카드의 분실 또는 도난 사실을 서면으로 신고 접수한 날의 전날까지의 부정사용액에 대해서는 자신의 월간 카드 사용한도액의 범위를 초과하여 회원이 책임을 질 수 있다.

ㄹ. 신용카드 가맹점이 신용카드의 부정사용 여부를 확인하지 않은 경우에는 가맹점 과실의 경중을 묻지 않고 회원의 모든 책임이 면제된다.

① ㄱ, ㄴ
② ㄱ, ㄷ
③ ㄴ, ㄷ
④ ㄴ, ㄹ

61 다음은 ○○은행에서 출시한 주택도시기금 대출 상품의 설명서이다. 이 설명서를 읽고 분석한 내용으로 옳지 않은 것을 고르시오. (오늘은 2018년 8월 21일로 가정한다)

특징	• 정부가 지원하는 저리의 전세자금대출 • 중도 상환수수료 없이 자유롭게 상환가능 • 주거용 오피스텔도 신청가능
대출대상	• 대출신청일 현재 무주택세대주(세대주예정자 포함)로서 대출대상주택에 5천만 원 이하의 전(월)세 계약을 체결하고 전(월)세 보증금의 5% 이상을 지불한 근로자 및 서민으로 다음 각호의 요건을 모두 구비한 고객 1. 최근년도 또는 최근 1년간 부부합산연소득 3,500만 원 이하인 고객 2. '18.3.15 이후 중소기업에 생애최초로 취업한 만 34세(현역 병역의무 마친 자는 만 39세) 이하의 세대주 또는 소기업진흥공단, 신용보증기금 및 기술보증기금의 창업 관련 보증 또는 자금지원을 받은 만 34세(현역 병역의무 마친 자는 만 39세) 이하의 청년 창업자 세대주
대출한도	• 임차보증금의 100% 범위 내에서 최대 3,500만 원
대출기간	• 2년 1개월(1회 연장가능)
기본금리	• 연 1.2%(고정금리)
우대금리	• 별도 우대금리 없음
상환방법	• 만기 일시 상환 방식
담보	• 주택도시보증공사 전세금안심대출 보증 100%
대상주택	• 임차 전용면적 60m² 이하
관련서류	• 확정일자 있는 전(월)세계약서 사본 (원본을 지참 필수) • 주민등록등본(최근 5개년 주소변경 이력이 포함된 1개월 이내 발급분) • 소득확인서류 – 원천징수영수증, 소득금액증명원, 신고사실 없음 증명원 등 ※ 재직기간 1년 미만인 자는 급여통장사본 필수 • 재직확인서류 – 건강보험자격득실확인서, 재직증명서(정규직여부), 사업자등록증명원 • 실명확인증표(주민등록증 등) • 고용보험피보험자격이력내역서(피보험자용), 주업종코드확인서, 병적증명서(만39세까지 적용 받을 경우)

① 주택도시기금 대출기간은 최대 4년 2개월까지 가능하다.
② 만 36세인 J가 주택도시기금을 대출받기 위해서는 병적증명서가 필요하다.
③ 임차보증금이 2,500만 원이더라도 주택도시기금 대출은 3,500만 원까지 가능하다.
④ 3,500만 원의 전세 계약을 체결하고, 보증금 중 170만 원만을 지불한 사람은 대출대상에서 제외된다.

62 **다음은 K은행에서 발급하는 올바른 POINT 카드에 대한 설명이다. 이를 통해 판단했을 때, 〈보기〉의 갑~정이 9월에 올바른 POINT 카드 사용으로 적립받는 금액의 합계를 구하시오.**

- 포인트 적립
  - 기본적립

	전 가맹점 기본적립	KS고객 우대적립		
적립률	0.7%	0.8%	0.9%	1.0%
전월실적	조건 없음	30만 원 이상 100만 원 미만	100만 원 이상 200만 원 미만	200만 원 이상

  - 추가적립

구분		적립률	전월실적
쇼핑	KS마트, KS클럽, KS몰	0.5%	30만 원 이상
편의점, 잡화	KS25, 놀리브 형		
영화	KSV		
커피, 제과	K&H, KS바게트		
해외관련	해외일시불, 면세점		

※ 편의점, 잡화, 커피, 제과 : 역사, 백화점 및 할인(아울렛)점 매장은 기본적립만 제공

보기

다음은 갑~정이 9월에 사용한 올바른 POINT 카드 사용 내용을 정리한 것이다. 병을 제외한 모두는 KS고객이고, 네 사람의 8월 올바른 POINT 카드 사용 실적은 갑이 35만 원, 을은 220만 원, 병 170만 원, 정 120만 원이다.

• 갑 – KS마트(○○역사) 25만 원 – 놀리브 형(ZZ점) 30만 원 – KS25(××아울렛) 25만 원	• 을 – KS바게트(○○할인점) 20만 원 – ○○ 면세점 120만 원 – K&H(ZZ역사) 15만 원
• 병 – KS몰 40만 원 – K&H(××점) 20만 원 – KS클럽(××역사) 40만 원	• 정 – KS25(YY역사) 15만 원 – KSV(ZZ아울렛) 10만 원 – 놀리브 형(GG점) 60만 원

① 52,300원
② 52,800원
③ 53,300원
④ 53,800원

63 일반적인 자기자본 비율은 기업의 자산 대비 자기자본의 비율을 의미하지만, 위험자산 대비 자기자본 비율은 자산의 유형별로 위험 가중치를 반영하여 결정된다. 이는 특히 은행의 건전성을 평가하는 데 유의미한 지표로 활용되고 있다. 제시된 산출식과 〈표〉의 정보를 통해 자기자본이 5억 원인 A은행의 위험자산 대비 자기자본 비율을 구하시오. (단, 결과는 반올림하여 소수점 아래 첫째 자리까지 구한다.)

위험자산 대비 자기자본 비율 산출식 : $\frac{\text{자기 자본}}{\sum \text{자산유형별 금액} \times (1 + \text{위험가중치})} \times 100$

〈표〉 A은행 보유 자산의 유형별 금액과 위험 가중치

유형	금액	위험 가중치
현금	5억 원	0.0
국내 공공기관 채권	15억 원	0.1
일반은행 대출	8억 원	0.2
주택담보부대출	12억 원	0.5
주식, 기타 민간 대출	7억 원	1.0

① 7.4%
② 7.9%
③ 8.2%
④ 8.8%

제3회 실전모의고사

64 다음은 ㅇㅇ기관의 퇴직연금정기예금 약관의 일부이다. 바르게 해석한 것은?

제1조 약관의 적용

퇴직연금정기예금 거래는 이 약관을 적용하며 이 약관에서 정하지 않은 사항은 '예금거래기본약관' 및 '거치식예금 약관'을 적용합니다.

제2조 가입대상

이 예금의 가입대상은 퇴직연금 사업자입니다.

제3조 계약기간 및 자동 재예치

① 퇴직연금정기예금의 계약기간은 3개월, 6개월, 1년, 2년, 3년, 5년으로 합니다.

② 신규일 또는 계약기간 중 퇴직연금 사업자의 신청이 있는 경우에 한하여 퇴직연금정기예금의 만기 시(만기일이 휴일인 경우에는 익영업일) 해당 만기일에 '최초 계약기간' 단위로 자동 재예치됩니다.

제6조 이자지급방식

퇴직연금정기예금의 이자지급은 만기일시지급식으로 하며, 자동 재예치 시에는 약정된 이자를 셈하여 원금에 더한 금액을 재예치합니다.

제7조 중도해지

① 중도해지 시는 신규일 또는 최종 재예치일로부터 지급일 전일까지의 기간에 대하여는 신규일 또는 최종 재예치일 당시 영업점 및 인터넷 홈페이지에 고시된 일반 정기예금의 기간별 중도해지 이율을 적용하여 이자를 지급합니다.

② 제1항에도 불구하고 퇴직연금제도에서 인정하는 다음의 각 호의 어느 하나에 해당하는 사유에 의해 중도해지하는 경우 제1호부터 제8호까지는 신규일 또는 최종 재예치일 당시 결정된 퇴직연금 정기예금의 특별중도해지이율을 적용하고, 제9호의 경우에는 신규일 또는 최종 재예치일 당시 결정된 퇴직연금정기예금의 약정이율을 적용합니다.

1. 퇴직급여지급 및 연금지급의 사유가 발생하는 경우
2. 근로자퇴직급여 보장법 제22조, 제24조 및 동법 시행령 제14조, 제18조에 해당하는 경우
3. 사업자의 합병 또는 영업양도로 인하여 사용자가 근로자 대표의 동의를 얻어 해지 요청하는 경우
4. 관련 법령의 변경으로 해지가 불가피한 경우
5. 수탁자의 사임
6. 위탁자가 영위하는 사업장의 파산 또는 폐업
7. 퇴직연금제도의 동일자산관리기관 내의 제도 전환 및 급여이전
8. 퇴직연금 가입자의 사망
9. 수수료의 징수

③ 예금 만기이전의 특별중도해지 시 적용되는 특별중도해지이율은 신규일(재예치되었을 경우 최종 재예치일) 이후 예치기간에 따라 다음과 같이 적용합니다.

1. 예치기간 6개월 미만 : 가입당시 3개월제 퇴직연금정기예금의 약정이율
2. 예치기간 6개월 이상 1년 미만 : 가입당시 6개월제 퇴직연금정기예금의 약정이율
3. 예치기간 1년 이상 2년 미만 : 가입당시 1년제 퇴직연금정기예금의 약정이율
4. 예치기간 2년 이상 3년 미만 : 가입당시 2년제 퇴직연금정기예금의 약정이율
5. 예치기간 3년 이상 5년 미만 : 가입당시 3년제 퇴직연금정기예금의 약정이율

① 퇴직연금 사업자의 사망 시 신규일 또는 최종 재예치일 당시 결정된 퇴직연금정기예금의 특별중도해지이율을 적용하여 이자를 지급한다.
② 퇴직연금 사업자가 신규일에 자동 재예치를 신청한 경우에 한하여 만기 시 약정된 이자가 원금에 더해진 금액이 재예치된다.
③ 계약기간이 1년인 퇴직연금 사업자가 예치한 지 5개월째에 관련 법령의 변경으로 중도해지가 불가피해진 경우 가입 당시 3개월제 퇴직연금정기예금의 약정이율이 적용된다.
④ 계약기간이 1년 미만인 퇴직연금 사업자의 경우 자동 재예치 시 계약기간이 1년으로 상향 조정된다.

65 일반적으로 대체투자(Alternative Investments)는 통상 채권, 주식 등과 같은 전통적인 투자대상 이외에 다양한 투자대상을 포괄하는 의미로 사용된다. 우리나라의 경우 저금리에 따른 수익률 추구성향 강화, 고령화로 인한 장기투자 수요 등으로 대체투자 규모가 꾸준히 증가하고 있다. 다음은 ○○기관에서 대체투자 현황을 조사·분석하여 정리한 자료이다. 이에 대한 해석으로 올바르지 않은 것은 무엇인가?

〈자료 1〉 국내 대체투자 규모 추이

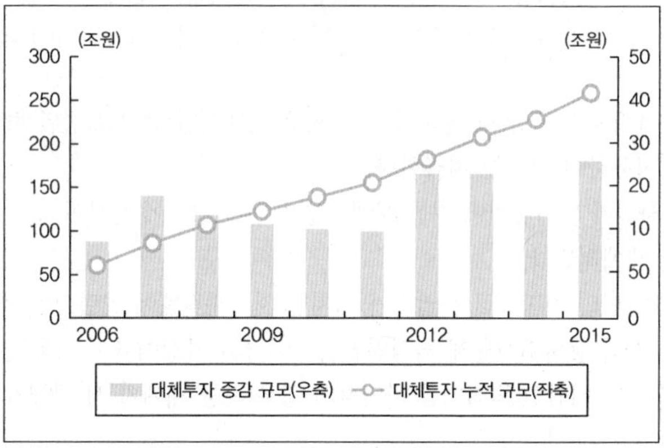

〈자료 2〉 GDP 및 금융기관 총 금융자산 대비 대체투자 규모

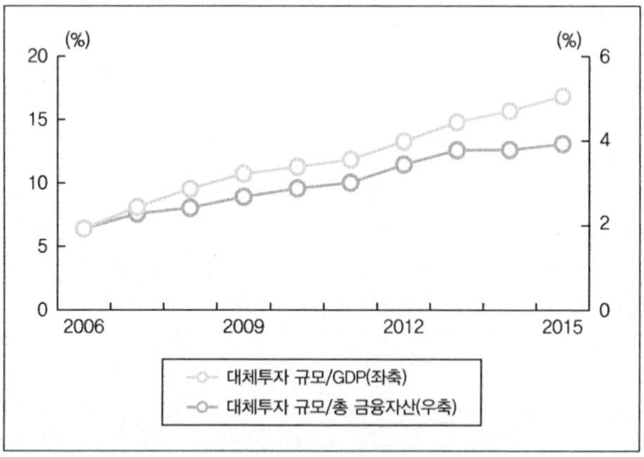

① 주어진 자료를 보면 2015년 총 금융자산 규모는 GDP의 절반 이상이다.

② 대체투자 증감규모를 보면, 2015년은 2006년에 비해 50% 이상 증가했다.

③ GDP 대비 대체투자 비중은 2015년 말 현재 약 17%로 2006년 말 약 6%에 비해 10%p 정도 상승하였다.

④ 금융기관들의 총 금융자산 대비 대체투자 비중은 2015년 말 약 4%로 2006년 말 약 2%에 비해 2%p 정도 증가하였다.

66 다음 ○○○통장의 특약사항을 읽고 적절히 이해한 것은?

「○○○통장」 특약

제1조 (약관의 적용)

'○○○통장'(이하 '이 통장'이라 한다) 거래는 이 특약을 적용하고 이 특약에서 정하지 아니한 사항은 '입출금이 자유로운 예금약관', 'KB적립식중금채약관', '실세금리정기예금약관', '중소기업금융채권등록필증(통장)약관', '거치식예금약관', '예금거래기본약관' 등 거래별 개별약관을 적용합니다.

제2조 (상품구성)

이 통장은 다음 각 호의 상품으로 거래할 수 있습니다.

1. 입출금식 : 보통예금, 저축예금
2. 적립식 : KB적립식중금채
3. 거치식 : 실세금리정기예금, 중소기업금융채권등록필증(통장)

제3조 (가입대상)

이 통장의 가입대상은 실명의 개인(개인사업자 제외)으로 합니다. 다만, 제2조 제1호는 1인 1계좌만 가입할 수 있습니다.

제4조 (계약기간)

① 이 통장 제2조 제2호는 1년 이상 3년 이하로 거래할 수 있으며, 제2조 제3호 실세금리정기예금은 6개월 이상 3년 이하, 제2조 제3호 중소기업금융채권등록필증(통장)은 1년 이상 3년 이하로 거래할 수 있습니다.

② 이 통장 제2조 제2호 및 제2조 제3호는 월단위로 거래할 수 있습니다.

제5조 (최소 가입금액 및 가입한도)

① 제2조 제1호는 가입금액 제한이 없습니다.

② 제2조 제2호는 최소 1만 원 이상 월 300만 원 이내(1만 원 단위)로 거래할 수 있습니다.

③ 제2조 제3호는 최소 100만 원 이상으로 거래할 수 있습니다.

제6조 (고시금리)

이 통장의 고시금리는 가입일 당시 영업점 및 은행 홈페이지에 게시한 고시금리를 적용합니다. 단, 제2조 제1호의 고시금리는 변경될 수 있으며, 변경일로부터 변경된 금리가 적용됩니다.

제7조 (우대금리)

이 통장 제2조 제2호는 제4조 계약기간 동안 다음 각 호를 충족하고 만기해지 하는 경우 해당 우대금리를 제공합니다.

1. 가입일 현재 신규고객인 경우 연 0.1%p
2. 당행 입출금식통장에서 제2조 제2호로 자동이체한 실적이 있는 경우 연 0.1%p
3. 당행 입출금식통장을 결제계좌로 지정한 당행 신용(체크)카드 이용실적 (단, 현금서비스 실적은 제외)이 20만 원 이상인 경우 연 0.1%p

4. 제2조 제2호를 최초 가입하고 만기일 이전에 내가 초대한 친구가 제2조 제2호를 가입하여 나의 추천번호를 입력한 경우 연 0.1%p를 제공합니다. 다만, 여러 명이 나의 추천번호를 입력하더라도 중복 제공하지 않습니다.
5. 제2조 제2호를 최초 가입할 때 제2조 제2호를 가입한 친구가 제공한 추천번호를 입력할 경우 연 0.1%p를 제공합니다. 다만, 추천번호는 한 명의 추천번호만 입력할 수 있습니다.

① 이 통장을 거치식으로 거래할 때는 'KB적립식중금채약관'을 적용할 수 있다.
② 실명의 개인이 입출금식으로 거래할 경우 1인 2계좌 이상 가입할 수 있다.
③ 적립식 상품은 월단위로 최소 1만 원 이상 월 300만 원 이내로 거래할 수 있다.
④ 신규고객 A가 본 상품을 적립식으로 가입한 뒤 만기 전 친구 2명을 가입하게 하고 자신의 추천번호를 입력할 경우 그가 제공받는 우대금리는 연 0.3%p이다.

[67~69] 다음 글을 읽고 이어지는 물음에 답하시오.

(1) KB국민은행 운영리스크 관리수단

- 리스크 자가진단(Risk Control－Self Assessment, CSA) : CSA는 특정 업무와 관련된 리스크를 가장 잘 알고 있는 담당직원의 위험 및 통제준수도 평가 등을 바탕으로 운영리스크를 인식하고 평가하는 방법임. CSA는 과거의 데이터를 바탕으로 측정한 운영리스크 자본량에 현재의 영업환경이나 통제요인을 반영해 조정하는 역할을 함
- 주요위험지표(Key Risk Indicator, KRI) : KRI는 운영리스크 특성 변화를 계량화하여 모니터링할 수 있도록 함으로써 운영리스크 관리의 계량적 기준 및 근거를 제공하는 지표임. KRI는 과거의 데이터를 바탕으로 측정한 운영리스크 자본량에 현재의 변화하는 추세를 반영해 Forward－looking하도록 조정하는 역할을 함
- 손실데이터 : 내부손실데이터는 운영리스크 측정 요소 중 은행의 리스크를 가장 잘 반영하는 기본 데이터임. 은행에서 실제로 발생한 사실에 기초한 데이터로서, 당행은 내부손실데이터를 체계적으로 축적하여 관리하고 있음. 외부손실데이터는 운영리스크 관리목적으로 KOREC(Korea Operational Risk data Exchange Committee, 운영리스크자료공유위원회)을 통해 공유하는 데이터로 내부손실데이터 보충 또는 시나리오 분석 등에 활용하고 있음
- 시나리오 분석 : 시나리오 분석은 업무전문가들이 내부손실데이터, 외부손실데이터, 영업환경과 내부통제요인(예 : CSA, KRI 등) 등을 종합적으로 고려하여 미래에 발생 가능한 운영리스크 손실 사건을 가정하고 손실금액과 빈도를 예측하는 방법으로 매년 2회 이상 분석을 실시하고 있음
- 보험에 의한 리스크 경감 : 보험에 의한 리스크 경감은 사건유형 '유형자산손실'과 관련된 재산종합보험을 적용하며, 은행업감독업무 시행세칙(보험에 의한 리스크 경감)의 요건을 준수하여 가입하고 있음. 자본량 경감은 기초자본량(Baseline Capital)의 20% 범위 내에서 경감하고 있음

(2) KB국민은행 운영리스크 측정방법

당행은 운영리스크 고급측정법을 사용하고 있으며 100만 원 이상 손실데이터를 측정요소로 한 'LDA VaR'와 시나리오 분석을 통한 '시나리오 VaR'를 각각 산출하고, 이를 결합하여 기초자본량(Baseline Capital)을 산출한 후, 최종적으로 보험에 의한 리스크 경감 과정을 통해 운영리스크 자본량을 확정함. 이때 영업환경과 내부통제(BEIC, Business Environment and Internal Control) 수준은 CSA와 KRI를 통해 계산되며 'LDA VaR'를 일정 한도내에서 조정하여 자본량에 반영되도록 함. 자회사의 경우 기초지표법으로 산출하고 있음. 당행은 리스크 경감목적으로 보험을 사용하고 있으며 보험금 회수 데이터가 비교적 많이 축적되어 있는 '재산종합보험'만을 보험에 의한 리스크 경감에 활용하고 있음. 잔존가치 100만 원 이상인 자산의 80%까지 보상받을 수 있는 '재산종합보험'을 가입하고 있으며, 신용등급이 A－ 이상인 보험사를 대상으로 하여 1년 단위로 보험 계약을 갱신하고 있음

67 다음 〈보기〉에서 빈칸 ⓐ, ⓑ, ⓒ에 적절한 단어를 바르게 연결한 것을 고르면?

- 운영리스크 관리의 계량적 기준 및 근거를 제공하는 (ⓐ)를 통해, 운영리스크 특성 변화를 계량화하여 모니터링한다.
- 운영리스크 자본량을 확정할 때 리스크 자가진단과 주요위험지표를 통하여 (ⓑ) 수준을 계산한다.
- KB국민은행은 (ⓒ)의 20% 범위 내에서 자본량을 경감하고 있다.

① ⓐ－KRI, ⓑ－BEIC, ⓒ－기초자본량
② ⓐ－CSA, ⓑ－KRI, ⓒ－BEIC
③ ⓐ－KRI, ⓑ－KOREC, ⓒ－기초자본량
④ ⓐ－CSA, ⓑ－BEIC, ⓒ－KOREC

68 다음 중 KB국민은행의 운영리스크 관리 수단을 〈보기〉에서 모두 고르면?

보기

ㄱ. CSA
ㄴ. KRI
ㄷ. KOREC
ㄹ. 내부손실데이터
ㅁ. 외부손실데이터

① ㄱ, ㄴ, ㄷ
② ㄱ, ㄴ, ㄷ, ㄹ
③ ㄱ, ㄴ, ㄹ, ㅁ
④ ㄷ, ㄹ, ㅁ

69 다음 〈보기〉는 KB국민은행의 운영리스크 측정방법에 대한 설명이다. 옳지 않은 것을 모두 고르면?

보기

ㄱ. KB국민은행은 운영리스크 자본량을 확정하기 위해 LDA VaR와 시나리오 VaR를 결합하여 기초자본량을 산출한다.
ㄴ. 운영리스크 자본량을 확정할 때 CSA와 KRI를 통해 영업환경과 내부통제 수준을 계산한다.
ㄷ. KB국민은행은 잔존가치 1,000만 원 이상인 자산의 80%까지 보상받을 수 있는 재산종합보험에 가입하여 리스크 경감에 활용하고 있다.

① ㄱ, ㄴ
② ㄱ, ㄴ, ㄷ
③ ㄱ, ㄷ
④ ㄴ, ㄷ

70 다음은 신용위험에 대한 KB국민은행의 규정의 일부이다. 바르게 이해한 것을 〈보기〉에서 모두 고르면?

- 신용위험의 개요
  신용위험은 거래상대방의 채무불이행, 계약불이행 및 신용도의 저하로 인하여 보유하고 있는 자산 포트폴리오로부터 손실을 입을 위험입니다. 연결실체는 위험관리보고 목적으로 개별차주의 채무불이행위험, 국가 그리고 특정 부문의 위험과 같은 신용위험노출의 모든 요소를 통합하여 고려하고 있습니다. 연결실체는 채무불이행을 신BIS협약에 따른 자기자본비율산정(Basel Ⅲ) 시 적용하는 부도와 동일하게 정의하고 있습니다.

- 신용위험의 관리
  연결실체는 신용위험관리 대상자산에 대해 예상손실(Expected Loss) 및 내부자본(Internal Capital)을 측정하여 관리지표로 사용하고 있으며 신용위험 내부자본 한도를 배분하여 관리하고 있습니다. 또한, 차주별 및 산업별 과도한 Exposure의 집중을 방지하기 위해 연결실체 차원의 Total Exposure 한도를 도입하여 적용·관리함으로써 신용편중리스크(Concentration Risk)를 통제하고 있습니다. 신용위험관리 체계 확립을 위해 연결실체는 별도의 리스크관리전담 조직을 구성하여 신용위험을 관리하고 있으며, 특히 영업연결실체와 독립적으로 여신연결실체 및 개인고객연결실체, 중소기업고객연결실체에서 여신정책, 여신제도, 신용평가 및 여신심사, 사후관리 및 기업구조조정 등을 총괄하고 있으며, 리스크전략연결실체에서는 전행 신용리스크관리정책 수립, 신용리스크 내부사본 측성 및 한도관리, 신용공여한도 설정, 신용감리, 신용평가모델 검증 등의 업무를 담당하고 있습니다.

* 연결실체(group) : 지배회사와 그 지배회사의 모든 종속회사

보기

ㄱ. 연결실체는 신용편중리스크 통제를 위하여 연결실체 차원의 Total Exposure 한도를 적용·관리한다.
ㄴ. 리스크전략연결실체에서는 신용공여한도를 설정하고 신용평가모델을 검증한다.
ㄷ. 신BIS협약에 따른 자기자본비율산정 시 적용하는 부도와 채무불이행에 대한 연결실체의 정의는 동일하다.

① ㄱ, ㄴ
② ㄱ, ㄴ, ㄷ
③ ㄱ, ㄷ
④ ㄴ, ㄷ

71 다음 중 사용자가 눈으로 보는 현실의 화면 혹은 실제 영상에 가상의 3차원 정보를 동시에 겹쳐서 보여주는 멀티미디어 기술을 의미하는 용어는 무엇인가?

① 주문형 비디오(VOD)
② 증강현실(AR)
③ 가상현실(VR)
④ 가상현실 모델링 언어(VRML)

72 다음 중 육안으로는 식별할 수 없으나, 이미지, 오디오, 비디오 등 디지털 콘텐츠 파일에 저작권을 알아볼 수 있도록 삽입된 특정한 패턴을 의미하는 것은 무엇인가?

① 디지털 기록(Digital Recording)
② 디지털 워터마크(Digital Watermark)
③ 디지털 인증서(Digital Certificate)
④ 디지털 서명(Digital Signature)

73 응용 프로그램 개발자들이 어플리케이션 개발 시 운영체제에서 동작하는 프로그램을 쉽게 만들 수 있도록 화면 구성이나 프로그램 동작에 필요한 함수를 모아 놓은 것을 무엇이라 하는가?

① Framework
② Platform
③ MFC
④ API

74 다음에서 설명하고 있는 개념이 무엇인지 고르시오.

학습자의 학습 효과 극대화를 위하여 온라인과 오프라인 교육을 포함한 다양한 학습 방법을 혼합하는 것을 의미한다. 이것은 오프라인 교육을 중심으로 온라인 교육을 보조 수단으로 사용하거나, 자율 학습 방식에 온라인 협동 학습을 결합하는 방식 등 다양하게 활용되고 있다.

① 스마트러닝
② 플립러닝
③ 머신러닝
④ 블렌디드러닝

75 다음에서 설명하는 개념이 무엇인지 고르시오.

"음료나 신문 등을 파는 매점"이라는 뜻에서 유래한 것으로, 고객이 쉽게 이용할 수 있도록 공공장소에 설치된 터치스크린 방식의 무인단말기를 가리킨다.

① Platform
② Kiosk
③ Framework
④ MFC

76 다음 글의 빈칸 ㉠과 ㉡에 들어갈 용어가 바르게 연결된 것을 고르시오.

(㉠)은 개발 담당자와 운영 담당자의 협력을 중시하는 소프트웨어 개발 방법론을 의미한다. 이는 (㉡)과도 연관되는데, (㉡)은 서류 작업보다 프로그래밍에 더 집중하는 개발 방법으로, 계획–개발–출시의 개발 주기가 여러 번 반복된다. 이에 따라 환경에 맞는 요구사항이 추가 또는 변경되고, 사용자의 요구에 부합하는 소프트웨어의 개발이 가능하다.

	㉠	㉡
①	DevOps	Docker
②	DevOps	Agile
③	Agile	Docker
④	Agile	DevOps

77 **다음 글의 빈칸 (a) 와 (b)에 들어갈 용어가 바르게 연결된 것을 고르시오.**

> (a)는 2016년 알리바바의 마윈 회장이 처음 언급한 용어로, 정보기술에 금융을 접목한 서비스를 의미한다. 이는 기존에 금융사가 정보기술을 활용해 서비스를 제공하는 개념인 (b)와 상대적인 개념이라고 볼 수 있다. (a)와 (b)는 결국 정보기술과 금융의 결합이라는 점에서 공통점이 있지만, 어느 쪽에서 주도하느냐의 차이가 있는 개념이라고 할 수 있다.

	(a)	(b)
①	핀테크	테크핀
②	테크핀	레그테크
③	레그테크	핀테크
④	테크핀	핀테크

78 **다음 제시된 글의 ㉠~㉢에 들어갈 용어가 바르게 연결된 것을 고르시오.**

> 클라우드 서비스는 인터넷으로 연결된 데이터센터에 자료를 저장하고, 필요할 때마다 받아서 쓸 수 있는 서비스를 의미한다. 클라우드 서비스는 다음과 같은 세 가지 유형으로 구분할 수 있다.
> (㉠)은(는) 서비스 제공자가 가지고 있는 소프트웨어를 웹에서 사용할 수 있는 서비스를 의미한다. 사용자는 그 내부 설계, 구축 등에 대해서는 알 필요 없이 서비스만을 이용할 수 있다.
> (㉡)은(는) 개발자가 개발을 위한 HW, SW의 도입 비용을 절감할 수 있도록 개발에 필요한 환경을 제공하는 서비스이다.
> (㉢)은 각종 서버를 활용하기 위한 인프라를 가상의 환경에서 이용 가능하도록 제공하는 서비스이다. 이는 (㉠)과 (㉡)의 기반이 된다고 할 수 있다.

	㉠	㉡	㉢
①	SaaS	PaaS	IaaS
②	SaaS	IaaS	PaaS
③	IaaS	SaaS	PaaS
④	IaaS	PaaS	SaaS

79 다음 글의 빈 칸에 들어갈 용어가 바르게 연결된 것을 고르시오.

> 스마트 도시에 대한 정의는 나라별로 상이하지만 공통적으로 담고 있는 내용을 토대로 "4차 산업혁명의 핵심 기술을 활용하여 시민 삶의 질을 높이고, 도시의 (㉠)을(를) 제고하며, 새로운 산업을 육성하기 위한 플랫폼"으로 정리할 수 있다.
> 국내의 스마트 도시 정책은 (㉡)(이)라는 이름으로 시작되었다. 이는 2000년 초반 신도시를 대상으로 한 공공 주도 사업으로 시작되었으나, 오늘날에는 신도시뿐만 아니라 기존 도시 역시 효율적으로 관리하고 개선하기 위한 핵심 수단이면서 모든 도시가 지향하는 공통의 목표가 되었다. 공공은 민간의 지속 발전, 신기술 안착을 통한 도시 발전 등을 다양한 정책을 통해 (㉢)하는 역할을 수행하고 있다.

	㉠	㉡	㉢
①	지속 가능성	U－City	지원
②	지속 가능성	U－City	주도
③	확장 가능성	M－City	지원
④	지속 가능성	M－City	지원

80 다음 중 특정 개인이 인식되지 못하도록 데이터를 가공하는 작업을 무엇이라고 하는가?

① 균질화
② 정제
③ 비식별화
④ 미식별화

상식 [81~100]

81 **다음은 인터넷전문은행에 관한 기사 중 일부이다. 빈칸에 들어갈 숫자로 알맞은 것은?'**

> 현재 자본 적정성 규제를 고려할 때 인터넷전문은행은 통상 국제결제은행(BIS) 자기자본비율 10%를 기준으로 자본금의 10배, 15%를 기준으로 자본금의 6~7배까지 대출이 가능하다고 본다. 주요 시중은행들은 BIS 비율을 15% 이상 유지하고 있으며, (   )% 밑으로 떨어지면 금융당국이 적기시정조치를 해야 하기 때문에 통상 10% 이상 두 자릿수 비율을 유지하는 것을 마지노선으로 보는 경우가 많다.

① 3
② 4
③ 8
④ 10

82 **A씨는 아래와 같은 예금자산을 가지고 있다. 이 경우 A씨가 보호받을 수 있는 최대 금액은?**

> - B은행 보통예금 : 3,000만 원
> - C은행 양도성예금증서 : 5,000만 원
> - D종금사 표지어음 : 2,000만 원
> - E증권사 환매조건부채권(RP) : 3,000만 원

① 3,000만 원
② 5,000만 원
③ 8,000만 원
④ 1억 원

83 **다음 빈칸에 들어갈 부동산 대출 한도 비율과 관련된 용어로 적절한 것은?**

> (   )은/는 주택담보대출뿐만 아니라 신용대출·카드론·자동차 할부 등 모든 대출의 원금과 이자를 모두 더한 원리금의 연간 상환액을 연 소득으로 나눠 대출 상환 능력을 따지는 지표다.

① LTV
② DSR
③ 신DTI
④ DTI

84 우리나라 신용카드의 산업구조 및 현황과 관련된 설명으로 틀린 것은?

① 우리나라는 카드사, 고객, 가맹점 전표매입사 중심의 3개 당사자 체제로 구성된다.
② 우리나라의 민간 소비지출의 80% 이상이 카드결제로 이뤄진다.
③ 우리나라의 경우 신용카드사와 VAN사가 전표매입 관련 업무를 분담하는 구조다.
④ 신용카드 사용액은 증가하나 각 카드사별 마케팅 비용의 증가로 수익성은 감소추세에 있다.

85 다음 중 COFIX(Cost of Funds Index)에 대한 설명으로 옳지 않은 것은?

① 2010년 2월 최초 공시하였다.
② 국내 8개 은행이 제공한 자금조달 관련 정보를 바탕으로 한다.
③ 매월 15일(공휴일인 경우 익영업일) 15시 이후 은행연합회 홈페이지를 통해 공시한다.
④ 단기조달 금리로 활용이 불가능하다.

86 아래 경제기사와 연관되어 시장과 가장 관계가 깊은 것은?

> 금융당국이 증권사들의 과도한 초단기자금(콜자금) 사용에 제동을 걸면서 증권사 간에 희비가 엇갈리고 있다. 증권사들이 금리가 낮은 콜자금 대신 기업어음(CP)으로 필요한 자금을 조달하는 바람에 신용등급이 상대적으로 낮은 중소형 증권사의 자금조달 비용이 대형 증권사보다 빠르게 치솟고 있기 때문이다.

① 채권시장
② 단기금융시장
③ 주식시장
④ 자산유동화증권시장

87 **다음 글에서 설명하고 있는 개념이 무엇인지 고르시오.**

> 국내에서 생산되는 모든 재화 및 서비스의 가격을 반영한 물가지수로, $\frac{\text{명목 GDP}}{\text{실질 GDP}} \times 100$으로 구할 수 있다. 여기서 명목 GDP는 해당 연도의 생산물과 해당 연도의 가격으로 계산한 것이고, 실질 GDP는 해당 연도의 생산물과 기준 연도의 가격으로 계산한 것이다.

① 소비자 물가지수　　② 물가상승률
③ 생산자 물가지수　　④ GDP 디플레이터

88 **CDS(Credit Default Swap)에 관한 설명으로 적절하지 않은 것은?**

① 준거자산의 신용사건 발생 가능성이 클수록 프리미엄이 커진다.
② 신용사건 발생 시 회수율이 높을수록 프리미엄이 작아진다.
③ 보장매입자 입장에서 신용위험을 전가했다는 사실을 차주가 알 수 있다.
④ 보편화된 형태의 신용파생상품으로서 준거자산의 신용위험을 분리하여 보장매도자에게 이전하고 보장매도자는 그 대가로 프리미엄을 지급받는 금융상품이다.

89 **다음 빈칸 안에 알맞은 용어는?**

> (　　)은/는 빅데이터 분석 기술 등을 바탕으로 결제와 관련한 다양한 정보를 수집하여 패턴화하고, 평소 정상 패턴과 다른 이상 징후를 발견하면 거래를 중단시킨다.
> 예를 들어 오후 7시 서울 영등포구 편의점에서 결제가 이뤄진 신용카드로 30분도 채 지나지 않아 미국 뉴욕 등 해외에서 결제 요청이 접수되면 상황을 비정상으로 판단하는 방식이다. 신용카드가 복제되었거나 카드와 관련한 정보가 유출되었더라도 사전에 피해를 방지할 수 있다. 주로 은행이나 신용카드사 등 금융사와 모바일 결제 서비스, 온라인 쇼핑몰 등에서 기존 보안 체계를 보완하는 수단으로 활용하고 있다.

① TRS　　② CLN
③ FBS　　④ FDS

90 김와우씨는 주어진 모든 수입을 '한식'과 '양식', 즉 먹는 것에 모두 사용하는 것으로 가정하자. 이때 한식의 가격은 한 끼당 5,000원, 양식의 가격은 한 끼당 8,000원이다. 주어진 예산에서 마지막으로 소비한 한식의 한계효용이 10,000원이라면 양식의 한계효용은 얼마인가? (소비자 효용극대화 가정)

① 10,000원
② 13,000원
③ 15,000원
④ 16,000원

91 최근에 직장인들 사이에 워라밸(Work and life balance)이라는 용어가 유행이다. 돈이나 직급보다는 일과 삶의 균형점을 찾겠다는 의미로 풀이된다. 이런 현상에 따라 높은 급여를 지급함에도 퇴사하는 경우가 늘고 있다. 이렇게 스스로 다른 일자리를 탐색하거나 이직하는 것은 어떤 실업에 해당하는가?

① 구조적 실업
② 마찰적 실업
③ 경기적 실업
④ 계절적 실업

92 한국은행은 물가안정목표제를 채택하고 있다. 물가안정목표제에 대한 설명으로 거리가 먼 것은?

① 한국은행은 미리 물가상승률 목표를 제시한다.
② 물가상승률 목표는 매달 달성하는 것을 원칙으로 한다.
③ 물가상승률 목표만을 제시하지만 단기적으로는 경기안정을 동시에 추구한다.
④ 한국은행은 물가안정목표를 달성하기 위해서 정책금리(기준금리)를 수단으로 사용한다.

93 일반적으로 경기가 회복국면에서는 물가가 상승하고 경기가 침체국면에서는 물가가 하락하는 경향을 보인다. 이에 반하여 경기가 침체국면에서 물가가 상승하는 현상을 일컫는 말은?

① 인플레이션
② 디플레이션
③ 스태그플레이션
④ 코어인플레이션

94 **정책당국이 내년의 경제성장률을 7%, 화폐유통속도증가율은 1% 수준으로 예상하고 있다고 가정한다. 정책당국이 내년 물가상승률을 3%로 억제하려면 내년도의 적정 통화증가율은?**

① 5%　　② 6%
③ 7%　　④ 9%

95 **다음 글에서 설명하고 있는 개념이 무엇인지 고르시오.**

하나의 물건을 구입한 뒤 그 물건에 어울릴만한 물건을 계속 구매하는 연속적인 소비를 의미한다. 소비심리학적 관점에서 다른 사람에게 쉽게 눈에 띨 수 있는 종류의 제품에서 더욱 강하게 나타난다.

① 베블런 효과(Veblen effect)
② 속물 효과(Snob effect)
③ 디드로 효과(Diderot effect)
④ 밴드웨건 효과(Bandwagon effect)

96 **다음 글에서 설명하고 있는 현상이 무엇인지 고르시오.**

골드만삭스의 알렉 필리스가 처음 사용한 용어로, 세금 인상이나 세금 감면 혜택 종료 등 내야 할 세금이 늘어나는 동시에 정부의 재정 지출이 대폭 감소하면서 경기가 급격히 악화되는 현상을 의미한다. 이러한 현상이 지속되는 경우에는 경제 전반에 걸쳐 심각한 충격을 줄 수 있다.

① 재정 절벽(Fiscal Cliff)
② 더블 딥(Double Dip)
③ 양적 완화(Quantitative Easing)
④ 오퍼레이션 트위스트(Operation Twist)

97 아래 표를 통해서 유추해 볼 수 있는 상황으로 거리가 먼 것은? (단, 예대금리차가 확대되는 상황을 가정함)

〈대폭 늘어난 주요 은행 상반기 이자이익〉

(단위 : 억 원, %)

은행	2021년 상반기	2020년 상반기	증가율
KB국민	3조 6,972	3조 2,747	12.9
우리	2조 8,257	2조 6,261	7.6
KEB하나	2조 9,157	2조 6,627	9.5

① 은행들이 안전한 이자마진 위주의 영업을 실시했다.
② 순이자마진(NIM)도 꾸준히 증가하는 추세임을 알 수 있다.
③ 은행의 사업다각화에 대한 이슈가 논란이 될 수 있다.
④ 펀드, 보험 등의 비이자수익부분 비중도 커졌다.

98 기업이 무작정 고객을 늘리기 보다는 실제로 수익에 도움이 되는 고객에게 서비스를 집중하여 수익을 증대하는 것을 목적으로 자사 제품에 대한 구매를 의도적으로 감소시키는 것을 의미하는 용어를 고르시오.

① 코즈 마케팅(Cause marketing)
② 니치 마케팅(Niche marketing)
③ 넛지 마케팅(Nudge marketing)
④ 디마케팅(Demarketing)

99 물가의 상승을 유발하지 않는 조건 하에서 한 나라가 보유하고 있는 각종 자원을 모두 동원하여 최대한으로 이룰 수 있는 경제성장률을 의미하는 용어를 고르시오.

① 최대 성장률　　② 적정 성장률
③ 잠재 성장률　　④ 명목 성장률

100 다음은 경제기사의 일부이다. 해당 기사의 괄호 안에 공통적으로 들어갈 용어로 적절한 것은?

> 국민연금 기금운용위원회가 26일 의결할 예정인 (　　) 도입을 미룬 것은 노동계와 시민단체 추천 일부 위원들이 정부가 마련한 (　　) 도입안(案)에 '경영 참여'에 해당하는 주주활동 내용을 제외한 데 대해 거세게 반발했기 때문이다. 보건복지부는 '연금사회주의' 논란, '기업 경영 간섭' 등의 우려를 감안해 사외이사·감사 추천 등 국민연금의 '경영 참여'는 추후에 여건이 갖춰지면 추진하는 것으로 (　　) 도입안을 마련했다.

① 그린메일　　② 스튜어드십 코드
③ 황금낙하산　　④ 포이즌필

제4회
실전모의고사

평가 시간	100분
평가 문항	100문항
맞힌 개수	문항

직업기초능력평가 [1~40]

01 다음은 K은행에서 시범 운영하는 디지털 창구에 대한 글이다. 바르게 해석한 것은?

> K은행은 3개 영업점에서 디지털 창구를 시범운영한다고 밝혔다. 여의도영업부, 서여의도영업부, 여의파크점 시범점포를 시작으로 올해 말까지 전국 50여 지점에서 추가 선보인 후 내년에 전 영업점으로 디지털 창구를 확대할 계획이다. 디지털 창구는 디지털서식 기반의 종이 없는 창구로, 디지털서식 운영을 통해 고객과 직원 중심의 거래 편의성을 제고하는 프로세스다. 태블릿 모니터 서식 작성으로 고객은 창구 업무를 보다 쉽고 빠르게 볼 수 있고, 직원 또한 업무 효율성이 높아져 양질의 금융상담 서비스를 제공하게 된다.
>
> K은행의 디지털 창구는 고객이 금융 거래 시 작성하는 수많은 서식을 디지털화해 고객 입장에서 쉽게 작성할 수 있도록 했으며, 서명 간소화 기능을 적용해 중복적으로 작성하는 많은 서명을 1회만 하면 되는 편의성을 더했다. 또한, 온라인으로 영업점 방문을 예약한 고객에게는 금융상품 보유현황과 투자성향 등의 분석을 통해 최적의 추천 상품 안내장과 금융 상품 정보를 스마트폰으로 즉시 제공하는 '디지털 안내장 알림 서비스'도 도입했다.
>
> 직원 역시 거래에 필요한 서식을 찾거나 검색하여 출력하는 번거로움에서 벗어나 본연의 금융 상담에 집중할 수 있고, 마감업무 최소화로 "일과 삶의 균형 있는 근무문화" 형성에도 도움을 줄 것으로 보인다. 또한, 종이 없는 창구를 통해 각종 서식을 만들거나 고객 장표를 보관하는 등의 관리비용도 절감할 수 있게 됐다.
>
> 한편, K은행은 지난 5월 고객이 손바닥 정맥 바이오 정보를 등록할 경우 카드나 통장 없이도 영업점 창구와 ATM에서 금융거래를 하고 대여금고도 이용할 수 있는 '손쉬운 뱅킹' 서비스를 시범 운영 중에 있으며, 대상 영업점을 확대하고 있다. 이러한 영업점 창구의 디지털 서비스 강화는 스마트 기기에 익숙하지 않은 중·장년층 고객과 영업점 방문을 선호하는 고객에게 대면 금융상담 서비스의 질을 높이기 위함이다.

① 온라인으로 K은행 영업점 방문을 예약한 경우 카드나 통장 없는 ATM 금융거래가 가능하다.
② 손바닥 정맥 바이오 정보를 등록한 경우 대여금고를 이용할 수 있다.
③ K은행은 스마트 기기에 익숙하지 않은 중장년층 고객을 대상으로 '디지털 안내장'을 전송하고 있다.
④ K은행 디지털 창구 운영 영업점을 방문한 경우 투자성향 분석에 따른 추천 상품을 태블릿으로 안내받을 수 있다.

02 다음 글에서 알 수 있는 것은?

과거에는 전형적인 개인정보였던 이름이나 주소, 얼굴 생김새, 집안 살림이나 생활에 대한 소소한 정보들에 대해서 특별히 개인정보이기 때문에 규제하거나 제한하는 법제나 인식은 없었다. 다만, 다른 사람의 사적 영역에 부당하게 침입해 들어가거나 타인의 내밀한 정보를 일반 사람들에게 공개하여 사적인 평온이 침해되는 경우 등과 같이 내밀한 사적 이익이 위협받은 경우에 헌법상 보장되는 사생활의 자유나 프라이버시, 인격권 등에 의해서 보호가 이루어졌을 뿐이다.
그런데 컴퓨터와 같은 정보처리장치가 증가하고 인터넷과 같은 네트워크로 서로 연결되면서, 다른 사람의 사적 평온을 해칠 가능성이 있는 정보가 쉽게 수집·처리되거나 다른 정보와 결합하여 해당 개인의 사적인 비밀이 밝혀지거나 개인에 관한 다수의 정보가 네트워크를 통하여 손쉽게 유통될 수 있게 되면서 개인의 사적 영역에 대한 예방적 보호를 강화하고자 개인정보보호를 위한 법제가 발달하게 되었다.
과거에는 사적인 평온이 침해되거나 침해될 가능성이 있는 경우에 법이 개입했지만, 정보통신기술의 발달로 개인에 관한 정보의 처리에 의하여 사적 평온이 침해될 가능성이 높아지고 더 용이해지면서 개인정보 그 자체에 대한 규율의 필요성이 생겨난 것이다. 여기에서 유의할 점은 개인정보를 '식별가능성'을 핵심적 판단표지로 하여 정의하다보니 개인의 사적 평온을 침해할 가능성이 높은 정보로부터 개인의 법익을 침해할 가능성이 매우 낮은 정보에 이르기까지 매우 다양한 수준의 개인정보가 일괄적으로 개인정보보호법제이 보호대상이 되었다는 점이다.
오히려 반대로 개인정보보호법제는 개인정보를 안전하게 처리하여 개인의 사적 영역이 침해되지 않고 개인정보처리로 인하여 개인의 인격적 이익, 사생활의 자유, 프라이버시 등 사람의 기본적 자유와 권리가 침해되지 않도록 하는 것이 주된 목적이라고 인식하는 것이 더욱 바람직하지 않을까? 물론 개인정보의 유형에 따라서는 엄격한 통제나 처리의 제한 혹은 금지가 필요한 것도 있다.
그러나 그러한 개인정보 유형들은 예외적인 경우로 취급하는 것이 타당하고, 사람 혹은 그 사적 영역과의 관련성이 떨어지는 대다수의 일반적인 개인정보에 대하여는 '안전한' 처리를 통하여 삶의 질을 향상시키고 사회·경제를 발전시키는데 활용되도록 허용하는 것이 바람직하다. 이러한 시각으로 인식을 전환한다면, 개인정보보호법제는 더 이상 금지나 제한이 아니라 '안전한 활용'을 위한 안전망이나 기준으로 작용하게 될 것이다. 결과적으로 '개인정보보호법제＝안전한 활용을 위한 안전망' → '데이터 혁신＝사회·경제 발전'의 패러다임 전환이 가능해진다.

① 과거에는 내밀한 사적 이익을 위협하는 경우라고 하더라도 특별히 규제하거나 제한하는 제도와 인식이 없었다.
② 내밀한 사적 이익이 위협받는 경우 등 개인정보의 특정한 유형에 한하여 엄격하게 통제하거나 심할 경우 금지할 필요가 있다.
③ 개인의 사적 영역에 대한 예방적 보호를 강화하고자 개인정보보호 관련 제도가 발달하게 된 것은 정보처리장치가 증가하고 네트워크가 서로 연결되었기 때문이었다.
④ 개인정보를 식별가능성을 기준으로 정의한 결과 개인의 사적 평온이나 법익을 침해할 가능성이 없는 정보가 개인정보보호법제의 보호대상이 되었다.

03 다음 글을 통해 추론할 수 있는 내용은?

보험은 보험자인 보험회사가 일정한 보험료를 내는 보험 가입자에게 특정한 손실이 발생했을 경우에, 사전에 약정한 보험금을 가입자 또는 수혜자에게 지불하는 명문화된 약정이다. 보험금액은 사전에 결정되는 경우도 있고, 손실 비용의 전액 또는 일부를 사후에 보전할 수도 있다. 즉 보험은 보험 가입자에게 보험 약관에 명시된 재해에 의해 발생한 경제적 손실을 보상해주는 계약이다. 보험 가입자는 미래에 발생할 수 있는 손실을 보험자로부터 보장받기 위해 일정하게 약정된 금액을 지불해야 한다. 이러한 방법에 의해 보험 가입자는 미래에 발생할 수 있는 잠재적인 경제적 위험을 보험회사에 이전시키는 것이다. 결국 예상되기는 하지만 발생이 불확실한 손실의 위험이 피보험자로부터 보험자에게로 이전되는 것이 보험이다.

① 사전에 약정한 보험금은 보험가입자만 지급받을 수 있다.
② 보험자는 일정한 보험료를 일정한 기일에 납부하여야 한다.
③ 명확히 예상되는 손실에 대해서는 보험이 만들어지기 어렵다.
④ 불확실한 손실의 위험에 대비해 보험료를 한 번에 예치할 수 있다.

04 다음은 H카드사의 신입사원 D는 다음과 같은 뉴스를 주의 깊게 듣고 기프트카드 사업의 부진 이유를 수첩에 메모하였다. D사원이 메모한 것 중 잘못 기재한 것은?

> **카드사 애물단지 된 '기프트카드'**
>
> 카드 업계가 기프트카드(무기명 선불카드) 발행 중단 검토에 들어가면서 기프트카드를 둘러싼 논란이 증폭되고 있습니다.
>
> 최근 업계 1위인 ○○카드가 기프트카드 발급 중단 등을 포함해 사업을 유지할지 여부에 대한 전면적인 검토에 들어간 사실이 알려지는 등 카드 업계 전반에서 기프트카드에 대한 논의가 진행 중이라고 합니다.
>
> 2002년 처음 도입된 기프트카드는 간편함과 익명성을 앞세워 발행 첫해에만 600억 원어치가 팔려나갈 정도로 인기를 모았습니다. 업계에 따르면 2010년 2조 4,000억 원까지 시장 규모가 커졌지만 이후 기프티콘 등 모바일 상품권이 등장하면서 수익성 저하로 내리막길을 걷고 있다고 합니다.
>
> 최근 들어 기프트카드가 뇌물 수단 등으로 악용되고 보안상의 문제까지 불거져 카드사들의 고민은 더욱 깊어지고 있습니다.
>
> 실제로 지난해 초 컴퓨터 수출 실적을 조작해 은행 열 곳으로부터 3조 4,000억 원을 불법 대출 받은 중견 가전 업체 △△전자는 담뱃갑에 500만 ~ 1,000만 원어치의 기프트카드를 넣어 금융권 관계자들에게 전달한 것으로 드러났는데, 당시 기프트카드가 또 한 차례 논란의 대상이 되었습니다.
>
> 기프트카드 사업은 사실상 수년째 적자만 보고 있다는 게 업계 관계자들의 전언입니다. 여기에 대형 정보 유출 사고까지 터지면서 카드사들이 기프트카드 사업을 유지할 명분을 찾기가 더 어렵게 되었습니다. 기프트카드 취급을 꺼리는 가맹점도 늘고 있어 소비자들 사이에서는 '기프트카드 사용하기가 하늘의 별 따기'라는 식의 불만도 늘고 있는 실정입니다.
>
> 그럼에도 불구하고 업계에서는 기프트카드 사업 철수에 대해 여전히 조심스러운 반응입니다. 기프트카드 사업이 원래 수익을 위한 것이 아니었고 카드 포인트로 구입할 수 있도록 하는 등 고객 서비스 차원에서 진행한 사업이기 때문에 일시에 사업을 접는 건 사실상 어려울 것이라는 설명입니다.

① 모바일 상품권의 활성화
② 뇌물 수단 등으로 악용
③ 사용 가능한 가맹점의 부족
④ 카드 포인트 사용

05 **다음 글의 빈칸에 들어갈 내용으로 가장 적절한 것은?**

> 대안적 분쟁해결절차(ADR)는 재판보다 분쟁을 신속하게 해결한다고 알려져 있다. 그러나 재판이 서면 심리를 중심으로 진행되는 반면, ADR은 당사자 의견도 충분히 청취하기 때문에 재판보다 더 많은 시간이 소요된다. 그럼에도 불구하고 ADR이 재판보다 신속하다고 알려진 이유는 법원에 지나치게 많은 사건이 밀려 있어 재판이 더디게 이루어지기 때문이다.
> 법원행정처는 재판이 너무 더디다는 비난에 대응하기 위해 일선 법원에서도 사법형 ADR인 조정제도를 적극적으로 활용할 것을 독려하고 있다. 그러나 이는 법관이 신속한 조정안 도출을 위해 사건 당사자에게 화해를 압박하는 부작용을 낳을 수 있다. 사법형 ADR 활성화 정책은 법관의 증원 없이 과도한 사건 부담 문제를 해결하려는 미봉책일 뿐이다. 결국, 사법형 ADR 활성화 정책은 사법 불신으로 이어져 재판 정당성에 대한 국민의 인식을 더욱 떨어뜨리게 한다.
> 또한 사법형 ADR 활성화 정책은 민간형 ADR이 활성화되는 것을 저해한다. 분쟁 당사자들이 민간형 ADR의 조정안을 따르도록 하려면, 재판에서도 거의 같은 결과가 나온다는 확신이 들게 해야 한다. 그러기 위해서는 법원이 확고한 판례를 제시하여야 한다. 그런데 사법형 ADR 활성화 정책은 새롭고 복잡한 사건을 재판보다는 ADR로 유도하게 된다. 이렇게 되면 새롭고 복잡한 사건에 대한 판례가 만들어지지 않고, 민간형 ADR에서 분쟁을 해결할 기준도 마련되지 않게 된다. 결국 판례가 없는 수많은 사건들이 끊임없이 법원으로 밀려들게 된다.
> 따라서 (　　　　　　　　　　　　　　　　　　　　　　　　　　　　　　　)
> 먼저 법원은 본연의 임무인 재판을 통해 당사자의 응어리를 풀어주겠다는 의식으로 접근해야 할 것이다. 그것이 현재 법원의 실정으로 어렵다고 판단되면, 국민의 동의를 구해 예산과 인력을 확충하는 방향으로 나아가는 것이 옳은 방법이다. 법원의 인프라를 확충하고 판례를 충실히 쌓아가면, 민간형 ADR도 활성화될 것이다.

① 분쟁 해결에 대한 사회적 관심을 높이도록 유도해야 한다.
② 재판이 추구하는 목표와 ADR이 추구하는 목표는 서로 다르지 않다.
③ 법원으로 폭주하는 사건 수를 줄이기 위해 시민들의 준법의식을 강화하여야 한다.
④ 법원은 재판에 주력하여야 하며 그것이 결과적으로 민간형 ADR의 활성화에도 도움이 된다.

06 다음 글의 내용과 일치하는 것은?

> 마이크로그리드란 특정 지역 안에서 자체적으로 전력생산과 소비를 할 수 있도록 구축한 소규모 전력망으로 태양광·풍력과 같은 신재생에너지·열병합발전·연료전지 등 분산형 전원을 자체 발전원으로 이용하는 것이다. 마이크로 그리드는 지역화된 전력망으로 수용가*와 풍력, 태양광 등의 분산 에너지 자원(DER)을 연결한 것으로 전체 전력 계통과 독립적(off-grid)으로 동작하여 전력의 자급자족이 가능하며, 필요에 따라 계통과 연계(on-grid) 되어 동작할 수도 있는 전력망이다.
> 요컨대 분산 발전이라 요약할 수 있는 마이크로그리드는 1970년대 초에 일어난 석유파동이란 역사적 배경을 가지고 있다. 대규모 발전자원에 의해 전력시장은 소수의 전력 사업자들에 의해서 독점되기에 이르렀다. 그러나 1973년 불어닥친 세계적인 석유파동은 '소수에 의해서 독점되는 전력시장 구조가 에너지 위기 상황에서 과연 효과적인 대처 능력이 있는가?' 하는 의문을 가지게 하였으며, 이러한 이유 때문에 석유파동 이후 미국은 당시 대형 전력 공급 업체 주도의 전력시장을 개방시켜 전력 시장의 자유경쟁시대를 열었고, 그 결과 수많은 전력 생산 및 공급 회사들이 설립되었다.
> 이들 회사들은 양질의 전력을 경쟁력 있는 가격으로 생산하여 공급할 수 있는 효과적인 발전 설비의 도입에 많은 관심을 가지게 되었는데, 이것이 복합화력 혹은 열병합 발전설비를 중심으로 한 분산 발전 개념의 실용화를 앞당길 수 있는 계기가 되었다.
> 마이크로그리드의 구체적 등장 배경과 활용 분야는 국가별로 차이가 있다. 미국의 경우, 시스템 안정성 및 에너지의 효율적 활용 측면에서 캠퍼스 등에 마이크로그리드를 도입하거나 혹은 군사적 목적으로 사용하기도 한다. 다음으로 유럽과 일본은 환경 개선을 위한 신재생 에너지 사용의 증대를 목적으로 하는 경우가 많으며, 지역 사회를 마이크로그리드로 구성하는 커뮤니티형 마이크로그리드가 도입되고 있다. 특히 일본은 지진 등의 자연재해로 인해 전력공급이 중단되는 것에 대한 대비책으로 마이크로그리드를 적용하기도 하는데, 차량에 ESS**를 탑재하여 하나의 DER로써 전력 공급에 사용하고 있다. 중국은 송배전 설비의 설치가 어려운 도서 지역에 마이크로그리드를 통해 전력 공급을 하고 있다. 우리나라의 경우 도서 지역용 마이크로그리드가 가장 많이 적용되고 있으며, 일부 캠퍼스 마이크로그리드가 적용되고 있는 사례들도 있다.
> 여기에서 언급한 적용 사례들은 해당 지역에서 사용되는 전력의 대부분이 바로 그 지역에서 생산되는 전력이므로 송전 설비 설치 및 송전 손실 등이 발생하지 않는다는 이점 또한 있다.
>
> * 수용가 : 자신이 사용할 목적으로 전기를 구입하는 고객
> ** ESS : 에너지저장시스템(Energy Storage System). 원하는 시간에 전력을 생산하기 어려운 태양광, 풍력 등의 신재생에너지를 미리 저장했다가 필요한 시간대에 사용하는 것.

① 분산형 발전구조인 마이크로그리드는 전체 전력 계통과 통합하여 작동할 수 없다.
② 우리나라는 시스템 안정성 및 에너지의 효율적 활용 측면의 이유로 도입한 사례가 없다.
③ 미국은 수많은 전력 생산 및 공급 회사의 난립이 마이크로그리드 도입의 배경이 되었다.
④ 마이크로그리드는 양질의 전력을 저렴하게 제공할 수 있는 효과적인 발전 설비에 대한 관심 때문에 가능했다.

07 다음 글을 읽고 추론할 수 있는 내용이 아닌 것은?

프랑스 정부는 2019년 3월 일명 'GAFA(Google, Amazon, Facebook, Apple) Tax'로 불리는 디지털세 법안을 발표했으며, 이후 하원 투표를 거쳐 최종적으로 상원에서 초당적인 지지를 받으며 통과시킨 뒤 마크롱 대통령이 동 법안에 서명하였다.
프랑스 디지털세 법안에 따르면, 매출액을 기준으로 대상 기업에 일률적으로 국내 매출액 대상 3%의 디지털세가 부과되며, 대상 기업은 약 30개 글로벌 IT 기업으로 예상된다. 과세대상은 온라인에서 이루어지는 중개 수수료, 타깃 광고 및 데이터 판매에 따른 수익이며, 전자상거래를 통한 상품 및 서비스 판매, 결제서비스 및 금융서비스는 과세대상에서 제외되었다. 프랑스 정부는 이번 디지털세가 OECD 차원에서 관련 합의안이 마련될 때까지 한시적으로 운영될 것이라고 언급한 바 있다.
디지털세는 디지털 경제 시대를 맞이하여 전통적인 조세체제와는 다른 새로운 제도로, 이미 여러 국가에서 도입이 논의되거나 발효될 예정에 있다는 점에서 하나의 추세로 평가받는다. 이미 EU 회원국을 중심으로 디지털세 법안 마련 및 협의가 이루어지고 있으며, 프랑스의 디지털세 도입이 촉매제 역할을 할 것으로 보인다.
디지털세 도입으로 인해 고정된 물리적 사업장이 있어야 과세할 수 있다는 조세원칙의 근간이 변화하게 될 것으로 보인다. 물리적 실체가 없는 사업장이라 하더라도 매출과 소비자 수 등 '중요한 경제적 실재'가 충족되면 세금을 부과하자는 방안이 논의되고 있어서 향후 프랑스 국내에 구글 서버 등 사업장이 없어도 과세할 수 있게 된다.
영국은 디지털세 법안을 발표하면서 연간 전 세계 매출액 5억 파운드 및 영국 내 매출액 2,500만 파운드를 넘는 대기업을 대상으로 영국 내 매출액에 대해 2%의 디지털세를 부과할 예정이다. OECD와 G7/G20을 중심으로 디지털세에 대한 논의가 진행 중에 있으며, OECD는 2020년까지 디지털세 관련 보고서를 최종적으로 발표한다는 계획이다.
미국은 프랑스의 디지털세가 미국 기업에 대한 불공정 무역관행에 해당될 수 있다고 비판하면서 1974년의 통상법 301조에 근거한 조사를 결정했으며, 이로 인한 미국과 프랑스 간 갈등이 심화될 가능성이 있다.
2019년 7월 17~18일 개최된 G7 재무장관 회의에서 디지털세 부과에 대한 원칙적인 찬성을 담은 성명서가 발표됨에 따라 향후 국제적인 차원에서 디지털세 부과 논의에 속도가 붙을 것으로 예상된다. 디지털세 도입은 두 가지 접근방법으로 추진되는데 하나는 디지털 서비스 소비국의 과세권 강화이고, 두 번째는 다국적 기업의 조세회피를 방지하기 위한 최소한의 글로벌 실효세 도입이다. 특히 재무장관들은 디지털세의 구조를 단순화하고 집행이 가능해야 하며, 동시에 이중과세 방지가 담보되어야 함을 강조하였다. 디지털세 도입 논의는 특정 국가의 기업을 대상으로 하는 것이 아닌 공정과세라는 차원에서 중요하다는 공감대가 형성될 필요가 있다.

① 디지털세는 현재 어느 국가에서도 발효된 적이 없다.
② 미국을 비롯한 중요 선진국들은 디지털세에 대해 비판적이다.
③ 디지털세 도입으로 글로벌 IT 기업의 시장이 소재한 국가의 과세권이 증대될 전망이다.
④ 디지털세 도입 이전에 법인이 소재하지 않은 국가에서 온라인 영업을 통해 벌어들인 매출은 과세 대상이 아니었다.

[08~09] 다음 글을 읽고 질문에 답하시오.

(가) 포스트잇의 대중화가 순탄했던 것은 아니다. 1977년 행한 소비자 테스트에서 포스트잇은 별다른 반응을 이끌어내지 못해 폐기 일보 직전까지 갔다. 하지만 3M은 이 제품을 써본 사람들이 좋은 반응을 보였다는 것을 근거로 포기하지 않고 2년 후 대규모의 샘플 제공전략과 함께 제품을 출시했다. 물론 결과는 대성공이었다. 포스트잇에 대한 다음과 같은 평가가 이를 잘 보여준다고 하겠다. 미국의 경제 전문지 『포천』은 포스트잇을 20세기의 가장 중요한 발명품 99가지 가운데 하나로 뽑았으며, 미국의 통신사 AP는 20세기 10대 발명품으로 선정했다.

(나) 실버가 이상한 접착제를 발견한 지 4년 후 3M의 또 다른 직원 아서 프라이는 성가대에서 노래를 부르던 도중 찬송가가 바닥으로 떨어져 중요한 페이지들을 표시해놓은 종잇조각들이 흩어져버리자 기존 서표처럼 잘 빠지지 않으면서도 지체 없이 한 곳에서 다른 곳으로 이동할 수 있는 동시에 여러 페이지에 표시할 수 있는 책갈피가 있으면 좋겠다는 생각을 했다. 이때 그는 실버가 개발한 접착제를 떠올렸고 실버에게 실패한 접착제를 이용해 공동 연구를 해보자고 제안했다. 이렇게 해서 탄생한 게 바로 포스트잇이다.

(다) 포스트잇은 광산업으로 출발한 문구업체인 3M을 세계적 기업으로 키운 일등공신이자, 오늘날 광학·우주·의료 장비와 정보통신·화학제품까지 생산하는 첨단기업으로 변모한 3M의 경영 철학이라 할 창의력과 혁신적 사고는 물론 실수와 실패를 장려하는 3M의 ⓐ 조직 문화가 담겨 있기 때문이다. 특히 포스트잇은 3M의 혁신 생태계를 상징하는 이른바 '15퍼센트 법칙'에서 탄생한 것으로 유명하다. 구글이 '20퍼센트 법칙'으로 벤치마킹해 유명해진 15퍼센트 법칙은 모든 직원이 근무 시간의 15퍼센트를 자신이 생각한 창조적 활동을 위해 사용할 수 있도록 한 정책을 이르는 말이다.

(라) 1968년 기존 제품보다 강력한 접착제를 개발하고 있었던 3M의 화학자 스펜서 실버는 자신의 의도와는 반대로 접착력은 매우 약하지만 제거되었을 때 잔여 물질이 남지 않는 이상한 접착제를 개발했다. 물론 이는 명백한 실패작이었다. 하지만 실버는 자신이 개발한 접착제 개발 공법을 기록해두는 한편 주변 사람들에게 자신이 이상한 성질의 접착제를 개발했다고 말했다. 물론 동료들에게서도 아무런 호응을 얻어내진 못했다. 실버는 낙심했지만 특허 출원은 잊지 않았다.

08 위 글을 논리적 흐름에 따라 가장 적절하게 배열한 것은?

① (가)-(다)-(라)-(나)
② (다)-(가)-(나)-(라)
③ (라)-(나)-(가)-(다)
④ (라)-(나)-(다)-(가)

09 밑줄 친 ⓐ로 적절하지 않은 것은?

① 직원의 실수를 용인하고 책임을 묻지 않는 것
② 직원 모두가 호기심을 가지고 새로운 아이디어를 내고 토론하는 것
③ 품질과 성과의 효율성을 강조하고 개발·제조의 오류를 최소화하는 것
④ 경영자에겐 포용과 인내를 강조하고 직원에겐 왕성한 모험정신을 강조하는 것

[10~11] 다음 글을 읽고 질문에 답하시오.

원자력발전소(이하 '원전')는 고유특성으로 인하여 타 발전플랜트보다 안전성이 더욱 강조되고 있다. 원전은 원자로내 에너지 밀도가 높고, 정지 이후에도 붕괴에너지로 인해 상당히 높은 수준의 에너지가 지속 발생한다는 것과 사고시에 방사선 물질이 환경으로 방출될 수 있다는 특성을 가지고 있다. 이런 특성에 대처하는 것이 원전 안전성 확보라 할 수 있고, 원전의 안전성을 확보하기 위하여 설계단계에서 운영단계 뿐만 아니라 해체단계까지 많은 비용을 투입하고 있다.

그럼에도 불구하고 여러 요인으로 인하여 원전 안전성을 위협받고 있다. 여기서는 저해요인을 크게 인적재해, 설비신뢰도 저하 및 자연재해로 분류하여 각 특성과 저해요인 감소방안을 제시하고자 한다. 첫째, 인적재해는 인적오류, 테러 및 해킹 등 인간의 개입으로 인하여 발생하는 재해이다. 원전운영의 중심은 정비와 운전직무이다. 설비를 유지관리하기 위한 정비행위 단계마다 인적오류가 발생할 수 있고, 그 설비를 운영하여 전력을 생산하는 운전제어행위에서도 인적오류들이 발생할 수 있다. 안전기능을 수행하는 기기나 계통에서 이런 인적오류가 발생하는 경우에는 원전 안전성을 위협할 수 있다. 또한 최근에는 외부 적대해위자의 테러 및 사이버해킹으로 인한 원전 안전성 위협이 중시되고 있다. 인적오류는 설계단계에서는 Human-System Interface(HSI) 설계기준 적용으로 운영단계에서는 인적오류 경험전파·피드백을 통해 테러와 해킹은 물리적 방호 시스템설계와 물리적 보안프로그램 운영으로 방지하고자 하고 있다. 둘째, 설비신뢰도 저하요인에는 기기노후화, 부식, 침식 등 장기간에 걸쳐서 기기의 물리적 성질이 변하는 경년열화와 계측기 센서 오동작, 펌프 등 설비동작 불량에 의한 기기오류가 있다. 경년열화는 가동중검사 및 경년열화관리프로그램 등의 방법을 활용하여 설비의 안전여유도를 평가하여 기준에 미달시에는 교체를 하는 방법과, 기기오류는 정기점검을 통해 오동작 가능 부품을 찾아내어 예방정비하는 방법이 있으며, 특히 단일 설비고장으로 안전성을 크게 위협하는 주요취약기기는 이중화 또는 삼중화를 하여 설비 신뢰도를 유지해야 한다. 셋째, 최근에는 지진, 해일, 태풍, 폭우 등과 같은 자연재해로 인한 원전 안전성 저해요인이 관심사가 되고 있다. 특히, 2011년 발생한 후쿠시마 원전 사고와 같이 설계 당시에는 고려치 못한 극한 자연재해가 발생시에는 회복할 수 없는 원전 안전성을 위협할 수 있다. 원전 운영 기간내에 발생 가능한 자연재해를 가정하여 이에 대한 대처방안을 수립하여야 한다.

10 위 글의 제목으로 가장 적절한 것은?

① 원전의 특성과 안전성 확보
② 원전 안전을 저해하는 요인
③ 원전의 설비신뢰도 저하요인
④ 원전 안전을 위협하는 인적재해

11 위 글 뒤에 이어질 내용으로 가장 적절한 내용은?

① 후쿠시마 원전 사고의 시사점
② 경년열화에 대응한 교체비용의 현실화 방안
③ 원전 안전 저해요인의 감소를 위한 향상 방안
④ 원전 안전성 확보를 위한 단계별 재원 확보 방안

12 **의료기기를 전문적으로 생산하는 ○○의료기의 H사원은 다음의 보건복지부의 보도자료를 읽고, 그 내용을 정리하여 회의 시간에 발표하였다. 발표 내용에 포함된 항목이 아닌 것은?**

> **〈의료기기 시장진입 대폭 빨라진다〉**
>
> 앞으로 의료기기 업체는 의료기기 허가와 신의료 기술평가를 한 번에 신청하고 동시에 심의를 받은 후 바로 시장에 진입할 수 있게 된다. 지금까지는 의료기기의 시장 진입을 위해서는 식약처 의료기기 허가 후 신의료 기술평가를 순차적으로 거쳐야 했고 이 절차에 총 1년이 걸렸으나, 의료기기 허가와 신의료 기술평가 통합운영 시범사업 실시에 따라 시장 진입까지 소요되는 기간이 대폭 단축된다.
>
> 7월 전면 시행을 앞두고 2월 22일부터 실시되는 시범사업의 주요내용은 다음과 같다. 시장 진입을 위해 허가와 신의료 기술평가가 모두 필요한 의료기기로서 의료기기와 의료기기를 이용한 의료기술의 사용 목적이 동일하고, 허가 시 사람을 대상으로 하는 임상시험이 필요한 의료기기에 적용된다. 동 사업은 의료기기 제조·수입업체의 신청에 따라 적용되므로, 업체가 국내 판매 계획은 없고, 해외 수출 또는 개발도상국 기부 등을 위해 의료기기 허가를 원하는 경우에는 통합운영 시범사업 신청 없이 식약처의 의료기기 허가만을 신청할 수 있다. 업체가 식약처에 통합 신청서를 제출하면 의료기기 허가와 복지부의 신의료 기술평가가 동시에 시작된다. 복지부(보건의료연구원)는 식약처에 의료기술에 대한 자료를 제공하고 식약처는 신의료 기술평가위원회에 참석하여 의료기기에 대해 설명하는 등 상호 의견 교환을 통해 검토내용을 조율하며, 하나로 도출된 최종결과를 식약처가 업체에 회신한다. 기존에는 허가 후에 신의료 기술평가가 순차적으로 실시되었고, 복지부와 식약처에서 별도로 신청·검토·회신이 이루어진 데 반해, 검토절차의 대대적 개선이 이루어지는 것이다.
>
> 복지부와 식약처는 이외에 추가 제도개선을 통해 신의료 기술평가의 간소화, 현장과의 소통 강화를 추진할 계획이다. 상반기 중에는 안전성 우려가 낮은 검사 분야(체외진단, 유전자검사)는 핵심 원리가 동일한 경우 평가대상에서 제외하여, 식약처 허가 후 바로 시장진입이 가능한 대상을 2배 확대할 계획이다. 이를 위해 심평원 등 관련 기관, 전문가, 의료기기 산업계를 포함한 제도개선 협의체를 구성하여 세부 방안을 검토하고 있다.
>
> 7월부터는 의료기기 업체가 의료기기 허가 시에만 사용하던 임상시험 자료를 신의료기술평가 시에도 활용할 수 있도록 식약처가 임상시험 계획을 승인할 때 복지부(보건의료연구원)가 참여하여 신의료 기술평가 관점에서 자문의견을 제공한다.
>
> 이와 함께, 보건의료연구원에 '고객소통 제도 개선팀'을 설치하여 신의료 기술평가 신청 전에는 사전상담을 적극 실시하는 한편, 신청 후에는 평가 진행 상황 안내를 강화하고, 현재 운영 중인 신청인의 소명 절차에 대한 홍보를 실시하여, 의료기기 업체 등이 동 절차를 몰라서 필요한 의견을 개진하지 못하는 사례를 방지해나갈 계획이다.

① 사업의 적용 대상
② 허가·평가의 절차
③ 제도 개선 방안
④ 사업의 예상 효과

13 출발점과 목적지가 같은 두 열차 A, B가 있다. A 열차는 14시 정각에 목적지를 향해 출발하였고, B 열차는 15시 30분에 목적지를 향해 출발하였다. A 열차의 속력은 150km/h, B 열차의 속력은 180km/h라고 할 때, B 열차가 A 열차를 따라잡기까지 걸리는 시간은 얼마인가? (단, 열차의 길이는 고려하지 않는다)

① 6시간 30분
② 7시간
③ 7시간 30분
④ 8시간

14 ○○문구에서는 신제품을 개발하여 시장테스트를 실시하려고 한다. 신제품은 20,000개가 생산되었으며, 총 생산비용은 3,400만 원이다. 판매가격 책정에 있어서 다음과 같은 두 가지 방안이 있다고 할 때, 각 방안별로 예상 판매대금에서 총 생산비용을 차감한 예상 이익금의 차이를 구하면? (예상 판매대금은 판매가격과 예상 판매량을 곱한 값이다)

- 방안1 : 개당 3,500원에 판매한다. 예상 판매량은 생산량의 60%이다.
- 방안2 : 개당 3,000원에 판매한다. 예상 판매량은 생산량의 75%이다.

① 300만 원
② 330만 원
③ 360만 원
④ 390만 원

15 갑과 을은 함께 벽면에 페인트칠 작업을 하고 있다. 갑이 혼자 전체 벽면을 칠하면 6시간이 소요되고, 을이 혼자 전체 벽면을 칠하면 12시간이 소요된다. 갑과 을이 2시간 동안 함께 작업하다가 갑이 다치는 바람에 나머지 작업을 을이 혼자 하게 되었다면, 을이 혼자 작업한 시간은 몇 시간인가?

① 4시간
② 5시간
③ 6시간
④ 7시간

16 2018년 ○○고등학교의 2학년 학생 수는 200명이고, 1학년 학생 수는 이보다 10% 적으며, 3학년 학생 수는 이보다 10% 많다. 2019년 1학년이 2018년보다 20% 늘었다면, 2018년 대비 2019년 ○○고등학교 총 학생 수 변화를 옳게 설명한 것을 고르시오. (단, 주어진 조건 외에 다른 조건은 고려하지 않는다)

① 8명 감소하였다.
② 4명 감소하였다.
③ 4명 증가하였다.
④ 8명 증가하였다.

17 안을 들여다 볼 수 없는 검은 상자에 파란색 구슬이 3개, 노란색 구슬이 5개 들어있다. 구슬을 하나씩 밖으로 꺼낸다고 할 때, 세 번째로 꺼낸 구슬이 노란색이고, 네 번째로 꺼낸 구슬이 파란색일 확률을 구하시오.

① $\frac{390}{1,680}$

② $\frac{420}{1,680}$

③ $\frac{450}{1,680}$

④ $\frac{480}{1,680}$

제4회 실전모의고사

18 다음 〈표 1〉은 국민건강보험 지역가입자의 건강보험료 산정을 위한 등급별 점수를 나타낸 것이다. 이 〈표 1〉과 〈건강보험료 산정 간소화 식〉을 통해 판단했을 때, 〈표 2〉 A~C의 건강보험료 합계를 고르시오.

〈표 1〉 소득, 재산, 자동차 등급별 점수

소득 등급별 점수		재산 등급별 점수		자동차 등급별 점수	
등급	점수	등급	점수	등급	점수
26	752	26	637	6	90
27	780	27	659	7	112
28	809	28	681	8	123
29	838	29	706	9	137
30	866	30	731	10	143

건강보험료 산정 간소화 식

- 건강보험료 : 부과요소별 합산 점수×180원×0.7

〈표 2〉 지역가입자 A~D의 등급 현황

지역가입자	소득 등급	재산 등급	자동차 등급
A	30	26	8
B	27	28	6
C	26	29	9

① 601,272원
② 628,416원
③ 651,923원
④ 675,145원

19 다음 그래프는 제조업의 BSI 실적과 전망을 나타낸 것이다. 〈그림〉에 대한 해석으로 옳은 것을 고르시오.

〈그림〉 제조업의 BSI실적과 전망

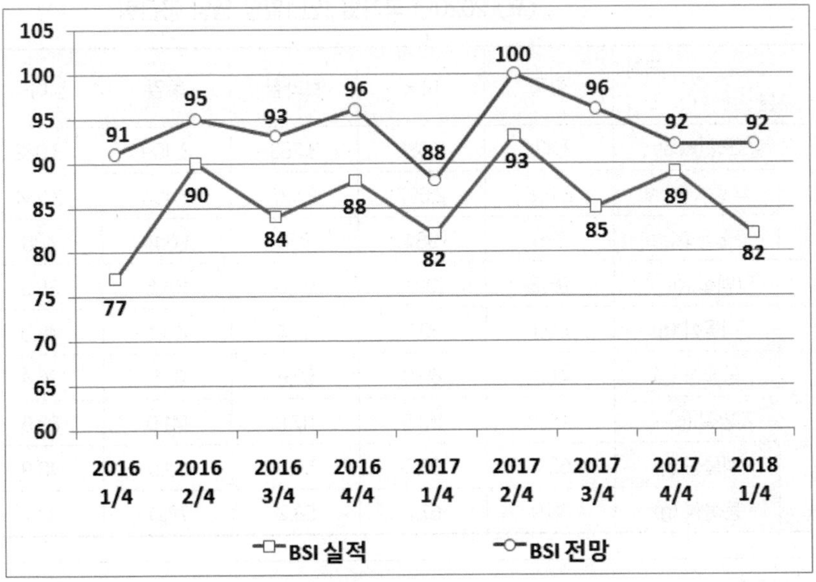

① BSI 전망과 실적의 증감방향은 매 분기 동일하게 나타난다.

② 제시된 기간 중 BSI 실적이 전망의 90%에 미치지 못한 분기는 2번 있었다.

③ 직전 분기 대비 BSI 전망이 가장 크게 감소한 분기에는 BSI 실적 역시 가장 크게 감소하였다.

④ 2016년과 2017년, 연도별로 직전 분기 대비 BSI 실적이 가장 크게 증가한 분기는 모두 2/4분기이다.

20 다음 〈표〉는 2020년 국가별 1인 1일당 영양 공급량을 나타낸 것이다. 이에 대한 〈보기〉의 설명 중 옳은 것만을 모두 고르시오.

〈표〉 2020년 국가별 1인 1일당 영양 공급량

구분＼국가	한국	미국	브라질	독일	남아공	호주
칼로리 (Kcal)	3,334	3,682	3,263	3,499	3,022	3,276
식물성 (Kcal)	2,758	2,697	2,437	2,454	2,534	2,225
동물성 (Kcal)	576	984	826	1,044	488	1,050
단백질 (g)	96.2	109.6	95.0	101.6	85.3	106.3
식물성 (g)	50.1	39.8	42.4	40.1	48.9	34.6
동물성 (g)	46.1	69.8	52.6	61.5	36.4	71.7
지방질 (g)	102.3	161.5	117.8	141.9	83.6	150.9
식물성 (g)	63.4	93.9	59.6	63.9	48.9	76.5
동물성 (g)	38.9	67.7	58.2	78.0	34.7	74.4

보기

ㄱ. 지방질 대비 식물성 지방질의 비중이 가장 높은 국가는 미국이다.
ㄴ. 동물성 단백질 대비 식물성 단백질의 비율이 가장 큰 국가는 남아공이다.
ㄷ. 칼로리 대비 식물성 칼로리의 비중은 모든 국가에서 70% 이상으로 나타난다.
ㄹ. 단백질이 많은 순서로 국가들을 나열한 결과와 지방질이 많은 순서로 국가들을 나열한 결과가 서로 다른 국가는 두 곳이다.

① ㄱ, ㄴ
② ㄱ, ㄷ
③ ㄴ, ㄹ
④ ㄷ, ㄹ

21 다음 〈표〉는 국가기록물 종류별 보유 현황을 나타낸 것이다. 실수로 유형 부분의 내용이 지워져, 현재는 알파벳으로만 구분되고 있다. 〈정보〉를 통해 각 알파벳에 맞는 기록물을 연결한 것으로 적절한 것을 고르시오.

〈표〉 국가기록물 유형별 보유 현황

(단위 : 권, 점)

구분	2015	2016	2017	2018	2019	2020
A	3,279	3,371	3,559	3,661	3,700	3,702
B	225	225	225	227	858	859
C	206	404	421	423	324	324
D	2,418	2,901	2,908	2,908	5,454	5,454
E	278	282	284	286	300	310

정보

- 도면과 카드의 기록물 수 합계는 매년 문서 기록물 수에 미치지 못한다.
- 다섯 가지 기록물 중 2015년 대비 2020년의 기록물 수 증가율이 두 번째로 큰 것은 시청각기록이다.
- 연도별로 기록물 수량의 순위를 매겼을 때, 2017년 대비 2020년에 순위가 상승한 기록물은 도면과 시청각기록이다.
- 기록물 수의 연도별 증감방향이 동일하게 나타나는 것은 문서와 정부간행물뿐이다.

	A	B	C	D	E
①	문서	도면	카드	시청각기록	정부간행물
②	도면	문서	정부간행물	카드	시청각기록
③	문서	도면	정부간행물	시청각기록	카드
④	정부간행물	시청각기록	도면	카드	문서

22 다음 〈표〉는 우리나라의 1차 에너지원별 소비량을 나타낸 것이다. 이에 대한 다음 〈보기〉의 설명 중 옳은 것만을 모두 고르시오.

〈표〉 1차 에너지원별 소비량

에너지원 \ 연도	2016	2017	2018	2019	2020
전체 (백만TOE)	279.5	285.3	292.2	297.1	301.0
석탄 (백만TOE)	84.4	85.4	81.5	86.2	88.2
석유 (100만 TON)	108.4	114.3	123.0	123.3	122.3
천연가스 (백만TOE)	43.0	39.3	41.0	42.8	48.1
수력 (백만TOE)	0.6	0.5	0.6	0.6	0.7
원자력 (백만TOE)	35.4	37.3	36.7	33.6	30.2

※ 1TOE는 석유 1TON을 연소시킬 때 발생하는 에너지를 의미함.

보기

ㄱ. 전체 에너지 소비량 중 석유의 비중은 매년 40% 이상이다.
ㄴ. 석탄의 소비량은 매년 천연가스와 원자력의 소비량 합계보다 많다.
ㄷ. 2017~2020년 중 전년대비 전체 에너지 소비량 격차가 가장 큰 해는 2017년이다.
ㄹ. 2017~2020년 중 천연가스의 에너지 소비량이 전년대비 증가한 해에는 원자력의 에너지 소비량이 항상 감소하였다.

① ㄱ, ㄴ　② ㄱ, ㄷ
③ ㄴ, ㄹ　④ ㄷ, ㄹ

23 다음 〈표〉는 "일반용 전력(갑) Ⅰ"의 전기요금표이다. 〈보기〉의 A~C가 1년 동안 사용한 전기요금이 바르게 연결된 것을 고르시오.

〈표〉 월별 전기요금표 – 일반용 전력(갑) Ⅰ

구분		기본요금(원)	전력량 요금(원, 1kWh당)		
			여름철(6~8월)	봄, 가을철(3~5, 9~10월)	겨울철(11~2월)
저압전력		6,160	105.7	65.2	92.3
고압A	선택 Ⅰ	7,170	115.9	71.9	103.6
	선택 Ⅱ	8,230	111.9	67.6	98.3
고압B	선택 Ⅰ	7,170	113.8	70.8	100.6
	선택 Ⅱ	8,230	108.5	65.5	95.3

※ 저압 : 표준전압 110V~380V, 고압A : 3,300V~66,000V, 고압B : 154,000V이상

보기

- A : 저압전력 사용자로 매월 동일하게 50kWh를 사용하였다.
- B : 고압A(선택 Ⅰ) 사용자로 상반기에는 매월 100kWh, 하반기에는 매월 80kWh를 사용하였다.
- C : 고압B(선택 Ⅱ) 사용자로 여름과 겨울에는 120kWh, 봄, 가을에는 60kWh를 사용하였다.

	A	B	C
①	124,535원	186,544원	203,214원
②	124,535원	190,468원	203,214원
③	124,535원	186,544원	207,862원
④	132,725원	190,468원	203,214원

24 ㅇㅇ기업의 신입사원 J는 상사로부터 다음 자료들에서 얻을 수 있는 정보들을 간략히 정리하여 보고하라는 지시를 받았다. 상사의 지시에 따라 J가 작성한 〈보고서〉의 내용 중 적절하지 않은 내용을 고르시오.

〈표1〉 지역별 산업기술 인력 현황

구분	2017		2018		2019		2020	
	현원	부족 인원	현원	부족 인원	현원	부족 인원	현원	부족 인원
서울/인천/경기	735,031	20,829	747,763	19,900	771,144	19,666	789,339	19,352
기타 지역	773,211	16,562	826,321	16,483	823,254	17,266	827,713	16,919

〈표2〉 규모별 산업기술 인력 현황

구분	2017		2018		2019		2020	
	현원	부족 인원	현원	부족 인원	현원	부족 인원	현원	부족 인원
대/중견규모	508,587	3,535	518,910	2,421	528,347	2,342	537,365	2,206
중소규모	999,655	33,856	1,035,174	33,963	1,066,051	34,589	1,079,687	34,066

〈표3〉 학력별 산업기술 인력 현황

구분	2017		2018		2019		2020	
	현원	부족 인원	현원	부족 인원	현원	부족 인원	현원	부족 인원
석박사	129,824	2,091	133,228	1,241	137,059	3,414	127,390	2,896
기타학력	1,378,418	35,300	1,420,855	35,142	1,457,339	35,519	1,489,663	33,375

보고서

우선 지역별로 산업기술 인력의 현황을 살펴보면, ① 서울/인천/경기 지역의 현원 대비 부족 인원 비중은 매년 지속적으로 감소하고 있다. ② 기타 지역의 경우 2019년에 그 비중이 전년 대비 증가하였으나, 이후 다시 감소로 돌아섰다.

규모별로는 중소규모의 현원 대비 부족 인원 비중이 대/중견규모의 그것에 비하여 눈에 띄게 높은데, ③ 2017년을 제외하고는 매년 중소규모의 현원 대비 부족 인원 비중이 대/중견규모보다 6배 이상 높다.

④ 석박사의 현원은 매년 지속적으로 증가하다가 2020년에 큰 폭으로 하락하였다. 이는 2017년의 수치를 하회하는 수준이었다. 이에 비해 기타학력의 경우 현원은 매년 지속적으로 증가하고, 부족 인원은 매년 지속적으로 감소하는, 상대적으로 양호한 흐름을 보이고 있다.

25 다음 〈표〉는 국내 회사채의 유형별 발행 규모를 나타낸 것이다. 이에 대해 분석한 내용 중 옳지 않은 것을 고르시오.

(단위 : 조 원)

구분	2014	2015	2016	2017	2018	2019	2020
합계	131	128	117	116	124	110	143
일반회사채	62	57	42	42	41	24	32
금융채	27	26	28	32	36	44	59
ABS	13	18	21	18	20	18	15
은행채	29	27	26	24	27	24	37

* 일반회사채 : 회사채 중 금융채 및 ABS를 제외한 일반기업이 발행한 회사채
* 금융채 : 카드사, 할부금융사, 증권사, 종금사, 보험회사 등이 발행한 회사채
* ABS : 유동화자산을 기초로 하여 자산유동화계획에 따라 발행되는 출자증권, 사채, 수익증권 기타의 증권 또는 증서
* 은행채 : 은행사가 발행한 회사채

① 회사채의 유형들을 발행 규모가 큰 순서대로 나열했을 때, ABS의 순위는 매년 동일하게 나타난다.
② 전체 회사채 발행 규모에서 은행채 발행 규모가 차지하는 비중은 매년 30%에 미치지 못한다.
③ 전체 회사채 발행 규모의 전년 대비 증감방향과 동일한 증감방향을 보이는 유형은 한 가지 뿐이다.
④ 매년 발행 규모가 가장 작은 두 유형의 발행 규모를 합한 금액은 같은 연도에 발행 규모가 가장 큰 유형의 발행 규모에 미치지 못한다.

26 다음 〈표〉는 주택가격별 주택연금 월수령액을 나타낸 자료이다. 〈표〉와 〈분석〉을 토대로 빈 칸의 값을 예측했을 때, ㉠~㉢에 들어갈 값으로 가능한 것으로만 묶인 것을 고르시오.

〈표〉 주택가격별 주택연금 월수령액

(단위 : 천 원)

가구주 연령 \ 주택가격	1억 원	2억 원	3억 원	4억 원	5억 원
50세	116	232	348	( )	580
55세	163	( )	(㉠)	622	775
60세	206	412	618	824	1,030
65세	( )	500	(㉡)	( )	( )
70세	306	612	( )	( )	(㉢)
75세	382	( )	1,146	1,528	1,910
80세	488	976	1,464	1,952	2,440

분석

- 제시된 모든 가구주 연령별로 주택 가격이 1억 원 오를 때마다 월수령액은 항상 동일한 폭만큼 증가한다.
- 주택가격이 1억 원이고, 가구주 연령이 65세인 경우 월수령액은 같은 가격의 주택을 보유한 70세 가구주 월수령액의 80% 이상이고, 60세 가구주 월수령액의 125% 이하이다.

	㉠	㉡	㉢
①	465	745	1530
②	469	750	1530
③	469	755	1535
④	469	760	1530

27 다음 〈표〉는 A~E 5개 업체의 최근 3년간 매출액을 나타낸 것이다. 〈표〉와 〈조건〉을 토대로 작성한 A~E의 2021년 예상 그래프로 적절한 것을 고르시오.

〈표〉 A~E의 최근 3년간 매출액

(단위 : 억 원)

기업 \ 연도	2018	2019	2020
A	89	90	91
B	45	49	41
C	104	101	101
D	74	72	79
E	23	26	20

조건

- 최근 3년의 연평균 매출액보다 2021년 예상 매출액이 더 큰 기업은 3개이다.
- 2018~2020년 중 최고 매출액보다 2021년 예상 매출액이 더 작은 기업은 3개이다.
- A~E 매출액 합계는 2018년보다 2021년에 더 크다.

①
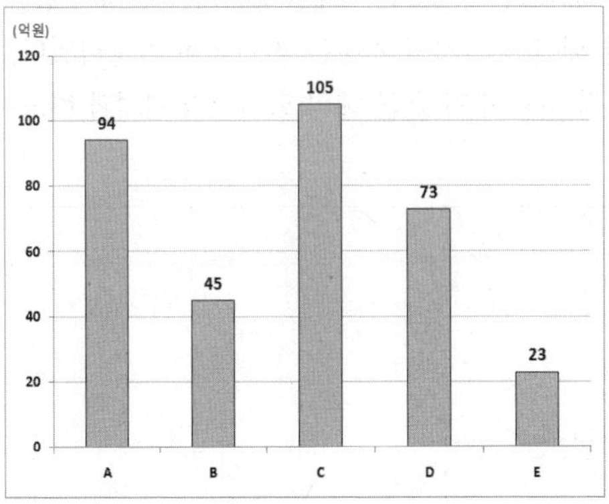

②
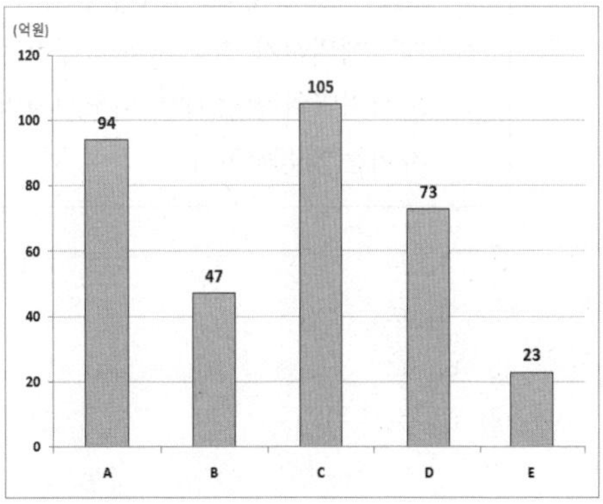

③
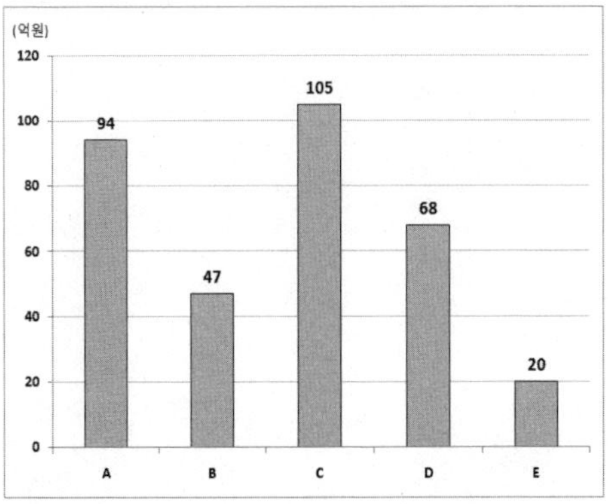

④
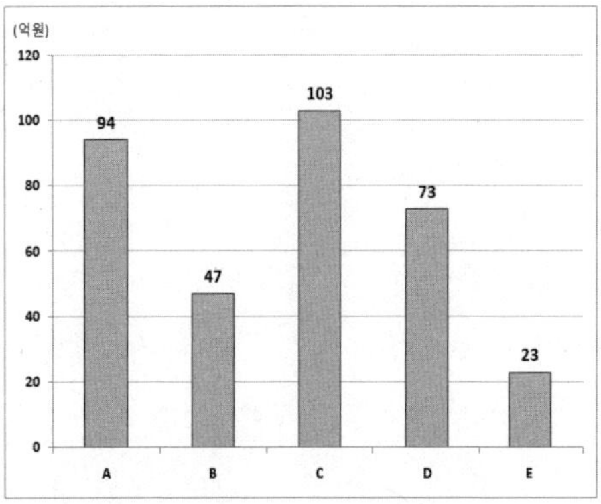

28 다음 〈표〉는 2014~2020년 개발행위허가 현황을 나타낸 것이다. 이에 대한 〈보기〉의 설명 중 옳은 것만을 모두 고르시오.

〈표〉 개발행위허가 현황

(단위 : 건, ㎢)

구분 / 연도	개발행위허가		도시지역		비도시지역	
	건수	면적	건수	면적	건수	면적
2014	96,645	517	28,837	176	67,808	341
2015	110,570	546	31,434	106	79,136	440
2016	102,757	524	28,210	83	74,547	441
2017	115,341	480	26,087	98	89,254	382
2018	118,531	568	26,012	192	92,519	376
2019	103,751	448	24,286	110	79,465	338
2020	95,816	357	22,333	63	73,483	294

보기

ㄱ. 개발행위허가 건수 중 도시지역의 건수가 차지하는 비율은 매년 30% 미만이다.
ㄴ. 2014~2020년 도시지역 면적의 합계는 2019년과 2020년 개발행위허가 면적의 합계보다 크다.
ㄷ. 개발행위허가 건수가 전년대비 증가한 해에 도시지역 건수는 전년대비 감소하였다.
ㄹ. 도시지역의 면적 대비 비도시지역의 면적 비율이 가장 큰 해의 도시지역 면적과 비도시지역 면적 차이는 358㎢이다.

① ㄱ, ㄴ
② ㄱ, ㄷ
③ ㄴ, ㄷ
④ ㄴ, ㄹ

29 다음 〈보기〉와 같은 4가지 명제가 있을 때, 이에 대한 판단으로 옳은 것을 고르시오.

보기

㉠ 모든 사람은 빵을 먹는다.
㉡ 어떤 사람은 빵을 먹지 않는다.
㉢ 어떤 사람은 빵을 먹는다.
㉣ 모든 사람은 빵을 먹지 않는다.

① ㉠과 ㉡은 동시에 참이 될 수 있다.
② ㉠과 ㉢은 동시에 참이 될 수 없다.
③ ㉠과 ㉣은 동시에 참이 될 수 있다.
④ ㉡과 ㉢은 동시에 참이 될 수 있다.

30 다음 제시된 〈조건〉들이 모두 참이라고 가정할 때, 반드시 참이라고 할 수 없는 것을 고르시오.

조건

- 직원 중 미혼인 사람은 모두 수도권에 거주한다.
- 모든 직원들은 수도권에 거주하거나 안경을 착용한다.
- 사무직인 직원들은 모두 안경을 착용하지 않는다.
- 모든 직원들은 사무직이거나 반려 동물을 키우지 않는다.

① 수도권에 거주하지 않는 직원들은 모두 미혼이다.
② 수도권에 거주하지 않는 직원들은 모두 사무직이 아니다.
③ 안경을 착용하지 않는 직원들은 수도권에 거주한다.
④ 반려 동물을 키우는 직원들은 모두 사무직이다.

31 **A~E는 각각 늑대, 호랑이, 여우, 토끼, 거북이 가면 중 하나를 가지고 있다. 다음 진술 내용이 모두 참이라고 할 때, 모두의 가면을 정확히 알 수 있게 하는 E의 진술을 고르시오.**

> A : 나는 늑대와 호랑이 가면 중 하나를 가지고 있다.
> B : 나는 늑대 가면과 토끼 가면을 가지고 있지 않다.
> C : 나는 호랑이 가면을 가지고 있지 않다.
> D : 내가 가지고 있는 것은 거북이 가면이다.
> E : ______________________________

① 나는 호랑이 가면과 토끼 가면을 가지고 있지 않다.
② 호랑이 가면은 B가 가지고 있다.
③ 나와 A는 호랑이 가면을 가지고 있지 않다.
④ 나와 B는 여우 가면을 가지고 있지 않다.

32 **책상 위에 마카롱이 놓여 있었는데, 이를 A~E 5명이 조금씩 가져갔다. 다음 진술 내용이 모두 참이라고 할 때, 참인 것을 고르시오.**

> - A : 내가 처음 가져갔는데, 난 전체의 $\frac{1}{5}$을 가져갔어.
> - B : 내가 두 번째였는데, 난 2개를 가져갔어.
> - C : 나는 몇 번째였는지는 모르겠는데, 책상에 마카롱이 남아있어서 남아 있는 마카롱의 절반을 가져갔어.
> - D : 나는 E 바로 다음에 2개의 마카롱을 가져갔어.
> - E : 나는 마카롱 3개를 가져갔고, 책상 위에는 2개의 마카롱이 남아있었어.

① 마카롱을 마지막에 가져간 사람은 C이다.
② 맨 처음 책상 위에 놓여있던 마카롱은 15개이다.
③ C가 가져간 마카롱의 개수는 6개이다.
④ B가 가져간 마카롱 개수는 최초에 놓여 있던 마카롱의 $\frac{1}{6}$이다.

33 **다음 갑~기 6명의 친구는 다음 〈그림〉과 같은 테이블에 앉아 있었고, 이에 대해 대화를 나누었다. 〈그림〉과 〈대화 내용〉을 통해 판단했을 때, 옳지 않은 것을 고르시오.**

〈그림〉 테이블 좌석 배치도

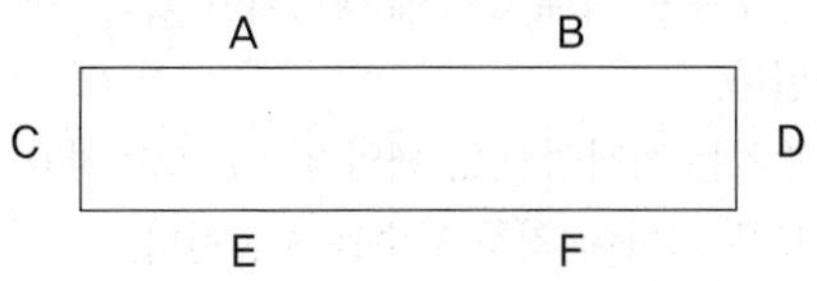

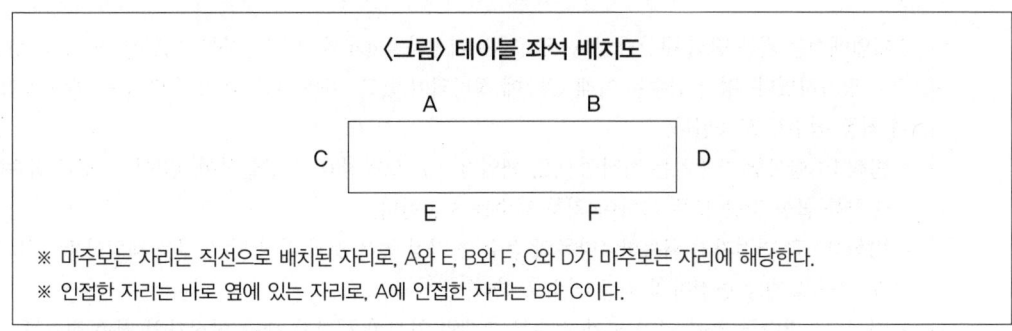

※ 마주보는 자리는 직선으로 배치된 자리로, A와 E, B와 F, C와 D가 마주보는 자리에 해당한다.
※ 인접한 자리는 바로 옆에 있는 자리로, A에 인접한 자리는 B와 C이다.

대화 내용

갑 : 나는 을의 자리와 인접한 자리에 앉아 있었어.
을 : 내 자리는 정의 자리와 인접해 있었어.
병 : 나는 정과 마주보고 앉아 있었어.
정 : 내 자리는 무의 자리와 인접해 있었어.
무 : 나는 을과 마주보고 앉아 있었어.
기 : 내 자리는 F였어.

① 갑은 기와 마주보고 앉아 있었다.
② 병은 갑의 자리와 인접하여 앉아 있었다.
③ 병은 D 자리에 앉아 있었다.
④ 무는 A 자리에 앉아 있었다.

34 **○○은행에서는 특별 상여금 지급 대상자를 선정하려 한다. 최종 후보는 사원 A, B, C 3명과 대리 甲, 乙, 丙, 丁 4명이며, 사원 중 1명, 대리 중 2명을 선정한다. 〈보기〉에 제시된 내용이 모두 참이라고 할 때, 옳지 않은 것을 고르시오.**

보기

- A를 선정하거나 甲을 선정하지 않는다.
- 乙을 선정할 경우, A나 C를 선정한다.
- 丙과 丁을 함께 선정하지 않는다.
- C를 선정하면 丁도 함께 선정해야 한다.

① 甲이 선정되었다면, A역시 선정되었을 것이다.
② B는 상여금 지급 대상자로 선정되지 않는다.
③ C가 선정된 경우, 丙은 선정되지 않는다.
④ 乙이 선정된 경우, 丙은 선정되지 않는다.

35 **다음 글을 읽고 판단했을 때, 각각의 방식에 따라 최종 점수가 가장 높은 사람이 바르게 연결된 것을 고르시오.**

J 기업에서는 최종 면접 대상자인 A~E 5명의 지원자를 4개의 항목(정직성, 책임감, 도덕성, 성실성)으로 평가하였다. 평가 점수는 아래 〈표〉에 정리되어 있고, 이를 다음 세 가지 방식 중 하나로 합산하여 최종 점수를 도출한다.

- **방식 1** : 항목별 가중치는 정직성 0.2, 책임감 0.1, 도덕성 0.4, 성실성이 0.3이고, 평가 점수에 가중치를 곱한 값을 모두 더하여 최종 점수를 도출한다.
- **방식 2** : 각 면접자가 획득한 4항목의 점수 중 가장 높은 것과 가장 낮은 것을 제외한 두 항목의 점수 평균을 해당 면접자의 최종 점수로 한다.
- **방식 3** : 별다른 가공 없이 평가 점수를 그대로 합산한 결과를 해당 면접자의 최종 점수로 한다.

〈표〉 A~E의 평가 점수

항목 \ 면접자	A	B	C	D	E
정직성	15	14	18	16	19
책임감	16	20	15	15	17
도덕성	17	15	16	18	16
성실성	19	16	20	17	18

	방식 1	방식 2	방식 3
①	A	C	B
②	A	E	C
③	C	C	E
④	C	E	E

36 **A와 B 두 사람은 주사위를 굴려 점수를 획득하는 게임을 하고 있다. 게임의 규칙이 다음과 같다고 할 때, 〈보기〉의 내용 중 옳은 것만을 모두 고르시오.**

> 1) 각 라운드에 A와 B는 각각 주사위를 하나씩 굴린다.
> 2) 주사위 결과를 비교하여, 둘 모두 홀수이거나 둘 모두 짝수이면, 주사위의 눈이 더 큰 사람이 10점을 획득한다.
> 3) 2)에서 주사위의 눈이 동일한 경우, 해당 라운드의 점수는 다음 라운드 점수에 합산하여, 다음 라운드 승자가 획득한다.
> 4) 주사위 결과를 비교하여, 홀수와 짝수 여부가 서로 다른 경우에는 주사위의 눈이 더 작은 사람이 주사위 "눈의 차이×3"의 점수를 획득한다.
> 5) 마지막 라운드에서 3)의 결과가 나타난 경우에는 두 참가자가 점수를 절반씩 나누어 가진다.

보기

ㄱ. 1~5라운드 동안 A와 B의 주사위 눈이 모두 3이었다면, 두 사람은 각각 25점씩 획득한다.
ㄴ. 주사위 눈이 1일 때 점수를 획득할 확률은 주사위 눈이 2일 때 점수를 획득할 확률과 동일하다.
ㄷ. 1~5라운드 동안 A의 주사위 눈이 모두 1이었다면, A가 획득 가능한 점수의 최댓값은 75점이다.
ㄹ. A와 B의 주사위 눈이 매 라운드 달랐다면, 5라운드까지 두 사람이 획득하는 점수의 격차는 20점 이상이다.

① ㄱ, ㄴ　　② ㄱ, ㄷ
③ ㄴ, ㄷ　　④ ㄷ, ㄹ

제4회 실전모의고사

37 **ㅇㅇ은행의 영업부에는 영업1팀과 영업2팀 2개의 팀이 존재한다. 영업부장 J는 여름휴가에 앞서 〈보기〉와 같은 휴가 지시사항을 내렸다. 모든 팀원들이 이에 따른다고 할 때, 영업1팀 팀원들의 여름휴가 기간으로 가능하지 않은 것을 고르시오.**

보기

여름휴가는 7월과 8월에 모두 다녀오되, 업무 공백 최소화를 위하여 팀별로 서로 다른 기간을 정해서 가는 것으로 합니다. 팀별 여름휴가 가능 기간은 아래와 같습니다. 각 팀원들은 소속팀의 ①~④ 중 하나를 선택하여 주말을 포함한 5일의 휴가를 사용하도록 하세요.

- 1팀
  ① 7월의 두 번째 토요일과 일요일
  ② 7월의 네 번째 토요일과 일요일
  ③ 8월의 두 번째 토요일과 일요일
  ④ 8월의 네 번째 토요일과 일요일
- 2팀
  ① 7월의 첫 번째 토요일과 일요일
  ② 7월의 세 번째 토요일과 일요일
  ③ 8월의 첫 번째 토요일과 일요일
  ④ 8월의 세 번째 토요일과 일요일

① 7월 10일 ~ 7월 14일
② 7월 23일 ~ 7월 27일
③ 8월 5일 ~ 8월 9일
④ 8월 12일 ~ 8월 16일

38 다음은 국민건강보험공단에서 실시하는 당뇨 소모성 재료 지원 기준금액 및 지급금액에 대해 정리한 것이다. A~D가 지급받는 금액(일 기준)의 합계를 구하시오.

• 기준금액

지원대상자			기준금액	
			인슐린 투여자	인슐린 미투여자
제1형 당뇨병 환자			2,500원/일	해당사항 없음
제2형 당뇨병 환자	만 19세 미만		2,500원/일	1,300원/일
	만 19세 이상 1일 인슐린 투여 횟수	1회 투여	900원/일	해당사항 없음
		2회 투여	1,800원/일	해당사항 없음
		3회 이상 투여	2,500원/일	해당사항 없음
임신 중 당뇨병 환자			2,500원/일	1,300원/일

• 지급금액
– 기준금액 이내로 구입한 경우 : 실 구입가의 90%
– 기준금액 초과로 구입한 경우 : 기준금액의 90%

구분	당뇨 유형	나이	1일 인슐린 투여 횟수	소모성 재료 구입 금액
A	제1형	만 47세	1	3,200원
B	제2형	만 18세	0	1,200원
C	제2형	만 58세	2	2,000원
D	임신 중	만 30세	2	2,300원

① 6,420원
② 6,780원
③ 6,860원
④ 7,020원

제4회 실전모의고사

[39~40] 다음 자료를 바탕으로 질문에 답하시오.

××기업의 개발팀, 홍보팀, 영업팀은 6개 식당(A식당~F식당) 중 한 곳에서 함께 회식을 하려고 한다. 식당 6곳 중 임의로 2곳씩을 1차선택하고, 팀별 선호도에 따라 각각 식당 한 곳을 2차선택한 뒤, 다수결로 하나의 식당을 최종선택하고자 한다. 팀별로 선호하는 식당의 순위를 1순위 → 6순위 순서로 나열하면 다음과 같다.

- 개발팀 : F(식당) → E → D → A → C → B
- 홍보팀 : D(식당) → E → F → C → B → A
- 영업팀 : A(식당) → F → E → B → D → C

39 위 자료를 바탕으로 〈보기〉의 설명 중 옳은 것을 모두 고르면?

ㄱ. D식당이 1차선택되었을 때 최종선택되는 경우는 3가지이다.
ㄴ. E식당과 F식당이 1차선택되면 F식당이 최종선택된다.
ㄷ. E식당은 F식당을 제외하고 어떤 식당과 1차선택되어도 항상 최종선택된다.

① ㄱ, ㄴ
② ㄱ, ㄷ
③ ㄴ, ㄷ
④ ㄱ, ㄴ, ㄷ

40 위 자료를 바탕으로 가능한 상황으로 옳은 것을 고르면?

① A식당이 최종선택되는 경우는 없다.
② F식당이 최종선택되는 경우의 수는 4가지이다.
③ A식당과 F식당이 1차선택되면 F식당이 최종선택된다.
④ 임의로 두 식당을 1차선택할 때 두 식당이 조합되는 경우의 수는 18가지이다.

직업심화능력평가 [41~80]

41 **다음은 은행여신거래기본약관의 중요사항 일부에 대한 설명이다. 바르지 않은 해석은?**

> **〈은행여신거래기본약관 중요사항 설명서〉**
>
> 1. 여신금리 및 지연배상금의 변경
>
> 1) 변동금리의 율의 변경
>
> ☞ 변동금리는 여신만료일까지 은행이 율을 수시로 변경할 수 있는 것을 전제로 한 것이므로 율은 당연히 변경될 수 있습니다.
>
> 2) 고정금리의 율의 변경
>
> ☞ 고정금리는 여신만료일까지 은행이 율을 변경할 수 없는 것이나, 국가경제 등의 급격한 변동의 사유로 민법상 인정되는 사정변경 원칙이 적용되는 경우에 한해 예외적으로 변경될 수 있습니다.
>
> 3) 지연배상금 율의 변경
>
> ☞ 지연배상금은 채무불이행에 따른 손해배상금의 성격으로 변동금리·고정금리와 관계없이 율을 변경할 수 있습니다.
>
> 4) 이자 및 지연배상금의 계산방법·지급의 시기 및 방법 변경
>
> ☞ 계산방법·지급의 시기 및 방법 등도 고정금리 유무 등과 관계없이 변경할 수 있습니다.
>
> 2. 금리인하요구권의 의미와 내용
>
> 1) "금리인하요구권"이란?
>
> CSS(개인신용평가시스템)에 따라 금리가 차등 적용되는 가계신용대출의 고객이 신용상태의 현저한 변동이 있는 경우 필요시 증빙자료를 첨부한 가계여신조건 변경(금리인하)신청서를 제출하고 금리변경을 요구할 수 있는 청구권
>
> 2) "금리인하요구권"이 인정되는 경우와 절차
>
> ☞ 고객은 본인의 신용상태에 현저한 변동이 있는 경우(승진, 국가고시합격, 은행의 우수고객으로 선정 등)에는 필요시 증빙자료를 첨부한 금리인하신청서를 은행에 제출, 금리변경을 요구할 수 있습니다. 단, 은행의 CSS(개인신용평가시스템)평가결과에 따라서 금리인하가 되지 않을 수도 있습니다.
>
> 3. 신용정보의 집중·활용 및 신용관리대상정보 등록
>
> 1) 신용정보의 집중·활용이란?
>
> 고객에 대한 다음의 신용정보를 한국신용정보원 「신용정보관리규약」에 따라 종합신용정보집중기관(한국신용정보원)에 제공하여 집중·활용되는 것을 말합니다.
>
> ☞ 개인식별정보 : 성명, 주민등록번호, 직업
>
> ☞ 신용관리대상정보 : 대출금 등의 연체사실, 부도사실
>
> ☞ 신용거래정보 : 대출현황, 보증현황 등

2) 신용관리대상정보 등록

☞ 대출원금, 이자 등을 3개월 이상 연체한 경우에는 3개월이 되는 다음 날을 등록사유발생일로 하여 그 때로부터 15일 이내에 신용관리대상자로 등록됩니다.

※ 신용정보관리규약 등의 개정으로 신용관리대상정보 등록 기준이 변경될 수 있습니다.

※ 신용관리대상정보가 등록되면, 금융거래 제약 등 불이익을 받을 수 있습니다. 또한 신용관리대상자로 등록된 후 연체 금액의 상환 등으로 신용관리대상정보사유가 해제되는 경우에도 등록기간 및 금액에 따라 해제기록이 1년 또는 2년 동안 남아있을 수 있어 동 기록으로 인해 금융상의 불편이 초래될 수도 있음에 유의하시기 바랍니다.

① 지연배상금의 율은 고정금리인 경우에도 변경할 수 있다.

② 개인신용평가시스템에 따라 금리가 차등 적용되는 가계신용대출 고객의 신용상태에 변동이 있는 경우 금리변경을 요구할 수 있다.

③ 5월 10일에 이자를 납입하여야 하나 3개월 이상 연체한 경우 8월 10일을 등록사유발생일로 하고 그 즉시 신용관리대상자로 등록된다.

④ 등록사유발생으로 신용관리대상자 등록 이후 신용관리대상정보사유가 해제된 경우에도 금융상의 불편이 발생할 수 있다.

42 ○○은행의 김사원이 아래 글을 읽고 이해한 것으로 바른 것은?

〈「신용정보의 이용 및 보호에 관한 법률」상의 고객관리〉

가. 본인정보의 제3자 제공사실 통보 요구

고객은 「신용정보의 이용 및 보호에 관한 법률」 제35조에 따라 금융회사가 전국은행 연합회, 신용조회회사, 타 금융회사 등 제3자에게 제공한 경우 제공한 본인정보의 주요 내용 등을 알려주도록 금융회사에 요구할 수 있습니다.

나. 금융거래 거절 근거 신용정보 요구

고객은 「신용정보의 이용 및 보호에 관한 법률」 제36조에 따라 금융회사 전국은행연합회, 신용조회회사 등으로부터 제공받은 연체정보 등에 근거하여 금융거래를 거절·중지하는 경우에는 그 거절·중지의 근거가 된 신용정보, 동 정보를 제공한 기관의 명칭·주소·연락처 등을 고지해 줄 것을 금융회사에 요구할 수 있습니다.

다. 본인정보의 제3자 제공 및 마케팅 목적의 전화 등의 중단요구

고객은 「신용정보의 이용 및 보호에 관한 법률」 제37조에 따라 가입 신청 시 동의를 한 경우에도 본인정보를 제3자에게 제공하는 것 및 당해 금융회사가 마케팅 목적으로 본인에게 연락하는 것을 전체 또는 사안별로 중단시킬 수 있습니다.(다만, 고객의 신용도 등을 평가하기 위해 전국은행연합회 또는 신용조회회사 등에 제공하는 것에 대해서는 중단시킬 수 없습니다.)

- 신청자 제한 : 신규 거래고객은 계약체결일로부터 3개월간은 신청할 수 없습니다.
- 신청방법 : 무료전화(080－×××－××××)
- 무료전화 외 전화·서면·인터넷 신청방법 : '라. 본인정보의 열람 및 정정요구'에 기재된 방법과 같습니다.

라. 본인정보의 열람 및 정정요구

고객은 「신용정보의 이용 및 보호에 관한 법률」 제38조에 따라 전국은행연합회, 신용조회회사, 금융회사 등이 보유한 본인 정보에 대해 열람청구가 가능하며, 본인정보가 사실과 다른 경우에는 이의 정정 및 삭제를 요구할 수 있으며, 그 처리결과에 이의가 없는 경우에는 금융위원회에 사정을 요청할 수 있습니다.

마. 본인정보의 무료 열람 요구

고객은 「신용정보의 이용 및 보호에 관한 법률」 제39조에 따라 본인정보를 신용조회회사를 통하여 연간 일정 범위 내에서 무료로 열람할 수 있습니다. 자세한 사항은 각 신용 조회회사에 문의하시기 바랍니다.

① 고객이 마케팅 목적의 신용정보이용 동의를 하지 않았더라도 구매권유가 가능한 상품이 있다.

② 고객이 타 기관에서 대출받은 사항에 대해 개인정보제공을 중단한다면 이에 대해 다른 금융권에서는 조회를 할 수 없다.

③ 고객이 자신의 정보가 어느 기관에 제공되었는가에 대해 궁금하다면 언제든지 요청하여 확인할 수 있다.

④ 13년 전 받은 대출을 이미 다 갚았는데도 여전히 대출을 받은 상태로 기록이 되어 있다면 신용조회 회사에 정정 요청할 수 있다.

[43~44] 다음 글을 읽고 물음에 답하시오.

〈202×년 기초노령연금 안내〉

1. 기초노령연금이란?

기초노령연금이란 우리나라 만 65세 이상 전체 노인의 70%에게 매월 일정액의 연금을 드려서 국가 발전과 자녀 양육에 헌신해 온 노고에 보답하려는 제도입니다.

2. 누가 받나요?

- 기초노령연금은 만 65세 이상 전체 노인 중 소득과 재산이 적은 70%의 어르신에게 지급하며, 소득인정액이 선정기준액 이하인 분들께 드립니다.
- 만 65세 이상 전체 노인 중 소득과 재산이 적은 하위 70%를 선정하기 위한 선정기준액은 혼자 사시는 어르신은 78만 원 이하, 배우자가 있는 어르신은 124.8만 원 이하입니다.
- '소득인정액'이란 소득 평가액과 재산의 소득 환산액을 합산한 금액을 말합니다.

소득인정액=① 소득 평가액+② 재산의 소득 환산액

① 소득 평가액

$$소득\ 평가액=\frac{\{0.7\times(근로소득-56만\ 원)\}}{ⓐ}+\frac{기타소득}{ⓑ}$$

ⓐ 근로소득에서 기본공제액인 56만 원을 공제한 금액에서 30% 추가 공제해 드립니다.

ⓑ 기타소득 : 사업소득, 재산소득

② 재산의 소득 환산액

=[{(일반재산−기본재산액)+(금융재산−2,000만 원)−부채}×0.04÷12개월]

* 기본 재산액

− 주거 재산 : 대도시(광역시) 108,000만 원, 중소 도시 6,800만 원, 농어촌 5,800만 원

3. 어떻게 신청하나요?

- 본인신청 : 기초 노령 연금 신청서/금융 정보 등 제공 동의서/신분증서/본인 명의 계좌 사본을 직접 제시해야 합니다. 대리인이 신청하는 경우 위임장 및 대리인의 신분증서까지 함께 제출해야 합니다.
- 대리신청 : 치매, 중풍, 뇌 병변 등으로 의사 무능력의 진단이 확인되면 대리 신청이 가능합니다. 대리인의 범위는 1. 배우자, 자녀 2. 형제, 자매 3. 담당공무원입니다.
- 신청장소 : 신청은 거주지 내의 읍, 면, 동사무소, 주민 자치 센터, 국민연금공단

4. 얼마를 받나요?

2011년 4월부터 2015년 3월까지 단독 수급자는 매월 최고 91,200원, 부부 수급자는 매월 최고 145,900원입니다. 다만, 수급자 중에서도 일부 소득이 높거나 재산이 많은 경우 감액된 연금을 받게 됩니다.

43 한 민원인이 다음과 같은 물음을 하였다. 귀하가 담당 직원이라고 할 때 다음 중 가장 적절한 대답은?

물음

서울에 거주 중인 68세 동갑내기 부부입니다. 월 수입은 연금 50만 원이 전부인데 소득인정액이 기준액을 넘는다면서 기초노령 연금 대상자가 아니라고 합니다. 왜 그럴까요?

① 만약 자녀가 있으시다면 보호자가 있으므로 노령연금을 받지 못하실 수 있습니다.
② 소득인정액은 근로소득뿐만 아니라 보유하신 재산 정도에 따라 계산하기 때문에 수입이 적어도 인정액이 많을 수 있습니다.
③ 소득인정액은 부부합산으로 계산하기 때문에 두 분이 사신다면 액수가 더 늘어날 것입니다.
④ 집이 있으시다면 소득인정액이 연금에 더하여 두 배로 산정되므로 기초노령연금 대상에서 제외되실 수 있습니다.

44 위의 내용을 토대로 볼 때 아래 사례자의 소득인정액은 얼마인가?

사례

경기도 수원시에 거주하는 김모 할머니는 남편과 사별하여 혼자 살고 있으며 한 달에 150만 원 정도의 근로소득이 있다. 김 할머니는 아들의 명의로 1억 원 상당의 아파트에 거주하고 있으며 아들과는 같이 살지 않는다. 할머니의 나이는 70세이다.

① 소득인정액은 65,800원이다.
② 소득인정액은 658,000원이다.
③ 소득인정액이 49,000원이다.
④ 소득인정액은 490,000원이다.

45 ㅇㅇ은행에 근무하는 H사원은 어느 날 투자자와 상담을 실시하였다. 외환거래를 통해서 이익을 얻고 싶어 하는 투자자 A는 ㅇㅇ은행의 이틀간 외국환율 고시표를 들고 와 다음과 같이 주장을 하였다. 이를 들은 H사원은 고객의 주장 중 잘못 알고 있는 것이 있어 이를 이야기해 주었다. 고객 A의 다음 주장 중 H사원이 잘못됐다고 고객에게 이야기해 준 주장은 무엇인가?

〈표 1〉 1월 8일 주요 통화의 외국환율고시표

(단위 : 원)

국가명	통화명	현찰		매매 기준율	미국 달러와의 환산율
		고객이 살 때	고객이 팔 때		
미국	달러	1,208.79	1,167.21	1,188.00	1.0000
일본	100엔	1,029.32	993.92	1,011.62	0.8515
유럽	유 로	1,302.45	1,251.39	1,276.92	1.0748
영국	파운드	1,908.52	1,833.68	1,871.10	1.5750
홍콩	달러	155.37	149.29	152.33	0.1282
중국	달러	738.18	704.44	718.81	0.6051

〈표 2〉 1월 9일 주요 통화의 외국환율고시표

(단위 : 원)

국가명	통화명	현찰		매매 기준율	미국 달러와의 환산율
		고객이 살 때	고객이 팔 때		
미국	달러	1,207.26	1,165.74	1,186.50	1.0000
일본	100엔	1,031.85	996.37	1,014.11	0.8547
유럽	유로	1,306.62	1,255.38	1,281.00	1.0796
영국	파운드	1,920.03	1,844.75	1,882.39	1.5865
홍콩	달러	155.18	149.10	152.14	0.1282
중국	달러	735.51	706.67	721.09	0.6077

※ 매매기준율 : 외환시장에서 거래되는 가격으로 은행에서 환매수수료를 부과하기 전에 사용되는 기준율이다. 일반고객들은 이 기준율로 거래할 수 없다.

※ 미국 달러와의 환산율은 $\frac{\text{당일의 해당 통화 매매기준율}}{\text{당일의 미국 달러 매매기준율}}$로 미국 통화를 1로 봤을 때 다른 통화의 비율을 의미한다.

① 1월 9일 원화의 달러환율은 전날에 비해 하락했다.
② 중국 달러는 1월 8일에 사는 것보다는 1월 9일에 사는 것이 유리하다.
③ 홍콩 달러를 ㅇㅇ은행에서 원화로 바꾸려면, 1월 8일에 바꾸는 것이 1월 9일에 바꾸는 것보다 좋다.
④ ㅇㅇ은행에서 1월 8일에 100유로를 매입해서 다음 날 동일 금액을 매도했다면 408원의 이익을 볼 수 있다.

46 다음은 ○○회사의 회계팀 K팀장이 경쟁사 A와 B 기업의 재무비율을 분석한 자료이다. 자료에 대한 해석으로 잘못된 것은 무엇인가?

〈표〉 국내외 대표기업 간 재무구조 관련지표 비교

(단위 : %)

구분	A기업				B기업			
	2012	2013	2014	2015	2012	2013	2014	2015
부채비율	66.09	43.37	41.67	33.28	51.57	87.04	129.75	125.11
자기자본비율	60.21	69.75	70.59	75.03	65.90	53.47	43.53	44.42
유동비율	90.10	106.99	143.49	146.68	118.92	101.89	66.65	81.78
고정비율	118.19	108.68	91.98	87.44	114.00	141.46	181.41	166.87
매출액 영업이익률	21.69	7.09	17.88	16.50	28.40	35.41	31.08	32.36
매출액 경상이익률	23.18	9.52	21.90	15.84	23.62	28.29	25.25	28.51
매출액 증가율	31.27	−5.55	25.11	7.58	34.45	38.65	38.65	10.26
순이익 증가율	89.71	−51.00	139.29	−15.50	212.55	32.53	32.53	28.55

① 2015년 B기업의 유동비율은 2012년에 비해 감소하여 회사의 지불능력이 낮아진 것으로 나타났다.

② 조사기간 동안 매출액영업이익률은 매년 B기업이 높아 영업활동만의 성과가 B기업이 A기업보다 좋은 것으로 나타났다.

③ 조사기간 동안 B기업의 매출액 증가율은 전년 대비 감소하는 경향을 보이고 있어 기업의 성장성이 증가하고 있는 것으로 나타났다.

④ 단기지급 능력을 알 수 있는 유동비율의 경우 A기업은 조사기간 동안 지속적으로 증가하여 단기지급 능력이 향상되었음을 보여준다.

47 다음 글을 근거로 판단할 때 옳지 않은 것은?

제0조(보증의 방식) ① 보증은 그 의사가 보증인의 기명날인 또는 서명이 있는 서면으로 표시되어야 효력이 발생한다.

② 보증인의 채무를 불리하게 변경하는 경우에도 제1항과 같다.

제0조(채권자의 통지의무 등) ① 채권자는 주채무자가 원본, 이자 그 밖의 채무를 3개월 이상 이행하지 아니하는 경우 또는 주채무자가 이행기에 이행할 수 없음을 미리 안 경우에는 지체없이 보증인에게 그 사실을 알려야 한다.

② 제1항에도 불구하고 채권자가 금융기관인 경우에는 주채무자가 원본, 이자 그 밖의 채무를 1개월 이상 이행하지 아니할 때에는 지체없이 그 사실을 보증인에게 알려야 한다.

③ 채권자는 보증인의 청구가 있으면 주채무의 내용 및 그 이행 여부를 보증인에게 알려야 한다.

④ 채권자가 제1항부터 제3항까지의 규정에 따른 의무를 위반한 경우에는 보증인은 그로 인하여 손해를 입은 한도에서 채무를 면한다.

제0조(보증기간 등) ① 보증기간의 약정이 없는 때에는 그 기간을 3년으로 본다.

② 보증기간은 갱신할 수 있다. 이 경우 보증기간의 약정이 없는 때에는 계약체결 시의 보증기간을 그 기간으로 본다.

③ 제1항 및 제2항에서 간주되는 보증기간은 계약을 체결하거나 갱신하는 때에 채권자가 보증인에게 고지하여야 한다.

※ 보증계약은 채무자(乙)가 채권자(甲)에 대한 금전채무를 이행하지 아니하는 경우에 보증인(丙)이 그 채무를 이행하기로 하는 채권자와 보증인 사이의 계약을 말하며, 이때 乙을 주채무자라 한다.

① 보증인 丙이 주채무자 乙의 甲에 대한 금전채무를 보증하기 위해 채권자 甲과 보증계약을 서면으로 체결하지 않으면 그 계약은 무효이다.

② 보증인 丙이 주채무자 乙의 甲에 대한 금전채무를 보증하기 위해 채권자 甲과 보증계약을 체결하면서 보증기간을 약정하지 않으면 그 기간은 3년이다.

③ 주채무자 乙이 원본, 이자 그 밖의 채무를 2개월 이상 이행하지 아니하는 경우, 금융기관이 아닌 채권자 甲은 지체없이 보증인 丙에게 그 사실을 알려야 한다.

④ 보증인 丙이 주채무자 乙의 甲에 대한 금전채무를 보증하기 위해 채권자 甲과 기간을 2년으로 약정한 보증계약을 체결한 다음, 그 계약을 갱신하면서 기간을 약정하지 않으면 그 기간은 2년이다.

48 다음 〈약관〉의 규정에 근거할 때, 신용카드가 일시정지 또는 해지될 수 없는 경우는?

〈약관〉

제○○조(회원의 종류) ① 회원은 본인회원과 가족회원으로 구분합니다.

② 본인회원이란 이 약관을 승인하고 당해 신용카드 회사(이하 '카드사'로 약칭함)에 신용카드(이하 '카드'로 약칭함)의 발급을 신청하여 카드사로부터 카드를 발급받은 분을 말합니다.

③ 가족회원이란 본인회원이 지정하고 대금의 지급 및 기타카드사용에 관한 책임을 본인회원이 부담할 것을 승낙한 분으로서, 이 약관을 승인하고 카드사로부터 카드를 발급받은 분을 말합니다.

제○○조(카드 사용의 일시정지 또는 해지) ① 카드사는 다음 각 호의 1에 해당하는 회원에게 그 사유와 그로 인한 카드 사용의 일시정지 또는 카드사와 회원 사이의 카드이용계약(이하 '계약'으로 약칭함)의 해지를 통보할 수 있습니다.

1. 입회신청서의 기재사항을 허위로 작성한 경우
2. 카드 사용 대금을 3회 연속하여 연체한 경우
3. 이민, 구속, 사망 등으로 회원의 채무변제가 불가능하거나 현저히 곤란하다고 판단되는 경우

② 회원은 카드사에 언제든지 카드사용의 일시정지 또는 해지를 통보할 수 있습니다.

③ 본인회원은 가족회원의 동의 없이 가족회원의 카드 사용의 일시정지 또는 해지를 통보할 수 있습니다.

④ 제1항부터 제3항의 일시정지 또는 해지는 상대방에게 통보한 때 그 효력이 발생합니다.

제○○조(카드사의 의무 등)

① 회원이 최종 사용일부터 1년 이상 카드를 사용하지 않은 경우 카드사는 전화, 서면, 전자우편(e-mail), 단문메시지서비스(SMS), 자동응답시스템(ARS) 등으로 회원의 계약 해지의사를 확인하여야 합니다.

② 제1항에 의해 회원이 전화, 서면, 전자우편, 단문메시지서비스, 자동응답시스템 등으로 해지의사를 밝히면 그 시점에 계약이 해지됩니다.

① 본인회원인 A가 가족회원인 딸 B의 동의 없이 B의 카드 사용 해지를 카드사에 통보한 경우
② 가족회원인 C가 자신의 카드사용의 일시정지를 카드사에 통보한 경우
③ 카드사가 최근 1년 간 카드사용 실적이 없는 회원 D에게 전화로 계약해지의사를 묻자, D가 해지의사를 밝힌 경우
④ 카드사가 회원 E에게 2회의 카드사용 대금 연체 사실을 통보한 경우

49 제시된 자료는 시장금리의 동향을 나타낸 것이다. 이를 토대로 해석한 다음의 내용 중 적절한 것을 고르시오.

〈표〉 2013~2017 기간 시장금리 동향

(단위 : %)

구분	2013	2014	2015	2016	2017
국고채 3년	2.79	2.59	1.79	1.44	1.80
국고채 5년	3.00	2.84	1.98	1.53	2.00
국고채 10년	3.28	3.18	2.30	1.75	2.28
회사채 3년	3.19	2.99	2.08	1.89	2.33
CD 91일	2.72	2.49	1.77	1.49	1.44
콜금리 1일	2.59	2.34	1.65	1.34	1.26
기준금리	2.50	2.00	1.50	1.25	1.50

〈그림〉 2018년 1월과 2월의 시장금리 동향

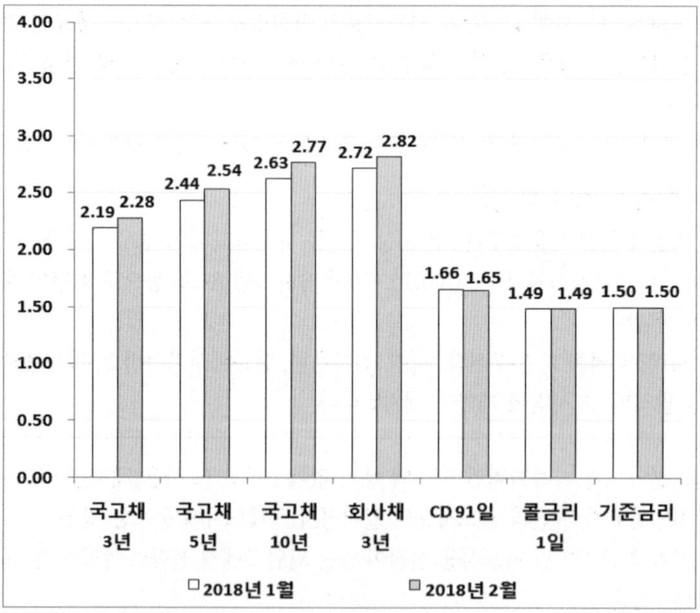

① 2013년에서 2017년 기간 동안에는 '국고채 10년'의 금리가 '회사채'의 금리보다 높게 나타난다.

② 2018년 1월과 2018년 2월 사이의 변화 양상이 계속 동일하게 이어진다면, 2018년 12월의 '국고채 10년' 금리는 4.3%를 상회한다.

③ 2013년에서 2017년 기간 동안 매년 '국고채 3년'과 '국고채 5년'의 금리 차이는 '국고채 5년'과 '국고채 10년'의 금리 차이보다 작다.

④ 2015년 대비 2016년, 2016년 대비 2017년의 기준금리 변동률은 동일하게 나타난다.

50 다음 〈표〉는 분기별 가계신용 동향을 나타낸 것이다. 이에 대한 분석으로 옳은 것을 고르시오.

〈표〉 분기별 가계신용 동향

(단위 : 조 원, %)

구분		2017년 4/4분기	2018년 1/4분기	2018년 2/4분기	2018년 3/4분기
가계신용	금액	1,450.8	1,468.2	1,492.4	1,514.4
	전년동기대비 증감액	108.3	109.1	104.4	95.1
	전년동기대비 증감율	8.1	8	7.5	6.7
가계대출	금액	1,370.1	1,387.2	1,409.2	1,427.7
	전년동기대비 증감액	100.3	101.1	96.3	86.4
	전년동기대비 증감율	7.9	7.9	7.3	6.4
판매신용	금액	80.8	81	83.1	86.7
	전년동기대비 증감액	8.1	8	8.2	8.7
	전년동기대비 증감율	11.1	11	10.9	11.1

※ 가계신용은 일반가정이 은행 등 금융기관에서 대출을 받거나 외상으로 물품을 구입한 대금 등을 합한 금액으로, 가계대출과 판매신용으로 구성됨.

① 2016년 4/4분기부터 2018년 3/4분기까지 판매신용은 매분기마다 꾸준히 증가하였다.
② 2016년 4/4분기 대비 2018년 3/4분기의 가계신용 증가액은 같은 기간 판매신용 증가액의 10배 이상이다.
③ 가계신용에서 가계대출이 차지하는 비중은 2017년 3/4분기 대비 2018년 3/4분기에 감소하였다.
④ 2018년 1/4분기부터 2018년 3/4분기까지 가계신용의 직전 분기 대비 증가액은 꾸준히 증가하였다.

51 **다음 중 상품설명서를 읽고 고객의 질문에 답한 것으로 적절하지 않은 것을 고르시오.**

1. 상품 개요 및 특징
   - 상품명 : 도담도담통장
   - 상품특징 : 출산장려정책 참여 개인 및 기업을 대상으로 예금서비스(우대금리, 수수료면제) 및 비예금서비스(무료 학습앱 서비스)를 제공하는 입출금이 자유로운 예금상품임

2. 거래 조건

<table>
<tr><th>구분</th><th>내용</th></tr>
<tr><td>가입자격</td><td>개인 또는 출산장려정책에 동참하는 법인 및 임의단체(납세/고유번호 보유 필수)
※ 출산장려정책 동참 법인이란?
① 직장 어린이집 설치 ② 임신기 근로시간 단축제도 ③ 출산휴가 제도 ④ 남성 육아휴직 제도 ⑤ 아빠육아탄력근무제도 ⑥ 육아기 근로시간단축 제도 ⑦ 재택/원격근무 제도 ⑧ 대체인력지원제 ⑨ 가족친화인증기업(인증서) 중 1개 이상 해당 제도 시행하고 있는 법인(임의단체)을 말함</td></tr>
<tr><td>대상과목[주1)]</td><td>
<table>
<tr><th>구분</th><th>가입대상</th></tr>
<tr><td>자립예탁금, 자유저축예탁금</td><td>개인</td></tr>
<tr><td>보통예탁금[주2)]</td><td>법인(임의단체)</td></tr>
</table>
주 1) 본 대상예금은 지난 결산기 92일 이내 거래 이력이 없을 경우 결산원가일에 일반 상품으로 자동 전환됨
2) 보통예탁금은 법인 및 임의단체만 가입가능하며 개인은 가입 불가능</td></tr>
<tr><td>우대이율</td><td>적용방법 : 대상예금별 요건 만족 시 다음 결산기 동안 우대범위 내 우대 이율 적용
<table>
<tr><th>구분</th><th>대상예금</th><th>요건</th><th>우대범위</th><th>이율(%p)</th></tr>
<tr><td rowspan="2">기본 우대</td><td>자립예탁금
자유저축예탁금</td><td>결산기 평잔 100만 원 이상 유지 시</td><td>일별 잔액 100만 원 까지 적용[주1)]</td><td>최고 2.0 이내[주2)]</td></tr>
<tr><td>보통예탁금</td><td>결산기 평잔 500만 원 이상 유지 시</td><td>일별 잔액 500만 원 까지 적용[주1)]</td><td>최고 2.0 이내[주2)]</td></tr>
</table>
주 1) 자립예탁금(자유저축예탁금) 일별 잔액 100만 원 초과 금액 또는 보통예탁금 일별 잔액 500만 원 초과 금액에 대해서는 대상과목 기본이율 적용
2) 기본 우대이율은 '기본이율'을 포함한 %p임
3) 본 우대서비스는 판매개시일로부터 3년간 유효하며 유효기간 종료시점으로부터 본 상품은 해당 자립예탁금, 자유저축예탁금 및 보통예탁금으로 자동 전환됨</td></tr>
<tr><td>상품의 전환</td><td>타 상품에서 본 상품으로의 전환 불가 및 본 상품에서 타 상품으로의 전환 불가</td></tr>
<tr><td>신규가입 및 계약해지</td><td>영업점에서 신규 및 해지 가능</td></tr>
</table>

① Q : 도담도담통장의 가입과 해지는 온라인에서도 가능한가요?
A : 영업점에서 신규 및 해지가 가능합니다.

② Q : 직장 어린이집이 설치된 법인의 직원입니다. 보통예탁금 가입이 가능한가요?
A : 보통예탁금은 개인이 가입하실 수 없습니다.

③ Q : 남성 육아휴직 제도를 이용 중인 다른 예금상품 가입자인데 상품 전환이 가능한가요?
A : 출산장려정책 참여 개인 및 기업이라면 일반 상품에서 본 상품으로 전환이 가능합니다.

④ Q : 도담도담통장 가입자인데 지난 결산기 120일 전 거래 이력이 있었다면 상품이 해약되는 건가요?
A : 본 예금은 지난 결산기 92일 이내 거래 이력이 없을 경우 결산원가일에 일반 상품으로 자동 전환되며 해약되는 것은 아닙니다.

제4회 실전모의고사

52 다음은 ○○은행에서 출시한 'E!우대적금'의 상품 설명서이다. 상품 설명서를 읽고 분석한 내용 중 옳은 것을 고르시오.

상품특징	영업점 창구에서 가입하는 다른 상품들보다 높은 금리가 제공되는 인터넷 및 스마트뱅킹 전용 적금 상품
가입대상	개인(1인 1계좌)
가입기간	1년~3년
가입금액	최초 적립금 5만 원 이상, 이후 매회 1만 원 이상, 매월 2천만 원 이내, 총 적립액 2억 원 이내에서 자유적립 ※ 단, 적립기간 3/4경과 후 적립할 수 있는 금액은 이전 적립금액의 1/2 이하
적립방법	자유적립
우대금리	최고 0.4%p • 카드이용실적 : 이 예금의 가입일 해당월로부터 만기일 전월말까지 당행 NH채움(신용·체크)카드 이용실적이 100만 원 이상인 경우 0.1%p ※ 단, 현금서비스 제외 • 고객추천 : 이 예금의 가입고객이 타인에게 이 상품을 추천하고 그 타인이 이 상품에 신규 가입하여 중도해지를 하지 않은 경우 ※ 추천계좌와 피추천계좌에 각각 0.1%p, 최대 0.3%p까지 우대이율을 제공
가입/해지안내	스마트뱅킹 또는 인터넷뱅킹(영업점 창구 가입 불가) ※ 제한사항 : 분할인출 및 분할해지는 불가함

① 적립기간 3/4 경과 후에는 적립금액의 일부를 인출할 수 있다.

② 해당 상품에 가입한 후 현재까지 15회 적립하였다면, 적립액은 최소 20만 원 이상이다.

③ 현금 서비스를 제외한 카드이용실적이 100만 원에 미치지 못한다면, 고객추천에 의한 우대금리도 적용받을 수 없다.

④ 2018년 1월 1일 만기 1년 상품에 가입하여 2018년 9월 30일까지 700만 원을 적립한 경우, 최종 적립금액은 1,000만 원을 넘을 수 있다.

53 **○○ 금융그룹 채용시험에 합격한 J는 입사를 며칠 앞두고, ○○ 금융그룹에 대하여 알아보는 중이다. 그러던 중 홈페이지에 있는 공시정보관리규정을 보게 되었다. 제시된 규정의 내용을 보고 J가 분석한 내용 중 옳은 것을 고르시오.**

> 제7조(공시위원회)
>
> ① 다음 각호의 1에 해당하는 자로 공시위원회(이하 "위원회"라 한다)를 구성한다.
>
> 1. 공시책임자
> 2. 공보담당임원
> 3. 준법감시인
> 4. 회계담당부서장
> 5. 공시담당부서장
>
> ② 위원회의 위원장은 공시책임자로 한다. 다만, 위원장이 부득이한 사정으로 직무를 수행할 수 없는 경우에는 공보담당임원, 준법감시인, 회계담당부서장, 공시담당부서장 순으로 직무를 대행할 수 있다.
>
> ③ 위원회는 다음 각호의 업무를 담당한다.
>
> 1. 관련법규상 대표이사 등의 인증을 요하는 정기공시서류의 사전심의 및 공시집행사항에 대한 검토
> 2. 공시통제 및 절차상의 중대한 결함에 대한 점검 및 관리
> 3. 공시통제제도의 설계 및 운영과 관련된 제 규정의 제정 및 개·폐 승인
> 4. 기타 공시통제제도와 관련하여 위원장이 필요하다고 인정하거나 요청한 사항
>
> ④ 위원회는 정기보고서의 검토를 위하여 연 5회의 정기회의를 개최하며 필요한 경우 수시로 임시회의를 개최한다.
>
> ⑤ 위원 대다수가 부득이한 사정으로 위원회를 개최할 수 없는 경우에는 서면에 의하여 의결할 수 있다.
>
> ⑥ 제6조 제3항 및 제4항은 본조에 준용한다.
>
> ⑦ 위원회의 의결은 재적위원의 2/3 이상 출석과 출석위원 과반수의 찬성으로서 결정한다.
>
> ⑧ 위원회의 간사는 공시담당부서장으로 한다. 간사는 회의의 준비, 자료의 작성 등 위원회의 사무를 총괄한다.
>
> ⑨ 위원회의 의결사항에 관하여는 의사록을 작성하여야 하며, 의사록에는 의사경과 및 결과를 기재하고 출석위원 전원이 서명하여야 한다.
>
> ⑩ 제1항 각호가 정하는 공시위원회 위원이 동일인인 경우 하위 호의 공시위원회 위원은 해당 업무 직하위자가 대행할 수 있다.

① 위원장인 공시책임자가 부득이한 사정으로 직무를 수행할 수 없는 경우에는 공보담당임원을 새로운 위원장으로 임명한다.

② 위원회는 공시통제제도의 설계, 운영과 관련된 규정의 제정과 개정에 관여할 수 있으나, 폐지에는 관여할 수 없다.

③ 개최된 위원회에 부득이하게 참석하지 못한 회계담당부서장은 서면에 의하여 본인의 의사를 표현할 수 있다.

④ 만약 위원회 재적위원의 수가 15명이었다면, 어떤 안건이 통과되기 위해서는 최소 6명의 찬성이 필요하다.

54 다음은 K은행에 근무하는 박대리가 작성한 예금 상품 초안이다. 아래의 상품설명서 작성요령 중 박대리가 지키지 않은 항목은?

〈UES 모두다 정기적금〉

- 예금자 보호 적용, 모바일 전용
- 가입금 : 100,000~1,000,000원
- 가입대상 : 개인
- 상품정보

상품개요	당행 공식 앱 가입을 하면 0.1%의 우대금리를 적용해 주는 상품
가입대상	개인
가입기간	24개월
예금자보호안내	이 예금은 예금자보호법에 따라 예금보험공사가 보호하되, 보호 한도는 본 상호저축은행에 있는 귀하의 모든 예금보호대상 금융상품의 원금과 소정의 이자를 합하여 1인당 최고 "5천만 원"이며 5천만 원을 초과하는 나머지 금액은 보호하지 않습니다.
가입절차	당행 공식 앱을 다운로드 받아 회원가입을 한 후 UES 모두다 정기적금에 가입 영업점에 방문하여 직원의 안내를 통해 앱을 설치하고 가입
구비서류	실명확인증표
기타 추가정보	보다 자세한 약관은 서식 및 약관안내에서 확인하십시오.

〈상품 금리정보〉

- 적용금리 : 고시이율+최대 0.1%
- 중도해지 이율 : 가입일 당시 영업점에 고시된 일반정기적금 중도해지이율
- 만기 후 이율 : 보통예금이율

〈상품설명서 작성요령〉

ㄱ. 상품에 대한 전문용어를 사용하면 이해하기 어려우므로 아예 사용하지 않도록 한다.
ㄴ. 상품 정보에 관한 문장이 길어 내용을 알 수 없으므로 간결하게 수정하도록 한다.
ㄷ. 해당 상품이 고객의 목돈을 마련하는 상품인지 목돈을 굴리는 상품인지 정확하게 기술한다.
ㄹ. 서술이 장황하여 이해하기 어려우므로 금리에 대한 도표를 만들어 보여주는 것이 좋다.

① ㄱ ② ㄴ
③ ㄷ ④ ㄹ

55 **○○은행 취업에 성공한 J는 입사를 앞두고 은행원이 되기 위한 나름의 준비를 하고 있다. 은행과 관련된 법령을 훑어보던 J는 은행법 제58조~제60조 내용은 알아두면 좋겠다고 생각하여 자세히 읽는 중이다. J가 제시된 법령을 읽고 생각한 내용으로 적절한 것을 고르시오.**

> 제58조(외국은행의 은행업 인가 등)
> ① 외국은행(외국 법령에 따라 설립되어 외국에서 은행업을 경영하는 자를 말한다. 이하 같다)이 대한민국에서 은행업을 경영하기 위하여 지점·대리점을 신설하거나 폐쇄하려는 경우에는 금융위원회의 인가를 받아야 한다.
> ② 외국은행이 제1항에 따라 인가를 받은 지점 또는 대리점을 다른 시·도로 이전하거나 사무소를 신설하려는 경우에는 미리 금융위원회에 신고하여야 한다.
>
> 제59조(외국은행에 대한 법 적용)
> ① 제58조 제1항에 따라 인가를 받은 외국은행의 지점 또는 대리점은 이 법에 따른 은행으로 보며, 외국은행의 국내 대표자는 이 법에 따른 은행의 임원으로 본다.
> ② 하나의 외국은행이 대한민국에 둘 이상의 지점 또는 대리점을 두는 경우 그 지점 또는 대리점 전부를 하나의 은행으로 본다.
>
> 제60조(인가취소 등)
> ① 금융위원회는 외국은행의 본점이 다음 각 호의 어느 하나에 해당하게 되면 그 외국은행의 지점 또는 대리점에 관한 제58조 제1항에 따른 인가를 취소할 수 있다.
> 1. 합병이나 영업의 양도로 인하여 소멸한 경우
> 2. 위법행위, 불건전한 영업행위 등의 사유로 감독기관으로부터 징계를 받은 경우
> 3. 휴업하거나 영업을 중지한 경우
>
> ② 외국은행의 지점·대리점 또는 사무소는 그 외국은행의 본점이 제1항 각 호의 어느 하나에 해당하게 되면 그 사유가 발생한 날부터 7일 이내에 그 사실을 금융위원회에 보고하여야 한다.
> ③ 외국은행의 본점이 해산 또는 파산하였거나 은행업을 폐업한 경우 또는 은행업의 인가가 취소된 경우에는 그 외국은행의 지점 또는 대리점에 대한 제58조 제1항에 따른 인가는 그 사유가 발생한 날에 취소된 것으로 본다. 다만, 금융위원회는 예금자 등 은행이용자의 이익을 보호할 필요가 있는 경우 취소된 날을 달리 정할 수 있다.

① "외국은행이 지점을 신설하는 경우에는 금융위원회의 인가를 받아야 하지만, 폐쇄하려는 경우에는 신고만 하면 되는구나."
② "제58조 제1항의 인가를 받은 경우에는 아무리 많은 지점이라도 전부 하나의 은행으로 보는 것이군."
③ "제60조 제1항 각 호의 사유가 발생하고, 7일 이내에 해당 사실을 금융위원회에 보고하지 않으면 제58조 제1항의 인가가 취소되는구나."
④ "외국은행의 국내 지점이 휴업을 하거나 영업을 중지한 경우, 금융위원회는 해당 외국은행에 대한 제58조 제1항의 인가를 취소할 수 있어."

56 다음은 H 공단의 월차 및 월차 수당에 관한 규정이다. 다음의 〈규정〉에 근거할 때 〈J대리의 사례〉를 가장 정확하게 설명한 것은?

〈규정〉

- 어느 월(月)에 12일 이상 근무한 근로자에게 1일의 유급휴일을 부여하며, 이를 '월차'라 한다. 월차는 발생 다음 월부터 같은 해 말일까지 사용할 수 있으며, 합산하여 사용할 수도 있다. 다만 해당 연도의 월차는 그 다음 해로 이월되지 않는다.
- 해당 연도 마지막 월까지 사용하지 않은 월차는 그 해 마지막 월의 급여 지급일에 월차 1일당 1일분의 급여로 지급하는데, 이를 '월차수당'이라 한다. 근로자가 퇴직하는 경우, 퇴직일까지 사용하지 않은 월차는 퇴직일에 월급여와 함께 월차수당으로 지급한다. 다만 매년 12월 또는 퇴직한 월의 근무로 인해 발생한 월차는 유급휴일로 사용할 수 없고, 월차수당으로만 지급한다.

※ '월'은 매월 1일부터 말일까지이며, '월급여'는 매월 말일에 지급한다.

J대리의 사례

입사 3년차인 J대리는 근무를 하면서 한 번도 월차를 사용한 적이 없다. 그는 1월 초부터 그해 12월 말까지 결근 없이 근무하였다.

① 월차는 다음 해로 이월되지 않으므로 J대리가 사용하지 않은 월차 12일은 12월에 급여로 지급된다.
② J대리가 결근 없이 근무하였으므로 그가 사용할 수 있는 월차는 최대 11일이다.
③ 12월에 발생한 월차는 유급휴일로 사용할 수 없으므로 J대리는 다음 해에 11일의 월차를 사용할 수 있다.
④ 만일 J대리가 퇴직한다면 퇴직일에 월급여와 3년치 월차 36일에 대한 수당도 함께 지급될 것이다.

57 **다음은 ☆☆카드사의 가족카드 약관이다. 인터넷 고객서비스 센터에 근무하는 사원 A는 게시판에 올라온 문의사항에 〈약관〉에 따라 답변을 하는 업무를 처리하고 있다. 다음 중 A의 답변 가운데 적절하지 않은 것은?**

〈약관〉

제○○조(회원의 종류)

① 회원은 본인회원과 가족회원으로 구분합니다.

② 본인회원이란 이 약관을 승인하고 당해 신용카드 회사(이하 '카드사'로 약칭함)에 신용카드(이하 '카드'로 약칭함)의 발급을 신청하여 카드사로부터 카드를 발급받은 분을 말합니다.

③ 가족회원이란 본인회원이 지정하고 대금의 지급 및 기타 카드사용에 관한 책임을 본인회원이 부담할 것을 승낙한 분으로서, 이 약관을 승인하고 카드사로부터 카드를 발급 받은 분을 말합니다.

제○○조(카드사용의 일시정지 또는 해지)

① 카드사는 다음 각 호의 1에 해당되는 회원에게 그 사유와 그로 인한 카드 사용의 일시정지 또는 카드사와 회원 사이의 카드이용계약(이하 '계약'으로 약칭함)의 해지를 통보할 수 있습니다.

1. 입회신청서의 기재사항을 허위로 작성한 경우
2. 카드사용 대금을 3회 연속하여 연체한 경우
3. 이민, 구속, 사망 등으로 회원의 채무변제가 불가능하거나 현저히 곤란하다고 판단되는 경우

② 회원은 카드사에 언제든지 카드사용의 일시정지 또는 해지를 통보할 수 있습니다.

③ 본인회원은 가족회원의 동의 없이 가족회원의 카드사용의 일시정지 또는 해지를 통보할 수 있습니다.

④ 제1항부터 제3항의 일시정지 또는 해지는 상대방에게 통보한 때 그 효력이 발생합니다.

제○○조(카드사의 의무 등)

① 회원이 최종 사용일로부터 1년 이상 카드를 사용하지 않은 경우 카드사는 전화, 서면, 전자우편(e-mail), 단문메시지서비스(SMS), 자동응답시스템(ARS) 등으로 회원의 계약 해지의사를 확인하여야 합니다.

② 제1항에 의해 회원이 전화, 서면, 전자우편, 단문메시지서비스, 자동응답시스템 등으로 해지의사를 밝히면 그 시점에 계약이 해지됩니다.

① Q : 카드를 별로 사용하지 않아 해지하려 합니다. 바로 가능한가요?
A : 가족의 동의 없이 일시정지 또는 해지를 하실 수가 없습니다.

② Q : 카드를 발급받고 사용 안 한 지 1년이 넘었습니다. 자동으로 해지가 되는 것인가요?
A : 먼저 전화나 서면, 전자우편 등으로 계약해지 의사를 확인한 후에 해지가 가능합니다.

③ Q : 카드를 잠시 일시정지해 두려고 합니다. 가족회원인데 가능합니까?
A : 회원님께서는 언제든지 신청만 하시면 가능합니다.

④ Q : 카드 사용대금을 2, 3월 연체했고 6월에 연체가 된 적이 있어요. 혹시 이것 때문에 해지될 수 있나요?
A : 사용대금을 3회 연체하셨더라도 연속으로 연체된 것이 아니므로 괜찮습니다.

58 다음은 가계대출 상품의 유의사항 일부분이다. 다음 진술 가운데 유의사항을 제대로 파악하지 못한 것은?

〈대출기한 전에 채무를 상환해야 하는 경우〉

- 채무자인 고객소유의 예금, 담보부동산에 법원이나 세무서 등으로부터의 (가)압류명령 등이 있는 때 등
  ☞ 은행으로부터 별도 청구가 없더라도 모든 대출금(또는 해당 대출금)을 대출기한에 이르기 전임에도 불구하고 곧 상환하셔야 합니다.
- 대출기한에 이르렀거나 기한이익이 상실된 대출을 하나라도 상환하지 아니한 때 등
  ☞ 은행의 서면청구에 의해 모든 대출금(또는 해당 대출금)을 대출기한이 이르기 전임에도 불구하고 곧 상환하셔야 합니다.

■ 금리인하요구권

- 채무자인 고객은 본인의 신용상태에 현저한 변동이 있는 경우(직장의 변동, 승진, 자산의 증가, 부채의 감소, 은행의 우수 고객으로 선정 등)에는 증빙자료를 첨부한 금리인하신청서를 은행에 제출, 금리변경을 요구할 수 있습니다. 단, 은행의 CSS(신용평가시스템)평가결과에 따라서 금리인하가 되지 않을 수도 있습니다.
- 금리인하요구 대상여신 : 은행의 CSS에 따라 금리가 차등 적용되는 가계대출(담보 및 신용 대출)에 한합니다.

■ 개인신용정보의 제공·조회 및 연체정보 등록

- 개인신용정보 제공·조회
  ☞ 다음의 신용정보들은 한국신용정보원 「신용정보관리규약」에 따라 종합신용정보집중기관인 한국신용정보원에 제공, 집중, 활용됩니다.
  - 개인식별정보 : 성명, 주민등록번호, 직업
  - '연체 등' 정보 : 대출금 등의 연체사실
  - 신용거래정보 : 대출현황, 보증현황 등
- '연체 등' 정보 등록
  ☞ 대출원금, 이자 등을 3개월 이상 연체한 경우에는 3개월이 되는 날을 등록사유 발생일로 하여 그때로부터 10일 이내에 '연체 등' 정보거래처로 등록됩니다.
  ☞ 「신용정보관리규약」 개정으로 '연체 등' 정보 등록 기준이 변경될 수 있습니다.
  ☞ '연체 등' 정보가 등록되면, 금융거래제약 등 불이익을 받을 수 있습니다.

① 만일 가입고객이 개인 채무로 담보 제공한 집을 압류당했다면 대출기한이 만료되지 않았다고 해도 채무 상환을 요구할 수 있다.
② 고객이 직장에서 승진하여 이에 대한 증빙자료를 가지고 은행에 방문했다면 가입상품의 금리변경이 즉시 가능하다.
③ 대출원금, 이자를 연체하였더라도 2개월 안에 모두 상환했다면 '연체 등'이라는 정보등록 대상은 아니다.
④ 개인의 대출현황이나 연체사실은 한국신용정보원에 집중되고 활용된다.

59 제시된 내용은 ○○금융그룹에서 새로 출시한 신용대출 플랫폼인 'Ss-Loan'을 소개하는 보도자료의 일부이다. 이를 통해 알 수 있는 내용을 고르시오.

> ○○금융, 신용대출 플랫폼 'Ss-Loan' 출시
>
> ○○금융그룹은 그룹사가 통합해 고객에게 비대면 신용대출 서비스를 제공하는 'Ss-Loan' 플랫폼을 출시했다. 'Ss-Loan'은 은행, 카드사, 생명보험사, 저축은행 등 ○○금융그룹 4개 그룹사의 비대면 대출 상품들을 한도, 금리 등을 기준으로 조합해 고객별로 최적화된 상품패키지를 제공하는 플랫폼이다.
>
> 기존에는 대출이 필요한 고객이 은행, 카드 등 본인이 거래하는 여러 금융회사에 일일이 문의해 필요한 대출 한도와 금리 등을 조회하는 번거로움이 있었으나, 'Ss-Loan'에서는 휴대폰을 통해 본인인증 후 관련서류를 그룹사 중 한 곳에만 제출하면, 4개 사에서 각각 제공해 줄 수 있는 대출 최고한도와 최저 금리 등 결과를 즉시 확인할 수 있다.
>
> 또한 그룹사별로 추천된 상품을 조합해 대출 신청을 하는 것도 가능하다. 'Ss-Loan' 에 탑재된 '최적 조합' 기능을 활용하면 시스템에서 자동적으로 대출상품을 조합하여, 고객에게 가장 유리한 대출 포트폴리오를 추천하며, 대출 고객 본인이 직접 대출상품을 조합할 수 있는 또 다른 기능도 제공하고 있다.
>
> 또한 'Ss-Loan'에서는 대출 고객의 총부채 상환능력을 반영한 DSR(총부채원리금상환비율) 개념을 그룹 차원에서 도입, 상환능력에 기반한 대출 심사가 가능하도록 했다. 대출 고객은 상환능력에 따라 대출 한도, 금리 등에 있어서 차등 대우를 받게 된다. 상환능력이 좋을수록 대출 한도가 높아지고, 금리가 낮아지는 식이다.
>
> 이번에 출시된 'Ss-Loan'은 1) 취약계층 경력단절여성 재기지원 및 초등 돌봄 공동육아 나눔터 구축사업, 2) 저신용자 재기지원, 3) 위기가정 재기지원 사업에 이은 그룹 희망사회 프로젝트의 네 번째 사업이다. 'Ss-Loan'을 위해 ○○금융은 그룹 차원에서 고객에게 필요한 최적의 대출 상품을 제공할 수 있는 플랫폼 체계를 구축하기로 하고, 작년 11월부터 지주, 은행, 카드사, 생명보험사, 저축은행이 공동으로 One-Stop 중금리 대출 플랫폼 TF를 진행해왔다.

① ○○금융의 희망사회 프로젝트는 작년 11월부터 진행되었다.

② 기존에 그룹사별로 제공되던 대출 상품들은 더 이상 제공되지 않는다.

③ 고객 A의 상환능력이 고객 B보다 좋다면, 고객 A의 대출 금액이 더 많다.

④ 'Ss-Loan'을 이용하려는 고객이 ○○카드에 관련서류를 제출했다면, 다른 그룹사에는 별도로 제출하지 않아도 된다.

60 **아래 제시된 조항은 ○○보험사의 보험료 연체에 관한 조항이다. 이를 통해 판단했을 때, 4월분 보험료부터 납부하지 않은 J가 2018년 7월 16일에 납부해야 할 보험료와 연체금의 합계는 얼마인지 고르시오.**

제80조(연체금) ① 보험료 등의 납부의무자가 납부기한까지 보험료 등을 내지 아니하면 그 납부기한으로부터 1일이 경과할 때마다 체납된 보험료 등의 1천분의 1에 해당하는 금액을 가산한 연체금을 징수한다. 이 경우 연체금은 체납된 보험료 등의 1천분의 30을 넘지 못한다.

② 보험료 등의 납부의무자가 체납된 보험료 등을 내지 아니하면 납부기한 후 30일이 지난날부터 매 1일이 경과할 때마다 체납된 보험료 등의 3천분의 1에 해당하는 연체금을 제1항에 따른 연체금에 더하여 징수한다. 이 경우 연체금은 체납된 보험료 등의 1천분의 90을 넘지 못한다.

〈표〉 J의 보험료

구분	4월분	5월분	6월분
보험료	90,000	120,000	110,000
납부기한	2018.05.15.	2018.06.15.	2018.07.15.

① 325,460원 ② 326,520원
③ 327,110원 ④ 327,410원

[61~62] 다음 글을 읽고 질문에 답하시오.

〈개인형 퇴직연금(IRP)〉

노후준비를 위해 소득이 있는 누구나 여유자금을 적립하거나, 퇴직 또는 이직 시 받은 퇴직금을 수령·운영하기 위해 개인이 설정하는 퇴직연금제도

〈가입 및 운용방법〉

목적	여유자금 납입용	퇴직급여 수령용
가입대상	• 퇴직급여 일시금 수령자 • DC[1]·DB[2]가입 재직근로자 • 자영업자(영업점 방문필요) • 1년 미만 및 단시간 근로자 • 지역연금 가입자	퇴직금 수령(예정)자
납입한도	연간 1,800만 원 이내(타 연금저축계좌 합산)	퇴직금 수령액 범위 내[3]
적립금 운용방법	가입자가 적립금의 운용방법을 스스로 선정	
운용상품	원리금보장형(정기예금 등), 실적배당형 상품(펀드)	
연금수령요건	만 55세 및 가입기간 5년 유지 후 10년 이상 연금수령(퇴직급여가 있는 경우 만 55세 이후 연금수령 가능)	
중도해지	가능 (단, 일반해지시 세액공제 받은 원금과 총운용수익은 기타소득으로 과세)	

1. DC(확정기여형) : 퇴직연금을 근로자가 스스로 운용하는 것
2. DB(확정급여형) : 근로자의 퇴직연금을 회사가 운용하는 것
3. 퇴직금을 일시금으로 수령한 경우, 수령일로부터 60일 이내 수령액 범위 내에서 입금 가능

〈가입 시 장점〉

세액공제 최대 16.5%	• 타 연금저축계좌와 합산하여 연 700만 원 한도 세액공제가능, 최대 1,155,000(924,000)원 환급가능 • 세액공제율 16.5% (총급여 5,500만 원 이하, 종합소득 4,000만 원 이하) 13.2% (총급여 5,500만 원 초과, 종합소득 4,000만 원 초과) ※ 고소득자(종합소득 1억 원/총급여 1억2천만 원) 초과)의 연금저축 세액공제 한도 축소(400만 원 → 300만 원)
퇴직소득세 30% 절세	• 연금으로 수령 시 이연퇴직소득세의 70%만 과세 (일시금 수령시 기타소득세 15%를 부담)
재투자 효과	• 적립금 운용수익에 대한 원천징수 없이 재투자 (복리효과)

61 〈보기〉에서 적절한 사례를 모두 고르면?

보기

ㄱ. 현 직장의 확정급여형 퇴직연금에 매년 900만 원을 납입하고 있는 자영업자 A씨가 개인형 퇴직연금에 가입할 경우 추가 납입한도는 900만 원이다.

ㄴ. 전 직장에서 확정기여형 퇴직연금을 운용하여 손해를 입었던 B씨가 적립금의 운용방법을 바꿔야겠다고 판단하여 가입하였다.

ㄷ. 퇴직금으로 4,000만 원을 수령할 예정인 C씨가 기존에 운용하던 전 직장의 퇴직연금의 연간납입액과 합산하면 한도액인 1,800만 원을 초과하므로 가입을 포기하였다.

① ㄱ
② ㄴ
③ ㄱ, ㄴ
④ ㄱ, ㄷ

62 다음 중 〈보기〉에서 액수가 많은 순서대로 나열한 것은?

보기

ㄱ. 총급여가 5,000만 원으로 현 직장의 확정기여형 연금저축계좌에 매년 500만 원을 납입하고 있으며 여유자금을 개인형 퇴직연금에 매년 300만 원을 납입할 예정인 A의 절세금액.

ㄴ. 종합소득이 1억 2,000만 원으로 현 직장의 확정급여형 연금계좌에 매년 1,300만 원을 납입하고 있으며 여유자금을 개인형 퇴직연금에 매년 500만 원씩 납입할 예정인 B의 절세금액.

ㄷ. 퇴직연금 6,000만 원을 일시금으로 수령한 C의 기타소득세액과, 동일 액수의 연금을 연금으로 수령받을 경우의 절세액과의 차액.

① ㄱ, ㄴ, ㄷ
② ㄱ, ㄷ, ㄴ
③ ㄴ, ㄱ, ㄷ
④ ㄷ, ㄱ. ㄴ

63 **ㅇㅇ은행에 합격한 J는 입사 후 교육을 받는 중이다. 교육 도중 중소기업은행법이 존재한다는 사실을 알게 된 J는 이에 대해 공부하고 있다. 다음 중 J가 법령에 대해 이해한 내용으로 옳지 않은 것을 고르시오.**

> 제24조(임원)
>
> ① ㅇㅇ은행에는 임원으로 은행장, 전무이사, 이사 및 감사를 둔다.
>
> ② 은행장 및 감사는 각 1명으로 하고, 전무이사 및 이사의 정수(定數)는 정관으로 정한다.
>
> 제25조(임원의 직무)
>
> ① 은행장은 ㅇㅇ은행을 대표하며, 그 업무를 관할한다.
>
> ② 전무이사는 정관으로 정하는 바에 따라 은행장을 보좌하며, 은행장이 부득이한 사유로 직무를 수행할 수 없을 때에는 그 직무를 대행한다.
>
> ③ 이사는 은행장과 전무이사를 보좌하며, 정관으로 정하는 바에 따라 업무를 나누어 맡는다.
>
> ④ 은행장과 전무이사가 모두 부득이한 사유로 직무를 수행할 수 없을 때에는 정관으로 정하는 순위에 따른 이사가 그 직무를 대행한다.
>
> ⑤ 감사는 ㅇㅇ은행의 업무와 회계를 감사(監査)한다.
>
> 제25조의2(이사회)
>
> ① ㅇㅇ은행에 이사회를 둔다.
>
> ② 이사회는 은행장, 전무이사 및 이사로 구성한다.
>
> ③ 이사회는 ㅇㅇ은행의 업무에 관한 중요 사항을 의결한다.
>
> ④ 은행장은 이사회를 소집하고 그 의장이 된다.
>
> ⑤ 이사회는 구성원 과반수의 찬성으로 의결한다.
>
> ⑥ 감사는 이사회에 출석하여 의견을 진술할 수 있다.
>
> 제26조(임원의 임면)
>
> ① 은행장은 금융위원회 위원장의 제청으로 대통령이 임면(任免)한다.
>
> ② 전무이사와 이사는 은행장의 제청으로 금융위원회가 임면한다.
>
> ③ 감사는 금융위원회가 임면한다.
>
> 제27조(임원의 임기)
>
> ① 임원의 임기는 3년으로 한다.
>
> ② 임원에 결원이 생긴 경우에는 새로운 임원을 임명하되, 그 임기는 제1항에 규정된 기간으로 한다.

① 전무이사의 정수와 직무 내용은 정관으로 정한다.
② 경우에 따라서는 이사가 은행장의 직무를 대행할 수도 있다.
③ 감사는 이사회에 출석할 수 있지만, 구성원에 포함되지는 않는다.
④ 감사가 임기 중 2년만 채우고 그만두게 된 경우에, 새로운 감사의 임기는 1년이 된다.

64 **다음은 ○○은행에서 새롭게 진행하는 이벤트를 소개하는 〈보도자료〉의 일부이다. 이에 대해 바르게 이해하고 있는 사람을 고르시오.**

보도자료

〈○○은행 신용카드 결제계좌 대고객 이벤트 실시〉

○○은행은 7월 18일부터 7월 31일까지 ○○ 개인 신용카드 이용 고객을 대상으로 C포인트 증정 이벤트를 실시한다고 18일 밝혔다. 이번 이벤트는 타행결제계좌 이용 중인 고객이 N은행 결제계좌로 변경 시 응모 가능한 「끌림 이벤트」와 ○○은행 결제계좌 이용고객이 홈페이지 퀴즈에 응모하는 「감사 이벤트」를 동시 진행하며 중복 응모도 가능하다. 「끌림 이벤트」는 선착순 3,000명까지 응모 가능하고 두 가지 이벤트 모두 8월 중 결제대금 10만 원 이상 출금된 고객을 대상으로 포인트를 증정한다. 당첨고객에게는 ○○마트에서 상품을 구입하거나 ○○은행 금융 거래 시 이용 가능한 C포인트를 최대 5만 점까지 증정하며 C포인트는 1만 점 이상일 경우 현금 환급 신청도 가능하다. 당첨자 발표는 9월 중 ○○은행 홈페이지 공지 및 개별통보 예정이다.

이벤트와 관련된 자세한 내용은 ○○스마트뱅킹의 이벤트 페이지와 ○○인터넷뱅킹 홈페이지, 영업점 및 카드고객행복센터(1644－××××)에서 확인할 수 있다.

① 지우 : 「끌림 이벤트」에 응모하지 못하면, 「감사 이벤트」에도 응모할 수 없나봐.

② 새롬 : C 포인트는 현금으로 환급 받아야만 ○○마트에서 사용 가능한 것 같아.

③ 희수 : 이벤트와 관련된 자세한 내용을 확인하기 위해서는 ○○스마트뱅킹 이벤트 페이지에 꼭 방문해야 해.

④ 연우 : 「끌림 이벤트」도 「감사 이벤트」도 ○○은행 결제계좌를 가지고 있어야 응모할 수 있군.

65 다음은 ㅇㅇ은행에서 배포한 업무 협약과 관련된 〈보도자료〉의 일부이다. 이에 대해 해석한 내용으로 옳은 것을 고르시오.

보도자료

〈ㅇㅇ은행, 주택금융공사와 서민 주택금융 지원을 위한 업무협약 체결〉

ㅇㅇ은행은 2018년 7월 22일 주택금융공사와 서민 주택금융 지원을 위한 업무협약을 체결했다고 24일 밝혔다.

이번 협약을 통해 신혼부부 및 다자녀가구의 주거비 경감을 위한 전용 전세자금 대출상품인 『다자녀 전세대출』이 출시됐으며, 두 기관은 향후에도 금융상품 및 공동 연수프로그램 개발을 위한 T/F운영에도 합의했다.

이는 두 기관이 작년 9월 체결한 신혼부부 주거안정에 대한 협약의 범위를 다자녀가구까지 확대한 것으로 협약 체결과 동시에 전용상품인 『다자녀 전세대출』을 출시, 정부 국정운영과제 중 하나인 포용적금융의 영역을 확장해 그 의미를 더했다.

『다자녀 전세대출』은 지난해 10월 출시된 『신혼전세대출』과 함께 서민주거지원의 한 축을 이루는 ㅇㅇ은행의 전용상품으로, 미성년 자녀가 2명 이상이면 누구나 신청할 수 있도록 다자녀기준을 완화한 전세자금대출이다.

『다자녀 전세대출』은 임차보증금의 90% 범위 내, 최고 2억 원까지 대출이 가능해, 대출한도가 임차보증금의 70~80%인 기존 은행권의 유사상품들과 대비해 비교우위를 가지고 있다.

또한, 소득이나 주택면적 등과 관련한 별도 상한이 없어 소득 초과나, 면적 초과로 인해 기존 버팀목 전세자금대출을 받지 못한 미성년 자녀부양 가구에게도 새로운 대안이 될 것으로 기대된다.

이에 더해, ㅇㅇ은행은 기존 전세자금대출 대비 최대 0.25%의 우대금리를, 주택금융공사는 기존 보증료에 대해 추가 0.1% 감면혜택까지 제공하기로 해 서민가정의 부담이 한 층 더 경감될 예정이다. (6월 22일 기준, 적용가능 최저금리 2.85%)

① 이번에 체결한 ㅇㅇ은행과 주택금융공사의 업무 협약은 두 기관이 처음으로 체결한 협약이라는 점에서 의미가 있다.

② 다자녀가구의 주거비 경감을 위한 ㅇㅇ은행의 전용상품 『다자녀 전세대출』의 출시일은 2018년 7월 24일이다.

③ 『다자녀 전세대출』의 대출 요건을 만족하는 J의 임차보증금이 2억 2천만 원이라면, 대출금은 최대 2억 원까지 가능하다.

④ 『다자녀 전세대출』 이전 전세자금대출 상품의 다자녀 기준은 미성년 자녀의 수가 적어도 3명 이상일 것을 요구했을 것이다.

[66~68] 다음은 KB국민은행의 '내부통제' 관련 설명이다. 이어지는 물음에 답하시오.

가. 감사위원회의 기능과 역할

감사위원회는 내부통제시스템의 적정성 및 업무수행 프로세스의 효율성을 평가하며, 공표되는 재무정보의 신뢰성 평가를 통하여 은행경영의 투명성 및 안정성을 확보하고, 기업가치를 높이기 위한 개선안을 조언·권고하는 독립적인 경영감시기능을 수행함으로써 은행의 자산과 주주·고객의 가치를 보호합니다. 이러한 기능을 수행하기 위해 감사위원회는 독립적이고 전문성 있는 비상임 감사위원(사외이사) 3명으로 구성되어 있으며, 대내외 감사결과와 경영정보를 검토하고 조치사항을 확인하며, 은행의 전반적인 윤리강령과 법규의 준수 여부를 점검합니다. 또한 외부감사인의 선정 및 해임을 요청하고 외부감사인으로부터 정기적인 보고사항 청취와 의견 교환을 하고 있으며, 회계처리의 적정성에 대한 감사를 실시하며, 내부회계관리자로부터 내부회계관리제도 운영 실태를 보고 받고, 그 운영 실태를 평가합니다. 상임감사위원은 감사위원회의 위임을 받아 이사의 직무 집행을 감사합니다. 이를 위하여 경영진의 일상업무 집행에 대해 일상감사를 실시하고 내부감사조직의 업무를 통할하여 감사위원회의 기능이 효율적으로 작동되도록 합니다. 내부감사부서는 감사위원회의 보조기구로 상임감사위원의 통할 하에 본부부서, 영업점 등의 업무 전반에 대하여 일반감사, 특별감사 및 상시감사 등의 내부감사 업무를 수행합니다.

나. 내부감사부서 감사방침

- 비전
  - 은행의 질적 성장을 위해 함께하는 파트너
- 실천적 방법론
  - 새로운 리스크 환경에 효과적으로 대응하는 혁신적 감사체계 구축
  - 고객(금융소비자)을 최우선으로 보호하는 사전예방적 감사 운영
- 중점 추진 부문
  - 금융소비자보호 중심 감사
  - 디지털 환경 전환 관련 리스크 점검
  - 기능별 조직에 의한 건전경영 지원
  - 비대면 방식의 강화된 영업 감사
  - 감사 운영체계 Up-grade

다. 감사빈도

- 202×년 일상감사 : 사전감사 1,734건, 사후감사 1,430건, 계 3,164건
- 202×년 일반감사 및 특별감사 : 일반감사 900회, 특별감사 17회
- 202×년 상시감사 : 점검 건수 310,560건

66 내부감사부서에 대한 설명으로 바르지 않은 것은?

① 디지털 환경 전환과 관련된 리스크 점검을 추진하고 있다.
② 일상감사를 수행한다.
③ 상시감사를 수행한다.
④ 감사위원회의 보조기구이다.

67 다음 중 감사위원회의 역할이 아닌 것은?

① 대내외 감사결과 검토
② 은행의 법규 준수 여부 점검
③ 회계처리의 적정성에 대한 감사
④ 이사의 직무 집행 감사

68 다음 중 202×년 감사빈도에 대한 설명으로 바른 것을 〈보기〉에서 모두 고르면?

보기

ㄱ. 202×년 일상감사 중 사전감사는 사후감사보다 304건 더 수행되었다.
ㄴ. 202×년 일반감사는 특별감사 횟수의 60배 이상 수행되었다.
ㄷ. 202×년 상시감사는 일상감사 수행횟수의 90배 이상 수행되었다.

① ㄱ, ㄴ
② ㄱ, ㄴ, ㄷ
③ ㄱ, ㄷ
④ ㄴ, ㄷ

69 **다음은 KB국민은행이 공지하는 채권재조정 익스포저의 정의와 손상여부 판단방법에 대한 설명이다. 채권·채무조정이 적용되는 경우로 볼 수 없는 것을 〈보기〉에서 모두 고르면?**

> • 채권재조정 익스포저
>
> 가) 정의 : 채권·채무조정이란 채무자의 신용하락 또는 계속기업으로서의 존속가능성이 희박하게 되어 채무변제능력이 크게 저하되었을 때 당사자(채권자와 채무자)간의 합의나 법원의 결정에 따라 채무자의 부담완화를 공식화하는 구조조정방법을 말한다. 다만, 회생절차와 기업개선작업(외부 Work－out)을 제외하고 채권·채무조정에 의해 채권의 가치 감소(채권의 가치 감소는 원금, 잔존만기까지의 이자 및 관련수수료 등을 모두 고려하여 산출)가 5% 이하 경미한 경우는 채권·채무조정으로 보지 않는다. 채권·채무조정은 채무자의 재무적 어려움으로 인하여 채권자가 다른 상황에서는 고려하지 않았을 혜택을 채무자에게 부여하는 것이며, 그 혜택의 조건과 내용은 채권자와 채무자간의 합의 또는 법원의 결정 등의 방법으로 정해짐
>
> 나) 적용범위 : 당사자간의 합의 또는 법원의 결정에 따라 채권·채무의 원리금, 이자율, 만기 등 약정내용이 변경된 경우에 적용됨. 현행 시장이자율로 채무자가 다른 자금원으로부터 자금조달이 가능한 상황에서 채권자(당행)가 채무자와 관계를 유지할 목적으로 시장이자율의 하락 또는 위험의 감소를 반영하여 채권에 대한 유효이자율을 인하하거나 조건변경 등을 한 경우는 채권·채무조정에 해당하지 않는다. 또한, 당행이 채권의 형태로 하여 유가증권으로 보유하고 있는 투자자산의 경우에도 적용되지 않음
>
> * 익스포저(Exposure) : 리스크에 노출되어 있는 금액을 의미함. 노출된 리스크의 유형에 따라 시장리스크 익스포저, 신용리스크 익스포저 등으로 구분됨

보기

> ㄱ. 원금, 잔존만기까지의 이자 및 관련수수료 등을 고려하여 산출한 채권의 가치 감소가 5% 이하인 기업개선작업
>
> ㄴ. KB국민은행이 채권 형태의 유가증권으로 보유하는 투자자산
>
> ㄷ. 법원의 결정에 따라 채권·채무의 약정내용이 변경된 경우

① ㄱ, ㄴ

② ㄱ, ㄴ, ㄷ

③ ㄱ, ㄷ

④ ㄴ, ㄷ

70 다음은 KB국민은행의 대출거래약정서의 일부이다. 바르게 해석하지 못한 것을 〈보기〉에서 모두 고르면?

제1조(보증부대출) 본인이 귀행과 체결한 대출거래약정(이하 "대출약정"이라 한다)은 기금이 발급하는 신용보증서를 기초로 한 대출임을 확인하고 다음의 사항에 동의합니다.

제2조(대출이자 및 보증료의 계산) ① 본인이 귀행 및 기금에 매월 납부하여야 하는 대출원리금과 보증료를 합한 총 상환금은 대출원금에 대하여 대출이자율 __%과 보증료율 __%을 합한 율 __%을 적용하여 계산한 금액으로 합니다.

② 제1항에서 정한 바에 따라 본인이 귀행에 매월 납입하여야 할 대출원리금과 보증료를 합한 월 상환금을 매월 성실히 납부하기로 합니다.

제3조(보증료 납입) 본인은 대출약정에서 정한 매 회차별 대출원리금 상환시 기금에 납부하여야 할 보증료를 동시에 납부하기로 합니다.

제4조(기한전의채무변제의무) 은행여신거래기본약관 제7조 제2항 제2호에 불구하고 분할상환금 또는 분할상환원리금의 지급을 3회 이상 연속하여 지체한 때 채무자는 당해 채무의 기한의 이익을 상실하여 곧 이를 갚아야 할 의무를 집니다.

제5조(상환유예 및 만기연장) ① 본인은 정상상환하고 있는 중에 실직, 질병 또는 사고가 발생한 경우에는 귀행에게 최대 1년 이내의 기간에 대하여 상환유예 및 만기연장을 신청할 수 있습니다.

② 상환유예 기간 중에는 대출이자와 보증료만 납부하고 원금상환은 유예됩니다.

③ 귀행이 상환유예 결정을 통보한 때에는 기금에 별도로 통보하지 않더라도 기금의 신용보증 조건은 해당 상환유예 조건에 따라 자동으로 변경된 것으로 봅니다.

④ 제1항에도 불구하고 본인과 귀행 사이에 상환유예방법을 다르게 적용하기로 합의한 경우에는 그 방법에 따를 수 있습니다.

제6조(성실상환자 금리인하) ① 대출을 성실상환한 사람에게는 신용보증 기한에 따라 다음 각 호에 해당하는 보증료율을 추가로 감면할 수 있습니다.

1. 신용보증 기한이 3년인 경우 1년마다 3.0%포인트
2. 신용보증 기한이 5년인 경우 1년마다 1.5%포인트

② 제1항의 "대출을 성실상환한 사람"이란 대출기간이 1년을 초과하는 경우 매 1년 경과시점부터 과거 1년간 누적연체일수가 30일 이하인 사람을 말하며, 감면일 현재 연체 중인 경우는 제외합니다.

③ 제2항의 "매 1년 경과시점"을 계산할 때에는 제5조에 따른 상환유예 기간은 제외합니다.

제7조(추가약정의 효력) 이 추가약정서에서 정한 사항은 대출약정, 본인과 기금이 체결한 보증거래약정 및 귀행 또는 기금의 약관에 우선하여 적용됩니다.

제8조(보증료자동이체) 본인은 대출금 이자를 자동이체 방식에 의하여 납부하는 경우, 보증료를 대출원리금 자동이체 출금계좌에서 인출하여 수납처리 하여 줄 것을 신청 하며, 보증료 자동이체와 관련한 사항에 대하여는 대출은행의 자동이체 약관을 따르기로 합니다.

제9조(기타) 이 추가약정서는 본인과 귀행 및 기금을 대리한 귀행이 체결한 것입니다.

보기

ㄱ. 신용보증 기한이 5년이며, 3년 6개월 동안 상환유예 및 연체 없이 대출을 성실상환한 경우 보증료율의 4.5%포인트 추가 감면이 가능하다.

ㄴ. 질병으로 인한 상환유예를 적용받는 경우 원금, 대출이자, 보증료 납부가 결정된 기간만큼 유예된다.

ㄷ. 과거 1년간 분할상환금의 지급을 지체한 횟수가 총 3회 이상인 경우 채무자는 기한의 이익을 상실한다.

① ㄱ, ㄴ
② ㄱ, ㄴ, ㄷ
③ ㄱ, ㄷ
④ ㄴ, ㄷ

71 다음 중에서 소프트웨어 자체에 광고를 포함하게 하여, 사용자가 이를 보는 대가로 무료로 사용하는 소프트웨어는 무엇인가?

① 프리웨어(Freeware)
② 셰어웨어(Shareware)
③ 스파이웨어(Spyware)
④ 애드웨어(Adware)

72 컴퓨터 시스템을 차단하거나 저장된 데이터를 암호화하여 사용할 수 없도록 한 뒤 돈을 요구하는 악성 프로그램을 지칭하는 것은?

① 랜섬웨어
② 디도스
③ 스미싱
④ 오픈소스

73 다음 〈보기〉의 ㉠~㉡에 해당하는 용어가 바르게 연결된 것을 고르시오.

보기

(㉠) : 조직에서 운영하는 각각의 데이터베이스 시스템에서 의사결정에 필요한 데이터를 뽑아 내어 원하는 형태로 변환, 통합한 읽기 전용 데이터 저장소를 가리킨다.

(㉡) : 데이터베이스에서 필요한 정보를 추출하는 것으로, 기업 활동 과정에서 축적된 대규모의 데이터를 분석하여 다양한 의사결정에 활용된다.

	㉠	㉡
①	데이터 웨어하우스	데이터 마이닝
②	관계형 데이터베이스	데이터 마이닝
③	데이터 마이닝	데이터 웨어하우스
④	데이터 웨어하우스	관계형 데이터베이스

74 인터넷 망을 이용하여 전달되는 인터넷 트래픽에 대하여 데이터의 내용이나 종류를 불문하고, 이를 생성 혹은 소비하는 주체들을 차별없이 동일하게 취급해야 한다는 원칙을 가리키는 것은?

① 플랫폼 중립성
② 망 중립성
③ 인터넷 종량제
④ 제로 레이팅

75 다음 중 IPv6에 대한 설명으로 옳지 않은 것을 고르시오.

① 기존의 IPv4의 단점을 개선하기 위하여 개발된 IP 주소체계이다.
② IPv4가 32비트 주소체계인 것과 달리 IPv6는 64비트 주소체계이다.
③ IPv6 주소체계에서 주소의 각 부분은 콜론(:)으로 구분된다.
④ IPv6 주소체계에서는 인증, 데이터 무결성, 데이터 기밀성이 지원된다.

76 양자 컴퓨터 또는 양자 정보 시스템의 기본 단위로 고전 정보 시스템에서 사용되는 정보의 기본 단위를 양자의 세계로 확장한 것을 의미하는 용어는 무엇인가?

① 바이트(byte)
② 큐비트(qubit)
③ 제타 바이트(zeta byte)
④ 네오비트(neobit)

77 다음 〈보기〉의 법령 중 데이터3법에 해당하지 않는 것을 모두 고르시오.

보기

ㄱ. 개인정보 보호법
ㄴ. 공공데이터의 제공 및 이용 활성화에 관한 법률
ㄷ. 정보통신망 이용촉진 및 정보보호 등에 관한 법률
ㄹ. 신용정보의 이용 및 보호에 관한 법률
ㅁ. 공공기관의 정보공개에 관한 법률

① ㄱ, ㄴ
② ㄱ, ㄹ
③ ㄴ, ㅁ
④ ㄹ, ㅁ

78 머신러닝은 인공지능의 한 분야로, 인간의 학습 방법과 유사하게 컴퓨터에게 데이터를 주고 새로운 지식을 습득하게 하는 것을 의미한다. 이러한 머신러닝의 학습 유형으로 세 가지가 제시되는데, 〈보기〉의 (가)~(다)에 해당하는 학습 유형이 바르게 연결된 것을 고르시오.

보기

(가) 컴퓨터가 입력값만 있는 데이터를 통해 학습하여, 입력값들의 규칙을 찾도록 하는 학습 방법
(나) 주어진 상태에서 컴퓨터의 개별 행동에 대해 보상을 정해두고, 컴퓨터가 보상을 최대로 하는 행동을 선택하는 방식으로 성능을 향상시키는 학습 방법
(다) 입력값과 출력값이 있는 데이터를 학습시킨 후, 입력값에 맞는 출력값을 찾도록 하는 학습 방법

	(가)	(나)	(다)
①	지도 학습	비지도 학습	강화 학습
②	지도 학습	강화 학습	비지도 학습
③	비지도 학습	지도 학습	강화 학습
④	비지도 학습	강화 학습	지도 학습

79 다음 중 데이터에서 원하는 데이터를 뽑아 틀에 맞게 변환한 후, 적재하는 과정을 나타내는 용어는 무엇인가?

① CNN
② ETL
③ Annotaion
④ RNN

80 반정형 데이터는 정형 데이터와 비정형 데이터의 중간 형태로, 데이터의 형식 및 구조의 변경이 가능하다. 다음 중 반정형 데이터 유형에 속하지 않는 것은?

① HTML
② XML
③ RDF
④ CSV

상식 [81~100]

81 독점기업이 동일한 제품을 여러 가지 가격으로 판매하는 가격차별을 하는 경우가 있다. 이러한 현상에 대한 설명으로 가장 옳지 않은 것은?

① 독점기업이 기본료와 함께 사용료를 부과하는 이부가격제(two-part tariff)를 실시하면 소비자잉여가 독점기업으로 이전되어 이윤이 증가한다.
② 모든 개별 소비자의 지불용의가격을 알고 있다면, 독점기업은 완전가격차별을 실시하여 모든 소비자잉여를 독점기업의 이윤으로 차지하며, 이 경우 효율적인 자원배분이 이루어진다.
③ 재판매가 불가능해야 가격차별이 성립된다.
④ A소비자 집단의 수요가 B소비자 집단의 수요보다 더 가격탄력적이라면, 독점기업은 B소비자 집단보다 A소비자 집단에 더 높은 가격을 부과한다.

82 다음은 A국과 B국의 교역관계에 대한 보수행렬(payoff matrix)이다. 이에 관한 설명으로 옳은 것은? (단, 보수쌍에서 왼쪽은 A국의 보수이고, 오른쪽은 B국의 보수이다)

구분		B국	
	전략	저관세	고관세
A국	저관세	(250, 250)	(300, 100)
	고관세	(100, 300)	(200, 200)

① 내쉬균형은 2개이다.
② 내쉬균형에 해당하는 보수쌍은 (200, 200)이다.
③ 우월전략균형에 해당하는 보수쌍은 (100, 300)이다.
④ B국의 우월전략은 저관세이다.

83 **은행들은 대출 시에 기업에 대한 신용평가를 통해 신용등급이 낮은 기업에 대해서는 보다 높은 금리를 요구하고 신용등급이 높은 기업에 대해서는 상대적으로 낮은 금리를 적용한다. 그러나 신용등급이 낮은 기업에 대해서는 아예 대출을 거부하는 경우가 많다. 이러한 형태를 신용할당이라고 하는데 이처럼 은행이 금리를 높게 받기보다 대출을 거부하는 신용할당의 형태를 보이는 이유에 대한 설명으로 옳지 않은 것은?**

① 대출시장에서의 정보가 완전하다면 신용할당이 발생하지 않는다.
② 금리를 인상하는 경우 역선택이 발생하여 은행의 기대수익이 낮아질 수 있다.
③ 일정금리 이상을 요구할 때 안전한 투자를 선호하는 기업들이 투자를 포기할 가능성이 커진다.
④ 금리가 높아질수록 위험이 높은 기업들이 대출을 받게 되는 경향이 높아지는 것을 도덕적 해이(moral hazard)라고 한다.

84 **본원통화를 증가시키는 경우를 모두 고른 것은?**

ㄱ. 중앙은행이 법정지급준비율을 인하시키는 경우
ㄴ. 중앙은행이 통화안정증권을 매입하는 경우
ㄷ. 중앙은행이 시중은행에서 대출을 하는 경우
ㄹ. 중앙은행이 외환시장에서 외환을 매입하는 경우

① ㄱ, ㄴ
② ㄴ, ㄹ
③ ㄴ, ㄷ, ㄹ
④ ㄱ, ㄷ, ㄹ

85 다음은 어느 가상경제의 취업과 실업에 대한 조사결과인데, 관리상의 문제로 인해 데이터 분실이 발생하였다.

구분	데이터 값
생산가능인구	200명
비경제활동인구	40명
실업인구	40명
전체인구	분실
경제활동인구	분실
취업인구	분실

이러한 조사결과에 대한 다음 설명 중 옳은 것을 모두 고르면?

가. 경제활동인구 수는 80명이다.
나. 취업인구는 60명이다.
다. 경제활동 참가율은 80%이다.
라. 실업률은 25%이다.
마. 취업률은 60%이다.

① 가, 나
② 가, 마
③ 나, 다
④ 다, 라

86 한국이 미국에 자동차를 수출하고 미국으로부터 소고기를 수입한다고 하자. 다음 중 틀린 것은?

① 미국의 목축업자들은 무역을 함으로써 이익을 보고 한국의 목축업자들은 손해를 본다.
② 미국의 소고기 구입자들은 이익을 보게 된다.
③ 한국의 자동차 제조업자는 이익을 본다.
④ 무역을 통한 한국과 미국의 전체 이익이 전체 손실보다 클 것이다.

87 다음 글에서 설명하고 있는 개념들이 바르게 연결된 것을 고르시오.

(㉠) : 정보의 격차로 인하여 시장에서 품질이 낮은 상품이 선택되는 현상을 의미한다. 중고차 시장을 예로 들어 보자. 같은 모델이지만 성능이 좋은 A(2,000원)와 성능이 낮은 B(1,000원)가 있다. 그러나 사람들은 성능에 대한 정보를 알 수 없기 때문에 시장 가격은 평균인 1,500원에 형성이 된다. 이에 따라 A를 판매하려는 사람은 시장 가격에 불만을 품고 떠나기 때문에 시장에는 성능이 낮은 B만 남게 된다.

(㉡) : 정보를 가진 당사자가 가지지 못한 사람의 이익을 감소시키는 행동을 취하는 것을 의미한다. 화재 보험을 예로 들어 보자. 보험사는 보험 가입자가 적당한 주의를 기울일 것으로 예상하고, 보험료와 보험금을 책정한다. 그러나 보험에 가입한 이후 보험 가입자는 화재에 대한 주의를 게을리 하게 되어 화재 발생 확률을 높이게 되고, 이는 보험사의 이익을 감소시킨다.

	㉠	㉡
①	도덕적 해이	역선택
②	피셔 효과	역선택
③	역선택	피셔 효과
④	역선택	도덕적 해이

88 주식투자관련 시장가치비율에 대한 설명 중 틀린 것은?

① 주당순이익(EPS)은 주식 1주당 얼마의 수익을 창출하느냐를 나타낸 것으로 주당순이익이 크면 클수록 주식가격이 높다.

② 주가수익비율(PER)은 주가를 주당 순이익으로 나눈 것으로 주당순이익에 몇 배가 주가로 나타나는가를 나타내고 있다.

③ 주가매출액비율(PSR)은 기업의 순수한 영업활동의 결과인 매출액을 이용함으로써 주가수익비율의 약점을 보완하고 있다.

④ 주가수익비율(PER)이 높은 경우에도 주가현금흐름비율(PCR)이 낮으면 해당 주식에 대한 주가의 과대평가의 가능성이 높다.

89 다음 글에서 설명하고 있는 개념이 무엇인지 고르시오.

보험사의 모든 보험계약자가 동시에 보험금 지급을 요청했을 때, 보험사가 이를 제때 지급할 수 있는 능력을 수치화한 것으로, 보험회사의 자본건전성을 측정하는 지표이다. 금융감독원은 이 비율을 150% 이상으로 유지하도록 권고하고 있으며, 100% 미만으로 떨어지는 경우에는 자본금 증액을 요구하는 등 시정조치를 받게 된다.

① BIS 자기자본비율(BIS capital adequacy ratio)
② 지급 여력 비율(Risk－based Capital Ratio)
③ 이자보상배율(Interest Coverage Ratio)
④ 총부채상환비율(Debt To Income)

90 다음 글에서 설명하고 있는 개념이 무엇인지 고르시오.

제품이나 서비스를 판매하지 않고, 개인 혹은 기업으로부터 특허권(또는 지식재산권)을 취득하여 특허권 사용료를 받거나, 특허권을 침해한 기업에게 소송을 제기하여 막대한 이익을 얻는 기업을 말한다. 특허권 취득은 특허권만을 매입하거나, 특허권을 보유한 기업을 인수·합병하는 식으로 이루어진다.

① 페이퍼 컴퍼니
② 유니콘 기업
③ 사이버스쿼팅
④ 특허 괴물

91 은행에 입행하여 예금자에게 금융상품을 권유한다고 가정하자. 예금자에게 금융상품에 대한 설명을 위하여 알고 있어야 하는 배경지식과 거리가 먼 것은?

① 파생상품에 대한 투자를 권유하는 경우 기초자산 가격변동에 대한 이해가 있어야 한다.
② 다른 나라의 국채를 사는 경우 그 나라의 환율이나 경제성장률 등도 고려해야 한다.
③ 인덱스상품을 권유하는 경우 기초지수의 성격과 향후 흐름을 예측할 수 있어야 한다.
④ 예금자에게 펀드투자를 통하여 안전한 수익을 권유하기 위해 액티브 전략에 대해 학습한다.

92 **NDF거래에 대한 다음 설명 중 옳지 않은 것은?**

① 역내시장에서는 거래되지 않고 역외시장에서만 환투기 목적으로만 거래된다.
② NDF의 장점은 차액만을 결제한다는 것이다.
③ Non-deliverable Forward를 줄인 말이다.
④ 만기에 결정되는 결제환율과 기존에 거래한 NDF거래의 계약환율과의 차이를 주로 달러로 차액을 결제하는 선물환거래를 말한다.

93 **다음 제시된 글의 빈칸 ㉠과 ㉡에 들어갈 용어가 바르게 연결된 것을 고르시오.**

> 증권사의 애널리스트나 법인의 영업 담당 직원들이 제공한 서비스(기업 조사, 기업 분석, 종목 추천 등)에 대한 대가를 지급 받는 방식에는 직접 현금을 받는 (㉠) 방식과 수수료의 형태로 지급받는 (㉡) 방식이 있다.

	㉠	㉡
①	소프트 머니	하드 달러
②	하드 달러	소프트 달러
③	소프트 달러	하드 달러
④	하드 머니	소프트 달러

94 **다음은 탄력근로제에 대한 TV뉴스이다. 이에 대하여 잘못 알고 있는 사람은?**

> [앵커]
> 노동계와 사용자간에 첨예한 갈등을 빚었던 탄력근로제 단위기간을 6개월로 확대하기로 합의했습니다. 노사정 사회적 대화 기구인 경제사회노동위원회의 첫 사회적 합의입니다.
> 두 달 남짓 사회적 대화를 통해 서로 조금씩 양보했습니다.
> 합의 내용, 오현태 기자가 보도합니다.
>
> [기자]
> 대통령 직속 사회적 대화 기구인 경제사회노동위원회가 두 달 남짓 진통을 거듭한 끝에 탄력근로제 확대 문제에 대한 합의를 이끌어냈습니다. 탄력근로 기간을 현행 3개월에서 6개월로 늘리는 데 합의한 겁니다.
> 앞으로는 노사가 합의해 주당 평균 노동시간만 맞추면, 6개월 범위 안에선 근로시간을 자유롭게 정할 수 있습니다. 또, 3개월이 넘는 탄력근로는 노동시간을 일단 주간 단위로 정하고, 2주 전에만 하루 노동시간을 노동자에게 통보하도록 했습니다.
> 주 52시간 근로시간제를 지키려면 탄력근로제 단위기간을 확대해야 한다고 경영계가 주장해왔는데, 이걸 노동계가 받아들인 겁니다. 이에 대한 노동계 요구였던 건강권 보호와 임금 보전 문제도 합의안에 일부 포함됐습니다.
> 노동자에게 하루에 11시간 연속 휴식을 보장하도록 했는데, 밤 10시까지 야근을 했다면, 다음 날 아침 9시 전에는 출근하면 안된다는 뜻입니다. 또, 임금보전방안을 마련해 고용노동부에 반드시 신고하도록 했습니다. ○○ 뉴스 오현태입니다.

① 갑돌 : 유연근무제의 일종으로 특정 근로일의 근로시간을 연장시키는 대신 다른 근로일의 근로시간을 단축시켜 일정기간의 주 평균 근로시간을 맞추는 제도를 말한다.

② 을지 : 근로기준법에 따르면 법정근로시간을 초과하면 기업은 이에 따른 초과근무수당을 지급해야 하지만, 탄력적 근로시간제도에 따르면 전체 법정근로시간만 넘지 않으면 특정 기간에 근로시간을 늘려도 연장근로수당을 지급하지 않아도 된다.

③ 병달 : 노동자들의 과중한 근로를 방지해 노동자를 보호하자는 취지에서 만들어진 것이다.

④ 정진 : 노동자는 탄력근로제 단위기간이 6개월보다 긴 것이 더 유리하다.

95 다음은 최근 주식시장의 어떤 제도를 설명한 것이다. 괄호 안에 알맞는 제도는?

국민연금 등 기관투자가들이 기업을 상대로 (　　　)을/를 적극 행사하는 가운데 기업들의 반응은 각양각색이다. 한진그룹처럼 주주제안을 받아들이는 기업이 있는가 하면, 태평양물산(007980)처럼 거절의 의사를 표하는 기업도 있다. 전문가들은 (　　　)이/가 올해부터 본격적으로 시행된 만큼 시행착오를 겪는 과정이라고 볼 수 있다며 머지않아 기관투자가들과 기업 사이에서 적정수준의 접점을 찾아갈 것으로 전망했다.

- 한진·현대그린푸드 등 (　　　) 행사에 '화답'

올 들어 국민연금을 시작으로 기관투자가들의 (　　　) 행사가 활발해지면서 시장에서 영향력을 키우고 있다. 여기에 적극적으로 주주권을 행사하는 행동주의 펀드도 본격 활동에 나서면서 기업들도 속속 주주가치 제고에 나서는 모양새다.

(　　　)을/를 통한 제안을 적극 반영해 지배구조나 경영 개선에 나서는 기업도 나왔다.

앞서 한진그룹은 지난 13일 '한진그룹 비전 및 한진칼 경영발전방안'을 발표하고 대대적인 주주 환원정책을 발표했다. 여기에 사업구조 선진화와 지배구조 개선, 경영의 투명성 강화까지 약속했다. 시장에선 국민연금과 KCGI의 압박이 통했다고 보고 있다. 국민연금은 한진칼(180640)에 '이사가 회사 또는 자회사와 관련하여 배임·횡령죄로 금고 이상의 형의 선고가 확정된 때에는 결원으로 본다'는 내용의 정관 변경을 주주제안 했고, KCGI는 신규 감사와 이사 추천 등의 내용이 담긴 주주제안에 나선 바 있다.

① shadow voting　　② stewardship code
③ golden parachute　　④ poison pill

96 다음은 특수한 형태의 채권에 대한 설명이다. 옳게 짝지어진 것은?

㉠ 순수한 회사채의 형태로 발행되지만 일정 기간이 경과된 후 보유자의 청구에 의하여 발행회사의 주식으로 전환될 수 있는 권리가 붙어 있는 사채이다.
㉡ 채권자에게 일정기간이 경과한 후에 일정한 가격(행사가격)으로 발행회사의 일정수의 신주를 인수할 수 있는 권리, 즉 신주인수권이 부여된 사채이다.
㉢ 일정 수의 보통주를 일정가격에 살 수 있는 권한, 또는 같거나 비슷한 쿠폰금리의 고정금리채권을 살 수 있는 권한을 증권소유자에게 부여하는 증서를 말한다.

	㉠	㉡	㉢
①	BW	CB	warrant
②	CB	BW	warrant
③	warrant	CB	BW
④	CB	warrant	BW

97 밑줄 친 이것은 어떤 경제학 용어를 설명한 것인가?

> 이것은(는) 정부의 재정 지출이 갑작스럽게 줄거나 중단돼 경기가 급격히 위축되는 상황을 표현한 경제 용어입니다. 정부 지출이 갑자기 줄어들어 경제가 추락하듯 큰 충격을 받는다는 의미로 사용됩니다.
> 이 용어는 골드만삭스의 이코노미스트 알렉 필립스가 2011년 10월에 쓴 '수퍼위원회와 이것'이라는 보고서에서 처음 사용되었습니다. 익년부터 시행될 미 연방정부의 예산 감축과 각종 경기 부양책의 종료가 경제 회복에 찬물을 끼얹을 수 있다는 점을 경고하기 위한 것이었습니다. 미연방준비제도이사회(FRB) 전 의장인 버냉키가 하원 금융서비스 위원회에 출석해 이 용어를 인용하면서 널리 퍼지기 시작했습니다.

① 재정절벽　　② 셧다운
③ 긴축재정　　④ 테이퍼링

98 다음 글의 빈칸 ㉠~㉣에 들어갈 말이 바르게 연결된 것을 고르시오.

> 주식 가격을 주당순이익(EPS)으로 나눈 수치로, 현재 주가가 주당 순이익의 몇 배인지 나타낸다. PER가 (㉠) 주식은 주당 순이익보다 주가가 높으므로, 앞으로 주가가 (㉡)할 가능성이 크고, PER가 (㉢) 주식은 주당 순이익보다 주가가 낮으므로, 앞으로 주가가 (㉣)할 가능성이 크다고 해석한다.

	㉠	㉡	㉢	㉣
①	높은	하락	낮은	상승
②	높은	상승	낮은	상승
③	낮은	하락	높은	하락
④	낮은	상승	높은	하락

99 다음 글에서 설명하고 있는 개념이 무엇인지 고르시오.

> 공포를 느낄 정도로 어려운 상황에 처해 있다는 것을 갑작스럽게 깨닫게 되는 순간을 말한다. 특히 증권시장에서는 주가의 갑작스런 붕괴를 얘기할 때 이것을 사용한다. 2006년 폴 크루그먼(Paul Krugman)이 언급하였으며, 2020년 스티븐 로치는 COVID-19 쇼크를 이것에 비유하며 앞으로 이어질 경기 침체를 예견한 바 있다.

① 퀀텀 점프(Quantum jump)
② 슈퍼사이클(Super-cycle)
③ 에피데믹(Epidemic)
④ 코요테 모멘트(Coyote moment)

100 다음 글에서 설명하고 있는 개념이 무엇인지 고르시오.

> 1인 미디어의 급증으로, 각종 소셜 네트워크 서비스(SNS)를 통해 이루어지는 1인 마켓을 의미한다. SNS 활용 인구의 증가와 각종 온라인 결제 서비스의 발달과 함께 급증하고 있다.

① 니치 마켓(Niche market)
② 불 마켓(Bull market)
③ 플리 마켓(Flea market)
④ 세포 마켓(Cell market)

부록

정답과 해설

제1회 실전모의고사

01	①	02	③	03	②	04	①	05	④
06	②	07	②	08	③	09	①	10	④
11	②	12	①	13	②	14	④	15	③
16	①	17	③	18	④	19	②	20	③
21	③	22	③	23	④	24	④	25	②
26	④	27	④	28	②	29	②	30	②
31	①	32	③	33	②	34	④	35	③
36	③	37	③	38	③	39	②	40	①
41	②	42	④	43	③	44	④	45	③
46	④	47	③	48	①	49	④	50	④
51	③	52	③	53	②	54	④	55	④
56	③	57	②	58	③	59	④	60	④
61	③	62	②	63	④	64	②	65	③
66	③	67	③	68	④	69	①	70	②
71	②	72	④	73	①	74	③	75	②
76	①	77	①	78	③	79	③	80	④
81	④	82	②	83	②	84	④	85	③
86	④	87	④	88	②	89	③	90	④
91	①	92	①	93	②	94	③	95	②
96	①	97	②	98	④	99	②	100	①

직업기초능력평가 [1~40]

01

정답 ①

ㄱ. (×) 한국 정부는 2050 넷제로 선언을 하였지만(1문단 2문장) 유엔에서 하였다는 언급은 없다. 또한 온실가스 감축 목표를 제출하였지만(1문단 2문장), 감축 목표를 상향조정할지 여부는 제시문에 언급되지 않았다.

ㄴ. (×) 철강 등 고탄소 배출 업종은 '유의 섹터' 또는 '관심 섹터'로 지정될 계획이고(2문단 2문장), '집중관리 섹터'에는 발전·에너지 업종이 해당된다(2문단 1문장).

ㄷ. (○) 이행 리스크는 저탄소 경제로 이행(Transition)하는 과정에서 발생하는 금융 리스크를 의미한다(1문단 5문장). 탄소배출권 부담금 증가 등 탄소배출 관리 비용 상승으로 인한 부도 등으로 금융기관의 건전성이 악화되는 사례를 이행 리스크라고 볼 수 있다(1문단 4문장).

02

정답 ③

ㄱ. (○) 1문장을 보면, 머신러닝은 인공지능에 속하고 딥러닝은 머신러닝에 속한다. 딥러닝⊂머신러닝⊂인공지능이므로 딥러닝은 인공지능에 속한다.

ㄴ. (×) 3문장을 보면, 인공뉴런의 값은 활성화 함수를 통과하며 다음 인공뉴런에 전달할지 여부가 결정된다. 여기서 인공뉴런의 값은 이전 뉴런 값에 (가중치와 편차를 곱한 값이 아니라) 가중치를 곱하고 편차를 더한 값을 모두 합한 값이다.

ㄷ. (×) 7문장을 보면, 가중치와 편차의 값을 알 경우 (은닉층의 값이 아니라) 최종 뉴런의 값(y값)을 계산할 수 있다고 하였다. 가중치와 편차의 값을 알 경우 은닉층의 값을 알 수 있는지 여부는 제시문에 언급되지 않는다.

ㄹ. (×) 5문장을 보면, 입력층은 x값을 입력하는 단계인 첫 층이므로 1개의 층이고, 출력층도 y값이 출력되는 단계인 마지막 1개의 층이다. 입력층과 출력층 사이의 모든 층들을 은닉층이라고 하고(5문장), 은닉층의 개수를 정할 수 있으므로(8문장) 은닉층은 2개 이상일 수 있지만, 입력층은 2개 이상일 수 없다.

03

정답 ②

ㄱ. (×) 1문단 2문장을 보면, 2020년 12월 말 기준 KB바이오인증 서비스 가입고객이 235만 명이고, 이 중 몇 명이 자동화 기기 무통장 거래 경험을 하였는지는 알 수 없다.

ㄴ. (×) 1문단 1문장에서 KB국민은행의 모든 영업점 창구에 KB바이오인증 인프라를 구축하였으므로, 전 영업점 창구에서 해당 서비스를 받을 수 있다. 그러나 KB바이오인증의 연간 갱신 여부는 알 수 없다.

ㄷ. (×) 3문단을 보면 '통신비 보장보험', '피싱보험' 등이 리브모바일에서 출시되었다. '통신비 보장보험'은 질병, 재해 등으로 인한 후유 장해 발생 시 통신요금을 보

장해주는 상품이고, '피싱보험'은 피싱에 대한 금전 피해를 보상해주는 상품으로, '피싱 피해 발생 시 통신요금을 보장'받는 상품은 제시문에 언급되지 않았다.

04

정답 ①

ㄱ. (O) 'Case Study 1 – 영암 태양광발전사업' 2문장을 보면, 국민은행은 총 투자금액 3,370억 원 중 약 89.9%인 3,030억 원을 주선하였다.

ㄴ. (X) 'Case Study 2. 원동 풍력발전사업' 3문장을 보면, 국민은행은 사업 시행 전 약 35개월 동안 풍황 분석 데이터를 수집하였다. 4문장에서 전반적인 환경영향 평가와 지역사회 영향도 등의 ESG 리스크 평가도 실시하였다고 하였지만, 사업 시행 전 35개월 동안 실시했는지는 알 수 없다.

ㄷ. (X) 'Case Study 3. 솔라시도 태양광발전사업' 2문장을 보면 총 투자금액 3,440억 원 중 국민은행은 3,260억 원을 주선하였고, 4문장을 보면 총사업비의 일부를 주민 투자금으로 조달하였다. 그러나 제시문만으로는 주민의 투자금액을 알 수 없다.

05

정답 ④

ㄱ. (O) 민감도는 실제로 감염된 사람들 중 양성 반응을 보인 사람들의 비율이다. 따라서 실제 양성인 사람의 수와 양성 반응이 나온 사람의 수를 알아야 민감도를 구할 수 있다. 그런데 양성 반응이 나온 사람 중 실제 양성인 사람이 40명인 건 알 수 있지만, 음성 반응이 나온 사람 중 실제 양성인 사람의 수를 알 수 없으므로, 민감도는 알 수 없다.

ㄴ. (X) 특이도는 감염되지 않은 사람들 중 음성 반응을 보인 사람들의 비율이다. 검사자 100명 모두가 감염자로, 감염되지 않은 사람이 없으므로, 특이도가 5%라고 도출할 수 없다.

ㄷ. (O) 민감도는 실제로 감염된 사람들 중 양성 반응을 보인 사람들의 비율이므로, 실제 감염된 사람 20명 중 양성 반응을 보인 사람 5명의 비율은 (5/20) = 25%이다.

06

정답 ②

ㄱ. (X) KB금융그룹은 기후공동협약에 참여한 금융기관들이 공유하는 공동보고서 발간에 참여하였고(3문단 2문장), 책임은행원칙 이행 성과를 홈페이지를 통해 공시하고 있다(2문단 2문장). 그러나 책임은행원칙 이행 성과를 공동보고서를 통하여 발표했다는 내용은 제시문에 언급되어 있지 않다.

ㄴ. (X) KB금융그룹은 Net – Zero의 목표를 가진 글로벌 은행 간 리더십 그룹인 넷제로은행연합의 창립멤버이고(4문단 1문장), 기후공동협약에 가입되어 있다(3문단 1문장). 그러나 제시문에는 KB금융그룹의 기후공동협약 가입일자만 기재되어 있고, 창립멤버인지 여부는 알 수 없다.

ㄷ. (X) 4문단 3문장을 보면, KB금융그룹은 그룹의 온실가스 감축 목표를 수립하고 투명하게 공시할 예정이다. 그러나 공동보고서를 통해 지속적으로 공시하고 있다는 내용은 제시문에 언급되어 있지 않다.

07

정답 ②

ㄱ. (X) 1문단 2~3문장을 보면, 'rem'은 방사성 물질에서 나오는 방사선 양을 측정하는 단위가 아니라, 인체에 미치는 방사선 피해 정도를 측정하는 단위로, 체중 1g당 감마선 입자 5천만 개가 흡수된 양을 의미한다.

ㄴ. (X) 2문단 마지막 문장을 보면 방사선의 치사량은 1,000rem 정도이다. 이 양의 8%인 80rem(100rem 미만)으로 피해를 입는다면 별다른 증상이 없고(2문단 1문장), 20%인 200rem 정도로 피해를 입을 때 구역질이 난다(2문단 5문장).

ㄷ. (X) 1문단 3문장을 보면, 체중이 40kg인 사람이 2조 개의 감마선 입자를 흡수한 경우가 1rem이므로, 400조 개는 200rem에 해당한다. 문턱효과는 피폭량이 100rem 미만일 때 가능하고(2문단 1~4문장), 200rem인 경우에는 머리카락이 빠지기 시작하고, 몸에 기운이 없어지며 구역질이 난다(2문단 5문장).

08

정답 ③

① (O) 다섯 번째 문단에서 지난 7년간 누적된 20조 원의 적립금을 쌓아두지 말고 보장성(혜택) 확대에 사용할 것을 지속적으로 요구해 왔다고 하였다.

② (O) 세 번째 문단에서 자산 감소 및 부채 증가에 따라 부채비율은 2019년 74.2%에서 2023년 132.9%까지 늘어난다고 하였다.

③ (X) 자산 감소 및 부채 증가에 따라 부채비율도 늘어나는데, 이는 급격한 고령화와 건강보험 보장성 확대 계획 등에 따른 것이라고 하였다.

④ (○) 일곱 번째 문단에서 향후 5년간 적립금을 활용해 보장성을 확대하게 되면, 자산은 감소하고 부채는 증가하게 되지만, 이는 계획된 범위 내의 변동이라는 것이 공단의 설명이었다.

09 정답 ①

① (○) 제8조 제2항에 따라 공익신고접수센터는 준법지원부 안에 있는 윤리상담신고센터와 통합하여 운영된다.
② (×) 제9조 제1항에 따라 상담은 공익신고접수센터 외의 장소에서 할 수 있다.
③ (×) 제10조 제1항 제2호에 제시되어 있는 내용이다.
④ (×) 제10조 제2항과 제3항에 대한 내용이다. 안내문의 제공이 방문 접수자에 한정된다는 내용은 제시되어 있지 않다.

10 정답 ④

① (×) 세 번째 문단에서 범죄를 저지르지 않은 소년까지도 사법의 대상으로 하는 소년사법의 근거가 국친 사상이라고 하였다. 따라서 국친 사상이 소년사법의 대상 범위를 축소하는 철학적 기초라는 것은 적절하지 않다.
② (×) 세 번째 문단의 첫 부분을 보면, 범죄를 저지르지 않은 소년까지도 사법의 대상으로 하는 점에서 성인사법과 구별된다고 하였다. 이에 따라 성인범은 저지르지 않은 범죄에 대해서는 처벌받지 않는다는 것을 알 수 있다.
③ (×) 두 번째 문단의 첫 부분을 보면 우리나라의 소년사법 역시 나이에 따라 세 그룹으로 구분하여 범죄 의도 소유 능력과 형사책임 여부를 결정한다. 다만 나이 기준이 영국과는 다를 뿐이다. 촉법소년은 '10세 이상 14세 미만'이고, 범죄 의도를 소유할 수 없는 것은 '9세 이하'이다.
④ (○) 두 번째 문단을 보면, '10세 이상 19세 미만'의 소년 중 장래에 범법행위를 할 우려가 있는 소년은 우범소년으로 규정하여 소년사법의 대상이 된다.

11 정답 ②

전반적으로 알고리즘이 인간 결정을 대신하는 것이 많은 문제를 가지고 있지만, 인간 스스로 결정하는 것보다는 나을 것이라는 것이다. 특히 빈칸 앞부분에 "민주주의는 세상에서 가장 나쁜 정치 체제다. 다른 모든 체제를 제외하면."이라는 인용구를 배치한 후 이와 비슷한 결론을 내릴 수 있다고 하였으므로, 이와 비슷하면서도 중심내용을 강조한 ②번이 정답이라는 것을 알 수 있다.

12 정답 ①

첫 번째 실험에서 말벌들은 둥지가 아닌 솔방울이 배치된 쪽으로 날아갔다. 이를 통해 말벌들은 솔방울에 의존하여 둥지를 찾는다는 것을 알 수 있다.
또한 두 번째 실험에서 삼각형으로 배치된 솔방울이 아니라 원형으로 배치된 돌멩이 쪽으로 날아갔다. 이를 통해 말벌들은 물체의 재질이 아니라 물체가 배치된 모양에 의존하여 위치를 찾는다는 것을 알 수 있다.
두 가지 실험 결과를 통해 말벌들이 물체의 모양에 의존하여 방향을 찾는다는 결론을 내릴 수 있다.

13 정답 ②

작년 기준 남성 직원의 수는 $450\times0.7=315$명, 여성 직원의 수는 $450\times0.3=135$명이었다. 올해 총 직원은 540명이 되었고, 남성 직원은 $540\times0.6=324$명, 여성 직원은 216명이 되었다. 여성 직원의 수는 81명 증가하였다.

14 정답 ④

맞힌 문항의 개수가 틀린 문항 개수의 3배이므로, 맞힌 문항의 개수를 $3X$, 틀린 문항의 개수를 X라 하자. 점수를 도출하기 위해서는 각 문항 수에 배점을 곱해야 한다. 따라서 $15X-2X=130$이 된다. 틀린 문항의 수 $X=10$이므로, 맞힌 문항의 수는 30이 된다. 따라서 총 문항 수는 40개이다.

15 정답 ③

40km/h로 달린 거리는 전체의 20%인 6km이고, 시속 60km/h로 달린 거리는 나머지의 50%라고 하였으므로, 나머지 24km의 절반인 12km이다. 그리고 남은 12km를 80km/h의 속도로 달렸다.

40km/h로 달린 시간은 $\frac{6}{40}=0.15$시간(9분)이고, 60km/h로 달린 시간은 $\frac{12}{60}=0.2$시간(12분), 80km/h로 달린 시간은 $\frac{12}{80}=0.15$시간(9분)이다. 시간 합계는 30분이다.

16

정답 ①

ㄱ. (O) 서울과 경인교육대학교의 교육 공무원 합은 351명이다. 전체 교육 공무원이 1,399명이므로, 비중은 약 25.1%이다.

ㄴ. (O) 경인교육대학교가 유일하게 30% 이상이고, 나머지는 30%에 미치지 못한다.

ㄷ. (×) 교육 공무원의 수가 가장 적은 곳은 청주교육대학교(107명)이다. 청주교육대학교의 별정직 공무원은 42명으로, 41명인 전주교육대학교보다 많다.

ㄹ. (×) 교육 공무원과 별정직 공무원의 격차가 가장 큰 대학교는 대구교육대학교(114명)이다. 대구교육대학교의 공무원 합계는 210명으로, 경인교육대학교(273명), 서울교육대학교(214명)에 이어 세 번째로 많다.

17

정답 ③

ㄱ. (×) 2019년 수도권 대학 지원액이 총 지원액의 절반이 넘는 부처는 복지부가 유일하다. 따라서 복지부의 비율이 가장 높다.

ㄴ. (O) 교육부의 지방 대학 지원액 격차는 491, 미래부는 835, 산자부는 86, 고용부는 285, 복지부는 104이다. 미래부가 가장 크다.

ㄷ. (O) 전체 수도권 대학 지원액이 분모, 교육부의 수도권 대학 지원액이 분자가 된다. 전체 수도권 대학 지원액은 2019년 40,767에서 약 1,800 정도 증가하여 증가율이 5% 미만이다. 반면 교육부의 수도권 대학 지원액은 2019년 29,451에서 약 1,500 정도 증가하여 증가율이 5%를 넘는다. 분자 증가율이 더 크므로, 비중은 증가했다고 판단할 수 있다.

ㄹ. (×) 수도권 대학 지원액이 감소한 부처는 산자부, 복지부 2곳이고, 증가한 부처는 교육부, 미래부, 고용부 3곳이다.

18

정답 ④

① (O) 경기도가 유일하게 A~E 정당 소속 국회의원이 모두 존재한다.

② (O) A 정당의 수도권 국회의원 비율은 약 33.6%($=\frac{16+6+21}{128}$), B 정당은 약 60.4%($=\frac{30+6+28}{106}$), C 정당은 50%($=\frac{1+0+1}{4}$), D 정당은 100%, E 정당은 약 28.6%($=\frac{1+0+1}{7}$)이다. E 정당이 가장 낮다.

③ (O) E 정당 소속 국회의원이 존재하는 지역의 국회의원은 158명($=48+18+8+6+52+11+15$)이다. 이는 A 정당 소속 전체 국회의원 128명보다 많다.

④ (×) A 정당 국회의원보다 B 정당 국회의원이 많은 지역은 서울, 광주, 대전, 경기도, 전라북도, 전라남도, 제주도, 세종시 8개이다.

19

정답 ②

① (O) B의 평균 반응성은 5.2이다. 따라서 평균 반응성이 큰 신약부터 순서대로 나열하면 D, B, A, C 순이다.

② (×) 신약별로 반응성 최댓값과 최솟값 격차를 구해보면, A는 4, B는 3, C는 4, D는 2이다. 반응성 격차가 가장 작은 신약은 D이다.

③ (O) 신약 B의 평균 반응성은 5.2이다. 이보다 높은 반응성을 보인 환자는 '가'와 '나' 2명이다.

④ (O) 실험대상자 '나'와 '라'의 반응성 차이를 구해보면, A는 4, B는 3, C는 2, D는 1이다. 가장 큰 것은 A이다.

20

정답 ③

ㄱ. (×) 2차 시험 지원자는 1차 시험 합격자와 1차 시험 면제자의 합계이다. 따라서 2차 시험 지원자에서 1차 시험 합격자를 차감하면, 1차 시험 면제자를 구할 수 있다 2019년의 1차 시험 면제자는 362명, 2020년 1차 시험 면제자는 452명으로 90명 증가하였다.

ㄴ. (O) 40%를 기준으로 보면, 2019년이 유일하게 40% 미만이므로 2019년의 비율이 가장 낮다고 판단할 수 있다.

ㄷ. (×) 2020년의 합격률은 10% 미만이고, 2018년의 합격률은 3%를 넘는다. 따라서 합격률 차이는 7%p 미만이다.

ㄹ. (O) 2016~2020년의 응시자 합계는 11,654명($=2,113+2,833+2,005+1,853+2,850$)이고, 같은 기간 합격자 합계는 617명($=75+122+70+67+283$)이다. 합격률은 약 5.3%로, 5% 이상이다.

21

정답 ③

ㄱ. (×) 다른 해에는 모두 비어선의 인명 피해가 비어선 해양사고 발생 건수의 10%를 넘지만, 2019년과 2020년에는 10%에 미치지 못하므로, 1건당 인명 피해가 0.1명 미만이다.

ㄴ. (O) 합계에 0.3을 곱하여 비어선 발생 척수와 비교한다. 비어선 발생 척수의 비중은 2017년 약 32.7%(=943/2,882), 2018년 약 32.2%(=955/2,968), 2019년 약 34.8%(=1,140/3,274), 2020년 약 34.1%(=1,204/3,535), 2021년 약 35.4%(=1,082/3,053)로 매년 30% 이상으로 나타난다.

ㄷ. (O) 2017~2021년 전체 해양사고 인명 피해는 2,590(=523+455+547+553+512)명이고, 어선 인명 피해는 1,972(=352+303+450+451+416)명이다. 비율은 약 76%로, 80% 미만이다.

ㄹ. (×) 발생 건수와 발생 척수는 모두 증가-증가-증가-감소로 동일하지만, 인명 피해의 경우 감소-증가-증가-감소이다. 2018년의 증감 방향이 다르게 나타나고 있다.

22

정답 ③

ㄱ. (×) 직원들의 운동 시간 합계는 3,100분(=100+600+800+1,000+400+200)이다. 이를 6명으로 나눈 결과는 510분(=8시간 30분) 이상이다.

ㄴ. (O) 운동 시간이 500분 이상인 직원은 B, C, D 3명이고, 그 중에서 홍보부 직원은 B, D 2명이므로 비율은 2/3이다. 전체 직원은 6명이고, 개발부 직원은 2명이므로 비율은 1/3이다. 전자는 후자의 2배이다.

ㄷ. (O) 부서가 개발부인 직원은 C, E이고, 개발부 외에 운동 시간이 800분 이상인 직원은 D이다. 전체 6명 중 3명이므로, 비율은 50%이다.

ㄹ. (×) 홍보부 직원들의 운동 시간 합계는 1,900(=100+600+1,000+200)분이고, 개발부 직원들의 운동 시간 합계는 1,200(=800+400)분이다. 전자는 후자의 1.5배 이상이다.

23

정답 ④

ㄱ. (O) 1과목과 2과목은 E가 D보다 높은 순위에 있으므로, E의 점수가 더 높다는 것을 바로 알 수 있다. 3과목의 경우도 D는 순위권 밖인데, E는 5위이므로 E의 점수가 더 높다고 판단할 수 있다.

ㄴ. (×) 세 과목 모두에서 5위 안에 든 학생은 E와 F 두 명이다. E의 점수 합계는 76점(=27+29+20)이고, F의 점수 합계는 80점(=29+22+29)이다. 점수 총합은 156점으로, 160점 미만이다.

ㄷ. (O) E의 점수 합계는 76점(=27+29+20)이고, K의 점수는 우선 1, 2과목 합계 53점(=30+23)에 3과목 결과는 0~19점이므로, 최소 53점에서 최대 72점이다. 따라서 점수 차이는 4점~23점이다.

ㄹ. (×) 1과목의 점수 합계는 137점(=30+29+27+26+25), 2과목은 125점(=29+26+25+23+22), 3과목은 124점(=29+28+25+22+20)이다. 결과를 비교하면 1과목>2과목>3과목이 된다.

24

정답 ④

ㄱ. (×) 필기와 면접 모두 3.5점을 초과하는 경우 '최우수'로 분류된다. 이를 만족하는 지원자는 A 1명이다.

ㄴ. (O) 둘 중 하나는 3.5 초과, 다른 하나는 3.0~3.5인 지원자를 '우수'로 분류하며, '최우수'와 '우수'에 모두 속하지 않는 지원자를 '보통'으로 분류한다. B와 D는 '우수', C와 E는 '보통'으로 분류된다. 지원자 수는 각각 2명으로 동일하다.

ㄷ. (×) "3.5 초과"와 "3.0~3.5", "3.0 이하"의 세 구간으로 나누어, 면접 시험의 점수 증가로 구간 변화가 가능한 지원자를 찾는다. 우선 A와 B는 "3.5 초과" 구간이므로, 면접 시험 점수가 증가해도 구간이 동일하다. 따라서 등급이 달라질 여지가 없다. 다음 C~E는 "3.0~3.5" 구간에 있으므로, 면접 점수 증가에 따라 등급이 달라질 여지가 있다. C는 "보통"에서 "우수"로, D는 "우수"에서 "최우수"로, E는 "보통"에서 "우수"로 등급이 달라질 수 있다. 따라서 등급이 달라질 수 있는 지원자는 3명이다.

ㄹ. (O) 우선 최우수는 점수가 올라도 최우수일 것이므로 계산 대상에서 제외한다. B는 필기 시험이 3.74가 되어, 필기와 면접 모두 3.5를 초과하므로, '최우수'로 등급이 달라진다. 같은 식으로 C는 필기 시험이 3.63이 되어 필기는 3.5 초과, 면접은 3.0~3.5 이므로 '보통'에서 '우수'로 등급이 달라진다. D는 이미 필기가 3.5를 초과하므로, 필기 시험 점수가 증가해도 등급에는 영향이 없고, E는 3.1에서 3.41이 되어, 동일하게 3.0~3.5 구간에 위치하므로 등급에 영향이 없다. 등급이 달라지는 지원자는 B와 C 2명이다.

25

정답 ②

ㄱ. (O) O형 혈액형 비율이 가장 큰 국가는 베트남, 필리핀 두 곳이고, A형 혈액형 비율이 가장 큰 국가는 일본, 프

랑스, 포르투갈, 스페인, 독일, 러시아 6곳이다. 후자는 전자의 3배이다.

ㄴ. (×) 제시된 국가 중 O형과 A형의 비율 차이가 가장 큰 국가는 필리핀(23%p)이고, B형과 AB형의 비율 차이가 가장 큰 국가는 베트남(26%p)이다.

ㄷ. (×) 아시아에서 A형 비율이 가장 큰 국가는 일본, 가장 작은 국가는 필리핀으로, 차이는 16%p(=38−22)이다. 유럽에서 A형 비율이 가장 큰 국가는 포르투갈, 가장 작은 국가는 러시아로, 차이는 17%p(=53−36)이다. 유럽의 차이가 더 크다.

ㄹ. (○) 대한민국의 O형 비율은 28%, A형 비율은 32%로 제시된 모든 유럽 국가들보다 작지만, B형 비율은 30%, AB형 비율은 10%로, 제시된 모든 유럽 국가들보다 크다.

26

정답 ④

갑은 A종목 2점, B종목 1점, C종목 2점, D종목 2점으로 총 7점을 얻는다.

을은 A종목 2점, B종목 3점, C종목 1점, D종목 3점으로 총 9점을 얻는다.

병은 A종목 3점, B종목 3점, C종목 2점, D종목 2점으로 총 10점을 얻는다.

정은 A종목 1점, B종목 1점, C종목 2점, D종목 2점으로 총 6점을 얻는다.

점수가 높은 순서로 나타내면 병−을−갑−정이다.

27

정답 ④

① (○) 전체 합격자는 440명(=152+105+150+33)이고, 전체 불합격자는 260명(=38+45+100+77)이다. 따라서 전체 응시자는 700명이고, 그 중 합격자가 440명이므로, 합격률은 60% 이상이다.

② (○) 전체 합격자 440명 중 강의를 수강하지 않은 응시자는 138명으로 비율은 약 31.4%이고, 전체 불합격자 260명 중 교재를 구매한 응시자는 83명으로 비율은 약 31.9%이다. 전자의 비율이 더 낮다.

③ (○) 교재를 구매하고 강의를 수강한 응시자는 190명(=152+38)이고, 이 중 합격자는 152명이므로 합격률은 80%이다. 반면 교재를 구매하지 않고 강의도 수강하지 않은 응시자는 110명(=33+77)이고, 이 중 합격자는 33명이므로 합격률은 30%이다. 차이는 50%p이다.

④ (×) 교재를 구매한 응시자는 330명(=152+38+105+45)이고, 강의를 수강한 응시자는 430명(=152+38+150+100)이다. 차이는 100명이다.

28

정답 ②

ㄱ. (○) 등록 누계는 12,000~15,000개까지 증가하고, 중앙행정기관은 1,500~1,700개까지 증가한다. 직접 계산하지 않아도, 매년 10% 이상임은 쉽게 알 수 있다.

ㄴ. (×) 2014년의 등록 누계는 2015년의 등록 누계에서 전년대비 증감을 차감하여 구할 수 있다. 즉, 2014년의 등록 누계는 12,252개(=12,894−642)이다. 2014년의 등록 누계와 2021년의 등록 누계 차이는 3,212개(=15,464−12,252)로, 3,200개 이상이다.

ㄷ. (○) 중앙행정기관과 시·도의 차이는 2015년 약 9,800에서, 2016년 약 10,200, 2017년 약 10,700, ... 2021년 약 12,000까지 매년 꾸준히 증가하고 있다.

29

정답 ②

주어진 내용을 기호화하면 다음과 같다.

A : 모자 ∨ 갈색 머리

B : 흰 양말 → 검은색 셔츠

C : 검은색 셔츠 → 빨간색 자켓

D : 갈색 머리 → 모자

E : ~검은색 셔츠 → ~모자

① (○) A는 ~갈색 머리 → 모자로 정리할 수 있다. A와 D를 함께 고려하면, 범인이 갈색 머리든 아니든 모자를 썼다는 결론이 도출되므로, 범인이 모자를 쓴 것은 반드시 참이라고 할 수 있다.

② (×) 갈색 머리와 연관된 진술은 A와 D이고, 이들의 진술은 각각 '갈색 머리 → 모자'와 '~갈색 머리 → 모자'로 정리할 수 있다. 이를 통해 모자를 반드시 썼다는 것은 알 수 있지만, 반드시 갈색 머리인지는 알 수 없다.

③ (○) E의 대우는 모자 → 검은색 셔츠이다. 앞서, 모자를 쓴 것이 반드시 참이라고 하였으므로, 검은색 셔츠를 입은 것 역시 반드시 참이다.

④ (○) 앞서 검은색 셔츠를 입은 것이 반드시 참이므로, C의 진술에 의해 빨간색 자켓을 입은 것 역시 반드시 참이 된다.

30

정답 ②

갑, 병, 정의 발언을 정리하면 다음과 같다.

갑 : 갑>정

병 : 병>갑

정 : 정>무

∴ 병>갑>정>무

을의 발언에 의하면 을의 도착은 3번째이므로, 5명의 도착 순서는 병>갑>을>정>무이다.

31

정답 ①

세 사람의 가위바위보 결과와 계산해야 할 점심 식대를 정리하면 다음과 같다.

	월	화	수	목	금
갑	바위	보	가위	가위	가위
을	보	바위	가위	보	가위
병	가위	바위	보	가위	바위

	월	화	수	목	금
갑	7,000	0	0	0	10,500
을	6,000	13,500	0	29,000	10,500
병	9,000	13,500	19,000	0	0

갑이 계산해야 할 점심 식대는 17,500원, 을은 59,000원, 병은 41,500원이다.

32

정답 ③

우선 발문에서 동아리 구성원이 20인 이상인 동아리라고 하였으므로, 병과 무는 계산할 필요가 없다.

갑 : 활동성 A등급 5만 원, 투명성 B등급 2만 원, 건전성 B등급 3만 원, 성과 A등급 4만 원이므로, 지원금 합계는 (5+2+3+4)×21명=294만 원이다.

을 : 활동성 C등급 1만 원, 투명성 B등급 2만 원, 건전성 A등급 5만 원, 성과 A등급 4만 원이므로, 지원금 합계는 (1+2+5+4)×24명=288만 원이다.

병 : 구성원 수가 20명 미만이므로, 계산하지 않는다.

정 : 활동성 A등급 5만 원, 투명성 A등급 4만 원, 건전성 C등급 1만 원, 성과 A등급 4만 원이고, A등급을 부여받은 항목이 3개이므로 2만 원을 추가하면, 지원금 합계는 (5+4+1+4+2)×32명=512만 원이다.

무 : 구성원 수가 20명 미만이므로, 계산하지 않는다.

기 : 활동성 A등급 5만 원, 투명성 C등급 0원, 건전성 C등급 1만 원, 성과 C등급 0원이고, C등급을 부여받은 항목이 3개이므로 10%를 차감하면, 지원금 합계는 (5+0+1+0)×35명×0.9=189만 원이다.

지원금의 합계는 294+288+512+189=1,283이다.

33

정답 ②

A~D를 연령대, 직업, 음료와 매칭하면 다음과 같다.

(A : ?, 커피×, 홍차×), (B : 40대 회사원, 홍차×), (C : 30대 회사원, 유리컵), (D : ?)

(? : 50대 주부, 커피, 종이컵), (? : 60대 사업가, 우유×)

A와 D가 50대 주부거나 60대 사업가인데, A는 커피를 마시지 않았으므로(상황2), 커피를 마신 50대 주부는 D이다. 따라서 남은 60대 사업가는 A이다. 커피와 홍차를 마시지 않은(상황2) A는 우유에도 마시지 않았으므로(상황1), A의 음료는 녹차이다. 이를 정리하면 다음과 같다.

(A : 60대 사업가, 녹차), (B : 40대 회사원, 홍차×), (C : 30대 회사원, 유리컵), (D : 50대 주부, 커피, 종이컵)

B와 C의 음료는 홍차거나 우유인데, B는 홍차가 아니므로(상황3) C의 음료가 홍차이다. 따라서 남은 우유는 B의 음료이다. 이를 정리하면 다음과 같다.

(A : 60대 사업가, 녹차), (B : 40대 회사원, 우유), (C : 30대 회사원, 홍차, 유리컵), (D : 50대 주부, 커피, 종이컵)

① (×) 우유를 마신 사람은 B이다.

② (○) 사업가 A는 녹차를 마셨다.

③ (×) D가 마신 음료가 종이컵에 담겨 있었다.

④ (×) 회사원 C는 홍차를 마셨다.

34

정답 ④

상황2를 보면 맨 앞은 F, 맨 뒤는 C이고, 상황4~5를 보면 F와 C 사이에 A-B-G 혹은 G-B-A가 잇달은 채로 들어간다. 상황3을 보면 G가 B의 뒷순위이므로, A-B-G가 확정된다. 상황3을 보면 D는 B의 뒷순위이고, 상황6을 보면 E는 A의 앞순위이므로, 팀원 7명의 연차 사용일수 순위는 F-E-A-B-G-D-C가 된다.

35

정답 ③

D와 E의 진술이 서로 모순 관계이므로 D의 진술이 거짓일 때와 E의 진술이 거짓일 때를 나눠서 생각한다.

경우1(D – 거짓, A/B/C/E – 진실)

경우1에서는 A와 E가 함께 사무실을 정돈했으며, B와 E가 강연회장을 세팅했음을 알 수 있다. 이때 각각의 진술에서 모순이 발생하지 않으므로, 경우1은 성립한다.

경우2(E – 거짓, A/B/C/D – 진실)

E의 진술이 거짓이라면, A에 의하여 A는 E와 사무실을 정돈한 것이 되어 결국 A, D, E가 함께 정돈한 것이 된다. 그러나 D는 E을 보지 못했다고 진술하므로 모순이 발생하므로, 경우2는 성립하지 않는다.

따라서 거짓을 말하는 사람은 D이다.

36

정답 ③

'a : 돈까스, b : 만두, c : 라면, d : 김밥'으로 기호화하여 제시문의 명제들을 정리하면 다음과 같다.

- a→~b (≡b→~a)
- c→b (≡~b→~c)
- ~a→d (≡~d→a)

이를 연결하면 ~d→a→~b→~c(≡c→b→~a→d)이다. 따라서 b→d는 항상 참인 진술이다.

① a→~c이므로, 항상 참인 진술이 아니다.

② a→~b이므로, 항상 참인 진술이 아니다.

④ ~d→a이므로, 항상 참인 진술이 아니다.

37

정답 ③

정보3에 의하면 '6연구부 – 2관리부'거나 '5연구부 – 1관리부'(정보3)이다.

1) '6연구부 – 2관리부'인 경우

설계부는 3층(정보4)이다. 전략부와 홍보부가 붙어 있지 않으므로(정보5) 홍보부는 1층이다. 이때 홍보부보다 아래인 영업부가 위치할 층이 없으므로, '6연구부 – 2관리부'인 경우는 성립하지 않는다.

2) '5연구부 – 1관리부'인 경우

설계부가 4층(정보4)이므로, 2, 4, 6층에 영업부, 전략부, 홍보부가 위치해야 한다. 정보2와 정보5를 보면 전략부 – 홍보부 – 영업부 순으로 높은 층에 위치하므로, 6전략부 – 4홍보부 – 2영업부이고, 이는 전략부와 홍보부 사이에 1개 이상의 층이 있다는 정보5도 충족한다. 층별 사무실을 정리하면 6전략부 – 5연구부 – 4홍보부 – 3설계부 – 2영업부 – 1관리부이다.

38

정답 ③

해설의 편의상 다음 그림과 같이 좌석에 기호 ㉠~㉥을 지정한다.

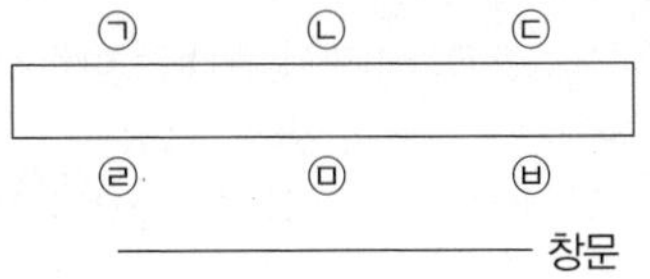

조건2에서 언급하는 거리가 가장 먼 좌석은 ㉠ – ㉥이거나 ㉢ – ㉣인데, 조건3에서 f는 창문을 등지고 앉아 있으므로, 'a㉠, f㉥'이나, 'a㉢, f㉣'이 가능하고, 두 경우를 각각 살펴보면 다음과 같다.

- 'a㉠, f㉥'인 경우

  ㉠과 ㉥이 채워진 상황에서 b와 e가 마주보려면(조건1) 둘은 ㉡이나 ㉤에 앉아야 한다. 조건3에서 d는 창문을 등지고 앉아 있는데 ㉥에는 f, ㉤에는 b나 e가 앉아 있으므로, d의 좌석은 ㉣이 된다. 남은 자리 ㉢은 남은 직원 c의 자리가 된다. 따라서 'a㉠, f㉥'인 경우 가능한 좌석배치도는 다음과 같다.

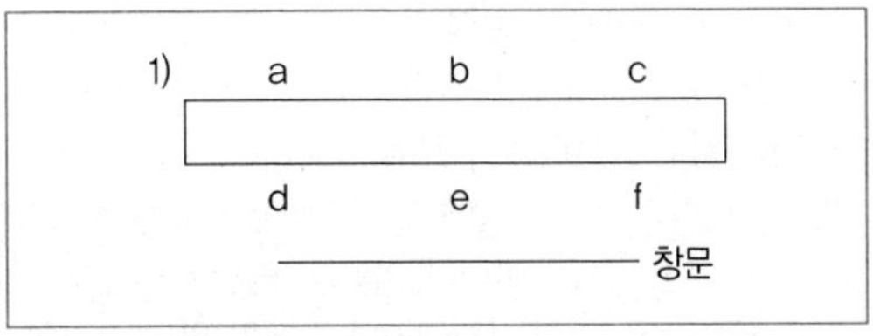

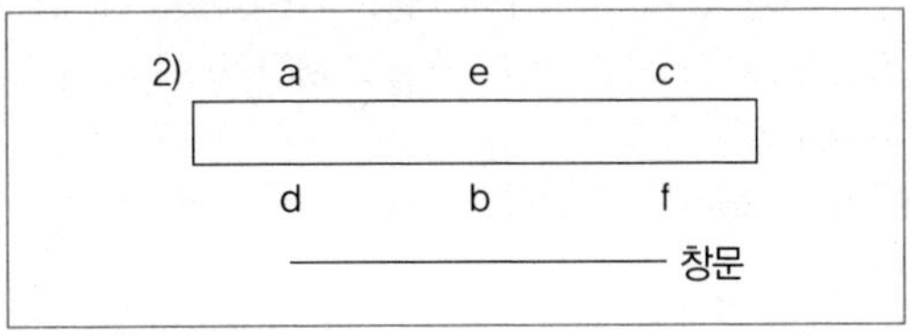

- 'a㉢, f㉣'인 경우

  위의 경우와 마찬가지로 b와 e는 ㉡이나 ㉤에 앉는다. ㉣에는 f, ㉤에는 b나 e가 앉아 있으므로, d의 좌석은 ㉥이 된다. 남은 자리 ㉠은 남은 직원 c의 자리가 된다. 이 경우 가능한 좌석배치도는 다음과 같다.

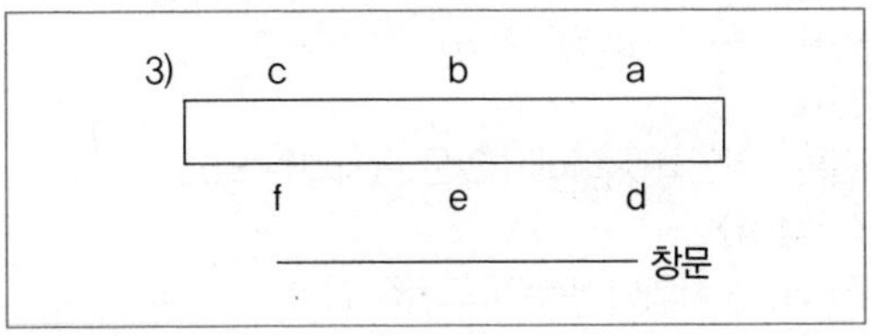

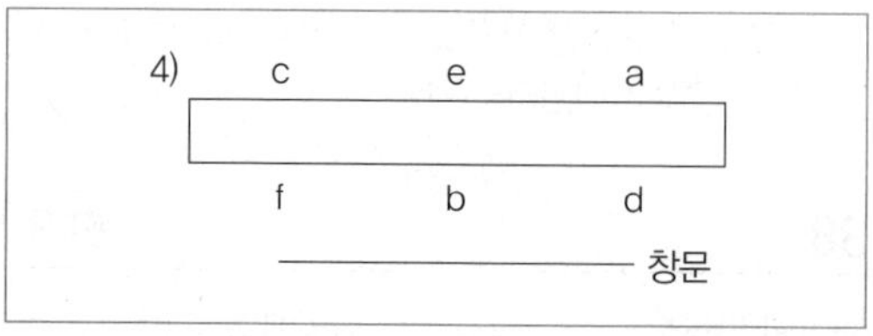

① (×) 좌석배치도 1)과 3)에서 b와 c는 나란히 앉아 있지만 2)와 4)에서는 그렇지 않다.
② (×) 좌석배치도 2)와 4)에서 a와 e는 나란히 앉아 있지만 1)과 3)에서는 그렇지 않다.
③ (○) 4개 좌석배치도 모두에서 c와 d의 거리는 가장 멀다.
④ (×) 4개 좌석배치도 모두에서 d와 e의 거리는 가장 먼 경우는 없다.

39

정답 ②

다경과 라경의 진술이 모순되므로 둘 중 한 명은 거짓을, 나머지 한 명은 참을 말하는 것이다. 또한 1명만 참을 말한다고 하였으므로 나머지 3명의 진술은 모두 거짓이다. 이를 고려하여, 경우1(가경/나경/다경 – 거짓, 라경 – 참)과 경우2(다경 – 참, 가경/나경/라경 – 거짓)로 나누어 판단하면 다음과 같다.
경우1에서 라경이 참을 말했을 경우 다경이 합격자다. 그러나 다경이 합격자가 되면 가경의 진술도 참이 되므로 4명 중 1명만 참을 말했다는 조건에 위배된다.
경우2에서 다경이 참을 말했을 경우 라경의 진술은 거짓이므로 다경은 합격자가 아니다. 4명 중 1명만 참을 말하였다는 조건을 충족하려면 나경의 말도 거짓이므로 라경은 합격자가 아니다. 또한 가경의 진술도 거짓이므로 가경은 합격자가 된다.
따라서 경우2에 따라 합격자는 가경, 참을 말한 사람은 다경이다.

40

정답 ①

조건 수정 전의 대화와 조건 수정 후의 대화를 각각 정리하면 다음과 같다.
〈수정 전〉
전제1 : 독자회원 일부가 도서전 참여
전제2 : Ⓐ
결론 : 강연회 참여하지 않은 독자회원 있음
〈수정 후〉
전제1 : 독자회원 일부가 도서전 참여
전제2 : 도서전 참여자는 모두 강연회 참여
결론 : Ⓑ
수정 전 대화가 성립하기 위해서는 도서전에 참여한 사람은 강연회에 참여하지 않았다는 조건이 추가되어야 한다. 따라서 선택지 중 이 명제의 대우에 해당하는 '강연회 참여자 중에는 도서전에 참여했던 사람이 없다'가 Ⓐ에 들어가야 한다.
수정 후 대화가 성립하기 위해서는 도서전에 참여한 독자회원 일부는 강연회에 참여했다는 전제들을 통한 결론(Ⓑ)으로 '독자회원 가운데 강연회 참여자가 있다'가 적절하다.

직업심화능력평가 [41~80]

41

정답 ②

① (×) 1. – 1)에 의하면 사망으로 회원의 채무 변제가 불가능한 경우 은행은 사유 발생 즉시 기한의 이익을 상실하였다는 사실을 서면으로 통지하여야 한다.
② (○) 1 – 3)에 의하면 회원의 채무불이행자 명부 등재 신청이 발생한 경우 은행은 회원에게 서면으로 1 – 3호의 사유 및 이에 따라 1 – 3호의 사유 발생 즉시 기한의 이익을 상실하였다는 사실을 함께 통지하여야 한다.
③ (×) 2. – 4)에 의하면 회원이 장기카드대출(카드론) 분할상환금 또는 분할상환원리금의 지급을 2회 이상 연속하여 지체한 경우, 회원은 당해채무의 기한의 이익을 상실하며, 곧 이를 갚아야 할 의무를 진다. 이 경우, 은행은 채무이행 지체사실과 이에 따라 기한의 이익이 상실된다는 사실을 서면으로 기한이익 상실일 7영업일 전까지 통지하여야 한다. 영업일은 은행의 영업 활동을 하는 날을 의미하므로, 회원의 기한이익 상실일이 2월 18일이라면 공휴일 등의 휴무일을 제외한 영업일만으로 7일 전까지 통지되어야 하므로 2월 11일보다 이른 날짜에 통지되어야 한다.
④ (×) 3. – 3)에 의하면 회원이 장기카드대출(카드론) 대금을 연체한 경우, 은행은 서면으로 변제, 압류 등의 해소, 신용의 회복 등을 독촉하고 그 사유가 해소되지 않을 경우 은행에 대한 모든 채무의 기한의 이익이 상실된다는 사실을 명시하여 통지하여야 한다. 통지 도달일로

부터 10일 이상으로 은행이 정한 기간이 경과하면, 회원은 은행에 대한 모든 채무의 기한의 이익을 상실하여 곧 이를 갚아야 할 의무를 진다.

42 정답 ④

• 예금평잔 1,500만 원 → 600점
• 가계대출 3,000만 원 → 900점

타 은행을 통한 급여 200만 원 이체 건수(영업점에서 창구등록하지 않은 경우) → 주2를 참고하면 0점임을 알 수 있다.

KB국민비씨카드 신용구매 결제금액 100만 원 → 60점
KB생명 보장성보험 총납입보험료 30만 원 → 18점
모두 합산하면 600 + 900 + 0 + 60 + 18 = 1,578(점)이므로 프리미엄스타 등급에 해당한다.

43 정답 ③

보증료는 보증금액×최종적용 보증료율×$\frac{\text{보증기간}}{365}$으로 계산하므로 먼저 각 구성요소를 확정하여야 한다.
보증금액은 100억 원, 최종적용 보증료율[= 1.2%(K6) + 0.2%p(보증비율 미충족) − 0.2%p(물가안정모범업소)]은 1.2%이고 보증기간은 73일이다. 따라서 보증료는 2,400만 원(= 100억×0.012×$\frac{73}{365}$)이다.

44 정답 ④

보증료는 보증금액×최종적용 보증료율×$\frac{\text{보증기간}}{365}$으로 계산한다. 각 회사들의 각 구성요소를 정리하여 보증료를 계산하면 다음과 같다.

ㄱ	보증금액	200억 원	
ㄱ	보증료율	2.3%	1.7(SB5) + 0.4(해지기준미충족) + 0.5(장기분할해지보증 해지미이행) − 0.1(전시대비) = 2.5% 대기업이므로 상한선은 2.3%
ㄱ	보증기간	0.2	$\frac{73}{365}$
ㄱ	보증료	9천2백만 원	200억×0.023×0.2
ㄴ	보증금액	100억 원	
ㄴ	보증료율	1.7%	1.5(K9) + 0.2(보증비율 미충족) = 1.7% 대기업이 아니므로 상한선은 2%
ㄴ	보증기간	0.6	$\frac{219}{365}$
ㄴ	보증료	1억 2백만 원	100억×0.017×0.6
ㄷ	보증금액	80억 원	
ㄷ	보증료율	1.4%	1.3(K7) + 0.4(일부해지기준 미충족) − 0.3(창업초기기업) 대기업이 아니므로 상한선 2%
ㄷ	보증기간	1	$\frac{365}{365}$
ㄷ	보증료	1억1천2백만 원	80억×0.014×1

따라서 보증료가 높은 순서대로 나열하면 ㄷ − ㄴ − ㄱ이 된다.

45 정답 ③

ㄱ. (×) 총 14개의 과목 중 2019년 대비 2020년 3분기에 금액이 감소한 과목은 9개, 증가한 과목은 5개로, 전자는 후자의 2배 미만이다.
ㄴ. (○) 현금 및 예치금과 당기손익의 합계는 2019년에 37,168,934(= 19,639,860 + 17,529,074)이고, 2020년 3분기에 37,362,102(= 17,612,711 + 19,749,391)이다. 2019년 대비 2020년 3분기에 증가하였다.
ㄷ. (○) 분모인 자산 총계는 증가하였고, 분자인 기타포괄손익은 감소하였으므로, 비중은 감소하였다고 판단할 수 있다.
ㄹ. (×) 2019년과 2020년 3분기 대출채권 금액 차이는 24,313,988(= 271,500,747 − 247,186,759)로, 2020년 3분기 기타자산 12,301,114의 2배 미만이다.

46 정답 ④

① (×) 우대금리 내용에 조건을 충족하는 경우 만기해지 시 해당 이율을 적용한다는 내용이 제시되어 있고, 중도해지금리도 고시금리를 기준으로 적용되므로, 중도해지 시에는 우대금리가 적용되지 않는다는 것을 알 수 있다.
② (×) 계약기간 2년의 고시금리는 1.42%이고, 계약기간 3년의 고시금리는 1.44%이다. 따라서 계약기간이 길수록 적용되는 고시금리가 낮아진다고 할 수 없다.

③ (×) 계약기간 2년의 고시금리는 1.42%이고, 납입기간 경과 비율이 30%인 경우의 중도해지금리는 고시금리의 20%이므로, 0.284%가 된다. 0.3% 미만이다.

④ (○) 입금일부터 1년이 지난 시점에 해지하는 경우 적용되는 금리의 최댓값은 계약기간 1년이면서 우대금리가 모두 적용되는 경우이다. 이때의 금리는 1.68%(=1.48+0.1+0.1)이다. 반대로 최솟값은 계약기간 3년인데, 입금일부터 1년이 지난 시점에 중도해지하는 경우로 이때의 금리는 계약기간 3년의 고시금리 1.44%에 납입기간 경과 비율에 따라 20%를 적용한 0.288%이다. 최댓값과 최솟값 격차는 1.392%p로, 1.5%p 미만이다.

47

정답 ③

주어진 정보를 정리하면 만기는 12개월, 월이율은 0.2%, 복리, 매월 납입금 20만 원이다. 처음 납부한 20만 원에는 이자가 12번 붙으므로, 만기에는 20만×$(1.002)^{12}$가 되고, 그 다음 달에 납부한 20만 원은 만기에 20만×$(1.002)^{11}$이 된다. 마지막 달에 납부한 20만 원에는 이자가 한 번만 적용되므로 20만×1.002가 된다. 이를 모두 더한 값은 초항이 20만×1.002이고, 공비가 1.002이며, 항이 12개인 등비수열의 합을 구하는 것과 같으므로, 등비수열의 합을 구하는 공식인 $\frac{a(1-r^n)}{1-r}$(a=초항, n=항의 개수)에 대입하여 결과를 구할 수 있다. $\frac{20\times1.002\times(1-1.024^{12})}{1-1.002}$ = $\frac{20\times1.002\times(1-1.024)}{-0.002}$=240.48이므로, 만기에 찾게 되는 금액은 2,404,800원이다.

48

정답 ①

① (○) 3억 원의 70%는 2억 1천만 원이다. 그러나 최대 2억 원까지 대출 가능하므로, 임차보증금이 3억 원인 경우의 최대 대출금액은 2억 원이다. 그리고 임차보증금이 1억 5천만 원인 경우 70%는 1억 5백만 원이므로, 최대 대출금액은 1억 5백만 원이다. 전자는 후자의 2배에 미치지 못한다.

② (×) 고정금리의 경우 3.42 중 1.86이고, 변동금리의 경우 3.45 중 1.93이다. 전자는 약 54.4%, 후자는 약 55.9%로, 후자의 비중이 더 크다.

③ (×) 3년을 초과하여 계약기간을 연장하는 것은 주소의 이전이 없는 경우에 가능하다.

④ (×) 대출금액이 5천만 원 이하인 경우 인지세는 발생하지 않지만 질권통지수수료는 발생한다.

49

정답 ④

① (○) 이전 연도 수치에 그것의 10%를 더하여 다음 연도 수치와 비교하면 증가율이 10%를 넘는지 넘지 않는지 쉽게 확인할 수 있다. 정확한 증가율을 도출하면 다음과 같다. 2014년 약 13.0%, 2015년 약 24.1%, 2016년 약 20.0%, 2017년 약 10.5%이다.

② (○) 요구불예금 중 보통예금이 차지하는 비중은 2013년 약 67.9%, 2014년 약 69.4%, 2015년 약 68.2%, 2016년 약 67.3%, 2017년 약 71.7%이다.

③ (○) 저축성예금에서 요구불예금을 직접 차감하여 구할 수도 있고, 저축성예금 증가액이 요구불예금 증가액보다 더 크면 격차가 커진 것으로 판단하는 방법도 있다. 연도별 격차를 정리하면 다음과 같다. 격차는 매년 지속적으로 커지고 있다.

	2013	2014	2015	2016	2017
저축성예금	8,964.1	9,282.8	9,727.1	10,276.3	10,744.4
요구불예금	970.4	1,096.5	1,360.8	1,632.9	1,805.0
격차	7,993.7	8,186.3	8,366.3	8,643.4	8,939.4

④ (×) 가계당좌예금, 보통예금, 별단예금은 '증가-증가-증가-증가'로 증감 방향이 매년 동일하게 나타나지만, 공금예금의 경우 '증가-증가-증가-감소'로 2017년에 다르게 나타난다.

50

정답 ④

① (×) 부가서비스는 신규 카드 출시 5년간 유지되며 부득이한 경우-제휴사의 폐업, 수익성 문제 등-를 제외하고는 마음대로 변경할 수 없다.

② (×) 취소 전표 접수 월 기준이므로 익월로 넘어가지 않는다.

③ (×) 포인트 산정에 관해서는 알 수 없는 진술이다.

51

정답 ③

① (○) 법 제18조 제2항 제4호

② (○) 법 제18조 제2항 제5호의2

③ (×) 같은 조항 제1호의 예외로, (금융투자업등록을 하려는 자라고 하더라도) 외국 투자자문업자 또는 외국 투자일임업자가 외국에서 국내 거주자를 상대로 직접 영업을 하거나 통신수단을 이용하여 투자자문업 또는 투자일임업을 영위하는 경우에는 적용하지 아니한다고 하였다.

④ (○) 법 제18조 제2항 제3호 나목, 시행령 제21조 제4항

52

정답 ③

① (×) 국민주택과 민영주택 각각의 청약 자격에 대해서는 상품 설명서에 언급된 바가 없다.

② (×) 관련세법이 개정될 경우에는 세율이 변경되거나 세금이 부과될 수 있다는 내용이 나타나 있으므로, 어떠한 경우에도 최초 세율이 계좌해지일까지 유지된다는 설명은 적절하지 않다.

③ (○) 가입대상에 전 금융기관을 통하여 1인 1계좌만 보유 가능하다는 내용이 언급되어 있다. 따라서 타 은행에 청약예금을 보유하고 있는 사람은 해당 상품에 가입할 수 없다.

④ (×) 분양전환되지 않는 임대주택에 당첨된 경우는 납입기간 제한에서 제외된다. 따라서 분양전환되지 않는 임대주택에 당첨되더라도, 해당 상품에 추가 납입할 수 있다.

53

정답 ②

ㄱ. (○) 제시된 혜택을 전혀 사용하지 않는 경우라면 연회비가 없는 체크카드가 더 유리하다고 볼 수 있다.

ㄴ. (×) 신용카드 추가 혜택이 없는 경우라도, 영화관의 경우 신용카드가 더 할인금액이 크기 때문에 혜택이 동일하다고 볼 수 없다.

ㄷ. (×) 한국산업단지공단 홈페이지에서 교통비 지원 사업에 관한 자세한 내용을 확인할 수 있는 것은 맞지만, 신청은 ○○은행 전국 영업점, 홈페이지, 카드 발급센터를 통해서 가능하다.

ㄹ. (○) 매월 1인당 최대 5만 원까지 지원받을 수 있고, 지원기간은 2018년에 7월부터 2021년 말까지 총 3년 6개월(=42개월)이다. 따라서 최대 지원금액은 210만 원이 된다.

54

정답 ④

신뢰도는 $\dfrac{\text{'안전 − 정상' + '위험 − 연체'}}{\text{총 판정건수}}$이므로

$$\frac{(360+160)+(180+180)}{360+140+120+180+160+40+20+180}=\frac{880}{1{,}200}$$

이다.

%로 계산하면 73.3%인데 대략적인 근삿값을 찾아야 하므로 선택지 중 75가 가장 근접한 값이다. 따라서 (가)에는 75가 들어가야 한다.

55

정답 ④

각 회의참석자들의 대화에 대한 정오를 판단하면 다음과 같다.

- 갑 과장 (○) 신뢰도가 80%이고 총 대출건수가 50건이라면 정확하게 판정을 내린 경우는 총 40건(=50×0.8)이다.
- 을 부장 (○) 신뢰도가 (가)%라면 75%이고, 이 경우 안전하다고 판정하는 건수는 안전 − 정상과 안전 − 연체인 경우를 합한 건수에 해당한다. 안전 − 정상인 경우는 30건(=40×0.75)이다. 정상인 대출건수가 40건이므로 연체인 대출건수는 10건이다. 위험 − 연체인 경우 7.5건(=10×0.75)이므로 안전 − 연체인 경우는 2.5건이다. 따라서 안전 판정을 받는 대출건수는 32.5건이다.
- 병 과장 (×) 을부장의 해설에서 확인할 수 있듯이 신뢰도가 75%인 경우 안전으로 판정하는 경우는 32.5건이다. 신뢰도가 80%인 경우를 계산해 보면 안전 − 정상인 경우는 32건(=40×0.8)이고 안전 − 연체인 경우는 2건(=10 − 10×0.8)이므로 34건이다. 따라서 신뢰도가 높아졌을 때 안전 판정을 받는 건수가 증가하는 경우도 있다.

56

정답 ③

① (○) 제7조 제1항 제3호에 의하면 증권으로 입금한 경우, 개설점에서 지급하여야 할 증권은 그 날 안에 결제를 확인한 때에 입금이 된다.

② (○) 제8조 제1항에 의하면 입금한 증권이 지급거절되었을 때 은행은 그 금액을 예금원장에서 뺀 뒤, 거래처가 신고한 연락처로 그 사실을 알려야 한다. 다만, 통화불능 등 부득이한 사유로 그 사실을 알릴 수 없는 경우에는 그러하지 아니한다.

③ (×) 제9조 제1항에 의하면 자기앞수표는 (제7조에 따라 예금이 된 날이 아닌) 입금일부터 지급일 전날까지의 기

간에 대하여 은행이 정한 이율로 이자를 셈한다.

④ (○) 제9조 제2항에 의하면 은행은 이율을 바꾼 때는 그 바꾼 내용을 영업점 및 인터넷 홈페이지에 1개월 동안 게시하여야 한다.

57

정답 ②

① (×) 제44조 제3항에 의하면 방송통신위원회는 타인에 대한 권리침해를 방지하기 위하여 기술개발·교육·홍보 등에 대한 시책을 마련하고 이를 정보통신서비스 제공자에게 권고할 수 있다.

② (○) 제44조의2 제6항에 의하면 정보통신서비스 제공자는 자신이 운영·관리하는 정보통신망에 유통되는 정보에 대하여 제2항에 따른 필요한 조치(침해사실 소명과 정보 삭제 요청에 따른 조치)를 하면 이로 인한 배상책임을 줄이거나 면제받을 수 있다. 따라서 해당 조치를 취하지 않은 경우 배상책임을 질 수 있음을 알 수 있다.

③ (×) 제44조의3 제1항에 의하면 정보통신서비스 제공자는 자신이 운영·관리하는 정보통신망에 유통되는 정보가 사생활 침해 또는 명예훼손 등 타인의 권리를 침해한다고 인정되면 임의로 임시조치를 할 수 있다. 이 경우 정보게재자와 피해자에게 선공지해야 한다는 규정은 제시문에서 찾아볼 수 없다.

④ (×) 제44조의4 제2항, 제3항에 의하면 정부는 청소년 유해정보가 정보통신망에 유통되지 아니하도록 모니터링 등 자율규제 가이드라인을 정하여 시행하는 정보통신서비스 제공자단체의 자율규제를 위한 활동을 지원할 수 있다.

58

정답 ③

전체 채무액을 각 채권자들에게 어떻게 나누어주는지에 대한 방식을 논하고 있다. 전체를 나누어주는지, 부분을 나누어주는지, 날짜는 연기되었는지에 주목하여 사례를 파악하면 된다.

59

정답 ④

① (○) 1. –2)의 첫번째 설명에서 언급된다.

② (○) 1. –2)의 두번째 설명에서 언급된다.

③ (○) 1. –2)의 세번째 설명에서 언급된다.

④ (×) 1. –2)의 네번째 설명에 의하면 임직원의 금융투자상품 매매거래와 관련하여 (공개정보가 아니라) 미공개 정보에 근거한 매매거래를 금지한다.

60

정답 ④

① (○) 2. –2)의 첫번째 설명에서 언급된다.

② (○) 2. –2)의 두번째 설명에서 언급된다.

③ (○) 2. –3)의 첫번째 설명과 세번째 설명에서 언급된다.

④ (×) 2. –3)의 두번째 설명에서 외부 의결권 자문기관에 대한 관리 및 평가를 주기적으로 실행한다고 하였으나, 의결권 행사 시 선행한다는 내용은 없다.

61

정답 ③

① (○) 제1조에 의하면 예금거래기본약관의 적용범위는 입출금이 자유로운 예금을 포함하며, 제4조에 의하면 입금할 때 바이오정보 등을 통해 본인확인된 경우 통장 없이 거래할 수 있다.

② (○) 제5조 제1항에 의하면 거래처는 거래를 시작할 때 비밀번호입력기(PinPad기)에 의하여 거래처가 직접 등록할 수 있으며, 거래처가 은행에 내점할 수 없는 경우 거래처는 개설된 예금의 첫거래 전에 은행이 정한 방법에 따라 전산통신기기를 이용하여 비밀번호를 등록하여야 한다.

③ (×) 제5조 제1항에 의하면 거래처가 은행에 내점할 수 없는 경우 거래처는 개설된 예금의 첫거래 전에 비밀번호를 등록하여야 한다. 하지만 제5조 제4항에 의하면 통장을 발행하지 않는 경우 은행은 거래처로부터 인감 또는 서명의 신고 절차를 생략할 수 있다.

④ (○) 거래처의 신청에 따라 은행이 특정계좌에서 자금을 출금하여 같은 은행 또는 다른 은행의 다른 계좌에 입금하는 것은 계좌이체를 의미하며, 제6조 제2항에 의하면 거래처는 현금이나 증권으로 계좌이체를 할 수 있다.

62

정답 ②

① (○) 제10조 제2항에 의하면 거래처가 무통장으로 거래하고 실명확인증표 등에 의해 본인확인된 경우 은행이 정하는 바에 따라 제1항에 따른 예금계약 해지 절차의 전부 또는 일부를 생략할 수 있다.

② (×) 제11조 제1항에 의하면 은행은 금융사고가 발생한 금융기관의 요청이 있는 경우 사고자금이 이체된 거래처의 계좌에 대하여 지체없이 지급정지를 취해야 한다.

③ (○) 제11조 제3항에 의하면 지급정지를 요청한 금융기관이 관련증빙서류를 첨부하여 서면으로 지급정지기간의 연장을 요청하는 경우 은행은 10영업일 이내에서 연장할 수 있다.
④ (○) 제11조 제4항에 의하면 은행이 제11조 제1항의 지급정지를 한 때에는 지체없이 거래처에 지급정지 사실과 이의신청 절차를 유선 또는 이와 상응하는 방법으로 통지하여야 한다.

63 정답 ④

① (○) 제4조 제1항의 내용에 따라 보험상품 판매담당자는 대출 등 불공정모집의 우려가 있는 업무를 취급할 수 없다.
② (○) 제4조 제3항에 따라 보험상품 판매담당자는 담당부서를 경유하여 금융감독원에 등록하여야 한다.
③ (○) 제4조 제4항에 따라 보험상품 판매담당자는 보험업법 시행령 제29조 제2항에 따른 보수교육을 실시하여야 판매가 가능하다.
④ (×) 제7조 제1항에 따라 보험계약과 관련된 민원은 은행과 제휴보험사에서 각각 접수하여 처리한다.

64 정답 ②

② (×) 제5조 제1항에 의하면 시간외 근무시간은 1일 4시간 주당 12시간을 초과할 수 없으나, 12시간만 인정하여 수당 지급을 한다는 내용은 없다.

65 정답 ③

① (×) 본인이 신청인인 경우 실명확인에 필요한 서류는 실명확인증표로 주민등록증, 운전면허증, 여권 중 하나이다. 국립대학교 학생증은 실명확인에 필요한 서류에 해당되지 않는다.
② (×) 신청인이 가족(아들 – 직계존비속)인 경우 가족관계확인서류가 필요하다. B가 가져온 서류 중 가족관계확인서류가 없으므로 이를 추가요청하여야 한다.
③ (○) 신청인이 가족(부 – 직계존비속)인 경우 본인의 실명확인증표, 신청인의 실명확인증표, 가족관계확인서류가 필요하다. 이에 해당하는 서류를 모두 갖추었으므로 추가적인 서류가 필요하지 않다.
④ (×) 본인이 신청인이라도 실명확인증표 원본을 가져와야 한다. 주민등록증 사본은 실명확인증표 사본에 해당하므로 실명확인증표 원본을 추가요청하여야 한다.

66 정답 ③

① (○) 제5조의 내용에 따라 지정대리인과 업무의 위탁계약을 체결하고자 하는 부서는 계약 체결 전에 업무에 따른 리스크를 사전에 평가하여 적절한 관리방안을 수립하고, 리스크총괄부의 합의를 받아야 한다.
② (○) 제6조 제1항의 내용에 따라 제3자 또는 지정대리인이 해당 업무를 포함한 비상계획을 수립한 경우에는 직접 비상계획을 수립하지 않을 수 있다.
③ (×) 제7조 제1항의 내용에 따라 지정대리인과 업무의 위탁계약을 체결하는 부서는 지정대리인의 재무상태 악화 및 리스크 증가 등 업무에 영향을 줄 수 있는 중요사항의 발생에 대비하여 수시로 모니터링을 하여야 하며, 이를 위하여 부서 외부가 아닌 내부에 담당직원을 별도로 지정하여야 한다.
④ (○) 제7조 제3항의 제2호에 제시되어 있는 내용이다.

67 정답 ③

① (○) 제5조의 제1항과 제2항에 따라 대출금의 이율 및 지연배상금으로서 연체이자의 이자율은 은행장이 정한다.
② (○) 제6조의 제1항에는 원칙적으로 감면할 수 없음을 나타내고 있고, 같은 조 제2항과 제3항에는 그럼에도 감면이 가능한 예외를 규정하고 있다.
③ (×) 제6조 제2항 제2호의 내용은 대출이자의 감면에 대한 것이다. 대출원금에 대한 내용은 같은 조 제3항에 제시되어 있다.
④ (○) 제6조 제3항에 따라 제2항 제4호의 내용으로 대출원금을 감면하기 위해서는 이사회의 의결이 필요하다.

68 정답 ④

① (×) 제25조 제1항에 따라 모든 임직원은 의심되는 거래로 판단되는 거래가 발생하거나 발생할 가능성이 있는 경우에는 담당책임자에게 즉시 보고해야 한다. 즉, 거래가 발생하지 않아도 발생할 가능성이 있는 경우에는 보고하여야 한다.
② (×) 제25조 제3항의 내용에 따라 관할 수사기관에 신고 후에 보고책임자에게 보고해야 한다. 순서가 바뀌었다.

③ (×) 제26조에 따라 보고대상 고액 현금거래를 추출하여 거래 발생 후 30일 이내에 금융정보분석원장에게 보고해야 하는 것은 보고책임자가 아니라 전산담당직원이다.
④ (○) 제27조의 내용에 따라 임직원은 보고 또는 신고를 하고자 할 때도, 관련 내용을 누설해서는 안 된다.

69 정답 ①

ㄱ. (○) 보험상품 내용에 대한 설명이나 약관의 확인 등은 보험계약 체결 전에 진행되어야 하는 사항이다.
ㄴ. (○) 보험증권 수령일로부터 15일 이내에는 청약의 철회가 가능하다. 단, 보험기간이 90일 이내인 경우에는 청약을 철회할 수 없다.
ㄷ. (×) 청약철회 기간 내에 청약철회를 하는 경우, 청약의 철회를 접수한 날로부터 3영업일 이내에 납입한 보험료를 돌려받을 수 있다.
ㄹ. (×) 판매담당자로부터 약관의 주요 내용을 제대로 설명받지 못한 경우, 청약이 설립한 날로부터 3개월 이내에 청약의 취소가 가능하다.

70 정답 ②

① (×) 제7조 제1항에 따라 전자통장으로 예금거래 시작하는 경우, 통장실물을 발급할 때 인감 또는 서명을 받는다.
② (○) 제9조의 제1항과 제2항에 따라 대리인 지정 또는 해제 시에는 예금주로부터 신고서를 받아야 한다.
③ (×) 제10조에 따라 고객번호 및 계좌번호는 계좌개설순으로 자동 부여된다.
④ (×) 예입일이 2월 7일이고, 예입기간이 7일이므로 예입기간이 만료하는 날은 2월 13일이다. 제11조 제2호에 따라 만기일은 예입기간 만료일의 다음날인 2월 14일이 된다.

71 정답 ②

데이터 3법에는 개인정보보호법, 정보통신망법(정보통신망 이용촉진 및 정보보호 등에 관한 법률), 신용정보법(신용정보의 이용 및 보호에 관한 법률)이 포함된다.

72 정답 ④

〈보기〉에서 설명하고 있는 개념은 RPA(Robotic Process Automation)이다.

73 정답 ①

〈보기〉의 설명은 메타버스에 관한 것이다. 가공 또는 추상을 의미하는 meta와 세계를 의미하는 universe의 합성어이다.

74 정답 ③

① (×) 부동산 Property와 기술 Technology의 합성어로, 정보통신기술과 부동산 서비스가 결합된 산업 영역을 의미한다.
② (×) 감독을 뜻하는 Supervisor와 기술의 Technology를 합성한 용어로, 금융감독 업무를 효율적으로 수행하기 위한 기술을 의미한다.
④ (×) 규제를 뜻하는 Regulation과 기술의 Technology를 합성한 용어로, 금융회사의 내부적 통제 및 법규의 준수를 용이하도록 지원하는 기술을 의미한다.

75 정답 ②

발문의 내용은 Digital Twin에 해당하는 설명이다.

76 정답 ①

① (○) IoT(Internet of Things) : 사물인터넷, 사물에 신서를 부착하여 실시간으로 데이터를 주고받는 네트워크 기술, 환경을 가리킨다.
② (×) NFC(Near Field Communication) : 근거리 무선 통신, 특정 대역의 주파수를 이용하여 약 10cm 이내의 근거리에서 데이터를 교환할 수 있는 비접촉식 무선 통신 기술을 일컫는다.
③ (×) RFID(Radio Frequency IDentification) : 무선인식, 무선 주파수를 이용하여 물건, 사람을 식별할 수 있는 기술을 가리킨다.
④ (×) Bluetooth : 블루투스는 각종 휴대용 기기들을 서로 연결하여 정보를 교환하는 방식의 근거리 무선 기술 표준을 가리킨다.

77 정답 ①

① (×) AR(증강현실) : 현실의 이미지나 배경에 3차원 가상 이미지를 겹쳐서 하나의 영상으로 보여주는 기술이다. 선택지에 제시된 설명은 VR(가상현실)에 대한 내용이다.

78

정답 ③

제시된 설명과 관련된 개념은 정보(Information)와 전염병(epidemic)의 합성어인 인포데믹이다.

① 팬데믹은 지역 단위가 아닌 세계적으로 대유행하는 전염병을 의미한다.

② 리터러시는 기본적으로는 문자 기록물에서 지식과 정보를 획득하고 이해하는 것을 의미한다. 최근에는 미디어 리터러시, 디지털 리터러시 등 미디어나 디지털 분야에서도 리터러시 개념이 사용되고 있다.

④ 엔데믹은 특정 지역에서 주기적으로 발병하는 고유한 풍토병을 의미한다.

79

정답 ③

③ NFT 역시 블록체인을 기반으로 한다. 블록체인에 소유권 및 판매 내역과 같은 정보들이 저장된다.

80

정답 ④

① (×) **디지털 서명** : 공개키 암호방식을 이용한 전자서명이다. 전자서명은 제3자가 문서내용을 열람하는 데에는 아무런 장애가 없지만 그 전자서명의 작성자가 그것을 작성하였다는 사실과 작성내용이 송·수신과정에서 위조·변조되지 않았다는 사실을 증명하고, 작성자가 작성 사실을 부인할 수 없게 한다.

② (×) **대칭키 암호화 기법** : 암호화할 때 쓰는 키(key)와 복호화할 때 쓰는 키가 같은 암호화 기법을 말한다.

③ (×) **방화벽** : 정보 보안을 위해 정보통신망에 불법으로 접근하는 것을 차단하는 시스템이다.

④ (○) **비대칭 암호화 기법** : 공개키 암호화 기법으로, 암호화키와 복호화키가 서로 다르다.

상식 [81~100]

81

정답 ④

현재 주가가 고평가돼 있는지, 저평가돼 있는지 또는 이 주식을 살지,말지를 판단하는 데는 다양한 지표들이 사용된다. 그 중에서도 주가수익비율(PER)은 주가를 주당순이익으로 나눈 수치로 순이익에 비해 주가가 얼마나 높은지 또는 낮은지를 나타내는 지표다. PER가 낮을수록 저평가돼 있어 성장 가능성이 높고, PER가 높을수록 고평가돼 있어 성장 가능성이 낮다.

82

정답 ②

주식을 발행하고 주금이 납입되는 것은 유상증자이다. 유상증자의 형태에는 다음 세가지가 있다. ㉠ 주주에게 신주인수권을 주어서, 이들로부터 신주주를 모집하는 주주할당방법, ㉡ 회사의 임원·종업원·거래선 등 연고관계에 있는 자에게 신주인수권을 주어서 신주를 인수시키는 제3자할당방법, ㉢ 신주인수권을 준다는 행위가 아니라 널리 일반으로부터 주주를 모집하는 방법 등이다.

83

정답 ②

물가안정목표제(inflation targeting)는 중앙은행이 일정 기간 또는 장기적으로 달성해야 할 물가목표치를 미리 제시하고 이에 맞춰 통화정책을 수행하는 것이다. 환율이나 통화량 등 중간 목표를 조절해 최종 목표인 물가안정을 추구하는 방식과 다르다. 한국은행은 다양한 변수를 활용해 인플레이션을 예측하고 실제 물가상승률이 목표치에 수렴할 수 있도록 금리나 통화량을 조절한다.

84

정답 ④

연준(Fed)이 지속적으로 금리를 올리게 되면 외부에 투자되었던 자금은 본국으로 돌아오게 된다. 따라서 달러화 가치는 상승하고 환율은 하락하여 물가도 안정을 찾을 수 있다.

85

정답 ③

본원통화는 통화량이 원천이 되는 통화를 의미하며, 통화량 = 통화승수 × 본원통화로 수식화 된다. 민간보유현금과 금융기관의 지급준비금의 합계인데, 이는 중앙은행 대차대조표상의 화폐발행액과 금융기관의 지급준비예치금의 합계와 같다.

86

정답 ④

인플레이션은 크게 '수요견인 인플레이션'과 '비용인상 인플레이션'으로 구분할 수 있다. 수요견인 인플레이션의 경우 말 그대로 수요가 증대되면서 발생하는 인플레이션이다. 가계소비, 기업투자, 정부지출, 수출이 늘어나면 총수요가 증가하므로 수요견인 인플레이션의 요인이 될 수 있다.

87

정답 ④

스미싱(Smishing)에 대한 내용으로 문자메시지(SMS)와 피싱(phishing)의 합성어다. 인터넷접속이 가능한 스마트폰 문자메시지를 이용한 휴대폰 해킹을 뜻한다.

[전자금융사기 유형]

구분	범죄 및 피해유형
메모리해킹	비밀번호를 빼내 고객 계좌의 돈을 인출하던 기존 범죄수법과는 달리, 고객 컴퓨터의 메모리에 침투해서 보내는 계좌와 금액을 조작하는 방식으로 돈을 빼돌리는 새로운 해킹방식을 의미
피싱 (Phishing)	금융기관 등의 웹사이트나 거기서 보내온 메일로 위장하여 개인의 인증번호나 신용카드번호, 계좌정보 등을 빼내 이를 불법적으로 이용하는 사기수법.
파밍 (Pharming)	공식적으로 운영하고 있던 해당 사이트의 도메인 자체를 중간에서 탈취하거나 프록시 서버의 주소를 변조함으로써 이용자들로 하여금 진짜 사이트로 오인하여 접속하도록 유도한 뒤에 개인정보를 훔치는 수법. 기존 피싱의 진화된 형태로, 늘 이용하는 사이트로만 알고 의심 없이 접속하여 개인 금융정보를 노출시킴으로써 피해우려는 더 큼
스미싱 (Smishing)	문자메시지(SMS)와 피싱(phishing)의 합성어로, 인터넷접속이 가능한 스마트폰 문자메시지를 이용한 휴대폰 해킹을 의미. 해커가 보낸 웹사이트 클릭을 통해 악성코드가 깔리게 되고, 이를 통해 소액 결제가 발생되거나 피해자의 스마트폰을 원격조정하기도 함

88

정답 ②

Peer – to – Peer Lending 은 개인과 개인 사이의 대출 서비스를 말한다.

블록체인이란 온라인 금융이나 암호화폐 거래에서 해킹을 막는 기술. 기존 금융회사들은 중앙 서버에 거래기록을 보관하지만 블록체인은 거래에 관여한 모든 컴퓨터가 동시에 기록을 보유한다.

89

정답 ③

망중립성에 대한 설명이다. 구글, 페이스북, 아마존, 넥플릭스 등이 엄청난 기업으로 성장할 수 있었던 배경 중 하나이다. 인터넷사업자(ISP)와 플랫폼 기업 사이에 벌어진 논쟁으로 전 세계적으로 완화 혹은 폐지 움직임을 보이고 있다.

90

정답 ④

국내 빅맥 값이 5,000원이고 원·달러 환율이 1,300원 수준이므로 미국 빅맥 가격이 4달러 수준이라면 일물일가 법칙에 따른 적정 환율은 1,250원 수준이다. (5,000/4) 현재 환율은 빅맥 환율보다 50원(약4%) 고평가되어있다고 볼 수 있다. (원화가치 상대적 약세)

91

정답 ①

Y = C + I + G + X – M = 300 + 200 + 100 + 200 – 150 = 650

- 민간저축 = Y – T – C = 650 – 150 – 300 = 200
- 재정수지(정부저축) = T – G = 150 – 100 = 50
- 총저축 = 민간저축 + 정부저축 = 200 + 50 = 250

92

정답 ①

자국통화로 표시된 시장환율이 구매력(빅맥)환율보다 작으면 자국통화가 고평가된 것이므로

	빅맥 가격	현재 시장 환율	구매력 환율 (= ㉡/㉠)
미국	㉠ 3달러	–	
한국	㉡ 3,000원	1달러 = 1,100원	1달러 = 1,000원
일본	㉡ 270엔	1달러 = 100엔	1달러 = 90엔

한국 : 시장환율은 1달러 = 1,100원, 구매력(빅맥)환율은 1달러 = 1,000원이므로 10% 과소평가

일본 : 시장환율은 1달러 = 100엔, 구매력(빅맥)환율은 1달러 = 90엔이므로 10% 과소평가

93

정답 ②

〈실제 GDP와 잠재 GDP〉

(1) 실제 GDP

한 나라 경제가 실제로 생산한 모든 생산물의 시장가치로 실제 측정된 GDP를 의미한다.

(2) 잠재 GDP

잠재 GDP란 한 나라에 존재하는 노동과 자본 등의 모든 생산요소를 정상적으로 고용할 경우(완전고용) 달성할 수 있는 최대의 GDP를 의미하며 이는 완전고용국민소득(산출량) 또는 자연산출량 등과 같은 개념으로 사용한다.

(3) GDP갭

GDP 갭 = 잠재 GDP − 실제 GDP

- GDP 갭 > 0 이면 잠재 GDP > 실제 GDP이므로 과잉실업이 존재하여 경기부양 필요
- GDP 갭 = 0 이면 잠재 GDP = 실제 GDP이 되어 완전고용산출량 유지
- GDP 갭 < 0 이면 잠재 GDP < 실제 GDP이므로 경기가 과열되어 경기진정이 필요

실제성장률이 잠재성장률보다 크다면 GDP 갭 < 0인 경우이므로 경기가 과열인 상태이다.

따라서 물가와 임금이 상승하여 중앙은행의 축소 금융정책이 필요하다.

한편 실업도 감소한다.

94

정답 ③

① 이중가격정책

자연독점이 발생하여 한계비용 가격규제를 사용하면 자연 배분이 효율적으로 이루어지나 독점기업은 적자가 발생하므로 이를 보상하여 주기 위하여 소비자그룹을 둘로 구분하여 한 그룹은 높은 가격인 P_2를 받고 다른 한 그룹은 낮은 가격인 P_1으로 판매하게 하는 정책으로 가정용전력요금에는 높은 가격을 설정하고 산업용 전력요금에 대해서는 낮은 가격을 설정하는 경우가 이에 해당된다.

② 최저가격제

최저가격제란 **정부가 공급자를 보호하기 위하여 정부가 설정한 최저가격 이하로 재화를 구입하는 것을 금지하는 제도**로 농산물가격지지제도와 최저임금제가 있다.

③ 최고가격제

최고가격제란 정부가 물가를 안정시키고 **소비자를 보호**하기 위하여 정부가 설정한 최고가격 이상으로 받지 못하도록 하는 제도로 임대아파트규제, 이자율규제 등이 있다. 이때 최고가격은 균형가격보다 낮을 때만 의미를 가지며 만일 **균형가격보다 최고가격이 높으면 균형가격에서 균형이 이루어진다.**

마스크가격제도도 일종의 최고가격제인데 이때, 초과수요가 발생하여 요일별 배급제를 사용하였다.

④ 최저가격보상제

고객이 구입한 상품과 브랜드 품목 규격 모델이 똑같은 상품을 다른 점포에서 더 싼값에 팔고 있다는 사실이 입증되면 차액을 즉시 현금으로 돌려주는 제도이다. 이는 어떤 상품이든 동일한 것을 다른 유통점에서 더 낮은 가격으로 살 수 있다면 이미 그 제품을 구입한 고객에게 추후에라도 그 차액을 내준다는 것으로, 말 그대로 유통점이 고객들에게 최저가격을 보장한다는 것이다. 이 제도는 미국과 같은 유통선진국에서는 이미 오랜 전부터 시행되어온 것이지만, 우리나라에서는 1997년 5월 신세계 이마트가 처음으로 실시했다.

95

정답 ②

① 양적완화

금리 인하를 통한 경기부양 효과가 한계에 이르렀을 때 중앙은행이 국채 매입 등을 통해 유동성을 공급함으로써 신용경색을 해소하고 경기를 부양시키는 통화정책을 의미한다. 양적완화의 점진적 축소는 테이퍼링이라고 한다.

② 시뇨리지

중앙은행이 발행한 화폐의 실질가치에서 발행비용을 제한 차익을 의미한다.

정부의 재원이 되는 시뇨리지의 연간 총액은 '유통통화량×시장이자율 − (제조비용 + 유통비용)'으로 계산된다.

시뇨리지(seigniorage)란 봉건제도 하에서 시뇨르(seigneur; 영주)들이 화폐주조를 통해 이득을 챙겼던 데에서 유래한 말이다. 오늘날 국가는 화폐발행권을 통해 엄청난 시뇨리지를 가지게 되는데, 한국의 경우 원화 발행에 따른 시뇨리지는 원화가 통용되는 국내에 국한되지만, 세계에 통용되는 기축통화인 달러를 발행하는 미국의 경우 세계를 대상으로 천문학적인 시뇨리지 효과를 얻게 된다.

③ 테이퍼링
Taper는 '폭이 점점 가늘어지다'라는 의미로, 마라톤이나 수영 선수 등 지구력이 필요한 운동선수들이 중요한 시합을 앞두고 훈련량을 점차적으로 줄여나가는 과정을 일컬어 테이퍼링이라 한다. 이게 시사하듯 테이퍼링은 애초 스포츠 용어였지만 2013년 5월 23일 벤 버냉키 미 연방준비제도 의장이 의회 증언에서 "몇 번의 회의에서 자산 매입을 축소할 수 있다(The Fed might taper in the next few meetings)"는 발언을 한 이후부터는 양적완화 조치의 점진적인 축소를 의미하는 경제학 용어로도 사용되고 있다.

④ 인플레이션조세
정부가 세입을 늘릴 목적으로 화폐를 찍어서 자금을 조달하면 통화량 증가로 인하여 인플레이션이 발생한다. 이때 정부의 세수는 증가하지만 국민이 보유한 화폐가치는 하락하여 국민에게 세금을 부과한 것과 같은 효과를 가리키는 용어이다.

96 정답 ①

모두 맞는 내용이다

97 정답 ②

ㄹ. 부동산시장이 과열되거나 투기지역에 해당하는 경우에는 낮은 LTV, DTI 비율을 적용한다.

〈총부채원리금상환비율(DSR)〉
총부채원리금상환비율(DSR)이란 소득 대비 연간 대출원리금 상환액이 차지하는 비율을 말한다. 차주가 전 금융회사에 보유하고 있는 모든 대출의 원리금 상환부담을 보여주는 지표다.

〈총부채상환비율(DTI)〉
'Debt to Income'의 약자로 주택을 구입하려는 사람이 주택담보대출을 받을 경우 채무자의 소득으로 대출 상환 능력을 점검하는 제도다. DTI는 금융회사에 갚아야 하는 대출금 원금과 이자가 개인의 연소득에서 차지하는 비중을 의미한다. DTI 기준이 엄격하게 적용되면 담보 가치가 높더라도 소득이 충분치 않으면 대출받을 수 없다. 정부는 DTI를 통해 은행의 무분별한 대출 관행과 채무자의 부실 부채 상환을 방지할 수 있다.

〈담보가치(주택가격) 대비 대출비율(LTV)〉
은행들이 주택을 담보로 대출을 해줄 때 적용하는 담보가치 대비 최대 대출가능 한도를 말한다. 예를 들어 주택담보대출비율이 60%라면 시가 2억 원 짜리 아파트의 경우 최대 1억2천만 원까지만 대출해주는 식이다. 하지만 실제로 대출받을 수 있는 돈은 이보다 더 적은 것이 보통이다.

98 정답 ④

설정일로부터 30일 이내에 거래소시장에 상장하도록 하고 있다.

99 정답 ②

〈크라우드 펀딩(crowd funding)〉
후원, 기부, 대출, 투자 등을 목적으로 웹이나 모바일 네트워크 등을 통해 다수의 개인으로부터 자금을 모으는 행위를 말한다.
군중으로부터 자금조달을 받는다는 의미로, 자금이 필요한 개인, 단체, 기업이 웹이나 모바일 네트워크 등을 이용해 불특정다수로부터 자금을 모으는 것을 말한다. 소셜 네트워크 서비스(SNS)를 통해 참여하는 경우가 많아 소셜 펀딩이라고도 한다. 크게 대출형, 투자형, 후원형, 기부형으로 나눌 수 있다.

〈블록체인〉
블록에 데이터를 담아 체인 형태로 연결, 수많은 컴퓨터에 동시에 이를 복제해 저장하는 분산형 데이터 저장 기술이다. 공공 거래 장부라고도 부른다. 중앙 집중형 서버에 거래 기록을 보관하지 않고 거래에 참여하는 모든 사용자에게 거래 내역을 보내 주며, 거래 때마다 모든 거래 참여자들이 정보를 공유하고 이를 대조해 데이터 위조나 변조를 할 수 없도록 돼 있다.

〈P2P 금융(Peer to Peer Finance)〉
'개인 대 개인 간의 금융'을 뜻하는 말로, 온라인을 통해 대출－투자를 연결하는 핀테크 서비스를 말한다.

100 정답 ①

- ROA＝순이익/총자산
- ROE＝순이익/자기자본

〈수익성지표〉

매출액 영업 이익률	• 영업이익 / 매출액 • 높음 : 효율적 영업을 수행하거나, 연구개발에 충분한 투자를 하지 않은 것으로 해석 • 낮음 : 영업의 비효율, 매출 부진, 비효과적 경영, 연구개발에 대한 투자 수행

총자산 이익률 (ROA = ROI)	• ROA $= \frac{순이익}{총자산} = \frac{순이익}{총매출액} \times \frac{순매출액}{총자산}$ • 매출액순이익비율과 총자산회전율의 곱으로 표현되며, 해석은 매출액 영업이익률과 동일 • 분모인 총자산은 자기자본보다 작지 않기 때문에 ROA가 높아지면 ROE도 증가
자기자본 이익률 (ROE)	• ROE $= \frac{순이익}{자기자본} = \frac{ROA}{자기자본비율}$ $= \frac{ROA}{(1-부채비율)} = \frac{ROA}{(1-\frac{총부채}{총자산})}$ • 높을수록 효율적으로 영업을 수행하고 주주들에게 돌아가는 이익이 커졌음을 의미 – 부채가 많아 레버리지가 지나치게 높거나, 연구개발에 투한 투자가 충분하지 않음을 의미

제2회 실전모의고사

01	④	02	④	03	③	04	③	05	②
06	④	07	②	08	①	09	③	10	②
11	④	12	②	13	④	14	③	15	④
16	③	17	①	18	③	19	②	20	③
21	②	22	④	23	④	24	②	25	①
26	②	27	②	28	③	29	③	30	②
31	③	32	①	33	④	34	③	35	④
36	③	37	②	38	③	39	②	40	④
41	③	42	④	43	④	44	④	45	③
46	④	47	③	48	②	49	③	50	①
51	①	52	②	53	④	54	③	55	②
56	④	57	①	58	④	59	①	60	②
61	④	62	①	63	③	64	③	65	③
66	④	67	④	68	④	69	②	70	③
71	②	72	③	73	③	74	①	75	②
76	②	77	④	78	③	79	③	80	①
81	③	82	④	83	④	84	①	85	④
86	③	87	②	88	①	89	③	90	④
91	①	92	②	93	④	94	③	95	④
96	③	97	③	98	③	99	③	100	④

직업기초능력평가 [1~40]

01

정답 ④

ㄱ. (○) 1문단 4문장을 보면, 석탄화력발전소는 기후변화의 가장 큰 원인으로, 국내 이산화탄소 배출량의 30%, 초미세먼지 배출량의 11%를 차지한다.

ㄴ. (×) 2문단 3문장을 보면, S.T.A.R.의 의미는 다음과 같다. S(Support : 친환경 기업을 육성 및 지원), T(Transform : 저탄소 경제로의 전환), A(Align : 파리기후협약의 적극적 이행), R(Restore : 환경을 복원). T의 경우 저탄소 경제 복원이 아니라 저탄소 경제로의 전환을 의미한다.

ㄷ. (×) 1문단 3문장을 보면, KB금융그룹의 전 계열사가 국내 금융권 최초로 '탈석탄 금융' 선언에 참여하였다. 그러나 국내 시중은행이 모두 참여하였는지는 제시문을 통해 알 수 없다.

02

정답 ④

ㄱ. (○) 1~2문장을 보면, AI금융상담시스템에는 TTS, STT 기술이 반영되어 있고, AI금융상담시스템은 설명 내용을 녹취하여 불완전판매 현황을 모니터링할 수 있다.

ㄴ. (×) 5문장을 보면 금융소비자보호위원회는 금융소비자보호협의회의 상위 협의체이다.

ㄷ. (×) 6문장에 의하면 WM상품위원회가 아닌 WM상품 실무심의회를 신설하였다.

03

정답 ③

ㄱ. (○) 1문단 3~4문장을 보면, KB금융그룹의 사회투자펀드는 사회적 기업과 소셜벤처를 대상으로 하며, 2020년까지 투자한 회사는 22개 사이며, 투자금액은 265억 원이다.

ㄴ. (×) 2문단 1문장을 보면 사회투자펀드가 아니라 'KB소셜임팩트투자조합'이 사회혁신형 소셜벤처기업에 투자하였고, 2020년 투자실적은 45억 원에 달한다.

ㄷ. (○) 3문단 2문장을 보면 KB금융캠퍼스 S.I.N.G 프로젝트에 참여한 기업은 2020년 말 기준 총 31개이다.

04

정답 ③

원자로냉각재계통은 안전주입관(총 4개), 원자로냉각재펌프(총 4개), 폐쇄유로(총 2개), 출구관(총 2개), 증기발생기(총 2개), 전기가열식 가압기(총 1개) 등으로 구성되므로 각 설비의 총 개수를 더한 값은 다음과 같다.

① 출구관 + 원자로냉각재펌프 + 안전주입관 = 2 + 4 + 4 = 10

② 증기발생기 + 원자로냉각재펌프 + 폐쇄유로 = 2 + 4 + 2 = 8

③ 출구관 + 폐쇄유로 + 증기발생기 = 2 + 2 + 2 = 6

④ 폐쇄유로 + 안전주입관 + 출구관 = 2 + 4 + 2 = 8
따라서 각 설비의 총 개수를 더한 값이 가장 작은 조합은 ③이다.

05

정답 ②

① (×) 폐쇄유로를 구성하는 출구관은 내경이 42인치이고, 입구관은 내경이 30인치이므로 출구관의 내경이 입구관보다 크다.
② (O) 원자로용기를 빠져나온 원자로냉각재는 두 대의 수직 U자관 증기발생기의 관측을 흐르면서 핵분열에너지를 주증기계통으로 전달하고, 증기발생기는 원자로 노심에서 연쇄 핵반응에 의해 발생된 열을 원자로냉각재에 의해 전달받아 터빈발전기 구동용 증기를 발생시킨다. 원자로냉각재계통은 정상운전 시 2,250psia의 고압으로 가압되어 운전되고, 증기발생기에 내장되어 있는 수분분리장치는 정상운전 시 증기의 수분함유량을 일정 수준 이하로 제한한다.
③ (×) 원자로냉각재는 원자로용기 벽과 노심 배럴(barrel) 사이를 흘러내려와 다시 노심을 통해 위로 흐른 후 출구관을 통해 원자로용기를 빠져나간 후 두 대의 수직 U자관 증기발생기의 관측을 흐른다.
④ (×) 원자로냉각재펌프는 전동기로 구동되는 원심펌프이며, 원자로냉각재가 전달하는 핵분열에너지에 의한 증기는 터빈발전기 구동에 쓰인다.

06

정답 ④

택시의 전체민원건수는 28,056건으로 동기간 시내버스 민원건수의 2.3배에 달하고 있다.

07

정답 ②

상호존중의 윤리강령이란 임직원 서로를 존중하고 원활한 의사소통과 적극적인 협조 자세를 견지하는 것을 의미하며 B의 행위와 무관한 내용이다.

08

정답 ①

직원을 채용하는 문제는 팀 내에서가 아니라 회사 차원에서 결정해야 할 부분에 해당된다. 다른 업무와 달리 채용관리 부서에 요청이 필요하다.

09

정답 ③

Q부장의 지시에 따라 일정 조율이 가능한 것을 조정할 수 있다. 그러나 이미 정해진 출장 스케줄은 타 회사와의 약속이기도 하기 때문에 날짜를 지켜야 할 일로 취소한다는 것은 적절한 행동이라고 볼 수 없다.

10

정답 ②

P의 질문을 정리하면 다음과 같다.
자신이 근무한 기간의 근속연수 산정 문제/이전 직장의 근속연수 포함 문제/정규직과 비정규직의 차이
이 내용을 규정에 대입하여 해당 여부만 알려주면 되는데 규정에서 확인할 수 없는 진술은 이전 직장의 근속연수 포함 문제이다. 군입대로 인해 퇴사했다는 내용은 퇴직금을 산정하는 내용과는 무관한 진술이며, 전 직장의 근속연수 포함 답변은 적절하지 않다.

11

정답 ④

해당 사례는 재누물이행에 대한 공증료 등의 보증금을 요구한 사례이다.

12

정답 ②

빈칸 (A)에는 아파트의 위치나 규모에 따라 공동체가 다르게 형성되는 사례를 넣어야 한다. 즉 대형 평형대 아파트와 소형 평형대 아파트의 공동체의 차이점이나 아파트가 위치한 지역이 다른 경우 공동체 형성이 달리 이루어지는 경우에 대한 사례가 첨가되어야 한다.

13

정답 ④

주어진 시간을 통하여 코스별 거리를 먼저 도출한다. A코스로 올라갈 때 2.4km/h의 속도로 1시간 40분이 걸렸으므로, A코스의 거리는 $2.4\times\frac{5}{3}=4.0$km가 되고, B코스로 내려올 때 2시간이 걸렸으므로, B코스의 거리는 $1.8\times2=3.6$km가 된다.
B코스로 올라갈 때는 1.5km/h의 속도로 3.6km의 거리를 가게 되므로 2시간 24분이 소요되고, A코스로 내려올 때는 3.0km/h의 속도로 4.0km의 거리를 가게 되므로 1시간 20분이 소요된다. 총 소요 시간은 3시간 44분이다.

14

정답 ③

우선 J는 맞힌 문제로부터 105점의 점수를 받았고, 나머지 9문제에서 점수를 잃는다. 가장 높은 점수는 모두 빈 칸으로 제출한 경우 −9점으로 96점이며, 가장 낮은 점수는 모두 답을 적었는데 틀린 경우 −27점으로 78점이다. 즉, J의 최종 점수는 78점~96점 사이에 있다.
또한 빈 칸으로 제출한 문제의 수와 답을 적었는데 틀린 문제의 수를 어떻게 조합하더라도 잃는 점수는 홀수로 나타나고, 이에 따라 최종 점수는 짝수로 나타난다. 즉, 선택지 중에서 78~96 범위 안에 있는 짝수를 찾으면 된다.
경우에 따른 최종 점수는 다음과 같다.

적/틀(개)	0	1	2	3	4	5	6	7	8	9
빈 칸(개)	9	8	7	6	5	4	3	2	1	0
점수(점)	−9	−11	−13	−15	−17	−19	−21	−23	−25	−27
최종(점)	96	94	92	90	88	86	84	82	80	78

15

정답 ④

업무에 걸리는 시간의 역으로 작업량을 배분한다. A와 B의 경우 시간의 비는 2 : 3이므로, 작업량을 3 : 2로 배분하면 A는 전체 작업량의 60%, B는 전체 작업량의 40%를 수행하게 된다. 소요시간은 A를 기준으로 2시간×60%=1시간 12분이다.
A와 C의 경우 시간의 비는 2 : 6(=1 : 3)이므로, 작업량을 3 : 1로 배분하면 A는 전체 작업량의 75%, C는 전체 작업량의 25%를 수행하게 된다. 소요시간은 A를 기준으로 2시간×75%=1시간 30분이다.
따라서 시간의 차이는 18분이다.

16

정답 ③

현재 수도권 대학 인원은 680명이고, 새로 채용되는 수도권 대학 출신 인원은 50명이다. 680명에서 50명이 증가하는 것이므로, 증가율은 약 7.4%이다.
현대 비수도권 대학 출신 인원은 170명이고, 새로 채용되는 비수도권 대학 출신 인원은 50명이다. 170명에서 50명이 증가하는 것이므로, 증가율은 약 29.4%이다.

17

정답 ①

각 경우의 수에 따른 확률을 표로 정리하면 다음과 같다.

모레 비가 내릴 확률은 $\frac{9+6+12+16}{108}=\frac{43}{108}$이다. 어제 비가 내리지 않은 것은 이미 정해진 것이므로, 확률과 무관하다.

어제	오늘	내일	모레	확률
×	○($\frac{1}{3}$)	○($\frac{1}{2}$)	○($\frac{1}{2}$)	$\frac{1}{12}$
	○($\frac{1}{3}$)	×($\frac{1}{2}$)	○($\frac{1}{3}$)	$\frac{1}{18}$
	×($\frac{2}{3}$)	○($\frac{1}{3}$)	○($\frac{1}{2}$)	$\frac{2}{18}$
	×($\frac{2}{3}$)	×($\frac{2}{3}$)	○($\frac{1}{3}$)	$\frac{4}{27}$

18

정답 ③

09 : 30에 박물관 내부에 있는 그룹은 A, C, E, I, J이다. 인원의 합은 23명(=5+3+4+4+7)이다.
10 : 30에 박물관 내부에 있는 그룹은 B, C, E, G, H, J이다. 인원의 합은 21명(=2+3+4+3+2+7)이다.
11 : 30에 박물관 내부에 있는 그룹은 B, C, D, F, H, J이다. 인원의 합은 20명(=2+3+1+5+2+7)이다.

19

정답 ②

ㄱ. (○) 수치로 비교하면 상환 건수 대비 금액은 매년 20% 정도이지만, 대불 건수 대비 금액은 적어도 40% 정도이므로, 대불 1건당 금액이 상환 1건당 금액보다 크다고 판단할 수 있다.
ㄴ. (×) 응급의료비 대불 건수의 전년대비 격차가 가장 큰 해는 2018년(1,254건)이고, 대불 금액의 전년대비 격차가 가장 큰 해는 2017년(678백만 원)이다.
ㄷ. (×) 대불 금액 대비 상환 금액 비율이 10% 이상인 2016년, 2018년, 2019년은 제외하고, 2015년과 2017년만 계산하여 비교하도록 한다. 2015년의 비율은 약 8.4%, 2017년의 비율은 약 9.4%이다. 2015년의 비율이 가장 작다.
ㄹ. (○) 응급의료비 상환 건수는 1,542−1,849−1,950−2,435−3,453으로 매년 증가하였고, 금액 역시 263−397−413−575−706으로 매년 증가하였다.

20

정답 ③

① (O) 지원액 규모가 10억 이상인 대기업의 수행과제는 2017년에 148개(=135+13), 2018년에 131개(=126+5), 2019년에 118개(=109+9)로 매년 감소하고 있다.

② (O) 지원액 규모가 1억 미만인 수행과제 중 중소기업이 수행한 과제 비중은 2017년에 123개 중 92개로 약 74.8%, 2018년에 120개 중 100개로 약 83.3%, 2019년에 143개 중 121개로 약 84.6%이다. 매년 증가하고 있다.

③ (×) 2017년에 중견기업이 수행한 수행과제 합계는 386개(=5+199+107+74+1)이고, 2019년에는 375개(=11+167+125+69+3)이다. 2017년 대비 2019년에 감소하였다.

④ (O) 2017년 지원액 규모 1억 미만인 대기업 수행과제는 26개이므로, 지원액 합계는 26억 미만이다. 같은 해 지원액 규모 50억 이상인 대기업 수행과제는 13개이므로, 지원액 합계는 650억 이상이다. 후자는 전자의 25배 이상이다.

21

정답 ②

첫 번째 조건으로부터 A와 D가 각각 특허 혹은 상표와 연결된다는 것을 알 수 있다. 따라서 B와 C는 실용신안 또는 디자인과 연결된다.

두 번째 조건으로부터 B가 실용신안과 연결된다는 것을 알 수 있다. 첫 번째에서 도출한 내용을 통해 C는 디자인과 연결된다.

세 번째 조건에서 A의 비율은 약 62.2%, D의 비율은 약 67.8%이다. 따라서 D는 상표, A는 특허와 연결된다.

22

정답 ④

① (×) 전체 불량품은 196개이다. 그 중에서 추정 원인과 실제 원인이 동일한 불량품은 123(=21+32+18+22+30)개이므로 비중은 약 62.8%이다.

② (×) 실제 원인이 A인 불량품은 27개이다. 그 중 추정 원인이 A인 불량품이 21개이므로, 추정 원인이 A가 아닌 불량품은 6개이다. 비중은 약 22.2%이다.

③ (×) 실제 원인이 D인 불량품의 개수는 48(=5+6+11+22+4)개, 추정 원인이 D인 불량품의 개수는 40(=1+7+4+22+6)개이다. 전자는 후자보다 8개 더 많다.

④ (O) 추정 원인과 실제 원인의 불량품 개수 차이는 A 7개, B 5개, C 14개, D 8개, E 8개이다. 차이가 가장 큰 원인은 C이다.

23

정답 ④

• **방법1**

2020년 기준 신청자가 가장 많은 구역은 '가' 구역으로 신청자는 70명이다. 따라서 2021년의 전체 예상 신청자는 280명이 된다. 2020년 참석률이 가장 높은 구역은 마찬가지로 '가' 구역이고 참석률은 90%이다. 따라서 방법1에 따른 예상 참석자 수는 280×0.9=252명이다.

• **방법2**

2018~2020년 구역별 평균 신청자는 '가'=60명, '나'=65명, '다'=24명, '라'=32명이다. '가'의 2020년 참석률은 90%이므로, 2021년 참석자는 54명이 된다. 같은 방식으로 '나'=65×0.8=52명, '다'=24×0.75=18명, '라'=32×0.75=24명이 된다. 따라서 방법2에 따른 예상 참석자 수는 54+52+18+24=148명이 된다.

24

정답 ②

ㄱ. (O) 일반국도, 특별·광역시도, 지방도의 연장 합계는 52,000 정도로 매년 시·군도보다 길다.

ㄴ. (×) 2017년 대비 2020년 시·군도의 도로연장 증가율은 10%에 미치지 못하지만, 같은 기간 고속국도의 도로연장 증가율은 10%를 상회한다.

ㄷ. (O) 도로별 포장률 순위는 고속국도-특별·광역시도-일반국도-지방도-시·군도의 순으로 매년 동일하게 나타난다.

ㄹ. (×) 2019년 대비 2020년에 분모인 합계 도로연장은 108,780에서 1,311 증가하여, 증가율이 1.2~1.3% 정도이고, 분자인 특별광역시도 도로연장은 20,581에서 20,581에서 325 증가하여, 1.5% 이상 증가하였다. 분자 증가율이 더 크므로, 비중은 증가했다고 판단할 수 있다.

25

정답 ①

① (×) 직전 분기 대비 대외채권 변동 폭이 가장 큰 분기는 2017년 1/4분기이지만, 순채권 변동 폭이 가장 큰 분기는 2017년 3/4분기이다.

② (O) 2016년 3/4분기 이후 순채권의 규모는 매 분기 증가하는 것으로 나타나고 있으므로, 이와 같은 판단이 가능하다.

③ (O) 각각의 증가율을 비교한다. 분자인 단기채무는 1,052에서 102 증가하였으므로, 거의 10%에 가까운 증가율을 보이고 있지만, 대외채무는 3,809에서 248 증가

하였으므로, 증가율이 7%에 미치지 못한다. 분자 증가율이 더 크므로, 비중은 증가했다고 볼 수 있다.

④ (O) 대외채무와 단기채무의 증감방향은 '감소 - 증가 - 증가 - 증가'로 서로 동일하게 나타나고, 대외채권과 순채권의 증감방향 역시 '증가 - 증가 - 증가 - 증가'로 서로 동일하게 나타난다.

26 정답 ②

1학년의 그룹별 평균 점수 격차는 매월 꾸준히 줄어들었다. 11월의 격차가 0.5이므로, 12월의 격차는 이보다 작다. 따라서 ㉠은 7.0보다 크다. 또한 B그룹의 평균 점수가 가장 높은 달의 평균 점수가 A그룹의 평균 점수가 가장 낮은 달의 평균 점수보다 작다고 하였으므로, ㉠은 7.2보다 작다. 이를 정리하면, 7.0 < ㉠ < 7.2이다.

㉡을 구하기 위해서는 그룹별 총점이 필요하다. 1학년은 $7.2 \times 10 + 6.8 \times 10 = 140$으로 쉽게 도출 가능하다. 2학년 A그룹의 10월 평균 점수를 X라 하면, $X \times 1.2 = 7.2$이므로, $X = 6.0$이 된다. 따라서 A그룹 총점은 $6.0 \times 15 = 90$점이다. 2학년 B그룹 10월 총점은 1학년 B그룹 11월 총점과 동일하므로, $6.9 \times 10 = 69$점이다. 이를 모두 합하면, $140 + 90 + 69 = 299$점이다.

27 정답 ②

① (×) 2016~2019 A의 연평균 직원 수는 62명($= \frac{68+62+55+63}{4}$)이므로 첫 번째 조건을 충족하나, B+E는 101, C+D는 100이므로 두 번째 조건을 충족하지 못하고, D가 E의 3배 미만이므로 세 번째 조건도 충족하지 못한다.

② (O) 첫 번째 조건은 62명으로 충족하고, B+E는 99, C+D도 99이므로 두 번째 조건도 충족하며, D는 E의 3배 이상이므로 세 번째 조건도 충족한다.

③ (×) 첫 번째 조건과 두 번째 조건을 충족하지 못한다.

④ (×) 세 번째 조건을 충족하지 못한다.

28 정답 ③

ㄱ. 2016년, 2018년, 2020년에는 평균저수량이 유입량의 절반 미만으로 나타난다.

ㄴ. (O) 유입량이 방류량보다 많았던 해는 2015, 2016, 2018년 세 번이고, 유입량이 방류량보다 적었던 해는 2014, 2017, 2019, 2020년 네 번이다. 전자가 후자보다 더 적다.

ㄷ. (O) 평균 저수량은 2014년 5,897에서 2015년 5,026으로 감소하였으나, 2015년 이후에는 매년 꾸준히 증가하고 있다.

ㄹ. (×) 강수량이 두 번째로 많았던 해는 2018년(1,438)이고, 유입량과 방류량이 두 번째로 많았던 해는 각각 2018년(14,025)과 2019년(14,740)이다.

29 정답 ③

우선 주어진 조건을 기호화하면, 다음과 같이 나타낼 수 있다.

1) $(A \lor B) \rightarrow (C \land D)$
2) $E \rightarrow (B \lor C)$
3) $(E \land F) \rightarrow (B \lor D)$
4) $\sim G \rightarrow F$
5) $\sim D$
6) E

- 1)의 대우는 $(\sim C \lor \sim D) \rightarrow (\sim A \land \sim B)$가 된다. 5)번에 따라 $\sim D$이므로, A와 B는 모두 반대했다고 판단할 수 있다.
- 3)의 대우는 $(\sim B \land \sim D) \rightarrow (\sim E \lor \sim F)$가 된다. 앞에서 B와 D가 모두 반대했으므로, E나 F가 반대했다는 것을 알 수 있다. 그런데 6)에서 E는 찬성했다고 하였으므로, F는 반대했다고 판단할 수 있다.
- 4)의 대우는 $\sim F \rightarrow G$이다. 앞에서 F는 반대했으므로, G는 찬성했다고 판단할 수 있다.
- 2)를 보면, 6)에서 E는 찬성했으므로, B 또는 C가 찬성했다는 것을 알 수 있다. 앞서 B가 반대했다는 사실을 밝혀냈으므로, C가 찬성했다는 것을 알 수 있다.
- 찬성한 사람은 C, E, G 3명이다.

30 정답 ②

① (×) P가 원인인 경우, R 현상이 나타나면 T 현상도 나타난다. 따라서 T 현상이 나타났다고 하여 Q가 원인이라고 단정할 수 없다.

② (O) P가 원인이든 Q가 원인이든 T 또는 U 현상은 나타난다. 따라서 U 현상이 나타나지 않았다면, T 현상이 나타나게 된다.

③ (×) P가 원인인 경우, $P \rightarrow R \rightarrow T$ 또는 $P \rightarrow S \rightarrow U$ 둘 중 하나가 성립한다. 따라서 "P가 원인이라면, S 또는 U 현상이 나타난다"라는 것은 한 가지 경우만을 생각한

것이므로, 반드시 참이라고 볼 수 없다.

④ (×) 첫 번째 조건에서 Q가 원인이 아닌 경우, P가 원인이 된다. P가 원인인 경우, R 또는 S 현상이 나타난다. 그러나 반드시 R 현상이 나타난다고 볼 수는 없다.

31 정답 ③

갑은 통로 바로 옆에 앉아 있었다. 가능한 자리는 11, 13, 14, 16, 21, 23, 24, 26, 31, 33, 34, 36 중 하나이다.
갑이 앞에 앉아 있는 사람 때문에 불편함을 느꼈으므로, 갑의 자리는 제일 앞줄은 아니다. 갑의 자리로 가능한 것은 21, 23, 24, 26, 31, 33, 34, 36 중 하나이다.
갑의 왼쪽에는 을이 앉아 있었다. 따라서 바로 왼쪽에 통로가 있는 자리는 제외한다. 갑의 자리로 가능한 것은 23, 26, 33, 36 중 하나이다.
을은 갑의 왼쪽에 앉아 있었는데 뒷사람이 발로 건드렸다고 하였으므로 맨 뒷줄이 아니다. 따라서 갑의 자리로 가능한 것은 23과 26중 하나이고, 을의 자리로 가능한 것은 22와 25 중 하나이다.
병의 경우 앞과 뒤에 사람이 있었고, 통로와 붙어 있지 않았으므로, 병의 자리로 가능한 것은 22와 25 중 하나이다.
갑이 23이면 을은 22, 병은 25이고, 갑이 26이면 을은 25, 병은 22이다. 따라서 을과 병의 좌석 번호 합은 항상 47이 된다.

32 정답 ①

제시된 대화의 내용을 정리하면 다음과 같다.
지우 : 두 번째 아님
현수 > 욱진
지우 > 정수, 욱진
미현 > 지우
욱진 : 꼴찌 아님
확실한 부분만을 정리하면 아래 표와 같다.

<table>
<tr><td rowspan="2">미현</td><td rowspan="2">지우</td><td>욱진</td></tr>
<tr><td>정수</td></tr>
<tr><td colspan="2">현수</td><td>욱진</td></tr>
</table>

우선 욱진이보다 확실하게 빨리 도착한 사람은 미현, 지우, 현수 3명이다. 그러나 욱진이는 꼴찌가 아니라고 하였으므로, 꼴찌는 정수, 욱진이는 4등으로 도착했다는 것을 알 수 있다.
남은 것은 미현〉지우와 현수의 순서이다. 지우는 미현이보다 늦었으므로 1등이 될 수 없고, 2등도 아니라고 하였으므로, 지우의 순위는 3등이다. 그리고 미현이와 현수는 현재 주어진 정보로는 순위를 확실하게 파악할 수 없다.

<table>
<tr><td>미현</td><td rowspan="2">지우</td><td rowspan="2">욱진</td><td rowspan="2">정수</td></tr>
<tr><td>현수</td></tr>
</table>

① (×) 주어진 정보로는 미현이와 현수의 도착 순서를 알 수 없다.
② (○) 지우는 세 번째, 현수는 첫 번째 또는 두 번째이므로, 지우는 현수보다 나중에 도착했다.
③ (○) 욱진이는 네 번째, 미현이는 첫 번째 또는 두 번째이므로, 욱진이는 미현이보다 나중에 도착했다.
④ (○) 욱진이는 네 번째, 정수는 다섯 번째로 도착하였으므로, 욱진이는 정수보다 먼저 도착했다.

33 정답 ④

우선 진술 내용으로부터 다음과 같은 표를 작성한다.

	갑	을	병	정	무
A	×	×		×	
B				×	×
C	×		×	×	×
D		×	×	×	
E	×	×	×	○	×

C를 수강할 수 있는 것은 을뿐이므로, 을은 C를 수강한다.

	갑	을	병	정	무
A	×	×		×	
B		×		×	×
C	×	○	×	×	×
D		×	×	×	
E	×	×	×	○	×

① (○) 갑이 B를 수강하고 있는 경우, 병은 A, 무는 D를 수강하고 있다.
② (○) 갑이 D를 수강하고 있는 경우, 무는 A, 병은 B를 수강하고 있다.
③ (○) 병이 B를 수강하고 있는 경우, 갑은 D, 무는 A를 수강하고 있다.
④ (×) 무가 A를 수강하고 있는 경우, 병은 B, 갑은 D를 수강하고 있다.

34

정답 ③

우선 요리사와 의사는 30대이고, 군인은 요리사보다 나이가 많으므로, 20대인 갑과 을은 요리사, 의사, 군인이라 수 없고, 갑과 을이 각각 작가 또는 축구선수이므로, 병, 정, 무의 직업은 작가나 축구선수가 아니다. 이를 정리하면 다음과 같다.

	요리사	의사	군인	작가	축구선수
갑(29)	×	×	×		
을(27)	×	×	×		
병(31)				×	×
정(35)				×	×
무(33)				×	×

또한 군인은 30대 중에서도 요리사보다 나이가 많으므로, 병은 군인이 될 수 없고, 정 또한 군인이 아니므로, 무가 군인이라는 것을 알 수 있다. 거기에 군인이 요리사보다 나이가 많다고 하였으므로, 요리사는 병이고, 의사는 정이다.

	요리사	의사	군인	작가	축구선수
갑(29)	×	×	×		
을(27)	×	×	×		
병(31)	○	×	×	×	×
정(35)	×	○	×	×	×
무(33)	×	×	○	×	×

① (○) 요리사는 병으로 31세이고, 작가는 갑 또는 을로, 나이는 29세 또는 27세이다. 어떤 경우라도 나이의 평균은 30세 이하이다.
② (○) 의사는 정으로, 갑~무 중에서 나이가 가장 많다.
③ (×) 의사는 정으로 35세이다. 그러나 작가는 갑인지 을인지 알 수 없다. 따라서 나이 차이가 반드시 6세라고 할 수는 없다.
④ (○) 군인은 무로, 33세이고, 축구선수는 갑 또는 을로, 나이는 29세 또는 27세이다. 어떤 경우라도 나이의 평균은 30세 이상이다.

35

정답 ④

종목별로 우승팀 점수와 준우승팀 점수를 구하면 다음과 같다.

종목	우승팀 획득 점수	준우승팀 획득 점수	결승 진출팀
배구	84	42	A : B
족구	40	20	C : E
야구	144	72	C : D
축구	220	110	B : E
농구	60	30	A : D
테니스	12	6	C : D

이에 따라 팀별로 획득 가능한 점수 범위를 아래와 같이 구할 수 있다.

- A팀 : 72~144점
- B팀 : 152~304점
- C팀 : 98~196점
- D팀 : 108~216점
- E팀 : 130~260점

ㄱ. (×) A팀이 획득 가능한 점수는 최소 72점에서 최대 144점이고, C팀이 획득 가능한 점수는 최소 98점에서 최대 196점이다. 따라서 점수 격차의 최솟값은 26점이다.
ㄴ. (×) B팀이 획득 가능한 점수는 최소 152점에서 최대 304점이고, D팀이 획득 가능한 점수는 최소 108점에서 최대 216점이다. 점수 격차는 100점 미만일 수 있다.
ㄷ. (○) C팀이 야구에서 우승하면 C팀의 점수는 최소 170점(=20+144+6)이고, D팀의 점수는 최대 144점(=72+60+12)이다. 어떤 경우에도 C팀의 점수가 더 높다.
ㄹ. (○) B팀이 축구에서 우승한다면, B팀의 점수는 최소 262점이다. 이는 다른 어떤 팀의 최대 점수보다 높으므로, B팀이 종합 우승을 차지하게 된다.

36

정답 ③

2021년 지원 대상자는 A와 D이다. A에 대한 지원금은 월 120(=40×3)만 원씩 1년에 1,440만 원이고 이는 D도 동일하므로 지원금 합계는 2,880만 원이다.
2022년 지원 대상자는 A, B, E이다. C는 가구 소득이 5,000만 원 이상(4,700만 원×1.07=5,029만 원)이고, D는 만 18세 이하 미성년 자녀가 1명뿐이라 대상에서 제외된다. A에 대한 지원금은 월 60(=30×2)만 원씩 1년에 720만 원이고, 이는 나머지 세 가구에도 동일하게 적용되므로 지원금 합계는 2,160만 원이다.
2021년 지원금 합계와 2022년 지원금 합계의 차이는 720만 원이다.

37

정답 ②

	A	B	C	D	E
1단계	2만 원	0원	2만 원	2만 원	0원

2단계	0원	0원	4만 원	4만 원	0원
3단계	8만 원	0원	0원	8만 원	8만 원
4단계	0원	16만 원	0원	0원	0원
5단계	× 1	× 1/4	× 2	× 1/2	× 1.5
최종 획득	10만 원	4만 원	12만 원	7만 원	12만 원

A~E의 합계는 45만 원이다.

38

정답 ③

갑은 면접관 A로부터 12점(3+8+1), B로부터 12점(3+3+6), C로부터 14점(8+3+3)을 얻는다. 갑의 합산 점수는 38점이다.

을은 면접관 A로부터 12점(1+6+5), B로부터 14점(3+5+6), C로부터 14점(4+5+5)을 얻는다. 합산 점수는 40점이다. 그러나 을은 능력 요소에 대하여 면접관 A와, C에게 '하'로 평가받았으므로 탈락한다.

병은 면접관 A로부터 14점(5+8+1), B로부터 14점(5+3+6), C로부터 12점(8+1+3)을 얻는다. 합산 점수는 40점이다.

정은 면접관 A로부터 14점(5+6+3), B로부터 10점(5+1+4), C로부터 14점(6+3+5)을 얻는다. 합산 점수는 38점이다. 그러나 면접관 B로부터 적성과 인성 모두 '하'로 평가받았으므로 탈락한다.

탈락하지 않은 사람 중 합산 점수가 가장 높은 병이 최종 합격한다.

39

정답 ②

〈상황〉을 기호화하여 정리하면 다음과 같다.

화이트→~그레이 (≡그레이→~화이트)

~베이지→그레이 or 네이비

~(베이지 & 그레이)

~화이트→~브라운 (≡브라운→화이트)

~네이비

베이지→네이비 (≡~네이비→~베이지)

상황5와 상황6에 의하면 네이비카페와 베이지카페는 오픈하지 않으므로, 그레이카페가 오픈한다(상황2). 그레이카페가 오픈하면 화이트카페는 오픈하지 않고(상황1) 이에 따라 브라운카페도 오픈하지 않는다(상황4). 따라서 아침 7시에 오픈하는 카페는 그레이카페 한 군데이다.

40

정답 ④

마리는 나경보다 먼저(정보7), 나경은 가희보다 먼저(정보7), 라윤은 가희와 다솔보다 먼저(정보5) 구입하였다. 따라서 4~5번째 구입자는 가희와 다솔인데 가희는 마지막 방문자가 아니므로(정보9), 다솔이 3회이용권을 구입(정보4)한 마지막 방문자이고, 가희는 4번째 방문자이다. 라윤과 다솔(3회이용권)의 이용횟수의 합은 마리의 이용횟수와 같은데(정보6), 다솔의 이용권이 3회권이므로 라윤은 1회권, 마리는 (3+1=)4회권을 구입하였음을 추론할 수 있다. 나경과 가희는 각각 구입자가 확정되지 않은 2회권과 다솔과 같은 3회권(정보8) 중 하나를 구입하였다. 1~3번째 구입자가 마리/나경/라윤이고, 마리가 나경보다 먼저임을 감안할 때 5명의 구입 순서와 이용권 횟수로 가능한 조합은 다음과 같다.

[경우1] 라윤(1회권) – 마리(4회권) – 나경(2/3회권) – 가희(2/3회권) – 다솔(3회권)

[경우2] 마리(4회권) – 라윤(1회권) – 나경(2/3회권) – 가희(2/3회권) – 다솔(3회권)

[경우3] 마리(4회권) – 나경(2/3회권) – 라윤(1회권) – 가희(2/3회권) – 다솔(3회권)

① (O) 마리가 구입한 이용권은 4회권이다.

② (O) 나경이 구입한 이용권은 2회권 혹은 3회권이다.

③ (O) 라윤과 마리 중 누가 먼저 구입했는지는 알 수 없다.

④ (×) 나경과 다솔이 같은 횟수의 이용권을 구입했다면 가희는 2회권을 구입했다.

직업심화능력평가 [41~80]

41 정답 ③

확정급여형 퇴직연금 산식은 '월평균임금×근무연수'이다. D의 퇴직 시 월 급여는 300만 원, 퇴직 3개월 전까지 받은 수령액은 연차수당 10만 원, 상여금 80만 원이다. 이를 활용하여 퇴직 직전 3개월의 평균 급여를 구하면 $\frac{\text{3개월 총 수령액}}{\text{3개월}} \times \text{근무연수} = \frac{(300\times3)+10+80}{3} \times 4 = 330\times4 = 1{,}320$(만 원)이므로, D는 1,320만 원을 퇴직금으로 지급받는다.

42 정답 ④

A와 B의 연차별 월급액은 다음과 같다.

- 1년차 월급 : 200
- 2년차 월급 : 200×1.05=210
- 3년차 월급 : 210×1.05=220.5
- A의 퇴직금 : 1년차 평균월급+2년차 평균월급+3년차 평균월급+운용수익=200+210+220.5+30=660.5(만 원)
- B의 퇴직금 : 퇴사 직전 3개월의 평균월급×3년=220.5×3=661.5(만 원)
- A와 B의 퇴직금 차액 : 661.5(B)−660.5(A)=1(만 원)

따라서 A의 퇴직금은 B의 퇴직금보다 적고, 차액은 5만 원 이하이다.

43 정답 ④

A씨와 B씨의 카드사용내역에 신용카드와 체크카드의 할인 기준을 적용하면 다음과 같다.

<table>
<tr><th></th><th>어린이집</th><th>유치원</th><th>미술학원</th><th>음악학원</th><th>병원</th><th>11번가</th><th>스타벅스</th><th>아웃백</th></tr>
<tr><td>A씨(신용카드)</td><td colspan="2" rowspan="2">바우처 신청 시 부모 부담금만 부담</td><td colspan="2">−5%, 월 2회, 1만 원 한도</td><td>−5%, 월 1회, 1만 원 한도</td><td rowspan="2">−5%, 월 2회, 3만 원 이상</td><td>−20%, 월 4회, 1만 원 이상</td><td>−20%, 월 1회</td></tr>
<tr><td>B씨(체크카드)</td><td colspan="2">−5%, 월 1회, 5천 원 한도</td><td>−5%, 월 1회, 5천 원 한도</td><td>−10%, 월 4회, 1만 원 이상</td><td>할인 없음</td></tr>
</table>

A씨와 B씨의 결제내역을 보면, 업종별 결제횟수가 업종별 월 할인횟수를 초과하거나, 업종별 할인총액이 업종별 월 할인한도액을 초과하거나, 회차별 결제액이 승인기준액 미만인 경우가 없음을 알 수 있다. 총 출금(청구)금액은 다음과 같이 계산할 수 있다.

- A씨 : 140,000+{(120,000+80,000+50,000)×0.95}+{(10,000×4+40,000)×0.8}=140,000+237,500+64,000=441,500
- B씨 : 240,000+{(50,000+50,000)×0.95}+{(15,000×2)×0.9}+40,000=240,000+95,000+27,000+40,000=402,000

보육맘 특화 서비스 월 할인한도는 A씨가 3만 원, B씨가 1만 원이고, 금월 총 할인액은 A씨가 28,500원, B씨가 8,000원으로 두 사람 모두 할인한도를 초과하지 않는다. 따라서 두 사람의 출금(청구)금액은 (441,500+402,000=)843,500원이다.

44 정답 ④

ㄱ. (×) 20세 되는 해의 1월에 10년 만기 일반플랜에 가입한 사람의 최초 만기는 29세 되는 해의 12월이다. 따라서 30세 되는 해 1월에 최초 자동갱신이 가능하다. 같은 식으로 40세, 50세, 60세, 70세, 80세, 90세, 100세에 자동갱신이 가능하므로, 최대 8회 자동갱신이 가능하다.

ㄴ. (○) 〈표 2〉를 보면, 50세 미만의 같은 나이라면, 모든 플랜에서 여성의 월 보험료가 남성보다 같거나 크다.

ㄷ. (×) 남성의 월 보험료 대비 여성의 월 보험료 비율을 계산하면, 고급플랜은 약 62.7%($=\frac{39{,}000}{62{,}175}\times100$), 일반플랜은 약 62.9%($=\frac{24{,}284}{38{,}624}\times100$), 실속플랜은 약 63.1%($=\frac{13{,}132}{20{,}817}\times100$)이다. 실속플랜의 비율이 가장 크다.

ㄹ. (○) 만기 10년과 만기 20년 상품의 가입 후 1년 이상 10년까지의 해지환급률을 비교해 보면 다음과 같다. 1년 이상 5년 미만까지는 10년 만기 상품의 해지환급률이 더 크지만, 5년 이상 10년까지는 20년 만기의 해지환급률이 더 크다.

10년 만기		20년 만기	
경과 기간	해지 환급률	경과 기간	해지 환급률
1년 이상 3년 미만	10%	3년 미만	0%
3년 이상 5년 미만	20%	3년 이상 5년 미만	10%
5년 이상 7년 미만	15%	5년 이상 10년 미만	20%
7년 이상 10년 미만	10%		
10년(만기)	5%	10년 이상 15년 미만	15%

45

정답 ③

• 갑
- 월 보험료 : 10,000원
- 납입 월 : 2017년 2회(11, 12월), 2018년 12회, 2019년 12회, 2020년 1회(1월) – 총 27회
- 납입 금액 : 10,000원×27회=270,000원
- 해지환급률 : 10%(10년 만기 – 1년 이상 3년 미만)
- 해지환급금 : 270,000원×10%=27,000원

• 을
- 월 보험료 : 2014~2016년 25,000원(60세 미만), 2017~2020년 39,000원(60세 이상)
- 납입 월 : 2014년 6회(7~12월), 2015~2019년 총 60회, 2020년 6회(1~6월)
- 납입 금액
  > 2014~2016년 : 25,000원×30회=750,000원
  > 2017~2020년 – 39,000원×42회=1,638,000원
  > 합계 2,388,000원
- 해지환급률 : 20%(20년 만기 – 5년 이상 10년 미만)
- 해지환급금 : 2,388,000원×20%=477,600원

• 병
- 월 보험료 : 10,000원
- 납입 월 : 2012년 10회(3~12월), 2013~2019년 총 84회, 2020년 8회(1~8월) – 총 102회
- 납입 금액 : 10,000원×102회=1,020,000원
- 해지환급률 : 10%(10년 만기 – 7년 이상 10년 미만)
- 해지환급금 : 1,020,000원×10%=102,000원

갑~병의 합계 : 27,000+477,600+102,000=606,600원

46

정답 ④

① (×) 1. – 가. – ①에 따르면 원활한 직무수행, 사교·의례 목적으로 제공되는 3만 원 이하의 음식물·편의를 수수하는 행위는 제한하지 않지만, 유가증권은 제외되므로 2. – 나.에 의하여 반환하여야 한다.

② (×) 1. – 나.에 의하면 직무관련임직원은 은행법상 은행업무등과 관련하여 정상적인 수준을 초과하는 재산상 이익을 은행이용자에게 제공 시 내부통제 절차를 이행하여야 하나, 3만 원 이하의 물품·식사는 제외된다.

③ (×) 2. – 다.에 의하면 반환하여야 하는 금품 등이 제공자에게 반환하기 어려운 사정이 있을 때에는 은행장이 아니라 지역윤리경영책임관 또는 윤리경영책임관에게 신고하여야 한다.

④ (○) 2. – 나.에 의하면 지침에 위반하여 금품을 받은 임직원은 제공자에게 그 기준을 초과한 부분이나 받는 것이 금지된 금품 등을 즉시 반환하여야 하고, 이 경우 그 임직원은 증명자료를 첨부하여 그 반환 비용을 윤리경영책임관에게 청구할 수 있다. 2. – 가. – ⑤에 의하면 윤리경영책임관은 준법감시인을 의미한다.

47

정답 ③

① (○) 혜택의 대중교통 항목에서 KTX 일반석 20% 할인 혜택을 확인할 수 있다.

② (○) 혜택의 카페 항목에서 출입국 시 인천공항 커피전문점 아메리카노 2잔을 무료 제공받음을 알 수 있다.

③ (×) 혜택의 레저 항목을 보면 해외호텔 이용 시 30% 할인 혜택을 받는다. 1박에 5만 원인 호텔에서 3박을 하였으므로 숙박비는 총 15만 원이고, 30% 할인된 가격은 10만 5,000원이다.

④ (○) 혜택의 쇼핑 항목을 보면 온라인 소셜커머스에서 5만 원 이상 결제 시 5%를 할인받으므로, 80,000만 원 제품을 5% 할인가인 76,000원으로 결제할 수 있다.

48

정답 ②

1억2천만 원의 약정이자율이 연5%로, 매월 납입해야 하는 이자는 500,000원이고, 연체1개월 시점의 이자납입분은 500,000×2=1,000,000원이다. 여기에 가산되는 지연배상금은 500,000×(5+3)%×1/12=3,333원이다. 약정이자 2개월분과 지연배상급의 합은 1,003,333원이다.

49

정답 ③

A~E의 송금수수료는 다음과 같고, 송금수수료가 낮은 고객에서 높은 고객 순으로 나열하면 D,E – B – A – C이다.

	고객등급	이용형태	송금은행	송금액	송금수수료	순서
A	일반고객	창구	X은행	30만 원	2,000원	4
B	일반고객	가상계좌	K은행	120만 원	1,500원	3
C	할인고객	창구	Y은행	520만 원	3,200원	5
D	일반고객	창구	K은행	580만 원	면제	1
E	골드스타고객	가상계좌	K은행	600만 원	면제	1

50

정답 ①

문서를 통해 자신에게 필요한 것이 무엇인가를 파악하는 문항으로 공문서를 이해하고 실제로 적용할 수 있는가를 묻는 문제이다.

발문에서 P가 하려고 하는 업무가 무엇인지를 확인하고 이에 해당되는 서류를 제시문에서 확인하면 된다. P는 2종 면허를 가지고 있고, 이를 갱신해야 하나 본인이 가지 못하는 상황이다. 따라서 표에서 해당되는 신청 사무는 '2종 운전면허 갱신'이다. 제출서류는 운전면허증, 사진, 대리인인 P의 동생 신분증과 위임장이 있어야 한다.

51

정답 ①

개인이 신규 계좌를 개설하기 위해서는 신청인의 실명확인에 필요한 서류를 제출해야 한다. 동생을 대신해 개설을 한다면 대리인으로서 자격을 갖추고 있는가를 확인해야 하며 규정상 동생은 가족의 범위에 들어가지 않으므로 마지막 대리인이 신청할 경우에 해당하는 서류를 확인해야 한다.

52

정답 ②

② 보험 가입 상태를 5년 이상 유지한 계약이 아니라 5년 이상 기본보험료를 완납한 계약에 한하여 기본보험료의 1.0%를 추가로 적립해준다. 즉 납입금을 60회 완납하고 61회 납입한 때부터 추가 적립해준다.

53

정답 ④

연간소득금액이 100만 원 초과하는 세대이므로 건강보험료를 구하는 식은

부과요소별[소득+재산(전월세 포함)+자동차]점수를 합산한 보험료 부과점수×부과점수당 금액(183.3원) 이다.

[소득(1,431)+재산(812 ← 주택 5억 원으로 33등급)+자동차(0 ← 사용연수 9년 이상 예외)]×183.3=2,243×183.3

=411,141.9

원 단위 절사한 월 건강보험료는 411,140원이다.

54

정답 ③

• A상품

만기는 12개월, 월이율은 0.2%, 복리, 매월 납입금 40만 원이다. 처음 납부한 40만 원에는 이자가 12번 붙으므로, 만기에는 40만×$(1.002)^{12}$가 되고, 그 다음 달에 납부한 40만 원은 만기에 40만×$(1.002)^{11}$이 된다. 마지막 달에 납부한 40만 원에는 이자가 한 번만 적용되므로 40만×1.002가 된다. 이를 모두 더한 값은 초항이 40만×1.002이고, 공비가 1.002이며, 항이 12개인 등비수열의 합을 구하는 것과 같으므로, 등비수열의 합을 구하는 공식인 $\frac{a(1-r^n)}{1-r}$(a=초항, n=항의 개수)에 대입하여 결과를 구할 수 있다.

$$\frac{40\times1.002\times(1-1.002^{12})}{1-1.002}=\frac{40\times1.002\times(1-1.024)}{-0.002}$$

=480.960이므로, 만기에 찾게 되는 금액은 4,809,600원이다.

• B상품

위와 같은 방법으로 식을 도출하면,

$\frac{40\times1.003\times(1-1.003^{24})}{1-1.003}$이 된다.

$1.003^{24}=1.075$이므로, 이를 대입하여 계산하면,

$\frac{40\times1.003\times(1-1.075)}{1-1.003}$=1,003이므로,

만기에 찾게 되는 금액은 10,030,000원이다.

만기에 찾게 되는 금액의 차이는 5,220,400원이다.

55

정답 ②

ㄱ. (○) 2019년 731.6에서 2020년 805.6으로 74만큼 증가하였으므로, 증가율은 10%를 상회하고, 2020년 805.6에서 2021년 887.6으로 82만큼 증가하였으므로, 마찬가지로 증가율은 10%를 상회한다.

ㄴ. (×) 중앙정부의 채무액은 매년 꾸준히 증가하고 있지만, 지방정부의 경우 2017년 32.8에서 2018년 28.7로 감소하였다.

ㄷ. (○) 국가채무 합계에 0.9를 곱하여 비교한다. 중앙정부 채무 비중은 매년 90% 이상으로 나타난다.

ㄹ. (×) 제시된 기간 중 GDP 대비 국가채무 비율이 전년대

비 가장 크게 증가한 해는 2020년(2.6%p)이고, 명목 GDP 성장률이 가장 낮은 해는 2019년(1.2%)이다.

56 정답 ④

① (O) 국가채무 합계는 2018년 680.5에서 2019년 731.6으로 51.1 증가, 2020년 805.6으로 74.0 증가, 2021년 887.6으로 82.0 증가, 2022년 970.6으로 83.0 증가, 2023년 1,061.3으로 90.7 증가하였다.

② (O) 2017년 국가채무 합계는 660.2이고, 지방정부 채무는 32.8로 비중 약 5.0%, 2018년 국가채무 합계는 680.5이고, 지방정부 채무는 28.7로 비중 약 4.2%, 2019년은 731.6 대비 29.7로 비중 약 4.1%, 2020년은 805.6 대비 32로 비중 약 4.0%이다.

③ (O) 실질 GDP 성장률과 명목 GDP 성장률 및 그 차이를 정리하면 다음과 같다.

	2017	2018	2019	2020	2021	2022	2023
실질 GDP 성장률	3.2	2.7	2.0	2.5	2.4	2.5	2.6
명목 GDP 성장률	5.5	3.1	1.2	3.8	4.1	4.1	4.1
차이	−2.3	−0.4	0.8	−1.3	−1.7	−1.6	−1.5

2019년의 수치는 0.8인데, 그래프에 −0.8로 표시되어 있으므로 이는 적절한 그래프로 볼 수 없다.

④ (×) 2021년의 국가채무 합계는 887.6이고, 이는 GDP의 42.1%이다. 즉 $\text{GDP}\times\frac{42.1}{100}=887.6$인 셈이므로, $\text{GDP}=887.6\times\frac{100}{42.1}$로 구할 수 있다. 따라서 2021년의 GDP는 약 2,108.3이다. 마찬가지로 구하면 2022년은 약 2,195.9, 2023년은 약 2,287.3이 된다.

57 정답 ①

ㄱ. (O) 1. 사회적 책임 부분에 다른 기업의 귀감이 되도록 노력하고, 국가발전에 이바지하며, 지역사회를 풍요롭게 하는 역할을 수행한다는 내용이 제시되어 있다.

ㄴ. (O) 2. 환경 경영 부분에 관련된 내용이 제시되어 있다.

ㄷ. (×) 3. 정치 개입 금지를 보면, 임직원에게 특정 정당이나 정치인을 지지하도록 요구하거나, 개인의 견해가 은행의 견해로 오해받지 않도록 주의한다는 내용이 제시되어 있을 뿐, 지지 자체를 못하도록 하는 것은 아니다.

ㄹ. (×) 4. 국제경영활동규범 등 준수에서 "영업활동을 하고 있는 모든 지역 및 국가"라고 하였다.

58 정답 ④

주식의 기대수익률은 $0.2\times0.1+0.5\times0.05-0.3\times0.05=0.02+0.025-0.015=0.03$이다. 주식에 60만 원을 투자하므로 기대수익금은 18,000원이다.
채권의 기대수익률은 $0.2\times0.08+0.5\times0.04+0.3\times0.02=0.016+0.02+0.006=0.042$이다. 주식에 40만 원을 투자하므로 기대수익금은 16,800원이다.
J의 기대수익금은 18,000+16,800=34,800원이다.

59 정답 ①

① (×) 제2조 제1항 제2호에 따라 ○○은행 자동화기기로 ○○은행으로 송금하는 경우에는 이체금액과 무관히 수수료는 무료이다.

② (O) 제2조 제2항 제1호부터 제3호까지의 각 규정에 따라 동일한 시간에 10만 원을 초과하여 출금이나 송금을 하는 경우에는 수수료가 항상 동일하다.

③ (O) 제2조 제1항 제3호와 제2항 제2호의 내용을 보면 알 수 있다. 두 경우의 수수료는 동일하다.

④ (O) 제2조 제2항 제3호와 관련된 내용이다. 5건의 송금을 한 경우 수수료 합계의 최댓값은 900원×5건=4,500원이고, 최솟값은 500원×5건=2,500원이다. 차이는 2,000원이다.

60 정답 ②

채권액을 전액 받는 방안은 상황연기밖에 없으므로 (가)에 해당하는 방안은 상환연기이고 상환연기의 구체적인 실행 방안은 상환기일을 연기하고 두 번에 걸쳐 전액을 나누어 받는 ㄷ이다.
상환기일을 연기하지 않고 즉시 상환받는 부분상환이 상환연기나 결합추심보다 상환기일이 빠르므로 채권추심업무를 가장 빠르게 끝낼 수 있다. 따라서 (나)에 해당하는 방안은 부분상환이고 부분상환의 구체적인 실행은 상환기일을 연기하지 않고 채권액(10억) 중 일부인 5억 원만을 상환받는 ㄱ이다.

61

정답 ④

보험금의 지급에 대해서는 정당한 사유가 없이 늦는다면 보험회사는 약관에 의해 일정 금액을 더 지불해야 한다. 지연 사유가 있다면 사전에 미리 고지해야 한다.

62

정답 ①

① (×) 2013년 1사분기 대비 2014년 4사분기 소재산업의 BSI 지수의 증감폭은 12로 섬유 산업 BSI 지수의 증감폭 30보다 작다.
② (○) 2013년 4사분기 소재산업의 BSI 지수는 82로 조사대상 다른 분기에 비해 가장 낮았다.
③ (○) 주어진 자료를 살펴보면, 조사기간 중 2013년 2사분기만 BSI가 모두 100을 초과함을 알 수 있다.
④ (○) 앞으로의 경제 상황에 대해 낙관적으로 전망한 업체수와 비관적으로 전망한 업체수가 같다면 BSI 지수는 100이 되므로 BSI 지수가 100인 분기 수를 파악하면 된다. 중화학 산업을 대상으로 한 조사에서 BSI 지수가 100인 분기는 2013년 3사분기뿐이다.

구분 \ 연도	2009년	2010년	2011년	2012년
이자비용	–	900	(930)	(963)
액면이자	–	600	600	600
상각액	–	300	(330)	(363)
미상각 잔액	3,000	2,700	(2,370)	(2,007)
사채장부가액	9,000	9,300	(9,630)	9,993

63

정답 ③

표에 의하면 상해보험은 업무외 상해사망, 후유장해, 업무외 질병사망, 고도장해에 대한 보상이다. 또한 납입금의 101%를 적용받는 규정 또한 상해보험에 적절하지 않다.

64

정답 ③

갑 (×) 비대면전용 상품으로 계약 해지는 스마트뱅킹이나 인터넷 뱅킹으로만 가능하다.
을(×) 계약기간은 12개월 이하까지 가능하다.
병(×) 초입금은 월 한도에 포함된다.
정 (○) 게임미션 3개/추천미션 3개/가입미션 3개 등 스탬프를 총 9개 적립하여 연 0.2%의 우대금리를 제공받는다.

65

정답 ③

① (○) 2번째 단락의 '2) 리스크관리협의회' 문단에서, 리스크관리협의회는 리스크관리 정책 및 절차의 수립, 리스크관리업무 집행의 적정성 감독 등의 업무를 수행한다고 하였다.
② (○) 2번째 단락의 '2) 리스크관리협의회' 문단에서, 리스크관리협의회는 관련 그룹대표로 구성되어 있다고 하였다.
③ (×) 5번째 단락의 '이사회 및 경영진에게 리스크 관련 정보를 보고하는 과정 등'으로 4문장을 보면, 리스크관리협의회는 월 1회 이상 개최하는 것을 원칙으로 한다. 같은 단락 2문장을 보면 리스크관리위원회가 매분기 1회 개최된다.
④ (○) 5번째 단락 마지막 문장을 보면, 협의회는 운영리스크관리심의회의 주요 활동 내역 등을 보고받는다.

66

정답 ④

① (○) 2번째 단락 '신용리스크관리심의회' 문장을 보면, 신용리스크관리심의회는 신용리스크를 수반하는 신상품(파생상품 포함)에 대한 신용리스크를 검토한다.
② (○) 2번째 단락 '시장리스크관리심의회' 문장을 보면, 시장리스크관리심의회는 정형화된 신상품 투자승인 등을 수행하며, 관련 업무 부서장들로 구성되어 있다.
③ (○) 2번째 단락 '운영리스크관리심의회' 문장을 보면, 운영리스크관리심의회는 주요 제도와 프로세스 및 시스템 등의 신설·변경·폐지 관련사항 등에 대한 심의를 수행한다.
④ (×) 제시문의 마지막 문장을 보면, 리스크관리협의회는 신용/시장/운영리스크관리심의회의 주요 활동 내역 등을 보고받는다. 신탁·펀드 고객자산 리스크관리심의회의 주요 활동 내역이 리스크관리협의회에 주기적으로 보고된다는 내용은 제시문에서 찾을 수 없다.

67

정답 ④

ㄱ. (○) 1번째 단락 1문장을 보면 KB국민은행은 은행이 직면한 중요 리스크를 전사적 차원에서 통합하여 관리하고 있다. 그리고 1문단 3문장에서 중요 리스크가 신용리스크, 시장리스크, 운영리스크, 금리리스크, 유동성리스크, 신용편중리스크, 전략리스크, 평판리스크, 외환결제리스크임을 언급한다.

ㄴ. (×) 3번째 단락 2문장 후반부를 보면, KB국민은행은 리스크관리기준은 리스크관리 실무 조직뿐만 아니라 자산운용부서 등 리스크를 부담하는 모든 사업부문에 의해 이행되고 준수되도록 한다고 하였다.

ㄷ. (×) 3번째 단락 마지막 문장을 보면, 은행 경영관리에 중대한 영향을 미치는 리스크 이벤트가 발생하는 경우, 리스크관리위원회 및 리스크관리협의회에 안건으로 보고하여 논의를 통한 의사결정체계를 마련하고 있으나, 리스크관리심의회도 논의한다는 내용은 제시문에서 찾을 수 없다.

68 정답 ④

ㄱ. (○) 마지막 단락의 '(가) 심사조직'을 보면 여신심사본부는 3개 부서, 4개 심사Unit, 1개 심사센터로 구성되었다고 하였고, '(나) 주요역할'에서 3개 부서의 명칭이 '기업여신심사부, 개인여신심사부, CIB/글로벌심사부' 임을 유추할 수 있다.

ㄴ. (×) 마지막 단락의 '(나) 주요역할' 중에서 '기업여신심사부'로 시작하는 문장을 보면, 기업여신심사부의 주요 역할로 '심사 관련 제도 기획'이 있음을 알 수 있다. 그러나 기업여신심사부에서 기획한 심사 관련 제도를 개인여신심사부에서 평가한다는 내용은 제시문에서 찾을 수 없다.

ㄷ. (×) 마지막 단락의 '(나) 주요역할' 중에서 'CIB/글로벌심사부'로 시작하는 문장을 보면, CIB/글로벌심사부의 주요 역할로 '거액여신 보유 그룹에 대한 여신심사 정책 운영'이 있음을 알 수 있다. 즉, 해당 역할은 기업여신심사부가 아니라 CIB/글로벌심사부의 역할이다.

69 정답 ②

ㄱ. (×) 네 번째 단락 중 (가) 문단을 보면, 리스크관리위원회의 보고 내용에 국별신용 공여한도 현황은 포함되지만, 장외파생상품관리현황은 포함되지 않는다.

ㄴ. (○) 네 번째 단락 중 (나) 문단을 보면, 리스크관리협의회 보고 내용에 국별신용 공여한도 현황과 신용편중리스크 관리현황 모두 포함된다.

ㄷ. (×) 네 번째 단락 중 (다) 문단을 보면, 신용리스크관리심의회 보고 내용에 Total Exposure 관리현황은 포함되지만 대체투자자산 관리현황은 포함되지 않는다.

70 정답 ③

두 번째 단락에서 설명하는 '신용리스크 관리, 리스크 통제, 준법감시 및 내부감사 기능 간 관계'를 보면, 1차적으로 해당 부점에서 내부통제(ⓐ) 및 리스크관리를 수행하고, 2차적으로 준법감시인 조직과 리스크전략그룹조직(ⓑ)에서 관리현황 모니터링을 실시하며, 마지막으로 감사조직(ⓒ)이 통제관리시스템(ⓓ)을 구축한다.

71 정답 ②

① (×) 알파 테스트(Alpha Test)에 대한 설명이다.

③ (×) 벤치마크 테스트(Benchmark Test)에 대한 설명이다.

72 정답 ③

③ (×) P2P 방식은 동시에 양쪽 모두 송수신이 가능한 전이중 방식을 사용한다.

73 정답 ③

① (×) **디지털 워터마크** : 파일 안에 저작권 정보를 식별할 수 있도록 삽입한 비트 패턴을 가리킨다.

② (×) **디지털 혁명** : 1950~1970년대에 걸쳐 각종 정보 형식이 아날로그에서 디지털로 전환되고, 컴퓨터의 상용화 등으로 인하여 급격한 변화가 일어났는데, 이러한 전반적인 과정을 디지털 혁명이라고 한다.

④ (×) **디지털 경제** : 인터넷을 바탕으로 이루어지는 모든 경제활동을 통칭하여 디지털 경제라고 한다.

74 정답 ①

② (×) spyware : 사용자의 동의없이 사용자의 정보를 빼가는 악성 프로그램을 의미한다.

③ (×) freeware : 프로그램 개발자가 누가나 자유롭게 사용할 수 있도록 공개한 프로그램을 의미한다.

④ (×) firmware : ROM에 저장된 하드웨어를 제어하는 프로그램을 의미한다. 소프트웨어와 동일하지만, 하드웨어와 밀접한 관련을 가지고 있어서 일반 응용소프트웨어와는 구분된다.

75

정답 ②

제시된 설명과 관련된 개념은 탈중앙화를 뜻하는 Decentralize와 금융을 뜻하는 Finance를 합한 De-Fi이다.

① Non Fungible Token의 약자로, 블록체인을 활용하는 것은 기존의 가상화폐와 동일하지만, 기존의 가상화폐와는 달리 하나하나가 희소성을 갖는 가상 자산을 의미한다.

③ 인터넷을 통한 개인과 개인 사이의 대출 및 투자를 연계하는 금융 서비스이다.

④ 금융과 기술의 융합이라는 점에서는 핀테크와 같지만, 핀테크가 금융이 주도하는 것과 달리 테크핀은 기술이 주도한다는 차이가 있다.

76

정답 ②

제시된 설명과 관련된 개념은 합성곱 신경망 모델 CNN(Convolutional Neural Network)이다.

① ANN, 인공신경망은 Artificial Neural Network의 약자로, 인간의 뉴런을 모방한 기계학습 기법을 의미한다.

③ RNN, 순환신경망은 Recurrent Neural Network의 약자로, 순서나 시간의 흐름에 따라 변화하는 데이터를 학습하기 위한 모델로, 기준 시점(t)과 그 다음 시점(t+1)의 데이터에 네트워크를 연결한 구조로 나타난다.

④ GAN, 생성적 적대 신경망은 Generative Adversarial Network의 약자로, 진짜에 가까운 가짜를 만드는 모델과 이 모델의 진위를 판단하는 모델의 두 가지 모델로 구성되어, 상호 경쟁적으로 학습을 반복하는 신경망을 의미한다.

77

정답 ④

① (×) IoT(Internet of Things) : 사물인터넷, 사물에 신서를 부착하여 실시간으로 데이터를 주고받는 네트워크 기술, 환경을 가리킨다.

② (×) CNN(Convolutional Neural Network) : 심층 신경망(DNN; Deep Neural Network)의 유형으로, 하나 또는 여러 개의 Convolutional Layer와 Pooling Layer, Fully Connected Layer로 구성된 신경망을 의미한다. CNN은 2차원 데이터를 학습하는 데 적합한 구조를 가지고 있다.

③ (×) SaaS(Software as a Service) : 클라우드 서비스의 한 종류로, 소프트웨어를 웹으로 사용할 수 있는 서비스를 의미한다.

④ (○) GAN은 생성적 적대 신경망으로, 두 신경망 모델을 경쟁시킴으로써 인공지능을 학습시키고 결과를 도출한다.

78

정답 ③

ㄱ. (×) ㄴ. (○) ㄷ. (×) 빅데이터는 기존의 데이터에 비하여 그 크기(Volume)가 방대하고, 생성 및 처리 속도(Velocity)가 빠르며, 정형 및 비정형(이미지, 텍스트 등)의 다양한 유형(Variety)을 포함하는 데이터를 의미한다.

ㄹ. (○) 비정형의 데이터는 데이터 구조가 없으므로, 그 자체로는 분석 작업이 어렵다. 따라서 그 처리를 위해서는 특징을 추출하여 정형 또는 준정형의 데이터로 변환하는 전처리 과정이 필수적이다.

79

정답 ③

① (×) O2O : 온라인과 오프라인을 결합한 마케팅으로 온라인으로 상품이나 서비스를 주문하면 오프라인으로 제공되는 것을 의미한다.

② (×) **콜드체인**(cold-chain) : 저온 유통체계를 의미하는 것으로, 냉동냉장을 이용하여 신선한 식료품을 유통하는 방식을 말한다. 주로 수산물, 육류, 청과물 등의 신선한 식료품을 산지로부터 가정까지 저온으로 유지하여 신선도를 유지하여 유통하는 방법이다.

③ (○) **블록체인**(block chain) : 특정 정보를 일정 범위(블록)로 묶고 이를 참여자 전원에게 전송하여 저장하는 기술로, 비트코인 보안에 활용되어 이슈가 되었다. 금융거래뿐만 아니라 정보의 저장과 공유가 필요한 다양한 영역에 활용할 수 있는 기술이다.

④ (×) **파이썬**(python) : C언어를 기반으로 한 오픈소스 고급 프로그래밍 언어로, 간결하고 생산성 높은 것을 특징으로 한다.

80

정답 ①

① (○) Annotation은 데이터에 주석을 다는 작업으로, 머신러닝, 딥러닝 등이 무엇을 학습하는지 알려주는 일종의 표식을 의미한다.

상식 [81~100]

81 정답 ③

〈현금예금비율(k)이 주어진 경우의 통화승수〉

$$m=\frac{M}{H}=\frac{C+D}{C+Z}=\frac{(k+1)D}{(k+z)D}=\frac{k+1}{k+z}$$

$[M=C+D,\ H=C+Z,\ k=\frac{현금통화(C)}{예금통화(D)},\ z=\frac{실제지준금(Z)}{예금통화(D)}]$

문제에서는 k가 0.02, z가 0.014이므로

$$m=\frac{k+1}{k+z}=\frac{0.02+1}{0.02+0.014}=30$$

82 정답 ④

① 기회비용
어떤 선택에 대하여 포기한 것 중 가장 가치 있는 것

② 귀속비용
기업가 자신이 소유하고 있으면서 생산에 투입한 생산요소의 기회비용으로서 귀속임금·귀속이자·귀속지대·정상이윤으로 구성된다. 귀속비용 또는 묵시적 비용이라고도 부른다.

③ 메뉴비용
경제학에 따른 메뉴비용은 새로운 메뉴판 제작에 소요되는 비용만을 의미하지 않는다. 상품 포장 및 카탈로그 교체 비용, 인상된 가격에 대한 광고비, 가격인상에 불만을 품은 소비자 이탈에 따른 손실 등 가격변경에 수반되는 비용 일체가 메뉴비용에 포함된다.

④ 구두창비용
인플레이션의 사회적 비용 중 하나로, 인플레이션의 발생 혹은 예상에 대응하여 경제 주체들이 화폐를 적게 보유함으로써 드는 비용을 의미한다.
금융회사를 자주 방문할수록 구두창이 더 빨리 닳는다고 해서 생긴 표현이다.

83 정답 ④

신용부도스왑은 한마디로 하면 대출이 부도가 났을 때 그 위험을 다른 곳에 넘기기 위한 일종의 위험 헤지(hedge) 파생상품이다. 따라서 이것은 신용파생상품의 일종인데, 신용보장매입자가 수수료를 지급하고 신용사건이 발생한 경우 신용보장매도자로부터 약속한 손실액을 지급받는 조건의 계약이다. 신용파생상품 거래에서 신용위험을 회피하고자 하는 사람을 신용보장매입자라 하고, 신용위험을 인수하는 사람을 신용보장매도자라고 한다. 따라서 신용보장매도자가 위험에 따른 프리미엄을 얻는다.
신용사건은 보통 도산, 지급실패, 기한이익상실, 채무불이행, 채무재조정, 지불유예, 지급이행거절을 가리킨다. 신용부도스와프는 신용사건이 발생하면 우발손실을 보전해준다는 점에서 조건부청구권에 해당되며, 기초자산의 손실위험에 대한 보증보험에 가입하는 것과 유사하다고 볼 수 있다. CDS의 신용사건이 발생하면 손실 금액의 산정 및 지급의 정산이 이루어지기 때문에 명확한 신용사건 범주의 지정이 CDS계약의 주요한 검토사항이라고 할 수 있다.
그러나 채무자인 기업이 부도가 날 경우 보증인 격인 금융회사에 손실이 발생하고, 이로 인하여 금융회사가 부실해지면 채권자인 은행도 연쇄적으로 부실화된다. CDS 물량이 한꺼번에 쏟아져 나올 경우 자금조달 시장이 마비될 우려가 있으며, 실제로 이는 서브프라임 모기지론 사태로 촉발된 미국의 금융위기를 증폭시킨 요인으로 지적된다.

84 정답 ①

블록체인에 저장하는 정보는 다양하기 때문에 블록체인을 활용할 수 있는 분야도 매우 광범위하다. 대표적으로 가상통화에 사용되는데, 이때는 블록에 금전 거래 내역을 저장해 거래에 참여하는 모든 사용자에게 거래 내역을 보내주며 거래 때마다 이를 대조해 데이터 위조를 막는 방식을 사용한다. 이 밖에도 전자 결제나 디지털 인증뿐만 아니라 화물 추적 시스템, P2P 대출, 원산지부터 유통까지 전 과정을 추적하거나 예술품의 진품 감정, 위조화폐 방지, 전자투표, 전자시민권 발급, 차량 공유, 부동산 등기부, 병원 간 공유되는 의료기록 관리 등 신뢰성이 요구되는 다양한 분야에 활용할 수 있다.
블록체인은 크게 퍼블릭 블록체인과 프라이빗 블록체인으로 나뉜다. 퍼블릭 블록체인은 모두에게 개방돼 누구나 참여할 수 있는 형태로 비트코인, 이더리움 등 가상통화가 대표적이다. 프라이빗 블록체인은 기관 또는 기업이 운영하며 사전에 허가를 받은 사람만 사용할 수 있다. 참여자 수가 제한돼 있어 상대적으로 속도가 빠르다.

85 정답 ④

① 넛지효과(nudge effect)
넛지(nudge)는 '옆구리를 슬쩍 찌른다.'는 뜻으로 강요

에 의하지 않고 유연하게 개입함으로써 선택을 유도하는 방법을 말한다.

② **백로효과(snob effect : 속물효과)**
편승효과와 반대로 다른 사람이 어떤 상품을 소비하면 자신은 그 재화의 소비를 중단하거나 줄이는 효과 → 수요곡선이 보다 비탄력적(급경사)이 된다.

③ **베블런 효과(veblen effect)**
베블런이 주장한 효과로 상품이 비쌀수록 그 상품을 선호하는 효과로 소비자들이 과시하기 위하여 소비하는 효과 → 수요곡선이 우상향한다.

④ **편승효과(bandwagon effect)**
한 사람이 어떤 상품을 소비하기 시작하면 덩달아 너도 나도 소비하는 경향을 나타내는 효과 → 수요곡선이 보다 탄력적(완만)이 된다.

86

정답 ③

① **핀테크**
'핀테크(fintech)'는 '금융(finance)'과 '기술(IT technology)'이 결합한 서비스 또는 그런 서비스를 하는 회사를 의미한다.

② **빅데이터**
빅데이터란 디지털 환경에서 생성되는 데이터로 그 규모가 방대하고, 생성 주기도 짧고, 형태도 수치 데이터뿐 아니라 문자와 영상 데이터를 포함하는 대규모 데이터를 말한다.

③ **마이데이터**
데이터 3법(개인정보보호법 · 신용정보법 · 정보통신망법) 개정으로 2021년 8월부터 데이터 기업 사업자들이 개인의 동의를 받아 금융정보를 통합 관리해주는 마이데이터사업(신용정보관리업)이 가능해졌다.
마이데이터는 은행 계좌와 신용카드 이용내역 등 금융데이터의 주인을 금융회사가 아니라 개인으로 정의하는 개념이다. 마이데이터가 허용되면 개인은 여러 금융회사에 흩어진 금융정보를 통합 관리할 수 있게 된다.

④ **데이터마이닝**
많은 데이터 가운데 숨겨져 있는 유용한 상관관계를 발견하여, 미래에 실행 가능한 정보를 추출해 내고 의사결정에 이용하는 과정을 말한다.

87

정답 ②

FDS(Fraud Detection System, 이상금융거래탐지시스템)는 결제자의 다양한 정보를 수집해 패턴을 만든 후 패턴과 다른 이상 결제를 잡아내고 결제 경로를 차단하는 보안 방식이다. 보안 솔루션에 의존하던 기존 보안과 달리, 빅데이터를 바탕으로 적극적인 보안 개입을 하는 것이 특징이다. FDS는 정보수집 기능, 분석 및 탐지 기능, 대응 기능, 모니터링 및 감사 기능으로 구성돼 있다. 핀테크가 중요해지는 시점에 FDS도 필수적인 보안 방식으로 주목받고 있다.
이상금융거래탐지시스템 또는 부정사용방지시스템이라고 불리는 FDS는 전자금융거래 시 단말기 정보와 접속 정보, 거래 정보 등을 수집·분석해 의심스러운 거래나 평소와 다른 금융 거래가 발생하면 이를 차단한다.
이전 보안은 금융기관 데이터베이스로의 접근을 엄격히 제한해 해커의 침입을 막는 데 초점이 맞춰져 있었고, 실시간 경계를 강화하는 데 주력했다. 또한 이용자 PC에 백신, 방화벽, 키보드 보안 프로그램 등의 설치를 의무화하는 등 이용자 측면의 보호를 강조한 것이 특징이었다. 대부분 보안이 이뤄지는 위치는 거래가 시작되는 사용자 단에 집중돼 있었다.
반면, FDS는 서비스를 제공하는 회사에서 다양한 정보를 수집하고 분석해 이상 거래를 탐지하고 차단하는 등 보안 솔루션을 개발하는, 기존보다 더 적극적인 의미의 보호조치다. 거래 이후 서버 단에서 보안 절차에 집중해 진행된다는 것도 기존과는 다른 점이다.

88

정답 ①

주식시장의 급등락이 발생하는 경우 시장에 미치는 충격을 완화하기 위해 주식매매거래를 일시중단하는 제도이다. 지수가 직전 거래일 종가보다 10% 이상 하락한 상태로 1분간 지속되면 서킷브레이커가 발동돼 20분간 모든 종목의 거래가 중단된다.

89

정답 ③

① (×) 한미금리 역전에 따라 한국주식시장의 외국인 투자자본이 빠져나가 주식시장에 악영향을 미칠 수 있다.
② (×) 인플레이션의 위험을 헤지하기 위하여 금리를 인상한 것이다.
④ (×) 한미금리 역전에 따라 원화가 상대적 약세를 보여 원/달러 환율은 상승할 가능성이 높다.

90

정답 ④

비은행예금취급기관은 은행법을 적용받지는 받지 않고 예금업무를 취급하는 금융회사로 구체적으로 종합금융회사, 상호저축은행, 신용협동기구(신용협동조합, 새마을금고, 농·수협지역조합), 우체국예금이 있다.

- 종합금융회사 : 단기금융업무, 외자업무 및 리스업무, 유가증권업무 등
- 상호저축은행 : 영세 상공인과 서민의 금융편의와 저축증대를 목적으로 「상호저축은행법」에 의해 설립
- 신용협동기구 : 농·수 지역조합, 신용협동조합, 새마을금고
- 우체국 : 체신업무와 금융상품 취급 병행

91

정답 ①

재무상태표를 보면 자산, 부채, 자본을 알 수 있다.

〈재무제표 이해〉

(1) **재무상태표**

기업의 일정시점의 재무상태를 나타내는 재무제표로 자산, 부채, 자본으로 구성

① 자산과 부채는 1년을 기준으로 유동, 고정으로 구분한다.

② 자산·부채 및 자본은 총액에 의하여 기재함이 원칙

③ 자산과 부채의 항목배열은 유동성배열법에 의함.

④ 자산 = 부채 + 자본

(2) **손익계산서** : 기업의 경영성과를 명확히 보고하기 위하여 그 회계기간에 속하는 모든 수익과 이에 대응하는 모든 비용을 적절하게 표시한 재무제표, 발생주의 회계

① 모든 수익과 비용은 그것이 발생한 기간에 정당하게 배분되도록 처리

② 수익과 비용은 그 발생원천에 따라 명확하게 분류하고 각 수익항목과 이에 관련되는 비용항목을 대응표시

③ 수익과 비용은 총액에 의하여 기재함이 원칙

④ 주요항목 : 매출액, 비용, 이익

(3) **현금흐름표** : 일정기간 동안의 기업의 현금유입과 유출의 변동내용을 나타내는 재무제표

(4) **이익잉여금처분계산서**

92

정답 ②

가입대상은 연령 및 주택소유에 상관없이 1인 1통장이다.

〈주택청약 종합저축〉

- 국민주택과 민영주택을 가리지 않고 모든 신규 분양주택에 사용할 수 있는 만능청약통장
- 가입대상 : 연령 및 주택소유에 상관없이 1인 1통장(기존 청약상품 가입자의 전환가입 불가)
  - 국민주택기금 취급 금융기관에서만 가입가능, 가입자 사망 시 상속인 명의로 변경 가능
- 납입방법 : 적립식과 거치식 병행
- 일정한 요건을 갖춘 경우 소득공제 가능

93

정답 ④

연금계좌를 이전하는 경우 시가평가 상품을 장부가평가 상품으로 전환하는 것은 불가능하며, 장부가평가 상품을 시가평가 상품으로 전환하는 것은 가능하다.

〈연금저축신탁〉

가입자격	• 제한없음
저축한도	• 전 금융기관을 합산 연 1,800만 원 이내
저축기간	• 최소 5년 이상 연단위(수령자 연령이 만 55세가 될 때까지)
연금지급기간	• 적립기간 5년 이상 및 만 55세 요건을 충족한 시점부터 10년 이상 연단위
연금수령방식	• 연금수령한도가 있음
세제혜택	• 저율의 연금소득세 과세 • 세액공제
금융사간 이전	• 가능

94

정답 ③

개인뿐만 아니라 법인도 보호대상이 된다.

95

정답 ④

주가수익비율(PER)이 높은 경우에도 주가현금흐름비율(PCR)이 낮으면 저평가되어 있다

96

정답 ③

회사채보다 국공채의 발행 및 유통 비중이 높다.

〈발행주체에 따른 분류〉

(1) **국채**

국회의 동의를 받고 정부가 발행

국민주택채권, 재정증권, 국고채권

(2) **지방채**
지자체가 발행
도시철도공채, 지역개발공채
(3) **특수채**
특별법에 의해 설립된 기관들이 발행
(4) **회사채**
상법상의 주식회사가 발행

97

정답 ③

예금계약의 법적성질은 소비임치계약, 부합계약, 상사계약이라고 볼 수 있다.

- 소비임치계약은 예금주가 금전을 은행에 맡겨 두지만 은행은 자유롭게 운용하다가 동일 금액의 금전을 반환하는 성격을 말한다.(단, 당좌예금은 위임계약과 소비임치계약이 혼합된 계약)
- **부합계약** : 은행이 약관을 일방적으로 작성하고 고객이 이에 동의
- **상사계약** : 예금채권의 소멸시효 5년

98

정답 ③

선물계약과 선도계약의 차이를 정리하면 다음과 같다.

구분	선물계약	선도계약
거래장소	법에 의해 설립된 거래소	장외시장(OTC)
거래의 표준화	거래조건의 표준화	거래조건의 비표준화
상품의 인수도	대부분 만기일 이전에 반대매매	만기일에 반드시 인·수도
거래의 중개자	결제소 보증에 의한 간접거래	중개자 없이 직접거래
결제시점	일일정산 (marking to market)	만기일결제
유동성	선물시장에서의 간접계약이므로 유동성이 높다.	당사자 간의 직접거래이므로 유동성이 낮다.
시장성격	완전경쟁시장	불완전경쟁시장
가격형성	경쟁호가, 매일 공시	계약시 단한번 형성
규제 유무	가격과 거래제한이 있다.	가격과 거래제한이 없다.
거래참여 범위	다수의 거래자	한정된 거래자

99

정답 ③

경합성과 배제성을 기준으로 재화 및 서비스를 다음과 같이 구분할 수 있다. 공공재는 비배제성과 비경합성을 가진 재화나 서비스를 의미한다. 비경합성은 어떤 개인의 재화나 서비스 소비가 다른 개인의 소비가능성을 감소시키지 않는 것을 의미한다. 비배제성은 일단 공공재의 공급이 이루어지면 생산비를 부담하지 않는 개인이라고 할지라도 소비에서 배제할 수 없음을 뜻하며, 따라서 가격을 설정하는 것이 불가능하고 무임승차자 문제가 발생한다.

		배제성	
		가능	불가능
경합성	있음	사적재 (아이스크림, 옷 등)	공유지 (공동 소유의 어장 등)
	없음	비순수 공공재 (한산한 유료도로 등)	공공재 (국방, 치안 등)

100

정답 ④

실업률은 경제활동인구에서 실업자가 차지하는 비율을 의미한다. 여기서 경제활동인구에는 취업자와 현재 구직 중인 실업자가 포함되고, 실업자라도 구직 의지가 없는 사람은 경제활동인구에 포함되지 않는다. 또한 학생, 주부, 군인 등은 특별한 경우를 제외하고는 경제활동인구에 포함되지 않는다. 따라서 다음과 같이 실업률을 구할 수 있다.

$$실업률=\frac{실업자\ 수}{경제활동인구\ 수}\times100=\frac{150}{2,500}\times100=6\%이다.$$

제3회 실전모의고사

01	②	02	①	03	①	04	④	05	②
06	④	07	③	08	②	09	④	10	④
11	④	12	②	13	③	14	①	15	④
16	①	17	④	18	②	19	③	20	②
21	③	22	④	23	①	24	④	25	③
26	③	27	③	28	②	29	④	30	②
31	④	32	①	33	④	34	④	35	④
36	③	37	①	38	②	39	④	40	②
41	④	42	①	43	③	44	③	45	④
46	④	47	②	48	①	49	④	50	③
51	④	52	④	53	②	54	①	55	③
56	①	57	②	58	④	59	④	60	②
61	③	62	④	63	②	64	③	65	①
66	③	67	①	68	③	69	①	70	②
71	②	72	②	73	④	74	④	75	②
76	②	77	④	78	①	79	①	80	③
81	③	82	②	83	②	84	①	85	④
86	②	87	④	88	③	89	④	90	④
91	②	92	②	93	③	94	④	95	③
96	①	97	④	98	④	99	③	100	②

직업기초능력평가 [1~40]

01 정답 ②

① (O) 글의 첫 부분에 제시되어 있듯이 블록체인의 개념은 가상 화폐인 비트코인에 대한 논문에서 처음 소개되었다.

② (×) 블록체인의 정보는 네트워크 참여자들에 분산 저장된다. 즉, 중앙 서버가 정보를 보유하지 않는다.

③ (O) 블록체인의 데이터는 모든 사용자에게 분산되어 저장된다. 따라서 이를 위변조하기 위해서는 사용자들이 가지고 있는 모든 데이터를 동시에 위변조해야 하는데, 이는 현실적으로 불가능한 일에 가깝다.

④ (O) '둘째, ~' 부분에서 중앙에서 통제 받을 일이 없고, 이는 네트워크 구조를 투명하게 한다는 내용이 제시되어 있다. 클라우드 방식은 중앙 서버를 이용하는 방식이므로, 블록체인 방식에 비해서 네트워크 구조의 투명성이 낮다고 볼 수 있다.

02 정답 ①

① (O) 3문단 후반부에 의하면 국내 대형연기금들은 스타일투자의 장점을 활용하여 국내주식 위탁운용에 있어 유형별 운용자금 배분을 하고 있다.

② (×) 1문단에서 포트폴리오 매니저의 성과 평가에 용이하다는 장점이 스타일투자를 하는 이유 중 하나로 언급되지만, 스타일투자 개념이 개발된 이유라는 언급은 찾을 수 없다.

③ (×) 2문단에서 설명하는 스타일박스는 모닝스타가 제공하는 투자 스타일 시각화 서비스이며, 연기금 운용에 대한 모니터링·평가에 스타일박스가 적용된다는 내용은 제시문에서 찾을 수 없다.

④ (×) 1문단에 의하면 스타일투자 시 스타일별 비교집단이 생기므로 포트폴리오 매니저의 성과 평가가 용이해진다고 설명하나, 스타일별 비교집단의 자산구성 전략을 파악할 수 있다는 언급은 제시문에서 찾을 수 없다.

03 정답 ①

ㄱ. (O) 1문단에 의하면 장애소득보장 급여는 소득보전급여와 추가비용급여로 구분된다. 소득보전급여는 장애인이 기본적인 생활을 영위할 수 있도록 하기 위한 각종의 급여를 의미하고, 추가비용급여는 장애인이 추가적으로 지출하는 비용을 보전함으로써 장애인이 비장애인과 동등한 수준의 삶의 질을 영위할 수 있도록 하는 급여를 의미하므로, 이를 총칭하는 장애소득보장 급여의 목적은 장애인의 기본적인 생활 영위 및 비장애인과 동등한 수준의 삶의 질 영위라고 볼 수 있다.

ㄴ. (×) 2문단에 의하면 소득보전급여에는 산재보험의 장해급여가 포함되고, 이는 기업이 전액 부담하는 보험이

라는 점에서 실질적으로 기업 차원의 보장제도인 기업 연금 성격으로 보는 견해도 있다. 하지만 장애인연금 기초급여가 정액급여임이 기재되었을 뿐 산재보험의 장해급여도 정액급여라는 언급은 찾아볼 수 없다.

ㄷ. (×) 3문단 후반부에 의하면 장애아동수당은 18세 미만 장애인에게만 지급되지만, 2문단 중반부에 의하면 장애인연금의 기초급여를 포함하는 소득보전급여는 18세 이상 장애인만을 대상으로 한다.

04

정답 ④

해당 자료는 장애소득보장 급여를 소득보전급여와 추가비용급여로 구분하고 법령체계와 적용 연령대에 따라 정리한 것으로, 바르게 수정하면 다음과 같다.

<table>
<tr><th rowspan="2">구분</th><th colspan="3">소득보전급여</th><th colspan="3">추가비용급여</th></tr>
<tr><th>0~17세</th><th>18~64세</th><th>65세 이상</th><th>0~17세</th><th>18~64세</th><th>65세 이상</th></tr>
<tr><td>산재보험</td><td>–</td><td colspan="2">장해급여</td><td>–</td><td>–</td><td>–</td></tr>
<tr><td>국민연금</td><td>–</td><td colspan="2">장애연금</td><td>–</td><td>–</td><td>–</td></tr>
<tr><td>장애인연금</td><td>–</td><td colspan="2">장애인연금 기초급여</td><td>–</td><td colspan="2">장애인연금 부가급여</td></tr>
<tr><td>장애인복지법</td><td>–</td><td>–</td><td>–</td><td>장애아동수당</td><td colspan="2">장애수당</td></tr>
</table>

05

정답 ②

① (×) 세 번째 문단에서 약산성 비누의 주원료 물질과 구분되는 합성계면활성제 역시 설폰산이라고 하였으므로 합성계면활성제가 들어가는 비누 역시 설폰산이 들어 있음을 알 수 있다.

② (○) 첫 번째 문단에서 약산성 비누는 원리적으로 성공할 수 없으며, 두 번째 문단에서 계면활성제 역할을 하는 지방산염은 약산성 상태에서 세정력을 잃게 된다고 하였다.

③ (×) 마지막 문단에서 약산성 비누는 세정효과가 약하지만 순 비누(약알칼리성)는 세정효과가 좋다고 하였다.

④ (×) 네 번째 문단에서 약산성 비누는 합성계면활성제와 구분되는 천연 유래의 원료를 주로 사용한다고 하였다.

06

정답 ④

① (×) 세 번째 문단에서 해외의 간편결제 시장을 주도하는 페이팔과 알리페이를 소개했을 뿐, 국내시장을 공략한다는 내용은 없다.

② (×) 두 번째 문단에서 핀테크 서비스는 '기업 중심이 아니라' 소매금융을 중심으로 활발한 시장 진출이 이루어지고 있다고 하였다.

③ (×) 세 번째 문단에서 핀테크 간편결제는 (스마트폰에) 고객의 신용카드나 계좌정보를 저장해두고 스마트폰에 비밀번호를 입력하기만 하면 되도록 편의성을 높였다고 하였다.

④ (○) 첫 번째 문단에 의하면 핀테크는 글로벌 금융위기 이후 기존 금융기관 중심의 서비스를 대체할 수 있는 보다 새롭고 혁신적인 금융서비스에 대한 수요가 높아지면서 시작되었다. 또한 스마트폰의 확산에 따른 모바일 인터넷 사용자 증가는 편리함과 효율성이 강조된 새로운 형태의 핀테크 서비스 등장에 기여하였다.

07

정답 ③

① (×) 가족 간병문화가 메르스 사태를 악화시킨 것은 옳다. 그러나 보호자가 상주한 것은 사적 간병비의 부담을 덜기 위해서이다.

② (×) 메르스의 급속한 확산을 가족 간병문화나 문병문화에서 찾은 것은 환자와 접촉한 이들이 3차 감염자나 전파자가 될 가능성이 높았기 때문이다. 이를 방지하려면 외부와의 접촉을 최소화해야 하는 것이 타당하므로 간호사들이 간호와 간병을 전담하는 것이 적절하다.

③ (○) 입원비는 조금 상승했지만 간호서비스가 향상되어 욕창이나 낙상 발생도 줄어들었다.

④ (×) 입원료와 간병비 중 어느 것이 부담스러웠는지에 대해서는 언급된 내용이 없다.

08

정답 ②

① (×) 본문에서 파악하기 어려운 내용이다.

② (○) 간호·간병 통합서비스의 핵심은 2문단 마지막 문장의 "보호자가 상주하지 않고 병원에서 간호사가 환자의 모든 수발과 관리를 도맡아보는"이란 구절로 요약할 수 있다.

③ (×) 간호·간병통합서비스 병동에 입원할 경우 종합병원 기준 입원료(6인실) 본인부담은 7,284원에서 22,344원으로 1일 15,060원 증가한다.

④ (×) 환자 가족이나 사적 간병인의 역할을 간호사가 대신하게 되므로 요양기관의 역할은 훨씬 커졌다.

09

정답 ④

ㄱ. (×) 첫 번째 문단에서 소비자가 개별 제품의 품질에 대해 구체적인 정보를 갖고 있지 못하다고 하였으므로 단기적으로는 정보 면에서 우위에 있는 공급자가 이익을 누리게 된다.

ㄴ. (○) 마지막 문단에서 공급자들은 자신이 공급하는 자동차 품질을 잘 알고 있다고 하였으나, 첫 번째 문단에서 보듯 소비자는 개별 제품의 품질에 대해 구체적인 정보가 부족하다. 이와 같은 정보의 비대칭성 때문에 정상적인 선택은 불가능해진다.

ㄷ. (○) 첫 번째 문단에서 소비자가 개별 제품의 품질에 대해 구체적인 정보를 갖고 있지 못하다고 하였다.

ㄹ. (○) 첫 번째 문단에서 소비자가 개별 제품의 품질에 대해 구체적인 정보를 갖고 있지 못하다고 하였으므로 실제 구입하기 전까지는 제품의 품질을 파악하기 어렵다.

10

정답 ④

① (×) 투자인 만큼 돈을 벌려는 목적이 없을 수 없다. 첫 번째 문단에서 "사회책임투자의 원리로는 단순히 돈을 벌려는 목적이 아니"라고 하여 돈을 벌려는 목적이 있음을 숨기지 않았다.

② (×) 두 번째 문단에서 종교계에서 부정적인 스크리닝은 반윤리적이고 비도덕적인 기업에 투자하는 것을 배제하는 것에서 시작되었다고 하였으므로, 종교계 자본에 의한 사회책임투자 역시 존재하였음을 알 수 있다.

③ (×) 네 번째 문단에서 주주행동주의 아래 윤리투자자들은 이사회를 구성하거나 이사의 보수한도를 정하는 등 기업경영에 적극적으로 참여하고 있다.

④ (○) 긍정적인 스크리닝 방법은 경제면에서 투명하고, 고용정책면에서 모범적이며, 소비자와 주주들 사이의 상호관계가 좋은 기업, 환경적으로 우수한 평가를 받는 기업, 사회적으로 공헌도가 높은 기업 등 기업의 사회 및 환경적 성과를 평가하기 위한 방법이다.

11

정답 ④

제목은 일반적으로 지문이 다루는 중심내용을 가리키는 경우가 많다. 따라서 지문의 중심내용이 무엇인지 살펴보자. 지문에서는 사회책임투자가 윤리투자보다 확대된 개념의 투자 의사결정이며, 그 원리로 긍정적·부정적 스크리닝 방법과 주주행동주의, 공동을 위한 대안 투자가 있음을 소개하고 있다. 따라서 이 글의 제목은 지문의 중심내용으로 다루고 있는 '사회책임투자의 개념과 원리'라고 하는 것이 적절하다.

12

정답 ②

두 번째 문단의 내용을 정리하면, "만약 우리의 아이를 행복하고 정서적으로 안정된 창조적인 개인으로 키우고자 한다면, 아이를 엄격한 방식보다는 너그러운 방식으로 키우는 것이 더 좋다."와 같은 조건부 진술은 상대적 가치판단을 나타내며, 이는 경험적 진술이고, 과학적 테스트가 가능하다. 반면 "아이를 엄격한 방식보다는 너그러운 방식으로 키우는 것이 더 좋다."와 같은 문장은 절대적 가치판단을 표현한다. 이는 과학적 테스트를 통한 입증의 대상이 될 수 없다.

① (○) 이는 절대적인 가치판단을 표현하는 것이므로 경험적 진술에 해당하지 않는다.

② (×) 조건부 진술에 해당하지 않는다. 이는 절대적인 가치판단을 표현한다.

③ (○) 이는 절대적인 가치판단을 표현하는 것이므로 과학적 연구에 의해 객관적으로 입증될 수 있는 주장이 아니다.

④ (○) 이는 조건부 진술로, 상대적 가치판단을 나타낸다.

13

정답 ③

속력을 분당 이동거리로 전환하면 갈 때는 분당 100m, 올 때는 분당 70m가 된다. 갈 때 걸린 시간을 X분, 올 때 걸린 시간을 Y분이라고 하면 이동거리가 동일하므로 $100X=70Y$가 되고, 이동시간 합계가 85분이므로 $X+Y=85$가 된다. 두 식을 연립하면, X는 35분, Y는 50분이 도출된다. 따라서 집에서 시험장까지의 거리는 3.5km이다.

14

정답 ①

- 조별리그
  3경기×30,000원=90,000원
- 16강
  2경기×40,000원=80,000원
- 8강
  2경기×50,000원=100,000원
- 4강
  2경기×60,000원=120,000원

• 결승
 1경기×70,000원=70,000원
합계 : 460,000원

15 정답 ④

A과장이 보고서를 1시간 30분 동안 작성하였으므로, B사원에게 넘길 당시에 보고서는 30%가 완성되어 있었다. B사원이 나머지 70%의 보고서를 완성하는 데에는 8시간×0.7=5.6시간=5시간 36분이 소요되므로, 총 소요 시간은 7시간 6분이다.

16 정답 ①

우선 합격자 비 3 : 2를 통해 B지역 합격자 수가 12명이라는 것을 알 수 있다. A지역 응시자 대비 합격자 비율이 20%이고, 합격자가 18명이므로 A지역 응시자는 90명이다. A지역의 응시자와 B지역 응시자 비가 6 : 5이므로 B지역 응시자는 75명이다. 따라서 B지역의 응시자 대비 합격자 비율은 16%이다.

17 정답 ④

전교생 중 찬성표 던진 비율은 1학년 0.3×0.5, 2학년 0.4×0.3, 3학년 0.3×0.4이므로, 0.15+0.12+0.12=0.39이다. 2학년이면서 찬성표를 던진 비율은 0.4×0.3=0.12이므로, 찬성표를 던진 K가 2학년일 확률은 $\frac{12}{39}$이다.

18 정답 ②

A의 자동차 등급은 7등급이고, 사용연수는 5년이므로, 점수는 87점이다.
B의 자동차 등급은 10등급이고, 사용연수는 2년이므로, 점수는 186점이다.
C의 자동차 등급은 5등급이고, 사용연수는 7년이므로, 점수는 48점이다.
D의 자동차 등급은 8등급이고, 사용연수는 1년이므로, 점수는 155점이다.
점수 합계는 476점이다.

19 정답 ③

① (×) 〈그림〉에 나타난 수치는 순위를 나타낸 것이다. 우리나라의 순위가 독일의 절반 이하라고 하여, 부채 규모까지 절반 이하라고 할 수는 없다.
② (×) 〈표〉의 수치 역시 순위를 나타낸 것이다. 따라서 순위가 동일하다고 하여, 부채 규모까지 동일하다고 할 수는 없다.
③ (○) 〈그림〉에서 주요 국가의 정부 재정수지에 있는 숫자가 모두 정부 부채에 있는 숫자보다 작게 나타난다. 따라서 정부 재정수지 순위는 모두 정부 부채 순위보다 높다고 할 수 있다.
④ (×) IMD 공공재정 순위가 2014년에 크게 하락한 것은 맞지만, 2017년에 19위를 기록하여 20위 안으로 들어왔다.

20 정답 ②

ㄱ. (○) 2014년 건강보험보장률은 약 63.2%($=\frac{4,150}{6,570}$)이고, 2018년에는 약 63.8%($=\frac{5,950}{9,330}$)로 증가하였다.
ㄴ. (×) 비급여 진료비와 본인 부담금의 격차는 2014년에 180, 2015년에 250, 2016년에 230, 2017년에 260, 2018년에 280으로, 2015년 대비 2016년에 감소하여 매년 증가하지 않았다.
ㄷ. (×) 비급여 진료비의 전년대비 격차는 2015년 30, 2016년 200, 2017년 80, 2018년 120으로 2016년에 가장 크고, 총 진료비의 전년대비 격차는 2015년 380, 2016년 860, 2017년 560, 2018년 960으로 2018년에 가장 크다.
ㄹ. (○) 2017년 총 진료비는 8,370, 본인 부담금은 1,690으로 비중이 20%를 넘지만, 2018년에는 총 진료비 9,330, 본인 부담금 1,830으로 비중이 20% 미만이다.

21 정답 ③

• **첫 번째 조건** : 이를 만족하려면 甲국이 D와, 丙국은 A 또는 B와 연결되어야 한다.
• **두 번째 조건** : 2015년 대비 2019년 신재생에너지 발전량 증가율이 가장 높은 국가는 A(약 58.1%)이다. 따라서 丙은 A와 연결된다.
• **세 번째 조건** : 2016~2019년 중 전년대비 신재생에너지 발전량이 감소한 해가 있는 국가는 C(2017년)뿐이다. 따

라서 丁은 C와 연결된다.
정리하면 A는 丙, B는 乙, C는 丁, D는 甲과 연결된다.

22

정답 ④

① (×) 우선 2017년 4/4분기부터 2018년 3/4분기까지는 판매신용이 매분기마다 꾸준히 증가하였다. 2016년 4/4분기부터 2017년 3/4분기까지의 판매신용을 살펴보면, 2016년 4/4분기 72.7, 2017년 1/4분기 73, 2017년 2/4분기 74.9, 2017년 3/4분기 78로 그 이전에도 꾸준히 증가하였다는 것을 알 수 있다.
② (×) 2016년 4/4분기 가계신용은 1,342.5(=1,450.8−108.3)이고, 2018년 3/4분기 가계신용은 1,514.4이므로 증가액은 171.9이다. 2016년 4/4분기 판매신용은 72.7(=80.8−8.1)이고, 2018년 3/4분기 판매신용은 86.7이므로 증가액은 14이다. 전자는 후자의 10배 이상이다.
③ (×) 분모는 가계신용, 분자는 가계대출이다. 2017년 3/4분기 대비 2018년 3/4분기 증가율을 보면, 분모인 가계신용 증가율은 6.7%, 분자인 가계대출 증가율은 6.4%이다. 분모 증가율이 더 크므로, 비중은 감소했다고 볼 수 있다.
④ (○) 2018년 1/4분기의 직전 분기 대비 가계신용 증가액은 17.4, 2018년 2/4분기는 24.2, 2018년 3/4분기는 22이다. 매분기 꾸준히 증가한 것은 아니다.

23

정답 ①

- **초기 투자비용** : 6,000+6,000+2,300=14,300이다.
- **월 수입** : 정산금은 6,000×0.27=1,620이다. 여기서 가맹 로열티 30%(486)를 제하고 본사 지원금 200을 더하면 월 수익 합계는 1,334이다.
- **월 지출** : 200+450+250=900이다.

따라서 월 순수입은 434이다. 14,300을 434로 나누면 약 32.9가 나오므로, K의 월 수입 합계가 초기 투자비용을 넘어서는 데에는 33개월이 걸린다고 볼 수 있다.

24

정답 ④

ㄱ. (×) 자원봉사자 합계 대비 법인/단체 자원봉사자 비중의 경우 다른 지역들은 모두 10% 이상이지만, 대구만이 유일하게 10% 미만이다.
ㄴ. (○) 노인복지시설이 분모, 장애인복지시설이 분자가 된다. 부산을 보면, 대구, 광주, 대전, 울산에 비해서 분모가 더 크고, 분자가 더 작다. 따라서 이들에 비해서는 부산이 가장 낮다고 판단할 수 있다. 부산과 인천을 비교하면, 부산의 비율이 약 64.2%, 인천의 비율이 약 62.9%로 인천이 가장 낮다.
ㄷ. (×) 각각의 순위를 정리하면 다음과 같다. 순위가 동일한 지역은 대전, 인천, 울산 세 곳이다.

	1위	2위	3위	4위	5위	6위
아동복지시설	광주	부산	대전	인천	대구	울산
복지관	부산	대구	대전	인천	광주	울산

ㄹ. (○) 비중의 격차를 구하기보다는 격차의 비중을 구하는 편이 더 편리하다. 대전의 격차는 645명으로, 전체 대비 1%를 초과한다. 다른 지역들은 모두 1%에 미치지 못하므로 대전이 가장 크다고 판단할 수 있다.

25

정답 ③

① (×) 비율을 분수로 바꿔, 그 역수를 통과 업체 수에 곱해주면 대상 업체 수를 구할 수 있다. A지역의 대상 업체 수는 90, B지역은 85, C지역은 40, D지역은 88이다. 모두 더하면 ○○시 내 대상 업체의 수는 303곳이 된다.
② (×) 전체 303곳 중 통과 업체의 수는 225곳(=72+51+36+66)이므로, 비율은 약 74.3%가 된다.
③ (○) 통과 업체의 수가 많은 지역의 순서는 A−D−B−C이며, 대상 업체가 많은 순서도 마찬가지로 A−D−B−C가 된다.
④ (×) A지역의 통과 업체 비율이 90%가 되면, 통과 업체 수는 81곳으로 9곳이 늘어난다. C지역의 통과 업체 비율이 80%가 되면, 통과 업체 수는 32곳으로 4곳이 줄어든다. 따라서 전체적으로는 5곳이 늘어나 230곳이 된다.

26

정답 ③

㉠ 1번 조건에 의해서 12,000 미만이며, 5번 조건에 의해서 10,800 초과이다. ㉠에 들어갈 값은 10,800 ~ 12,000 사이에 있다.
㉡ 1번 조건에 의해서 18,000 미만이며, 2번 조건에 의해서 16,800 초과이다. ㉡에 들어갈 값은 16,800 ~ 18,000 사이에 있다.
㉢ 3번 조건에 의해서 8,800 미만이며, 4번 조건에 의해서 8,400 초과이다. ㉢에 들어갈 값은 8,400~8,800 사이에 있다.

27

정답 ③

- 중구
  - 미세먼지 : 44×0.9=39.6
  - 초미세먼지 : 1.5×(31−25)+51=60
  - 이산화질소 : 0.019×1,200=22.8
  - 통합대기환경지수 : 60
- 성동구
  - 미세먼지 : 67×1.0=67
  - 초미세먼지 : 23×2.0=46
  - 이산화질소 : 0.029×1,200=34.8
  - 통합대기환경지수 : 67
- 동대문구
  - 미세먼지 : 57×1.0=57
  - 초미세먼지 : 25×2.0=50
  - 이산화질소 : 0.037×1,200=44.4
  - 통합대기환경지수 : 57
- 중랑구
  - 미세먼지 : 48×0.9=43.2
  - 초미세먼지 : 22×2.0=44
  - 이산화질소 : 800×(0.041−0.04)+51=51.8 (59)
  - 통합대기환경지수 : 51.8
- 강북구
  - 미세먼지 : 44×0.9=39.6
  - 초미세먼지 : 23×2.0=46
  - 이산화질소 : 800×(0.042−0.04)+51=52.6 (67)
  - 통합대기환경지수 : 52.6

28

정답 ②

① (○) 주어진 수치를 가로로 더하여 부서별 인원을 구할 수 있다. '가'부서 인원은 27명(=5+8+9+5), '나'부서 인원은 31명(=4+10+11+6), '다'부서 인원은 19명(=3+5+9+2), '라'부서 인원은 22명(=6+8+6+2), '마'부서 인원은 30명(=7+10+12+1)으로, '나'부서 인원이 가장 많고, '다'부서 인원이 가장 적다.

② (×) '가'부서는 27명 중 1시간 미만 13명(=5+8), '나'부서는 31명 중 1시간 미만 14명(=4+10), '다'부서는 19명 중 1시간 미만 8명(=3+5)으로 50% 미만이다. '라'부서는 22명 중 1시간 미만 14명(=6+8), '마'부서는 30명 중 1시간 미만 17명(=7+10)으로 50% 이상이다.

③ (○) '가~마'부서 전체 인원은 129명(=27+31+19+22+30)이고, 이 중에서 통근 소요시간이 1시간 30분 이상인 직원은 16명(=5+6+2+2+1)으로 비율은 약 12.4%이다.

④ (○) 우선 30분 이상 1시간 미만인 인원은 41명(=8+10+5+8+10)이고, 1시간 이상~1시간 30분 미만인 인원은 47명(=9+11+9+6+12)이다. 합계는 88명이다.

29

정답 ④

ㄱ. (×) A 또는 C 중 한 명이 반드시 참석해야 하고, 이들의 참석에 따라 D 또는 H, E 또는 F 중 한 명이 반드시 참석해야 한다. 그리고 B 또는 G 중 한 명이 반드시 참석하게 되므로, 참석하는 최소 인원은 3명이 된다.

ㄴ. (×) A가 참석한 경우라면, H가 참석하지 않았다는 사실에서 D가 참석했다는 것을 도출할 수 있지만, A가 참석했는지 알 수 없으므로, 이것이 반드시 참이라고 할 수는 없다.

ㄷ. (○) 주어진 내용을 아래와 같이 정리해보면, 어떤 경우라도 B 또는 G가 반드시 참석한다는 것을 알 수 있다.

A	D	B
	H	G
C	E	B
	F	G

ㄹ. (○) A가 참석하지 않았다면 C가 반드시 참석하였을 것이다. C가 참석하였다면 E 또는 F가 참석하였을 것이다. F가 참석하였다면 G가 반드시 참석하였을 것인데, G가 참석하지 않았으므로 F 역시 참석하지 않았을 것이고, E 또는 F 중에서 F가 참석하지 않았으므로 E가 참석하였을 것이다.

30

정답 ②

A, C, E는 기획부에 배치될 사람을 각기 다르게 진술하고 있다. 기획부에는 한 명만 배치될 수 있으므로, 세 사람 중 두 사람이 거짓을 말하고 있는 것으로 볼 수 있다.

- **A가 진실인 경우** : C와 E가 거짓 진술. 이에 따르면 A는 영업부, B는 재무부, C는 기획부, D는 총무부, E는 인사부에 모순 없이 배치된다.
- **C가 진실인 경우** : A와 E가 거짓 진술. 이에 따르면 C의 진술과 D의 진술 사이에 모순이 발생하게 된다. 따라서 C는 진실을 말하고 있지 않다고 판단할 수 있다.
- **E가 진실인 경우** : A와 C가 거짓 진술. 이에 따르면 B의 진술과 E의 진술 사이에 모순이 발생하게 된다. 따라서 E는 진실을 말하고 있지 않다고 판단할 수 있다.

31

정답 ④

병은 을의 직장을 강북구로, 무는 을의 직장을 용산구로 진술하였다. 따라서 병과 무 중 한 명은 거짓을 말하고 있다. 각각의 경우를 정리하면 다음과 같다.

병이 거짓인 경우

	거주지	직장 위치
갑	종로구	성북구
을	금천구	용산구
병	성북구	
정	용산구	
무	강북구	종로구

무가 거짓인 경우

	거주지	직장 위치
갑	강북구	성북구
을	금천구	강북구
병	성북구	
정	종로구	
무	용산구	종로구

① (×) 병이 거짓인 경우에는 정의 거주지와 을의 직장 위치가 모두 용산구이지만, 무가 거짓인 경우에는 정의 거주지는 종로구, 을의 직장 위치는 강북구로 서로 다르다.

② (×) 병이 거짓을 말한 경우에도, 직장 위치를 확실히 알 수 있을 만한 정보가 모두 제시되지 않았다. 병의 직장 위치는 강북구 또는 금천구이다.

③ (×) 마찬가지로, 정의 직장 위치를 특정할 만한 정보가 제시되지 않았다. 정의 직장 위치는 금천구 또는 용산구이다.

④ (○) 두 경우 모두 병의 거주지와 갑의 직장 위치가 모두 성북구이다.

32

정답 ①

우선 무의 이야기를 통해 甲~戊가 모두 A 또는 B 열에 앉았다는 것을 알 수 있다.

甲 : 통로측(2번과 3번), 출입문(A열)이 아니므로, B1 또는 B4에 앉아 있었을 것이다.

乙 : 창측(1번과 4번) 좌석에 앉지 않았으므로, A2, A3, B2, B3 중 한 곳에 앉아 있었을 것이다.

丙 : 출입문(A열) 좌석이 아니므로, B1, B2, B3, B4 중 한 곳에 앉아 있었을 것이다.

丁 : 乙의 바로 뒤에 앉아 있었으므로 丁의 자리는 B2 또는 B3이고, 乙은 A2 또는 A3에 앉아 있었을 것이다. 그리고 戊는 丁의 옆인 B1 또는 B4에 앉아 있었을 것이다.

① (×) 乙이 A2라면, 丁이 바로 뒤인 B2가 되고, 戊가 丁의 바로 옆인 B1이 된다. 따라서 甲의 자리는 B4가 된다.

② (○) B열에는 乙을 제외한 모두가 앉아 있다. 이 중에서 丁과 戊가 바로 붙어 있으므로, 甲과 丙 역시 바로 붙어 앉아 있었을 것이다.

③ (○) 丙의 자리가 B2였다면 丁의 자리는 B3였을 것이고, 乙의 자리는 A3였을 것이다.

④ (○) 乙은 A열에 혼자 앉아 있었으므로, 甲~戊 중에는 乙의 바로 옆 자리에 앉은 사람이 없다.

33

정답 ④

우선 제시된 내용을 표로 정리하면 다음과 같다.

	1	2	3	4	5
A					×
B					×
C	×				
D	×	×			
E					

D가 3번 이후이고, B가 마지막이 아니려면 D가 3번, B가 4번이어야 한다.

	1	2	3	4	5
A			×	×	×
B	×	×	×	○	×
C	×		×	×	
D	×	×	○	×	×
E			×	×	

A가 첫 번째 또는 두 번째인데, E가 A보다 먼저 던지려면, E가 첫 번째, A가 두 번째가 되고, C는 다섯 번째가 된다.

	1	2	3	4	5
A	×	○	×	×	×
B	×	×	×	○	×
C	×	×	×	×	○
D	×	×	○	×	×
E	○	×	×	×	×

34

정답 ④

- 첫 번째 조건에서 을한이가 갑대보다 먼저 들어왔다는 것을 알 수 있다.
- 두 번째 조건에서 을한이가 2등 혹은 3등이라는 것을 알 수 있다.
- 세 번째 조건에서 병민이가 정국이보다 먼저 들어왔다는 것을 알 수 있다.
- 네 번째 조건에서 정국이가 1~3등 중에 하나라는 것을 알 수 있다.

세 번째 조건과 네 번째 조건에 따라 정국이는 2등 혹은 3등이다. 따라서 을한이와 정국이가 2등 혹은 3등이며, 갑대와 병민이는 1등 혹은 4등이다. 세 번째 조건에 따라 병민이가 1등, 갑대가 4등이며, 을한이와 정국이가 2등 혹은 3등이라는 것을 알 수 있다. 을한이와 병민이의 순위를 정확히 알 수 있는 정보는 제시되지 않았으므로 네 사람의 순위로 가능한 것은 '병민－을한－정국－갑대' 혹은 '병민－정국－을한－갑대' 두 가지이다.

35

정답 ④

결과에 따른 점수를 정리하면 다음과 같다.

	A	B	C	D
1회	7	1	3	5
2회	3	0	0	10
3회	－3	10	0	0
4회	5	0	7	1
5회	0	0	5	－3
6회	1	10	1	－3
7회	0	1	－3	0
8회	0	0	7	0
9회	10	0	1	7
10회	－3	－3	0	0
특별	0	0	7.8	8
합산	20	19	28.8	25

합산 점수 순위는 C－D－A－B가 된다.

36

정답 ③

시사 채널은 총 재생 시간이 30분이고, 이를 1.5배속으로 시청하므로 실제 재생 시간은 20분이다.
예능 채널은 총 재생 시간이 23분 50초이고, 이를 1배속으로 시청하므로 실제 재생 시간 역시 23분 50초이다.
지식 채널은 총 재생 시간이 16분 40초이고, 이를 0.8배속으로 시청하므로 실제 재생 시간은 20분 50초이다.
영상의 실제 재생 시간 합계는 64분 40초가 된다.

37

정답 ①

각 수험생들의 수험번호로 가능한 것들을 추려보자.

- A : 창문 옆이었으므로, 가능한 수험번호는 182001, 182003, 182004 세 가지이다.
- B : 맨 앞자리는 182001, 182009 두 자리이지만, 창문 옆이 아니므로 B의 자리는 182009이다.
- C : 맨 뒷자리였으므로, 가능한 수험번호는 182004, 182008 두 가지이다.
- D : 앞자리가 공석이었으므로, 가능한 수험번호는 182003, 182006, 182008 세 가지이다. E가 D의 뒷자리였으므로 세 수험번호 중 뒷자리가 있는 수험번호인 182003이 D의 번호가 된다.
- E : D의 뒷자리이므로, E의 수험번호는 182004가 된다.

A의 수험번호로 가능한 세 가지 중에서 182003은 D, 182004는 E이므로, 남은 182001이 A의 수험번호가 된다. C 역시 가능한 두 가지 중에서 182004는 E의 수험번호이므로 남은 182008이 C의 수험번호가 된다.

38

정답 ②

① (O) 24시간 방문요양은 연간 이용횟수가 6회, 종일 방문요양은 12회로 연간 이용횟수에는 차이가 있으나, 이용 가능 최대 시간은 144시간으로 동일하다.

② (×) 24시간 방문요양의 시간당 본인 부담액은 1,453.75원($=\frac{\text{2만 3,260원}}{\text{16시간}}$)이고, 종일 방문요양의 시간당 본인 부담액은 1,000원($=\frac{\text{1만 2,000원}}{\text{12시간}}$)이다. 전자는 후자의 1.5배 미만이다.

③ (O) 근무기간이나 기관유형과 무관히 장기요양기관 종사자가 수령하는 장기근속 장려금은 현재보다 늘어난다.

④ (O) 같은 기관이므로, 개편 이전의 장기근속 장려금 격차는 1만 원(6만 원과 7만 원 또는 5만 원과 6만 원)이다. 개편 이후의 격차는 2만 원(8만 원과 10만 원)으로 더 크다.

39

정답 ④

A, B, C의 나이를 감안하여 체질량지수, 카우프지수, 로러지수를 각각 구하면 다음과 같다.

A(성인) : $80\div1.7\div1.7=\frac{80}{1.7^2}\fallingdotseq27.7$(체질량지수) → 경도비만

B(영유아) : $10.5\div0.8\div0.8=\frac{10.5}{0.8^2}\fallingdotseq16.4$(카우프지수) → 저체중

C(어린이) : $32\div1.2\div1.2\div1.2\times10=\frac{32}{1.2^3}\times10\fallingdotseq185.2$(로러지수) → 소아비만

40

정답 ②

① (×) 부센터장의 자격에는 정신·자살·중독센터 팀장 경력 4년 이상이 포함되어야 한다. A씨의 근무 기간은 3년이므로, 자격을 충족하지 못한다.
② (○) 중독센터 근무경력이 2년 이상인 경우 팀장이 될 수 있고, 조직 규모에 따라 팀장이 상임팀장의 업무를 수행할 수 있으므로, B씨는 상임팀장의 업무를 수행할 수 있다.
③ (×) 위탁센터의 센터장의 자격에서 공중보건의사는 제외되므로, C씨는 센터장의 자격을 충족하지 못한다.
④ (×) 임상자문의의 조건은 정신건강의학과 전문의로, 1급 정신건강전문요원인 D씨는 자격을 충족하지 못한다.

직업심화능력평가 [41~80]

41

정답 ④

① (○) 1. －1)에 의하면 「이자를 납입하기로 약정한 날」에 납입하지 아니한 때, 주택담보대출의 이자를 납입하여야 할 날의 다음날부터 2개월까지는 약정이자에 대해 연체이자가 적용되고, 2개월이 경과하면 대출원금에 대한 연체이자를 내야 한다.
② (○) 1. －3)에 의하면 주택담보대출 분할상환 원리금을 상환하기로 한 날에 상환하지 않은 경우 분할상환원리금을 상환하여야 할 날의 다음날부터는 분할상환원리금에 대한 연체이자를 내야 하며, 3회 이상 연속하여 지체한 때에는 대출원금잔액에 대한 연체이자를 내야 한다.
③ (○) 2. －3)－3에 의하면 고객이 채무불이행자명부에 등재 신청 사유로 기한의 이익을 상실하는 경우 독촉 없이 모든 채무에 대한 기한의 이익이 상실된다.
④ (×) 2. －3)－4에 의하면 주택담보대출이 아닌 대출의 이자금액 지급의 1개월 이상 지체 사유로 기한의 이익을 상실하는 경우 모든 채무가 아닌 해당 채무에 대한 기한의 이익이 상실된다.

42

정답 ①

만일 문의한 사람이 주거급여대상이거나 주택을 소유한 경우라고 한다면 대출대상자에서 제외된다.

43

정답 ③

신혼부부가 궁금한 사항에 대한 답을 해주는 것이 중요하다. 상품 설명서를 읽다보면 이 상품은 월세대출 상품으로 그 대상자가 신혼부부가 아닌 주거급여대상자가 아닌 무주택자이다. 만일 이 상품을 설명해준다면 자격요건부터 정확하게 알려주는 것이 중요하다.

44

정답 ③

재발급 안내문에서 주민등록초본은 하나의 예시를 든 것이다. 개명을 한 P의 경우 개명과 관련하여 증명할 수 있는 서류를 제출하는 것이지 반드시 주민등록초본을 첨부해야 하는 것은 아니다.

45

정답 ④

ㄱ. (○) 보증금과 월세는 대출대상자의 요건을 살펴볼 때 각각 5천만 원 이하, 60만 원 이하이므로 조건을 충족했다. 그러나 대상주택에서 괄호 안에 주거용 오피스텔이 포함된다고 한 것은, 달리 말해 업무용 오피스텔은 포함되지 않는다는 것을 의미하고 있으므로 이를 감안하여야 한다.

ㄴ. (○) 대출대상자는 제시된 두 가지 요건을 '모두' 갖추어야 한다. 고객은 대출대상자의 두 요건 중 하나는 충족했다. 그러나 아래 요건 중에서 부동산 중개업소를 통해 임대차계약을 맺은 경우가 아니므로 이를 충족시키지 못한다는 사실을 파악해야 한다.

ㄷ. (○) 대출한도 항목에 의하면 임차보증금 부분은 쉽게 충족이 되었으나 월세금이 기준보다 높아 이에 맞춰 신청해야 한다는 사실을 유의해야 한다.

46

정답 ④

㉠ (○) 현행 조문에서는 해지 신청을 은행에 서면으로 제출해야 하나, 개정(안)에서는 온라인에서도 가능하게 되었다.

㉡ (×) 현행 조문에서는 보안카드, OTP카드, 스마트보안카드 등 보안매체의 종류를 나열하고 있으나 개정(안)에서는 이를 '보안매체'로 통칭하였다.

㉢ (×) 현행 조문에서는 인터넷뱅킹에 한정되었던 것을 개정(안)에서는 '비대면' 채널이라 하여 수용의 폭을 '포괄적'으로 넓혔다.

47

정답 ②

ㄱ. (×) 신규 조문의 제14조 제3항에는 단기카드대출도 장기카드대출처럼 금리인하를 요구할 수 있다는 내용이 신설되었다.

ㄴ. (○) 기존 조문의 제23조 제1항 세 번째 줄을 보면 신용상태 변경의 합리적인 근거를 제시하는 방식은 '서면'뿐이다.

ㄷ. (○) 신구 조문 모두 제23조 제2항에서 (10일이 아니라) 10영업일 이내에 통지(보)하게 되어 있다.

ㄹ. (×) 신규 조문 제11조 제7항에서 병원에서의 거래는 '할부 기간과 무관하게' 할부거래법이 적용되지 않거나 할부거래법이 적용되더라도 동 법상 철회·항변권이 적용되지 않는 경우 휴대폰 문자메시지로 유의사항을 안내받지 않는 예외에 속한다.

48

정답 ①

스미싱은 휴대전화에 인터넷 주소를 연결하여 악성코드에 감염시킨 뒤 소액결제 피해를 입히는 사기 수법으로 그 대상은 스마트 폰을 이용하는 사람이라면 누구나 대상이 될 수 있다.

49

정답 ④

- **A예금의 만기 원리합계** :
  10,000,000×$(1.02)^3$=10,612,080원
- **B예금의 만기 원리합계** :
  10,000,000+10,000,000×0.035×2=10,700,000원
- **원리합계의 차이** : 10,700,000−10,612,080=87,920원

50

정답 ③

① (○) 2020년 하반기 말 기업자유예금의 잔액은 2021년 상반기 말 기업자유예금의 잔액에서 2004년 상반기 증가액을 차감한 금액이다. 따라서 2020년 하반기 말 기업자유예금의 잔액은 57조 4,280억 원+4조 3,840억 원=61조 8,120억 원으로 60조 원 이상이다.

② (○) 은행의 총수신 잔액은 2021년 상반기 말 현재 774조 4,680억 원으로 2021년 상반기 중에 12조 9,480억 원이 증가하였다.

③ (×) 2021년 상반기 말 CD의 경우에는 2020년 하반기 말보다 약 4조 원 증가하여 2020년 하반기 말 증가액 약 9조 원보다 작다.

④ (○) 2021년 상반기 말 구성비를 통해 확인할 수 있다. 예금이 69.6%로 가장 크고, 그 다음으로는 13.5%인 금융채, 10.2%인 시장형 상품 순으로 크고, 가장 작은 것은 6.7%인 금전신탁이다.

51

정답 ④

ㄱ. (×) 2016, 2017, 2019년에는 전년대비 상품수지는 감소, 본원소득수지는 증가하였으므로, 상품수지 대비 본원소득수지는 증가하였다고 판단할 수 있다. 2018년 전년대비 상품수지 감소율은 약 3.1%이고, 본원소득수지 감소율은 약 8.2%로, 분자의 감소율이 더 크므로, 비율은 감소했다고 판단할 수 있다.

ㄴ. (×) 경상수지 감소폭은 2016년에 7,195(=105,119−97,924), 2017년 22,693(=97,924−75,231), 2018년 전년대비 증가, 2019년 17,496(=77,467−59,971)이다.

가장 큰 해는 2017년이다.

ㄷ. (O) 2018년 상품수지와 본원소득수지의 합은 114,989(=110,087+4,902), 2019년은 89,055(=76,856+12,199)이다. 감소율은 약 22.6%로 20% 이상이다.

ㄹ. (O) 2015년의 합계는 −530(=4,455−4,985), 2016년은 −1,200(=4,567−5,767), 2017년 −1,628(=5,337−6,965), 2018년 −3,251(=4,902−8,153), 2019년 6,136(=12,199−6,063)이다. 이를 모두 더하면 −473(=−530−1,200−1,628−3,251+6,136)으로 0보다 작다.

52

정답 ④

ㄱ. (×) 제조업과 서비스업을 제외한 나머지 직종의 가입자 수는 1,534명(=212+410+28+884)이다. 이는 전체 가입자 4,506명(=3,291+1,215) 중 약 34%에 해당한다.

ㄴ. (O) 서비스업 종사자가 1,875명이므로, 나머지 직종 종사자 수는 2,631명(=4,506−1,875)이다. 나머지 직종 종사자가 모두 정규직이라 하여도 660명(=3,291−2,631)이 남으므로, 최소 660명은 서비스업에 종사한다고 볼 수 있다.

ㄷ. (×) 청년 미래적금2의 가입자가 모두 정규직이라 하여도 정규직이 580명(=3,291−2,711)이 남는다. 이는 정규직 종사자의 약 17.6%에 해당한다.

ㄹ. (O) 전체 가입자의 가입 인원 대비 유지 인원 비중은 약 94%를 상회하고, 청년 미래적금2의 가입 인원 대비 유지 인원 비중은 약 92%에 미치지 못한다. 양자의 차이는 2%p 이상이다.

53

정답 ②

① (O) 배우자 분리세대이므로 가족관계증명서가 필요하다.
② (×) 아내는 전업주부이므로 소득을 입증할 필요가 없다.
③, ④ (O) 필수서류에 속한다.

54

정답 ①

ㄱ. (O) 세대주로 인정되는 고객 중 두 번째 항을 충족시킨다.

ㄴ. (×) 자녀장려금 수급이 대출신청일 기준 최근 1년 이내여야 한다.

ㄷ. (×) 대출신청대상 ①의 나항(부모 소득)을 충족시키지 못한다.

ㄹ. (×) 사회초년생은 대출신청일 현재 만 35세 이하여야 하므로 적절하지 않다.

55

정답 ③

① (×) 3개월 미납 시 중도인출이 어려워지는 설명서에서 확인할 수 없다.
② (×) 기본금리에 경과기간별 적용률을 곱한 것이 중도해지 금리가 된다.
④ (×) 비과세 적용상품이긴 하지만 관련 세법이 개정될 경우에 변경될 수 있다.

56

정답 ①

카드 등 금융상품의 설명서를 제시하고 해당 상품에 대한 고객문의에 적절하게 응대하는지 여부를 질문하는 유형으로 은행권 필기시험에 자주 출제된다. 제시된 자료의 세부내용을 파악하여 구체적 사례에 적용하는, 세부내용의 이해 유형에 가까우므로 세부정보를 빠르고 정확하게 이해하는 훈련이 필요하다.

알찬시비스의 경우 진국 모든 주유소에서 청구할인이 가능하지만 월 할인한도 내에서 서비스가 제공된다.

57

정답 ②

특별 서비스는 전월실적 30만 원 이상 시 제공되므로, 우선 9월의 실적을 계산해보자. 단순히 금액을 합산한 결과는 30만 원 이상이지만, 기프트카드 구매는 실적에 포함되지 않으므로 9월 실적은 30만 원에 미치지 못하여 10월에는 특별 서비스를 제공받지 못한다.

10월 사용 내역 중 ○○홈쇼핑(인터넷)은 사용 금액이 2만 원 미만이므로 적용대상이 아니며, 특별 서비스 대상인 아쿠아☆아도 제외된다. 대형마트 역시 백화점 매장이므로 제외되고, 오직 ○○홈쇼핑(모바일)만이 적용 대상이 된다. 따라서 10월 할인 혜택의 합계는 35,000원의 20%인 7,000원이다.

58 정답 ④

① (×) 제시문의 내용만으로는 알 수 없는 진술이다.
② (×) 정보 유출에 대한 책임 소재에 대해서는 공사가 직접 관리하고 책임이 있다고 제1조에서 언급하고 있다.
③ (×) 제3조에서 당첨자 발표 후 2개월 뒤에 삭제한다고 명시되어 있다.

59 정답 ④

ㄱ. (○) A은행의 경우 갑이 자동차 판매자와 구매계약을 체결하고 소유권을 취득하는 즉시 대출해주기 때문에 갑이 소유권을 얻기까지는 0원이 소요된다. 반면 다른 은행은 1년 후 소유권을 취득하기 때문에 옳다.
ㄴ. (×) A은행 : (10만 원×12개월)+원금 1,000만 원)+(수리비 50만 원)=1,170만 원
B은행 : 1,200만 원
C은행 : 90만 원×12개월=1,080만 원
ㄷ. (○) 타 은행은 1년 후 소유권을 취득하지만 A은행은 즉시 가능하다.

60 정답 ②

ㄱ. (○) 신용카드사는 카드를 분실하거나 도난당한 회원에 대한 보상액을, 분실 또는 도난 사실의 서면 신고 접수일을 기준으로 하여 차이를 두고 있다.
ㄴ. (×) 카드사는 분실 및 도난 사실을 회원이 서명으로 신고, 접수한 날 이후의 부정사용액에 대해서는 전액보상하며, 제한할 수 없다.
ㄷ. (○) 카드의 월간 사용한도액이 회원 본인의 책임한도액이 되는 것이 아니다. 따라서 카드의 수에 따라 회원이 자신의 월간 사용한도액을 초과하여 책임질 수 있게 된다.
ㄹ. (×) (다)에 따르면, 가맹점은 카드의 부정 사용 여부에 대한 확인 등의 주의의무를 부담한다고 하므로, 그 과실의 정도에 따라 회원의 책임면제 범위가 달라진다.

61 정답 ③

① (○) 주택도시기금의 대출은 2년 1개월이며, 1회 연장이 가능하므로, 최대 대출기간은 4년 2개월이 된다.
② (○) 만 34세 초과 만 39세 이하인 자가 주택도시기금 대출을 받기 위해서는 병적증명서를 제출해야 한다.
③ (×) 대출한도는 임차보증금의 100% 범위 내에서 최대 3,500만 원이다. 따라서 임차보증금이 2,500만 원이라면, 대출한도는 2,500만 원이 된다.
④ (○) 전세 계약 체결 후, 전세 보증금의 5% 이상을 지불한 사람이 대출대상이 된다. 따라서 전세 보증금 3,500만 원의 5%인 175만 원에 못 미치는 170만 원을 지불한 사람은 대출대상에서 제외된다.

62 정답 ④

갑은 KS고객으로 8월 실적이 35만 원이므로, 기본 적립률은 0.8%이다. KS마트 적립률은 1.3%, 놀리브 형 적립률 역시 1.3%이고, KS25는 아울렛점으로 기본적립만 제공하여 적립률은 0.8%이다. 적립금은 (25+30)×1.3%+25×0.8%=9,150원이다.
을은 KS고객으로 8월 실적이 220만 원이므로, 기본 적립률은 1.0%이다. KS바게트는 할인점, K&H는 역사점으로 기본적립만 제공하여 적립률은 1.0%이고, 면세점 적립률은 1.5%이다. 적립금은 (20+15)×1.0%+120×1.5%=21,500원이다.
병은 KS고객이 아니므로, 8월 실적과 무관히 기본 적립률은 0.7%이다. KS몰, K&H, KS클럽 모두 적립률은 1.2%이다. 적립금은 (40+20+40)×1.2%=12,000원이다.
정은 KS고객으로 8월 실적이 120만 원이므로, 기본 적립률은 0.9%이다. KS25는 역사점으로 기본적립만 제공되어 적립률은 0.9%이고, KSV와 놀리브 형의 적립률은 1.4%이다. 적립금은 15×0.9%+(10+60)×1.4%=11,150원이다.
적립금의 합계는 53,800원이다.

63 정답 ②

유형별 위험 가중치를 곱한 금액을 정리하면 다음과 같다.

유형	금액	위험 가중치	위험 반영 금액
현금	5억 원	0.0	5억 원
국내 공공기관 채권	15억 원	0.1	16.5억 원
일반은행 대출	8억 원	0.2	9.6억 원
주택담보부대출	12억 원	0.5	18억 원
주식, 기타 민간 대출	7억 원	1.0	14억 원
합 계			63.1억 원

A은행의 자기자본이 5억 원이므로, 위험자산 대비 자기자본 비율은 약 7.9%가 된다.

64

정답 ③

① (×) 제7조 제2항과 동항 제8호에 의하면 퇴직연금 사업자가 아닌 가입자의 사망 시 특별중도해지이율이 적용된다.

② (×) 제3조 제2항에 의하면 신규일 또는 계약기간 중 신청한 경우 해당 만기일에 자동 재예치된다.

③ (○) 제7조 제2항 제4호의 사유로 특별중도해지이율을 적용해야 하는 사례이며, 예치기간이 6개월 미만이므로 제7조 제3항 제1호에 따라 가입당시 3개월제 퇴직연금정기예금의 약정이율이 적용된다.

④ (×) 제3조 제2항에 의하면 자동 재예치 시 '최초 계약기간' 단위로 재예치된다.

65

정답 ①

① (×) 2015년 GDP 대비 대체투자 규모는 약 17%이고 총 금융자산 대비 대체투자 규모는 약 4%로 GDP 대비 대체투자 규모의 25% 이하이다. 분자가 대체투자 규모로 동일한 상황에서 분수값이 2배 이상 차이가 나기 위해서는 분모값인 총 금융자산이 GDP의 2배 이하이어야 한다. 따라서 2015년 총 금융자산 규모는 GDP의 절반 이하이다.

② (○) 주어진 [자료 1]에서 우측 단위를 통해 쉽게 파악할 수 있다. 2015년 대체투자는 약 180조 원으로 2006년 약 90조 원에 비해 50% 이상 증가했다.

③ (○) 주어진 [자료 2]에서 좌측 단위를 통해 쉽게 파악할 수 있다.

④ (○) 주어진 [자료 2]에서 우측 단위를 통해 쉽게 파악할 수 있다.

66

정답 ③

① (×) 제1조에 의하면 'ㅇㅇㅇ통장' 거래는 이 특약을 적용하고 이 특약에서 정하지 아니한 사항은 '입출금이 자유로운 예금약관' 등과 거래별 개별약관을 적용한다고 하였다. 제1조와 제2조 제3호에 의하면 거치식 상품은 실세금리정기예금, 중소기업금융채권등록필증으로 구성되므로, 특약(제시문)에서 정하지 않은 사항의 경우 '실세금리정기예금약관', '중소기업금융채권등록필증(통장)약관'을 적용한다.

② (×) 제3조 단서에서 제2조 제1호(입출금식)는 1인 1계좌만 가입할 수 있다고 하였으므로 적절하지 않다.

③ (○) 제4조 제2항에서 적립식과 거치식 상품은 월단위로 거래할 수 있다고 했으며, 제5조 제2항에서 제2조 제2호(적립식 상품)는 최소 1만 원 이상 월 300만 원 이내(1만 원 단위)로 거래할 수 있다고 하였으므로 적절하다.

④ (×) 제7조 제1호에서 가입일 현재 신규고객인 경우 연 0.1%p를 제공한다. 또 제7조 제4호에서 제2조 제2호(적립식)를 최초 가입하고 만기일 이전에 내가 초대한 친구가 이를 가입하여 나의 추천번호를 입력한 경우 연 0.1%를 제공받지만, 여러 명이 가입하더라도 중복제공하지 않는다고 하였다. 따라서 신규고객 A가 제공받는 우대금리는 신규고객가입으로 받은 0.1%p와 친구가 추천번호를 입력하여 받은 0.1%p를 합한 0.2%p이다. 따라서 적절하지 않은 설명이다.

67

정답 ①

ⓐ 첫번째 단락 중 '주요위험지표'로 시작되는 문단의 1문장을 보면, KRI는 운영리스크 특성 변화를 계량화하여 모니터링할 수 있도록 함으로써 운영리스크 관리의 계량적 기준 및 근거를 제공하는 지표이다.

ⓑ 두번째 단락 1문상 후반부와 2문장을 보면, 운영리스크 자본량을 확정할 때 CSA(리스크 자가진단)와 KRI(주요위험지표)를 통해 영업환경과 내부통제(BEIC, Business Environment and Internal Control) 수준을 계산한다고 하였다.

ⓒ 첫번째 단락 중 '보험에 의한 리스크 경감'으로 시작되는 문단의 2문장을 보면, 자본량 경감은 기초자본량의 20% 범위 내에서 경감하고 있다.

68

정답 ③

ㄱ, ㄴ, ㄹ, ㅁ (○) 첫 번째 단락의 'KB국민은행 운영리스크 관리수단'을 보면, ▲리스크 자가진단(CSA)(ㄱ), ▲주요위험지표(KRI)(ㄴ), ▲손실데이터(내부손실데이터+외부손실데이터)(ㄹ, ㅁ), ▲시나리오 분석, ▲보험에 의한 리스크 경감을 들고 있다.

ㄷ. (×) 첫 번째 단락 중 '손실데이터'로 시작되는 문단을 보면, KOREC는 운영리스크 관리수단이 아니라 외부손실데이터를 공유하는 '운영리스크자료 공유위원회'임을 알 수 있다.

69

정답 ①

ㄱ. (○) 두 번째 단락 1문장을 보면, KB국민은행은 LDA VaR와 시나리오 VaR를 각각 산출하고, 이를 결합하여 기초자본량을 산출한 후, 최종적으로 보험에 의한 리스크 경감 과정을 통해 운영리스크 자본량을 확정한다고 하였다. 따라서 KB국민은행은 운영리스크 자본량을 확정하기 위해 LDA VaR와 시나리오 VaR를 결합하여 기초자본량을 산출한다고 볼 수 있다.

ㄴ. (○) 두 번째 단락 1문장 후반부와 2문장을 보면, 운영리스크 자본량을 확정할 때 영업환경과 내부통제 수준은 CSA와 KRI를 통해 계산된다고 하였다.

ㄷ. (×) 두 번째 단락 4~5문장을 보면, KB국민은행은 잔존가치(1,000만 원이 아니라) 100만 원 이상인 자산의 80%까지 보상받을 수 있는 재산종합보험에 가입하고 있으며, 보험에 의한 리스크 경감에 활용하고 있다.

70

정답 ②

ㄱ. (○) 두 번째 단락 2문장을 보면, 연결실체는 연결실체 차원의 Total Exposure 한도를 도입하여 적용·관리함으로써 신용편중리스크를 통제하고 있다. 즉, 신용편중리스크 통제를 위하여 연결실체 차원의 Total Exposure 한도를 적용·관리하고 있다.

ㄴ. (○) 두 번째 단락 3문장 후반부를 보면, 리스크전략연결실체는 신용공여한도 설정, 신용감리, 신용평가모델 검증 등의 업무를 담당하고 있다.

ㄷ. (○) 첫 번째 단락 마지막 문장을 보면, 연결실체는 '채무불이행'과 '신BIS협약에 따른 자기자본비율산정 시 적용하는 부도'를 동일하게 정의한다.

71

정답 ②

① (×) **주문형 비디오**(VOD; Video On Demand) : 통신망을 통하여 사용자가 원하는 영상을 필요한 시간에 제공해주는 맞춤형 영상정보 서비스를 의미한다.

② (○) **증강현실**(AR; Augmented Reality) : 사람이 눈으로 볼 수 있는 화면 혹은 영상과 그와 관련된 3차원의 부가 정보를 동시에 볼 수 있는 기술이다.

③ (×) **가상현실**(VR; Virtual Reality) : 특정한 환경, 상황 등을 만들어 사용자가 마치 실제 주변 상황·환경과 상호작용을 하고 있는 것처럼 만들어 주는 인터페이스를 말한다.

④ (×) **가상현실 모델링 언어**(VRML; Virtual Reality Modeling Language) : 3차원 가상현실을 모델링하기 위한 언어로, 인터넷에서 3차원의 가상현실을 볼 수 있도록 하는 데 사용된다.

72

정답 ②

① (×) **디지털 기록** : 정보를 디지털(2진 부호화) 형태로 저장하는 것을 의미한다.

② (○) **디지털 워터마크** : 이미지, 영상, 사운드, 텍스트 등 디지털 콘텐츠에 삽입해 놓은 비트 패턴 등을 의미한다.

③ (×) **디지털 인증서** : 인터넷에서 거래할 때, 사용자 자격을 확립하는 일종의 '전자 신용카드'이다. 이것은 인증기관으로부터 발급되며, 수령인이 진위를 확인할 수 있도록 소유자의 이름, 일련번호, 유효기간, 인증서 소유자의 공개키 사본, 인증서 발급기관의 전자서명 등이 포함된다.

④ (×) **디지털 서명** : 공개키 암호방식을 이용한 전자서명이다. 전자서명은 제3자가 문서내용을 열람하는 데에는 아무런 장애가 없지만 그 전자서명의 작성자가 그것을 작성하였다는 사실과 작성내용이 송·수신과정에서 위조·변조되지 않았다는 사실을 증명하고, 작성자가 작성 사실을 부인할 수 없게 한다.

73

정답 ④

제시된 내용에 해당하는 것은 API(Application Programming Interface)이다.

① (×) Framework : 소프트웨어 어플리케이션 등의 개발을 수월하게 하기 위해 소프트웨어의 구체적 기능들에 해당하는 부분의 설계와 구현을 재사용 가능하도록 제공되는 소프트웨어 환경을 말한다.

② (×) Platform : 컴퓨터 시스템의 기본인 프로세서 모델과 컴퓨터 시스템을 바탕으로 하는 운영체제를 의미한다.

③ (×) MFC : 마이크로소프트의 Windows 응용 프로그램 개발용 클래스 라이브러리를 가리킨다. Visual C++에 포함되어 있고, Win32 프로그래밍에 사용된다.

74

정답 ④

① (×) **스마트러닝** : 스마트폰이나 태블릿 등 스마트 모바일 기기를 활용한 학습 콘텐츠 혹은 학습 솔루션을 함께 의미하는 개념이다.

② (×) **플립러닝** : 기존의 전통적인 학습 방법과 다르게 온라인을 통하여 먼저 학습을 진행한 후 오프라인에서 토론 등을 진행하는 형식의 수업 방식을 의미한다.
③ (×) **머신러닝** : 인공지능 연구의 한 분야로, 경험적 데이터를 바탕으로 학습 및 예측을 수행하고 스스로 성능을 향상시키는 시스템 및 이를 위한 알고리즘을 연구하는 기술을 의미한다.

75

정답 ②

① (×) Platform : 컴퓨터 시스템의 기본인 프로세서 모델과 컴퓨터 시스템을 바탕으로 하는 운영체제를 의미한다.
③ (×) Framework : 소프트웨어 어플리케이션 등의 개발을 수월하게 하기 위해 소프트웨어의 구체적 기능들에 해당하는 부분의 설계와 구현을 재사용 가능하도록 제공되는 소프트웨어 환경을 말한다.
④ (×) MFC : 마이크로소프트의 Windows 응용 프로그램 개발용 클래스 라이브러리를 가리킨다. Visual C++에 포함되어 있고, Win32 프로그래밍에 사용된다.

76

정답 ②

㉠ DevOps : 개발(Development)과 운영(Operation)의 합성어로, 개발자와 운영자 간의 협업을 중시하는 개발 방법론을 일컫는다.
㉡ Agile : Agile은 빠른 시간 안에 결과물을 만들고, 사용자로부터 수정 및 보완 요구 사항을 확인한 후 이를 반영하여 다시 제작하는 일련의 과정을 주기적으로 반복하는 것을 말한다.

- Docker : 리눅스 컨테이너 응용 프로그램 기술의 배포를 자동화하여 보다 수월하게 사용 가능하도록 지원하는 오픈소스 엔진을 가리킨다.

77

정답 ④

테크핀과 핀테크는 모두 정보기술과 금융의 결합이라는 공통점이 있지만, 테크핀은 정보기술 보유자가, 핀테크는 금융 서비스 제공자가 주도한다는 점에 차이가 있다.

- **레그테크** : 규제(Regulation)와 기술(Technology)의 합성어로, 기술을 통해 금융회사들이 규제를 쉽게 지킬 수 있도록 유도하는 것을 의미한다.

78

정답 ①

㉠ 서비스 제공자의 소프트웨어를 웹에서 사용할 수 있는 클라우드 서비스를 가리켜 SaaS(Software as a Service)라고 한다.
㉡ 개발자가 개발하기 위한 환경(Platform)을 제공하는 클라우드 서비스는 PaaS(Platform as a Service)이다.
㉢ 서버 활용을 위한 인프라를 제공하는 클라우드 서비스는 IaaS(Infrastructure as a Service)이다.

79

정답 ①

㉠ 각 국에서 정의하고 있는 스마트 도시 개념에 공통으로 담긴 내용은 4차 산업혁명 시대의 핵심 기술 활용, 시민 삶의 질 향상, 도시의 지속 가능성 제고, 신산업 육성 등으로 정리할 수 있다.
㉡ 국내 스마트 도시 정책은 U-City(유비쿼터스 도시)라는 이름으로 시작되었다. 이는 화성 동탄, 파주 운정, 인천 송도 등 신도시를 중심으로 하여 공공의 주도로 시작되었고, 이를 효율적으로 관리하기 위하여 2008년 「유비쿼터스도시의 건설 등에 관한 법률」이 제정되었다.
㉢ 오늘날 스마트 도시는 공공주도 신도시개발 사업이 아닌, 모든 도시가 지향하는 공통의 목표가 되었으며, 이를 위해 공공은 민간이 지속적으로 발전하고, 신기술이 안착하여 도시가 발전할 수 있도록 다양한 정책을 지원하고 있다.

80

정답 ③

③ (○) 비식별화는 데이터 중에서 특정 개인이 식별될 수 있는 데이터를 찾아 식별이 어렵도록 가공하는 것을 의미한다.

상식 [81~100]

81

정답 ③

〈은행의 적기시정조치_은행업 감독규정〉

구분	경영개선권고	경영개선요구	경영개선명령
기준	BIS비율 (총자본비율) 8% 미만	BIS비율 (총자본비율) 6% 미만	BIS비율 (총자본비율) 2% 미만
필요조치	• 인력 및 조직운영의 개선 • 신규업무 진출 및 출자제한 • 부실자산의 처분 • 이익배당의 제한 • 특별대손 충당금 설정 등	• 영업소 폐쇄 또는 신설제한 위험자산보유 제한 및 처분 • 예금금리 수준의 제한 • 자회사 정리, 영업 일부 정지 • 임원진교체 요구, 합병 등	• 주식의 전부 또는 일부 소각, 영업의 전부 또는 일부 양도 제3자에 의한 해당 은행 인수 6월 이내 영업의 정지 • 계약의 전부 또는 일부 이전

82

정답 ②

예금자보호제도는 금융기관별 원금과 이자 포함 최대 5천만 원 한도로 보장받을 수 있다.

〈금융기관별 예금자보호 및 비보호대상 상품〉

구분	보호대상 예금	보호대상 제외 예금
은행	예금, 적금, 부금, 표지어음, 원금보전형(개인연금, 노후생활연금, 근로자퇴직적립신탁) MMDA, 외화표시예금	양도성 예금증서(CD), 개발신탁, 실적배당신탁, RP, 은행발행채권, 농·수협중앙회 공제상품, 주택청약종합저축
증권	수익자예수금, 증권저축 등의 현금잔액	수익증권, 청약자 예수금, 제세금예수금, 유통금융대주담보금, RP, 증권사발생채권, MMF
보험	개인보험계약, 법인보험계약 중 퇴직보험계약, 변액보험(기본보험금)	법인보험계약, 보증보험계약, 재보험계약
종금	발행어음, 표지어음, CMA, 98. 9. 30 이전에 발행한 담보부배서 매출어음	수익증권, RP, 종금사발행채권, 98. 9. 30 이전에 발행한 담보부배서 매출어음 이외의 매출어음
상호저축은행	예금, 적금, 부금, 표지어음	–

83

정답 ②

DSR(Debt Service Ratio)은 차주의 상환능력 대비 원리금상환부담을 나타내는 지표로서, 차주가 보유한 모든 대출의 연간 원리금상환액을 연간소득으로 나누어 산출한 지표이다.

〈부동산 대출 규제 용어〉

LTV (Loan to Value ratio)	자산의 담보가치에 대한 대출 비율을 의미(주택가격에 대한 대출 비율) **(공식)** LTV = (주택담보대출 + 선순위채권 + 임차보증금 및 최우선변제 소액임차보증금)/담보가치×100
DTI (Debt to Income ratio)	주택담보대출 차주의 원리금상환능력을 감안하여 주택담보대출 한도를 설정하기 위해 도입된 규제 비율 **(공식)** DTI = (해당 주택담보대출의 연간 원리금 상환액 + 기타부채의 연간 이자상환액)/연소득×100"방식으로 산정
신DTI	기존 DTI의 소득 산정 방식을 개편한 제도(2018년 도입) 신규 주택담보대출 원리금 상환액에 기존 주택담보대출 원리금상환액 모두 합친금액을 연소득으로 나누어 계산
DSR (Debt Service Ratio)	차주의 상환능력 대비 원리금상환부담을 나타내는 지표로서, 차주가 보유한 모든 대출의 연간 원리금상환액을 연간소득으로 나누어 산출

84

정답 ①

우리나라는 카드사, 고객, 가맹점 중심의 3개 당사자 체제로 구성된다.

85

정답 ④

2017년 7월부터 만기가 짧은 기업대출 및 가계 신용대출에 활용할 수 있도록 단기COFIX 도입이 결정되었다. 단기COFIX는 단기(3개월) 조달상품의 평균금리로 매주 1회 공시되고 있다.

86

정답 ②

신문기사는 단기금융시장에서 소형증권사들의 콜금리가 빠르게 상승하고 있다는 것을 주제로 한 기사이다. 금융시장에 대한 거시적인 구분을 할 수 있어야 풀 수 있다.

〈금융시장의 구분(종류)〉

구분	내용
예금·대출시장	금융중개기관(financial intermediary)을 통해 예금상품 및 대출상품이 거래되는 시장
단기금융시장	만기 1년 미만의 단기자금 조달수단이 거래되는 시장(콜시장, 환매 조건부 채권 시장, 양도성 예금 증서 시장, 기업 어음 시장, 표지 어음 시장, 통화 안정 증권 시장)
자본시장	장기자금 조달수단인 주식 및 채권 거래가 이루어지는 시장
외환시장	외국과의 무역 및 자본거래에 따른 국제간 자금결제를 위해 서로 다른 두 가지 통화를 교환하는 시장
파생금융상품시장	통화·채권·주식 등 기초금융자산의 가치변동에 의해 결정되는 일종의 금융계약인 파생금융상품이 거래되는 시장
직접금융시장	자금공급자와 수요자간에 자금이 직접 이전되는 방식으로 이루지는 시장
간접금융시장	간접금융시장에서는 은행이나 자산운용회사와 같은 금융중개기관이 예금증서나 수익증권과 같은 간접증권(indirect security 또는 secondary security)을 발행하여 자금을 조달한 다음 이를 이용하여 자금의 최종 수요자가 발행하는 직접증권을 매입하는 방식으로 금융거래가 이루어지는 시장

87 　정답 ④

제시된 내용에서 설명하고 있는 개념은 GDP 디플레이터이다.

88 　정답 ③

보장매입자 입장에서 신용위험을 전가했다는 사실을 차주가 알 수 없기 때문에 고객사와의 우호가 유지될 수 있다는 장점이 있다.

〈Credit Default Swap(CDS)〉

의의	• 보장매입자가 보장매도자에게 프리미엄을 지급하고 보장매도자에게 준거자산에 대한 신용위험을 이전하는 거래 • 계약 당사자 : 보장매입자+보장매도자 차주 동의(×)
장점	• 보장 매입자 입장에서 신용위험을 전가했다는 사실에 대하여 차주에게 통보의무가 없으므로 고객사와의 우호가 유지 • 보장 매도자 측면에서는 초기 투자비용 없이 높은 수익 추구
프리미엄 결정	• 준거자산의 신용사건 발생 가능성 (+) • 보장 매도자의 신용도 (+) • 신용사건 발생 시 회수율 (−)

89 　정답 ④

FDS(Fraud Detection System, 이상금융거래탐지시스템)에 관한 내용이다.

90 　정답 ④

소비자 효용극대화 조건은 Px/Py = MUx/MUy로 정의할 수 있다. 해당 식을 약간 변형하면 MUx/Px = MUy/Py로 변형할 수 있으며 이에 따라 계산하면 10,000원/5,000원 = 양식/8,000원이 된다. 따라서 정답은 16,000원이 된다.

91 　정답 ②

〈실업의 종류〉

구조적 실업	산업의 변화에 의한 비자발적인 실업
마찰적 실업	새로운 일자리를 탐색하거나 이직을 하는 과정에서 일시적으로 발생하는 자발적인 실업
경기적 실업	경기의 활황과 불황에 의한 실업
계절적 실업	계절적인 변화에 영향을 받는 실업

92 　정답 ②

물가안정목표제(inflation targeting)는 중앙은행이 일정 기간 또는 장기적으로 달성해야 할 물가목표치를 미리 제시하고 이에 맞춰 통화정책을 수행하는 것이다. 환율이나 통화량 등 중간 목표를 조절해 최종 목표인 물가안정을 추구하는 방식과 다르다. 한국은행은 다양한 변수를 활용해 인플레이션을 예측하고 실제 물가상승률이 목표치에 수렴할 수 있도록 금리나 통화량을 조절한다. 한국은행은 2013~2015년 3년간 중기 물가안정목표를 소비자물가 상승률(전년 대비) 기준 2.5 ~ 3.5%로 설정하고 있다. 하지만 단기적으로는 물가상승률 목표에서 벗어나는 것을 허용한다.

93 　정답 ③

〈물가지수 이해〉

(1) 소비자물가지수(CPI)

① 재화와 서비스를 대상으로 도시가계의 평균 생계비 또는 구매력의 변동을 측정한 지표

② 작성방법 : 라스파이레스방식 = $\frac{\Sigma P_1 Q_0}{\Sigma P_0 Q_0}$

⇨ 기준연도 0년과 5년

③ 작성기관 : 통계청
④ 특징 : 임금, 공공요금이 차지하는 비중이 높다.

(2) 생산자물가지수(PPI)
① 상품의 수급동향을 반영한 물가지수
② 조사기준가격 : 국내에 출하되는 대표적 재화와 서비스의 생산자출하가격
③ 작성방법 : 라스파이레스방식 $=\frac{\Sigma P_1Q_0}{\Sigma P_0Q_0}$

⇨ 기준연도 0년과 5년

④ 작성기관 : 한국은행

(3) 근원물가지수(Core inflation)
① 물가의 큰 흐름을 살펴보기 위해 원유류, 농산물(곡물 제외) 등 가격변동이 심한 품목을 빼고 계산한 물가지수로 거시경제정책 수립과 집행을 위한 기초자료로 활용하기 위해 만든 것
② 작성기관 : 통계청 매월 발표

〈인플레이션 구분〉

구분	내용
인플레이션 (Inflation)	물가가 계속적으로 오르는 현상으로, 통상 인플레이션은 시중에 돈이 넘쳐나거나 물건이 부족해서 물가가 상승하는 현상
스태그플레이션 (Stagflation)	불황임에도 불구하고 물가가 계속 오르는 현상으로, Stagnation + Inflation의 합성어
디플레이션 (Deflation)	경기가 크게 침체되면서 소비가 줄어들어 물가가 하락하는 현상
애그플레이션 (Agflation)	농산물 가격상승으로 인한 물가상승 현상
피시플레이션 (Fish – flation)	수산물 가격상승으로 인한 물가상승 현상
에코플레이션 (Eco – flation)	환경적 요인에 의해 발생하는 인플레이션

94
정답 ④

화폐수량설에 의해 통화량증가율 + 화폐유통속도증가율 = 실질경제성장률 + 물가상승률의 등식이 성립한다. 즉 화폐유통속도가 일정하다면 통화량은 실질경제성장률과 목표물가상승률만큼 늘려야 한다는 의미이다. 통화량 증가율 $=7+3-1=9$, 즉 9%이다.

95
정답 ③

① **베블런 효과** : 제품의 가격이 오름에도 과시욕으로 인하여 수요가 줄어들지 않는 현상
② **속물 효과** : 특정 제품에 대한 소비가 증가하면, 그 제품에 대한 수요가 줄어드는 효과
④ **밴드웨건 효과** : 대중적으로 유행하는 제품을 구입하는 현상

96
정답 ①

② **더블 딥** : 경기 침체 후의 회복기에 다시 침체에 빠지는 이중침체 현상을 의미한다.
③ **양적 완화** : 중앙은행이 경기를 부양할 목적으로 시중에 통화공급을 늘리는 것을 의미한다.
④ **오퍼레이션 트위스트** : 중앙은행이 장기 채권을 사들이면서, 동시에 단기 채권을 팔아 시중금리를 조절하는 것을 의미한다.

97
정답 ④

주어진 지문과 표를 가지고 ④번 사항은 예측할 수 없다.

98
정답 ④

① **코즈 마케팅** : 기업이 환경이나 빈곤과 같은 사회적 이슈를 기업의 이윤 추구를 위해 활용하는 것을 말한다.
② **니치 마케팅** : 시장의 틈새를 공략하는 새로운 상품을 연이어 선보이는 것을 의미한다.
③ **넛지 마케팅** : 소비자의 선택의 자유를 보장하는 선에서, 사람들을 원하는 방향으로 유도하는 것을 의미한다.

99
정답 ③

② **적정 성장률** : 자본재의 공급과 수요가 일치하는 경우의 경제성장률을 의미한다.
④ **명목 성장률** : 현재 시점의 가격으로 계산한 국민경제의 성장률을 의미한다.

100
정답 ②

• **스튜어드십 코드(Stewardship Code)** : 주요 기관 투자가들(연금, 자산운용사 등)을 위한 의결권 행사 지침으로 투자실행 시 무거운 책임감을 가지고 자기 돈처럼 소중히 여기고 최선을 다해 운용해야 한다는 지침. 2010년에 영국에서 가장 먼저 도입을 했으며, 우리나라의 경우도 국민의 노후자산(약 540조 원)을 굴리는 국민연금의 도입이 결정되었다.

- **그린메일(Green mail)** : 경영권을 넘볼 수 있는 수준의 주식을 확보한 특정 집단(통상적으로 기업사냥꾼)이 기업의 경영자로 하여금 보유한 주식을 비싼 가격에 되사줄 것을 요구하는 행위를 의미
- **황금낙하산(Golden Parachute)** : 적대적 M&A를 막기 위해 임기만료 전 경영진에게 거액의 퇴직금을 지급하는 방법 등으로 회사 인수 가치를 떨어뜨리는 전략
- **포이즌 필(Poison Pill)** : 적대적 M&A를 통해 피기업이 인수합병되는 경우 해당기업 주주들에게 합병 후 존속회사의 주식을 낮은 가격으로 매수할 수 있는 콜옵션을 부여하는 제도

제4회 실전모의고사

01	②	02	②	03	③	04	④	05	④
06	④	07	②	08	③	09	③	10	②
11	③	12	④	13	③	14	①	15	③
16	②	17	③	18	①	19	④	20	③
21	①	22	③	23	①	24	③	25	④
26	②	27	②	28	④	29	④	30	①
31	④	32	②	33	④	34	④	35	④
36	②	37	③	38	④	39	④	40	③
41	③	42	③	43	②	44	②	45	④
46	③	47	③	48	④	49	③	50	④
51	③	52	④	53	④	54	③	55	②
56	①	57	①	58	②	59	④	60	④
61	①	62	④	63	④	64	④	65	④
66	②	67	④	68	③	69	①	70	④
71	④	72	①	73	①	74	②	75	②
76	②	77	③	78	④	79	②	80	④
81	④	82	④	83	④	84	③	85	④
86	②	87	④	88	④	89	②	90	④
91	④	92	①	93	②	94	④	95	②
96	②	97	①	98	①	99	④	100	④

직업기초능력평가 [1~40]

01

정답 ②

① (×) 4문단에 의하면 카드나 통장 없이 ATM 금융거래가 가능한 서비스는 손바닥 정맥 바이오 정보를 등록할 경우 이용할 수 있는 '손쉬운 뱅킹' 서비스이다.

② (○) 4문단에 의하면 고객이 손바닥 정맥 바이오 정보를 등록할 경우 대여금고도 이용할 수 있는 '손쉬운 뱅킹' 서비스를 시범 운영 중이다.

③ (×) 2문단에 의하면 '디지털 안내장 알림 서비스'는 온라인으로 영업점 방문을 예약한 고객에게 추천 상품 안내장과 금융 상품 정보를 스마트폰으로 즉시 제공하는 서비스로, 적용 대상이 중장년층 고객이라는 언급은 찾을 수 없다.

④ (×) 2문단에 의하면 투자성향 분석에 따른 상품 추천은 온라인으로 영업점 방문을 예약한 고객에게 스마트폰으로 즉시 제공되는 서비스이다.

02

정답 ②

① (×) 첫 번째 문단에 의하면 과거에는 다른 사람의 사적 영역에 부당하게 침입해 들어가거나 타인의 내밀한 정보를 일반 사람들에게 공개하여 사적인 평온이 침해되는 경우 등과 같이 내밀한 사적 이익이 위협받은 경우에 헌법상 보장되는 사생활의 자유나 프라이버시, 인격권 등에 의해서 보호가 이루어졌다.

② (○) 네 번째 문단과 다섯 번째 문단에서 사람 혹은 그 사적 영역과의 관련성이 떨어지는 대다수의 일반적인 개인정보가 아닌 유형인 경우 예외적으로 취급하여 엄격한 통제나 처리의 제한 혹은 금지가 필요하다고 하였다.

③ (×) 두 번째 문단에서 개인정보보호 관련 제도가 발달하게 된 것은, 컴퓨터 같은 정보처리장치의 증가와 네트워크 연결 그 자체가 아니라 이를 바탕으로 다른 사람의 사적 평온을 해칠 가능성이 있는 정보가 쉽게 수집·처리되거나 다른 정보와 결합하여 해당 개인의 사적인 비밀이 밝혀지거나 개인에 관한 다수의 정보가 네트워크를 통하여 손쉽게 유통될 수 있게 되었기 때문이라고 하였다.

④ (×) 세 번째 문단에서 개인정보를 '식별가능성'을 핵심적 판단표지로 하여 정의한 결과, 개인의 사적 평온을 침해할 가능성이 높은 정보로부터 개인의 법익을 침해할 가능성이 '매우 낮은' 정보에 이르기까지 매우 다양한 수준의 개인정보가 일괄적으로 개인정보보호법제의 보호대상이 되었다고 하였다

03

정답 ③

제시문에서 보험은 발생이 불확실한 손실의 위험이 피보험자로부터 보험자에게 이전되는 것이라고 정의한다. 그러므로 명확히 예상되는 손실에 대해서는 보험이 만들어지기 어려울 것이다.

04

정답 ④

카드 업계가 기프티콘 등 모바일 상품권의 등장, 뇌물 수단 등으로 악용, 보안상의 문제, 취급을 꺼리는 가맹점의 증가 등의 문제로 인해 기프트카드 사업의 철수를 검토하고 있으나 원래 기프트카드 사업이 수익을 위한 것이 아니라 카드 포인트를 사용할 수 있도록 하는 등의 고객 서비스 차원에서 진행한 사업이라 하였다. 그러므로 카드 포인트 사용과는 무관하다.

05

정답 ④

빈칸의 앞선 내용들이 전반적으로 사법형 ADR의 단점을 지적하고 있으며, 빈칸 뒤에 이어지는 내용들 또한 법원이 사법형 ADR 보다는 본연의 업무를 수행하는 것을 강조하고 있다. 따라서 빈칸에는 법원이 본연의 업무에 집중해야 하며, 그것이 민간 ADR도 활성화에도 도움을 줄 수 있다는 내용이 들어가야 한다.

06

정답 ④

① (×) 첫째 문단에서 필요에 따라 계통과 연계되어 동작할 수도 있다고 하였다.
② (×) 마지막에서 두 번째 문단에서 우리나라에서도 일부 캠퍼스 마이크로그리드가 적용되고 있다고 하였으므로 미국과 유사한 사례임을 알 수 있다.
③ (×) 두 번째 문단에서 미국은 1973년의 석유파동으로 인한 기존의 소수 독점적 전력시장 구조에 대한 의문 때문에 분산 발전의 계기를 갖게 되었다고 하였다.
④ (○) 석유파동 이후 설립된 수많은 전력 생산 및 공급 회사들이 양질의 전력을 경쟁력 있는 가격으로 생산하여 공급할 수 있는 효과적인 발전 설비의 도입에 관심을 가지게 된 것이 복합화력 혹은 열병합 발전설비를 중심으로 한 분산 발전 개념의 실용화를 앞당길 수 있는 계기가 되었다고 하였다.

07

정답 ②

① (○) 세 번째 문단에서 디지털세가 이미 여러 국가에서 도입이 논의되거나 발효될 예정에 있다고 하였으므로 현재 발효된 경우는 없다고 추론할 수 있다.
② (×) 세 번째 문단과 일곱 번째 문단을 통해 EU 회원국들은 디지털세 법안 마련 및 협의를 준비하고 있으며, G7 재무장관 회의에서 디지털세 부과에 대한 원칙적인 찬성을 담은 성명서가 발표되었다고 하였다. 즉 미국을 '제외한' 주요 선진국은 디지털세에 대해 호의적임을 알 수 있다.
③ (○) 마지막 문단에서 디지털세 도입을 추진하는 방법 중 하나로 디지털 서비스 소비국의 과세권 강화를 언급하였다.
④ (○) 네 번째 문단에 의하면 디지털세 도입으로 인해 고정된 물리적 사업장이 있어야 과세할 수 있다는 조세원칙의 근간이 변화하게 될 것으로 보고 있다. 따라서 사업장(법인)이 없어도 과세할 수 있게 된다고 하였으므로 이전에는 그렇지 않았음을 알 수 있다.

08

정답 ③

시간의 흐름에 따라 배열하면 1968년 스펜서 실버가 실패작인 이상한 접착제를 개발한 (라), 4년 뒤 아서 프라이가 자신이 떠올린 아이디어와 실버의 접착제를 접목시키는 포스트잇을 탄생시켰다는 (나), 포스트잇은 대중화 과정이 순탄하지 않았으나 결국 성공해 20세기를 대표하는 발명품이 되었다는 (가)의 순서로 정렬할 수 있다. 마지막으로 (다)는 포스트잇의 성과가 가능한 이유를 '15퍼센트 법칙'으로 상징되는 3M의 조직문화에서 찾는다. 특히 (다)는 '15퍼센트 법칙'에 대한 언급을 통해 앞의 글들과 다른 맥락의 논의가 시작됨을 예고한다.

09

정답 ③

① (○) 3M의 조직 문화는 실수와 실패를 장려한다고 하였다.
② (○) 창의력과 혁신적 사고가 3M의 경영 철학이라고 하였다.
③ (×) 포스트잇은 '명백한 실패작'으로, 만약 높은 품질을 강조하고 개발·제조의 오류를 최소화하는 풍토였다면 결코 현실화되기 힘들었을 것이다.
④ (○) 직원들의 실수와 실패를 용인하려면 경영자의 포용과 인내 역시 강조되어야 할 것이다.

10
정답 ②

① (×) 특성은 간략하게 소개되고 있으나 안전성 확보방안은 구체적으로 제시되지 않았다.
② (○) 지엽적인 내용을 담고 있는 다른 선택지를 포괄하는 제목이어야 한다.
③, ④ (×) 저해요인의 일부이다.

11
정답 ③

두 번째 문단의 두 번째 문장에서 "(저해요인의) … 특성과 저해요인 감소방안을 제시하고자 한다"고 하였는데, 지문에서는 저해요인의 특성까지만 다뤄졌다.

12
정답 ④

① (○) **사업의 적용 대상** : 사업의 적용 대상 기기는 시장 진입을 위해 허가와 신의료 기술평가가 모두 필요한 의료기기로서 의료기기와 의료기기를 이용한 의료기술의 사용 목적이 동일하고, 허가 시 사람을 대상으로 하는 임상시험이 필요한 의료기기이다.
② (○) **허가·평가의 절차** : 세 번째 단락에서 설명하고 있다.
③ (○) **제도 개선 방안** : 신의료 기술평가의 간소화, 현장과의 소통 강화 등을 위한 제도 개선 방안을 언급하고 있다.
④ (×) 사업의 예상 효과에 대한 구체적인 언급은 없다.

13
정답 ③

B 열차가 출발한 후부터 A 열차를 따라잡기까지 걸리는 시간을 X라고 하자. 거리는 속력×시간이고, A 열차 이동거리와 B 열차 이동거리가 동일해야 하므로, $150X+150\times1.5=180X$의 식을 도출할 수 있다. $30X=225$에서 X는 7.5이므로, 소요시간은 7시간 30분이다.

14
정답 ①

방안1의 예상 판매대금은 3,500×12,000=42,000,000원이다. 여기서 총 생산비용을 차감하면 예상 이익금은 800만 원이 된다. 방안2의 예상 판매대금은 3,000×15,000=45,000,000원이다. 여기서 총 생산비용을 차감하면 1,100만 원이 된다. 양자의 차이는 300만 원이다.

문제에서 제시된 예상 이익금은 판매되지 않은 신제품에 대한 비용도 포함하여 계산해야 한다는 점에 주의한다.

15
정답 ③

갑의 시간당 작업량은 $\frac{1}{6}$이고, 을은 $\frac{1}{12}$이므로, 둘이 함께 2시간 동안 작업한 양은 $\frac{1}{3}+\frac{1}{6}=\frac{1}{2}$이다. 나머지 작업량 $\frac{1}{2}=\frac{6}{12}$을 을이 혼자 해야 하므로, 을이 혼자 작업한 시간은 6시간이다.

16
정답 ②

2018년 1학년 학생은 180명, 2학년은 200명, 3학년은 220명으로 총 600명이다.
2019년에는 기존 3학년 학생이 졸업하여 220명이 빠지고, 새롭게 1학년 학생이 들어오는데, 새롭게 들어온 학생 수는 2018년의 1학년 180명보다 20% 많은 216명이다. 220명이 빠지고, 216명이 들어왔으므로, 총 학생 수는 4명 감소하였다.

17
정답 ③

세 번째로 꺼낸 구슬이 노란색이고, 네 번째로 꺼낸 구슬이 파란색인 경우는 다음의 4가지로 정리할 수 있다.
1) 파란색 – 파란색 – 노란색 – 파란색
2) 파란색 – 노란색 – 노란색 – 파란색
3) 노란색 – 노란색 – 노란색 – 파란색
4) 노란색 – 파란색 – 노란색 – 파란색
각 경우가 발생할 확률은 다음과 같다.

1) $\frac{3}{8}\times\frac{2}{7}\times\frac{5}{6}\times\frac{1}{5}=\frac{30}{1,680}$

2) $\frac{3}{8}\times\frac{5}{7}\times\frac{4}{6}\times\frac{2}{5}=\frac{120}{1,680}$

3) $\frac{5}{8}\times\frac{4}{7}\times\frac{3}{6}\times\frac{3}{5}=\frac{180}{1,680}$

4) $\frac{5}{8}\times\frac{3}{7}\times\frac{4}{6}\times\frac{2}{5}=\frac{120}{1,680}$

세 번째로 꺼낸 구슬이 노란색, 네 번째로 꺼낸 구슬이 파란색일 확률은 $\frac{450}{1,680}$이 된다.

18
정답 ①

- A : (866+637+123)×180×0.7=204,876원
- B : (780+681+90)×180×0.7=195,426원
- C : (752+706+137)×180×0.7=200,970원

합계는 601,272원이다.

19
정답 ④

① (×) 다른 분기에는 모두 동일하지만, 2017년 4/4분기 BSI 전망은 직전 분기 대비 감소하였으나, 실적은 증가하였고, 2018년 1/4분기 BSI 전망은 유지되었지만, 실적은 감소하였다.

② (×) 제시된 기간 중 BSI 실적이 전망의 90%에 미치지 못한 분기는 2016년 1/4분기(약 84.6%), 2017년 3/4분기(약 88.5%), 2018년 1/4분기(약 89.1%) 세 번 있었다.

③ (×) 직전 분기 대비 BSI 전망이 가장 크게 감소한 분기는 2017년 1/4분기이다. 반면 BSI 실적이 가장 크게 감소한 분기는 2017년 3/4분기이다.

④ (○) 2016년 직전 분기 대비 BSI 실적이 가장 크게 증가한 분기는 2/4분기이며, 2017년에도 직전 분기 대비 BSI 실적이 가장 크게 증가한 분기는 2/4분기이다.

20
정답 ③

ㄱ. (×) 60%를 기준으로 대략적인 수치를 구해보면, 비중이 60% 이상인 국가는 한국이 유일하므로, 한국의 비중이 가장 높다고 판단할 수 있다.

ㄴ. (○) 식물성 단백질이 동물성 단백질보다 작은 국가들을 제외하고, 한국과 남아공만 비교하면 된다. 한국은 약 108.7%, 남아공은 약 134.3%로 남아공이 가장 크다.

ㄷ. (×) 칼로리에 0.7을 곱하여 비교한다. 다른 국가는 모두 70% 이상이지만 호주의 경우 약 67.9%로 70% 미만이다.

ㄹ. (○) 각 영양소에 따라 많은 순서로 국가를 나열하면 다음과 같다.

순위	1	2	3	4	5	6
단백질	미국	호주	독일	한국	브라질	남아공
지방질	미국	호주	독일	브라질	한국	남아공

결과가 다른 국가는 한국과 브라질 두 곳이다.

21
정답 ①

- **첫 번째 조건** : 특정 단일 연도가 아닌 매년 성립하는 정보를 찾아야 한다. 이에 따라 문서는 A 또는 D, 도면과 카드는 각각 B 또는 C 또는 E와 연결된다.
- **두 번째 조건** : 증가율과 같은 계산을 할 때는 바로 계산에 들어가는 것보다는 눈에 띄는 정보를 우선 처리하는 것이 시간 절약에 유리하다. 우선 B의 경우 2020년의 수량이 2015년보다 3배 이상 4배에 가깝고, D의 경우 2배 이상이다. 나머지는 그에 한참 미치지 못하므로, 증가율이 가장 큰 것은 B, 두 번째로 큰 것은 D라는 정보를 쉽게 도출할 수 있다. 시청각기록은 D라는 것을 도출할 수 있으며, 첫 번째 조건에 따라 A는 문서와 연결된다. 유형별 증가율을 구하면, A는 약 12.9%, B는 약 281.8%, C는 약 57.3%, D는 약 125.6%, E는 약 11.5%이다.
- **세 번째 조건** : 2017년과 2020년의 기록물 수량 순위를 정리하면 다음과 같다. 순위가 상승한 것은 B와 D이다. D는 시청각기록이라는 것을 이미 알고 있으므로, B가 도면과 연결된다.

순위	1	2	3	4	5
2017년	A	D	C	E	B
2020년	D	A	B	C	E

- **네 번째 조건** : 기록물 수의 연도별 증감방향을 정리하면 다음과 같다. 이미 A가 문서라는 것을 알고 있으므로, A와 증감방향이 동일한 것을 찾으면, E가 정부간행물이라는 것을 알 수 있다. 나머지 기록물에 대한 정보는 알 수 없지만, 남은 것이 하나뿐이므로, 나머지 하나를 C와 연결하면 정답을 찾을 수 있다.

	2016	2017	2018	2019	2020
A	증가	증가	증가	증가	증가
B	유지	유지	증가	증가	증가
C	증가	증가	증가	감소	유지
D	증가	증가	유지	증가	유지
E	증가	증가	증가	증가	증가

22
정답 ③

ㄱ. (×) 다른 해의 비중은 모두 40% 이상이지만 2016년의 경우 약 38.8%로, 40% 미만이다.

ㄴ. (○) 천연가스와 원자력 소비량 합계는 2016년에 78.4, 2017년에 76.6, 2018년에 77.7, 2019년에 76.4, 2020년에 78.3으로, 매년 석탄 소비량보다 적다.

ㄷ. (×) 전년대비 에너지 소비량 격차는 2017년에 5.8, 2018년에 6.9, 2019년에 4.9, 2020년에 3.9로 2018년에 가장 크다.

ㄹ. (○) 2017~2020년 중 천연가스의 에너지 소비량이 전년대비 증가한 해는 2018년, 2019년, 2020년이다. 해당 연도에는 항상 원자력의 에너지 소비량이 전년대비 감소하였다.

23

정답 ①

- A : 우선 기본요금의 합계는 6,160×12=73,920원이다. 매월 사용한 전력량이 동일하므로, 봄, 가을의 전력량 요금은 65.2원×50kWh×5개월=16,300원, 여름은 105.7원×50kWh×3개월=15,855원, 겨울은 92.3원×50kWh×4개월=18,460원이다. 전기요금 합계는 124,535원이다.
- B : 기본 요금의 합계는 7,170×12=86,040원이다. 상반기에는 겨울 2개월, 봄 3개월, 여름 1개월이 있으므로, 전력량 요금은 103.6원×100kWh×2개월+71.9×100kWh×3개월+115.9원×100kWh×1개월=20,720원+21,570원+11,590원=53,880원이다. 하반기는 겨울 2개월, 가을 2개월, 여름 2개월이 있으므로, 전력량 요금은 103.6원×80kWh×2개월+71.9원×80kWh×2개월+115.9원×80kWh×2개월=(103.6원+71.9원+115.9원)×80kWh×2개월=291.4×160=46,624원이다. 전기요금의 합계는 86,040원+53,880원+46,624원=186,544원이다.
- C : 기본 요금의 합계는 8,230×12=98,760원이다. 전력량 요금은 봄, 가을에 65.5원×60kWh×5개월=19,650원, 여름에 108.5원×120kWh×3개월=39,060원, 겨울에 95.3원×120kWh×4개월=45,744원이다. 전기요금의 합계는 98,760원+19,650원+39,060원+45,744원=203,214원이다.

24

정답 ③

① (○) 모두 직접 계산할 필요는 없다. 분모인 현원이 지속적으로 증가하고 있고, 분자인 부족 인원이 지속적으로 감소하고 있으므로 비중이 감소하고 있다는 것을 알 수 있다.

② (○) 우선 2017년 대비 2018년, 2019년 대비 2020년의 비중이 감소한 것은 분모, 분자의 증감을 통해서 확실히 알 수 있다. 반면 2018년 대비 2019년에는 분모인 현원이 감소하고, 분자인 부족 인원이 증가하였으므로, 비중이 증가했다는 것을 알 수 있다.

③ (×) 2018년 대/중견규모의 현원은 518,910명이다. 이것의 1%는 5,189.1명이고, 부족 인원은 이것의 절반에 미치지 못하므로 비중은 0.5%보다 낮다는 것을 알 수 있다. 중소규모의 경우에는 3% 이상으로, 대/중견규모의 6배 이상이라는 것을 알 수 있다. 이는 2019년과 2020년에도 마찬가지이다.

④ (○) 석박사 현원은 2014년과 2019년 지속적으로 증가하다가 2020년에 하락하였다. 그 수준은 2017년의 129,824명을 하회하는 127,390명이다.

25

정답 ④

① (○) ABS의 발행 규모는 매년 가장 작으므로, 순위가 동일하게 나타날 것이다.

② (○) 다른 연도는 모두 전체 회사채 발행 규모가 100(조 원)을 넘는 상태에서 은행채 발행 규모가 30(조 원)에 미치지 못하므로, 30%가 안 된다는 것을 금방 알 수 있다. 2020년의 비중만 계산하면 되는데, 143(조 원)의 30%는 42.9(조 원)이므로 2020년 역시 30%에 미치지 못함을 알 수 있다.

③ (○) 전체 회사채 발행 규모의 전년 대비 증감방향은 '감소–감소–감소–증가–감소–증가'이다. 이와 동일한 증감방향을 보이는 유형은 은행채 뿐이다.

④ (×) 2016년 발행 규모가 가장 작은 두 유형은 ABS와 은행채로 합계는 47(조 원)이고, 발행 규모가 가장 큰 유형은 42(조 원)의 일반회사채이다. 규모가 작은 두 유형의 합계가 더 크다. 이는 2018년에도 마찬가지이며, 2014에는 양자가 동일하다. 다른 4개 연도에서는 선택지의 내용이 성립한다.

26

정답 ②

㉠ 주택가격이 1억 원 오를 때마다 월수령액 증가폭이 동일하다. 4억 원에서 5억 원으로 오를 때 월수령액 증가폭이 153(=775−622)이므로, 2억 원은 316(=163+153), 3억 원은 469(=316+153)이다.

㉡ 두 번째 분석을 보면, 1억 원 65세의 월수령액은 306×0.8에서 206×1.25 사이, 즉 244.8에서 257.5 사이에 있다. 주택가격 상승시의 월수령액 증가폭은 242.5(=500−257.5) ~ 255.2(=500−244.8) 사이에 있으므로, ㉡에 들어갈 값은 742.5(=500+242.5) ~ 755.2(=500+255.2) 사이에 있다고 판단할 수 있다.

ⓒ 가구주 연령이 70세인 경우 주택가격이 1억 원에서 2억 원으로 상승했을 때, 월수령액 증가폭은 306(=612－306)이다. 따라서 주택 가격이 3억 원일 때 월수령액은 918(=612+306), 4억 원일 때는 1,224(=918+306), 5억 원일 때는 1,530(=1,224+306)이 된다.

27

정답 ②

우선 기업별 최근 3년의 연평균 매출액은 A가 90, B가 45, C가 102, D가 75, E가 230이고, 2018년 A~E 매출액 합계는 335이다. 이를 토대로 그래프별로 조건 충족 여부를 분석한 결과는 다음과 같다.

	①	1번	2번	3번
A	94	○	×	
B	45	×	○	
C	105	○	×	
D	73	×	○	
E	23	×	○	
합계	340	2개	3개	○

	②	1번	2번	3번
A	94	○	×	
B	47	○	○	
C	105	○	×	
D	73	×	○	
E	23	×	○	
합계	342	3개	3개	○

	③	1번	2번	3번
A	94	○	×	
B	47	○	○	
C	105	○	×	
D	68	×	○	
E	20	×	○	
합계	334	3개	3개	×

	④	1번	2번	3번
A	94	○	×	
B	47	○	○	
C	103	○	○	
D	73	×	○	
E	23	×	○	
합계	340	3개	4개	○

28

정답 ④

ㄱ. (×) 2016~2019년 사이는 개발행위허가 건수가 10만 이상이고, 도시지역 건수는 3만 미만이므로, 굳이 계산을 하지 않아도 30% 미만이라는 것을 알 수 있다. 2015년과 2020년은 개발행위허가 건수의 앞 두 자리에 3을 곱하여 도시지역 건수와 비교하면 30% 미만이라는 것을 알 수 있다. 2014년은 좀 더 상세한 계산이 필요하다. 개발행위허가 건수 96,645에 0.3을 곱하면 그 결과는 28,993.5로 도시지역 건수 28,837보다 크므로, 해당 연도의 비율이 30% 이상이라고 판단할 수 있다.

ㄴ. (○) 2014~2020년 도시지역 면적의 합계는 828(=176+106+83+98+192+110+63)이고, 2019~2020년 개발행위허가 면적의 합계는 805(=448+357)이다. 전자의 면적이 더 크다.

ㄷ. (×) 개발행위허가 건수가 증가한 해는 2015, 2017, 2018년 3번이다. 2017년과 2018년에는 도시지역 건수가 전년대비 감소하였으나, 2015년에는 전년대비 증가하였다.

ㄹ. (○) 비도시지역 면적이 도시지역의 몇 배인지에 초점을 맞춰보자. 2014년은 176과 341이므로, 2배 미만이다. 2015년은 106과 440이므로 약 4배, 2016년은 83과 441이므로 5배 이상, 2017년은 98과 382이므로 약 4배, 2018년은 192와 376이므로 2배 미만, 2019년은 110과 338이므로 약 3배, 2020년은 63과 294이므로 약 4.5배이다. 가장 큰 해는 5배 이상인 2016년이다. 2016년의 도시지역과 비도시지역 면적 차이는 358(=441－83)이다.

29

정답 ④

명제 간의 대당 관계를 정리한, 대당 사각형은 다음과 같이 그릴 수 있다.

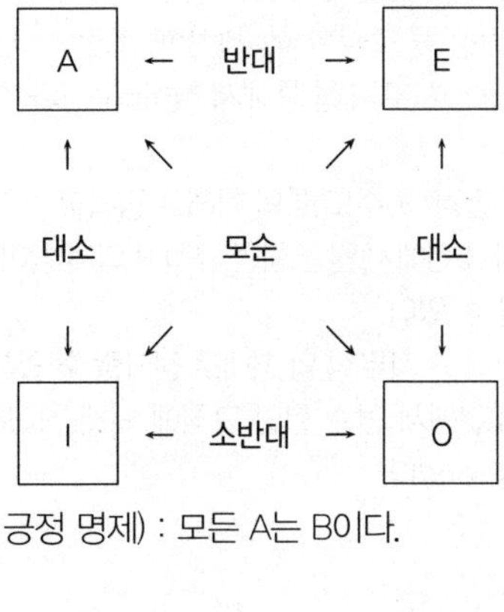

* A(전칭 긍정 명제) : 모든 A는 B이다.

* E(전칭 부정 명제) : 모든 A는 B가 아니다.
* I(특칭 긍정 명제) : 어떤 A는 B이다.
* O(특칭 부정 명제) : 어떤 A는 B가 아니다.

- 모순 관계에 있는 경우, 동시에 참이 될 수 없으며, 동시에 거짓이 될 수도 없다.
- 반대 관계에 있는 경우, 동시에 참이 될 수 없으나, 동시에 거짓이 될 수는 있다.
- 소반대 관계에 있는 경우, 동시에 참이 될 수 있지만, 동시에 거짓이 될 수는 없다.
- 대소 관계는 주장의 질은 같으나 양을 달리하는 관계로, 동시에 참이 될 수 있다.

① (×) ㉠은 A, ㉡은 O에 해당하므로, 두 명제는 모순 관계에 있어 동시에 참이 될 수 없다.
② (×) ㉠은 A, ㉢은 I에 해당하므로, 두 명제는 대소 관계에 있어 동시에 참이 될 수 있다.
③ (×) ㉠은 A, ㉣은 E에 해당하므로, 두 명제는 반대 관계에 있어 동시에 참이 될 수 없다.
④ (○) ㉡은 O, ㉢은 I에 해당하므로, 두 명제는 소반대 관계에 있어 동시에 참이 될 수 있다.

30 정답 ①

제시된 각 조건을 다음과 같은 형태로 정리할 수 있다.

- 미혼 → 수도권
- 수도권 ∨ 안경
- 사무직 → ~안경
- 사무직 ∨ ~반려

① (×) '~수도권 → 미혼'의 형태로 정리할 수 있다. 첫 번째 조건의 대우 명제는 '~수도권 → ~미혼'이므로, '~수도권 → 미혼'이 반드시 참이 된다는 것은 확인할 수 없다.
② (○) '~수도권 → ~사무직'의 형태로 정리할 수 있다. 이는 두 번째 조건에서 단순 함언 규칙에 의해 '~수도권 → 안경'을 도출한 후, 세 번째 조건의 대우 명제인 '안경 → ~사무직'을 통해서 참이라는 것을 확인할 수 있다.
③ (○) '~안경 → 수도권'의 형태로 정리할 수 있다. 이는 두 번째 조건에서 단순 함언 규칙에 의해 참이라는 것을 확인할 수 있다.
④ (○) '반려 → 사무직'의 형태로 정리할 수 있다. 이는 네 번째 조건에서 단순 함언 규칙에 의해 참이라는 것을 확인할 수 있다.

31 정답 ④

A~D의 진술을 정리하면 다음과 같다.

	늑대	호랑이	여우	토끼	거북이
A			×	×	×
B	×			×	×
C		×			×
D	×	×	×	×	○
E					×

① (×) C와 D의 가면은 정확히 알 수 있지만, A, B, E의 가면은 정확히 알 수 없다.

	늑대	호랑이	여우	토끼	거북이
A			×	×	×
B	×			×	×
C	×	×	×	○	×
D	×	×	×	×	○
E		×		×	×

② (×) A, B, D의 가면은 정확히 알 수 있지만, C, E의 가면은 정확히 알 수 없다.

	늑대	호랑이	여우	토끼	거북이
A		×	×	×	×
B	×	○	×	×	×
C		×			×
D	×	×	×	×	○
E		×			×

③ (×) A, B, D의 가면은 정확히 알 수 있지만, C와 E의 가면은 정확히 알 수 없다.

	늑대	호랑이	여우	토끼	거북이
A	○	×	×	×	×
B	×	○	×	×	×
C	×	×			×
D	×	×	×	×	○
E	×	×			×

④ (○) 모두의 가면을 정확히 알 수 있다.

	늑대	호랑이	여우	토끼	거북이
A	○	×	×	×	×
B	×	○	×	×	×
C	×	×	○	×	×
D	×	×	×	×	○
E	×	×	×	○	×

32

정답 ②

가능한 순서는 A－B－C－E－D 이거나 A－B－E－D－C의 두 가지이다.

1) A－B－C－E－D

마지막 순서부터 역으로 추론해보면, E가 마카롱 3개를 가져갔는데, 남아있는 것이 2개였다면, E가 갔을 때, 즉 C가 가져간 후에 마카롱이 5개 남아있었다는 것을 의미한다. C는 남아있는 마카롱의 절반을 가져갔다고 하였으므로, 5개를 가져갔을 것으로 추론할 수 있다.

C가 가기 전, B가 가져간 후에 마카롱이 10개 남아있었을 것이고, B가 가기 전, A가 가져간 후에는 12개가 남아있었을 것이다. A가 전체의 1/5을 가져간 후에 12개가 남아있었으므로, 최초 마카롱의 개수는 15개가 된다.

2) A－B－E－D－C

E가 가져간 후에 마카롱이 2개 남아있었는데, D가 2개를 가져갔으므로, D가 가져간 후에는 마카롱이 남아있지 않다. 그런데 C가 갔을 때는 마카롱이 남아있다고 하였으므로, A－B－E－D－C의 순서는 대화의 내용과 어긋난다.

① (×) 마카롱을 마지막에 가져간 사람은 D이다.
② (○) 맨 처음 책상 위에 놓여 있던 마카롱은 15개이다.
③ (×) C가 가져간 마카롱 개수는 5개이다.
④ (×) B가 가져간 마카롱은 2개로, 최초 마카롱의 $\frac{2}{15}$이다.

33

정답 ④

우선 을과 무가 마주보고 있었고, 정은 을과 무 모두와 인접해 있었다. 또한 병은 정과 마주보고 있었다. 이에 따라 가능한 자리 배치는 다음과 같은 네 가지 경우가 있다.

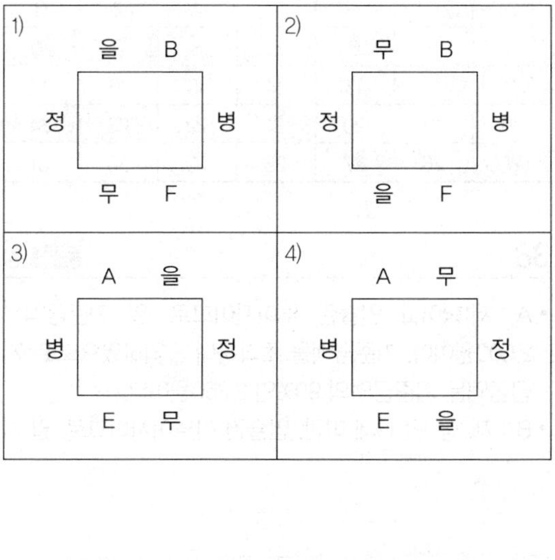

F 자리에는 기가 앉아 있었으므로, 3)과 4)는 제외한다. 을과 인접한 자리에는 갑이 앉아 있었으므로 갑의 자리는 B 또는 F이다. 그러나 마찬가지로 F에는 기가 앉아 있었으므로 2)는 제외하고, 가능한 경우는 1) 뿐이다.

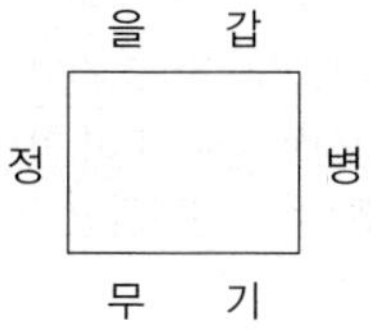

① (○) 갑과 기는 서로 마주보고 앉아 있었다.
② (○) 병은 갑과 인접하여 앉아 있었다.
③ (○) 병의 자리는 D이다.
④ (×) 무의 자리는 A가 아닌 E이다.

34

정답 ④

1번 조건을 A∨~甲로 정리할 수 있다. 단순 함언에 의하여 추출할 수 있는 정보는 다음과 같다.

1) A∨~甲
2) ~A → ~甲
3) 甲 → A

2번 조건을 乙 → (A∨C)로 정리할 수 있다. 이는 (乙 → A)∨(乙 → C)로 나타낼 수 있으며, 대우에 의해 ~(A∨C) → ~乙로 정리할 수 있다.

1) 乙 → (A∨C)
2) (乙 → A)∨(乙 → C)
3) ~(A∨C) → ~乙 ⇨ (~A∧~C) → ~乙

3번 조건을 ~(丙 ∧ 丁)으로 정리할 수 있으며, 이는 ~丙 ∨ ~丁으로 나타낼 수 있다.

1) ~(丙∧丁)
2) ~丙∨~丁

4번 조건을 C → 丁으로 정리할 수 있으며, 대우는 ~丁 → ~C이다.

1) C → 丁
2) ~丁 → ~C

① (○) 1번 조건의 3)에 의해 甲이 선정된 경우, A역시 선정되었을 것이라고 판단할 수 있다.
② (○) 사원은 3명 중 1명만 선발한다. 따라서 B가 선정되었다는 것은 ~A, ~C를 의미한다. 1번 조건의 2)에 의해 甲은 선정되지 않는다. 또한 2번 조건의 3)에 의해 乙 역시 선정되지 않는다. 3번 조건에 의해 丙과 丁은 함께 선정될 수 없으므로, B가 선정된 경우 사원 중 1명, 대리

중 2명을 선정한다는 전제를 만족할 수 없다. 따라서 B는 선정되지 않는다.

③ (O) C가 선정된 경우, 4번 조건에 의해 丁도 함께 선정된다. 丁이 선정된 경우, 3번 조건에 의해 丙은 선정되지 않는다.

④ (×) 乙이 선정된 경우, 2번 조건에 의해 A 또는 C가 선정된다. C가 선정된 경우 丁이 함께 선정되므로 丙이 선정될 수 없지만, A가 선정된 경우에는 丙이 함께 선정될 수 있다.

35

정답 ④

방식 1. 평가 점수에 가중치를 반영한 결과를 정리하면 다음과 같다. 방식 1에서 선발되는 사람은 C이다.

	A	B	C	D	E
정직성	3.0	2.8	3.6	3.2	3.8
책임감	1.6	2.0	1.5	1.5	1.7
도덕성	6.8	6.0	6.4	7.2	6.4
성실성	5.7	4.8	6.0	5.1	5.4
합계	17.1	15.6	17.5	17.0	17.3

방식 2. A의 최종 점수는 16.5($=\frac{16+17}{2}$), B는 15.5($=\frac{15+16}{2}$), C는 17($=\frac{16+18}{2}$), D는 16.5($=\frac{16+17}{2}$), E는 17.5($=\frac{17+19}{2}$)이다. 방식 2에서 선발되는 사람은 E이다.

방식 3. 평가 점수를 그대로 더하면 A의 점수는 67점, B는 65점, C는 69점, D는 66점, E는 70점이므로 방식 3에서 선발되는 사람은 E이다.

36

정답 ②

ㄱ. (O) 3)번 규칙이 4라운드까지 적용된다. 그리고 5라운드에는 5)번 규칙이 적용된다. 1~5라운드 점수 합계가 50점이므로, 각 참가자가 25점씩 나누어 가진다.

ㄴ. (×) 주사위 눈이 1일 때 점수를 획득하는 경우는 상대의 주사위 눈이 2, 4, 6인 경우이므로, 점수 획득 확률은 $\frac{1}{2}$이다. 반면 주사위 눈이 2일 때 점수를 획득하는 경우는 상대의 주사위 눈이 3, 5인 경우이므로, 점수 획득 확률은 $\frac{1}{3}$이다. 주사위 눈이 1일 때의 점수 획득 확률이 더 높다.

ㄷ. (O) A의 주사위 눈이 모두 1인 경우, A가 라운드별로 얻을 수 있는 점수의 최댓값은 B의 주사위가 6인 경우의 15점이다. 따라서 5라운드 동안 얻을 수 있는 점수의 최댓값은 75점이다.

ㄹ. (×) 두 사람의 주사위 눈이 서로 다르다는 전제 하에 라운드별 점수 차이의 최솟값은 주사위 눈의 차이가 1인 경우의 3점이다. 따라서 5라운드까지의 최솟값은 15점으로, 20점 미만이다.

37

정답 ③

날짜와 요일을 도출하는 문제이다. 5월 12일이 월요일이라는 정보를 토대로 7월, 8월의 날짜와 요일을 구해보자. 날짜와 요일을 구할 때에는 말일과 초일의 요일을 도출하는 것이 중요하다. 5월 12일이 월요일이므로 5월 26일도 월요일이 되고, 이에 따라 5월 31일은 토요일, 6월 1일은 일요일이 된다.

6월 1일이 일요일이므로 6월 29일도 일요일이고, 이에 따라 6월 30일은 월요일, 7월 1일은 화요일이 된다. 7월과 8월의 달력에 휴가 가능 날짜를 표시하면 다음과 같다.

〈7월〉

월	화	수	목	금	토	일
	1	2	3	4	5	6
7	8	9	10	11	12	13
14	15	16	17	18	19	20
21	22	23	24	25	26	27
28	29	30	31			

〈8월〉

월	화	수	목	금	토	일
				1	2	3
4	5	6	7	8	9	10
11	12	13	14	15	16	17
18	19	20	21	22	23	24
25	26	27	28	29	30	31

38

정답 ④

- A : 제1형이고 인슐린 투여자이므로, 일 기준금액은 2,500원이다. 기준금액을 초과하여 구입하였으므로, 지급금액은 기준금액의 90%인 2,250원이다.
- B : 제2형, 만 19세 미만, 인슐린 미투여자이므로, 일 기

준금액은 1,300원이다. 기준금액 미만으로 구입하였으므로, 지급금액은 실 구입가격 1,200원의 90%인 1,080원이다.

- C : 제2형, 만 19세 이상, 1일 인슐린 투여횟수 2회이므로, 일 기준금액은 1,800원이다. 기준금액을 초과하여 구입하였으므로, 지급금액은 기준금액의 90%인 1,620원이다.
- D : 임신 중이고 인슐린 투여자이므로, 일 기준금액은 2,500원이다. 기준금액 미만으로 구입하였으므로, 지급금액은 실 구입가격 2,300원의 90%인 2,070원이다.

A~D의 지급금액 합계는 7,020원(=2,250+1,080+1,620+2,070)이다.

39 정답 ④

ㄱ. (O) D식당이 1차선택되는 경우의 수는 (A,D), (B,D), (C,D), (D,E), (D,F)로 5가지이다. D식당이 최종선택되는 경우는 (A,D), (C,D), (B,D)로 3가지이다.

ㄴ. (O) E식당과 F식당이 1차선택되면 선호순위에 따라 개발팀은 F식당, 홍보팀은 E식당, 영업팀은 F식당이 된다. 따라서 2:1로 F식당이 최종선택된다.

ㄷ. (O) E식당이 1차선택되는 경우의 수는 F식당을 제외하고 (A,E), (B,E), (C,E), (D,E)로 4가지이다. 이 중 (A,E), (D,E)의 경우 2:1로, (B,E), (C,E)의 경우 3:0으로 E식당이 최종선택된다.

40 정답 ③

① (×) A식당이 1차선택되는 경우의 수는 (A,B), (A,C), (A,D), (A,E), (A,F) 5가지이다. 이중 (A,B)와 (A,C)가 1차 선택되는 경우 2:1로 A가 최종선택된다. 따라서 A가 최종선택되는 경우의 수는 2가지이다.

② (×) 1차선택이 (A,F), (D,F), (E,F)이라면 2:1로 F가 최종선택되고, 1차선택이 (B,F), (C,F)라면 3:0으로 F가 최종선택된다. 따라서 F가 최종선택되는 경우의 수는 5가지이다.

③ (O) A식당과 F식당이 1차선택되면 개발팀과 홍보팀은 F를, 영업팀은 A를 2차선택하게 되므로, 2:1로 F가 최종선택된다.

④ (×) 두 가지 식당을 임의로 1차선택하여 투표를 진행한다면, 가능한 경우의 수는 (A,B), (A,C), (A,D), (A,E), (A,F), (B,C), (B,D), (B,E), (B,F), (C,D), (C,E), (C,F), (D,E), (D,F), (E,F) 15가지이다.

직업심화능력평가 [41~80]

41 정답 ③

① (O) 1. -3)에 의하면 지연배상금은 채무불이행에 따른 손해배상금의 성격으로 변동금리·고정금리와 관계없이 율을 변경할 수 있다.

② (O) 2.에 의하면 CSS(개인신용평가시스템)에 따라 금리가 차등 적용되는 가계신용대출의 고객이 신용상태의 현저한 변동이 있는 경우 증빙자료를 첨부하여 금리 변경을 요구할 수 있다.

③ (×) 3. -2)에 의하면 이자를 3개월 이상 연체한 경우 3개월이 되는 다음 날이 등록사유발생일이 되고, 15일 이내에 신용관리 대상자로 등록된다.

④ (O) 3. -2)의 각주에 의하면 신용관리대상정보가 등록되면 금융거래 제약 등 불이익을 받을 수 있고, 연체금액 상환 등으로 신용관리대상정보사유가 해제되어도 1~2년 해제기록이 남아 있을 수 있어 금융상의 불편이 초래될 수 있다.

42 정답 ③

① (×) 알 수 없는 진술이다.

② (×) 전국은행연합회, 신용조회 회사 등에 제공하는 것은 중단할 수 없다.

④ (×) 정정요구를 신용조회회사에 요청하는 것인지 확인할 수 없다.

43 정답 ②

기초노령연금 대상자를 선정할 때는 소득인정액 1인 78만 원, 2인 124.8만 원을 넘지 않아야 한다. 월 수입이 50만 원으로 많지 않지만 소득인정액 계산에 포함되는 기타소득이 있다면 대상자에서 제외될 수 있다.

44 정답 ②

김할머니는 본인 소유의 재산이 없으므로 월 소득 150만 원이 전부이다.

소득인정액 = {0.7×(150만 원 - 56만 원)} = 658,000

45

정답 ④

① (O) 1월 8일 매매 기준율은 1,188.00이고 1월 9일 매매기준율은 1,186.50으로 매매 기준율이 하락했기 때문에 원화의 달러환율은 하락했다.
② (O) 1월 8월 중국 달러를 살 때에는 733.18원이 들지만, 1월 9일에 살 경우에는 735.51원이 든다.
③ (O) 1월 8일 홍콩 달러를 원화로 바꿀 때는 149.29원을 받고, 홍콩 달러를 1월 9일에 원화를 바꿀 때는 149.10원을 받는다. 따라서 1월 8일에 바꾸는 것이 1월 9일에 바꾸는 것보다 좋다.
④ (×) 1월 8일에 100유로를 매입할 때, 130,245원을 지불하게 되고, 1월 9일 100유로를 팔았다면 125,538원을 받게 된다. 따라서 4,707원 손해를 보게 된다.

46

정답 ③

① (O) 유동비율이란 회사의 지불능력을 판단하기 위해서 사용하는 분석지표로 유동부채의 몇 배의 유동자산을 가지고 있는가를 나타내며 이 비율이 높을수록 지불능력이 커진다. 2015년 B기업의 유동비율은 81.78%로 2012년 118.92%보다 낮아져 회사의 지불능력이 낮아졌다.
② (O) 매출액영업이익률은 매출액에 대한 영업이익의 관계를 나타내는 비율로 영업이익은 매출이익에서 영업비를 공제한 금액이다. 따라서 영업외활동의 영향을 받지 않고 영업활동만의 성과를 나타내는 지표로써 매출액영업이익률이 높다는 것은 영업활동만의 성과가 좋다는 것을 의미한다. 주어진 〈표〉를 보면, 조사기간 동안 매년 B기업의 매출액영업이익률이 A기업보다 높다.
③ (×) 매출액증가율은 기준연도의 매출액에 대한 비교연도 매출액의 증가율로 기업이 일정 기간 동안 얼마나 성장하고 있는가를 검토하는 성장성 관련 지표이다. 매출액증가율이 낮아진다는 것은 기업의 성장성이 낮아진다는 것을 의미한다.
④ (O) A기업의 유동비율은 2012년 90.10%에서 2013년 106.99로 증가하는 등 조사기간 동안 지속적으로 증가했음을 알 수 있다. 유동비율의 경우 재무구조 관련 비율로 유동비율이 높다는 것은 회사의 지불능력이 향상되었음을 의미한다.

47

정답 ③

① (×) 보증의 방식에 의하며, 보증은 서면으로 표시되어야 효력이 발생하므로 옳다.
② (×) 보증기간 등의 따른 조항에 따라 보증기간의 약정이 없으면 3년이므로 옳다.
③ (O) 채권자의 통지의무에 따르면, 금융기관이 아닌 채권자는 주채무자가 3개월 이상 이행하지 아니한 경우에 그 사실을 보증인에게 통지해야 한다. 따라서 틀린 내용이다.
④ (×) 보증기간에 관한 조항에 의하면, 보증기간을 갱신한 경우, 그 기간에 약정이 없으면 계약체결시의 보증기간으로 본다.

48

정답 ④

카드대금 연체의 경우, 3회 이상 연체하고 그 사실을 회원에게 통보해야 해지가 가능하다.
① (×) 본인회원은 가족회원의 동의 없이 가족회원의 카드 사용의 일시정지 또는 해지를 통보할 수 있다.
② (×) 회원은 카드사에 언제든지 카드사용의 일시정지 또는 해지를 통보할 수 있다.
③ (×) 회원이 최종 사용일부터 1년 이상 카드를 사용하지 않은 경우 카드사는 전화로 회원의 계약 해지의사를 확인하여 해지의사를 밝히면 그 시점에 계약이 해지된다.

49

정답 ③

① (×) 2013년에서 2015년까지는 '국고채 10년'의 금리가 '회사채'보다 높게 나타나지만, 이후 2016년과 2017년에는 '회사채'의 금리가 '국고채 10년'의 금리보다 높게 나타난다.
② (×) 2018년 1월 대비 2월에 '국고채 10년'의 금리는 0.14%p 증가하였다. 2018년 12월까지 동일한 양상을 보인다면, 2018년 12월의 '국고채 10년' 금리는 4.17%가 된다.
③ (O) 2013년에서 2017년 사이 국고채별 금리 차이는 다음과 같이 정리할 수 있다.

(단위 : %p)

	2013	2014	2015	2016	2017
3년과 5년	0.21	0.25	0.19	0.09	0.2
5년과 10년	0.28	0.34	0.32	0.22	0.28

④ (×) 2015년 대비 2016년의 기준금리 변동률은 약 16.7%이고, 2016년 대비 2017년의 기준금리 변동률은 20%이다.

50 정답 ④

① 우선 2017년 4/4분기부터 2018년 3/4분기까지는 판매신용이 매분기마다 꾸준히 증가하였다. 2016년 4/4분기부터 2017년 3/4분기까지의 판매신용을 살펴보면, 2016년 4/4분기 72.7, 2017년 1/4분기 73, 2017년 2/4분기 74.9, 2017년 3/4분기 78로 그 이전에도 꾸준히 증가하였다는 것을 알 수 있다.
② 2016년 4/4분기 가계신용은 1,342.5(=1,450.8−108.3)이고, 2018년 3/4분기 가계신용은 1,514.4이므로 증가액은 171.9이다. 2016년 4/4분기 판매신용은 72.7(=80.8−8.1)이고, 2018년 3/4분기 판매신용은 86.7이므로 증가액은 14이다. 전자는 후자의 10배 이상이다.
③ 분모는 가계신용, 분자는 가계대출이다. 2017년 3/4분기 대비 2018년 3/4분기 증가율을 보면, 분모인 가계신용 증가율은 6.7%, 분자인 가계대출 증가율은 6.4%이다. 분모 증가율이 더 크므로, 비중은 감소했다고 볼 수 있다.
④ 2018년 1/4분기의 직전 분기 대비 가계신용 증가액은 17.4, 2018년 2/4분기는 24.2, 2018년 3/4분기는 22이다. 매분기 꾸준히 증가한 것은 아니다.

51 정답 ③

② 출산장려정책 동참 법인(임의단체)은 보통예탁금 가입자격에 해당한다.
③ 타 상품에서 본 상품으로, 본 상품에서 타 상품으로의 전환은 불가능하다.
④ 지난 결산기 92일 이내 거래 이력이 없을 경우 결산원가일에 일반 상품으로 자동 전환된다.
⑤ 보통예탁금 일별 잔액 500만 원 초과 금액에 대해서는 대상과목 기본이율이 적용된다.

52 정답 ④

① (×) 분할인출 및 분할해지는 불가하다고 명시되어 있으므로, 적립기관과 무관히 적립금액의 일부를 인출할 수는 없다.
② (×) 최초 적립금은 5만 원이고 이후 14회 동안 매회 1만 원 이상 적립해야 하므로, 5+14=19만 원이 된다.
③ (×) 카드이용실적과 고객추천은 별개의 우대금리이다. 카드이용실적 우대금리를 받지 못하는 경우, 고객추천 우대금리를 받을 수 없다는 내용은 제시되어 있지 않다.
④ (○) 적립기간의 3/4이 경과한 시점에서 700만 원이 적립되었다. 이후 700만 원의 1/2 이하로 적립할 수 있으므로, 최대 1,050만 원까지 적립 가능하다.

53 정답 ④

① (×) 제2항의 내용을 보면, 위원장이 부득이한 사정으로 직무를 수행할 수 없는 경우에 직무를 대행하는 순서를 언급하고 있다. 그러나 새로운 위원장을 임명한다는 내용은 제시되어 있지 않다.
② (×) 제3항 제3호에는 제 규정의 제정 및 개·폐를 승인한다는 내용이 나타나 있다. 따라서 제정과 개정뿐만 아니라 폐지에도 관여한다는 사실을 알 수 있다.
③ (×) 제5항에는 위원회가 개최될 수 없는 경우에 서면에 의한 의결이 가능하다는 내용이 제시되어 있다. 그러나 이미 개최된 위원회에 불참한 위원이 서면으로 의사 표현이 가능하다는 내용은 제시되어 있지 않다.
④ (○) 제7항에 재적위원 2/3 이상의 출석과 출석위원 과반수의 찬성으로 의결한다는 내용이 제시되어 있다. 따라서 위원이 15명인 경우 2/3는 10명이므로, 10명 이상의 출석과 10명의 과반수인 최소 6명의 찬성이 있어야 의결이 가능하다.

54 정답 ③

제품에 대한 상세한 정보를 제공하는 글을 설명서라고 하며 일반적으로 상품설명서와 제품설명서로 구분한다. 상품설명서는 해당 상품의 특징을 적어 판촉을 위해 작성하는 문서이며, 제품 설명서는 제품의 사용방법을 자세히 기술하는 설명서이다.
상품설명서는 고객이 원하는 모든 정보를 한눈에 보기 쉽게 작성해야 한다. 은행 상품의 경우 상품의 성격에 대한 정보를 통해 고객이 자신에게 맞는 상품을 선택할 수 있게 해야 한다. 해당 상품은 어떤 성격의 금융 상품인지 정보가 불분명하다.

55

정답 ②

① (×) 제58조 제1항에 따라 지점의 신설뿐만 아니라 폐쇄하는 경우에도 금융위원회의 인가를 받아야 한다.

② (○) 제59조 제2항에 따라 하나의 외국은행이 둘 이상의 지점을 두는 경우 전부를 하나의 은행으로 본다.

③ (×) 제60조 제2항에 7일 이내에 보고해야 한다는 내용은 제시되어 있지만, 보고하지 않는 경우에 어떻게 된다는 내용은 제시되어 있지 않다.

④ (×) 제60조 제1항의 각 호는 외국은행 본점에 대한 것이다. 지점이 휴업하거나 영업을 중지한 경우에 금융위원회가 인가를 취소할 수 있다는 내용은 나타나 있지 않다.

56

정답 ①

J대리의 월차일수를 먼저 확인한다. J대리는 1월~12월까지 근무하였으므로 12개의 월차를 사용할 수 있다. 만일 사용하지 않았다면 12일에 해당하는 수당을 받게 된다.

57

정답 ①

회원의 경우 카드사에 언제든지 통보할 수 있다.

58

정답 ②

고객의 상황이 변하였다고 해도 은행평가 결과 시스템에서 이를 판단한 다음 이루어지는 것으로 무조건적인 변경이 가능한 것은 아니다.

59

정답 ④

① (×) 마지막 문단의 내용을 보면, 작년 11월부터 진행된 것은 'Ss-Loan'이고, 희망사회 프로젝트가 언제부터 진행되었는지는 알 수 없다.

② (×) 'Ss-Loan'은 기존의 대출 상품을 고객 상황에 맞게 추천해주거나, 조합해 주는 플랫폼이다. 기존의 대출 상품이 제공되지 않는다는 내용은 제시되어 있지 않다.

③ (×) 상환능력이 좋아질수록 대출 한도가 높아지는 것이지, 대출 금액이 많아지는 것은 아니다.

④ (○) 두 번째 문단에서 그룹사 중 한 곳에만 제출하면 된다고 하였으므로, ○○카드에 관련서류를 제출한 고객은 다른 그룹사에는 별도로 서류를 제출하지 않아도 된다.

60

정답 ④

월별 납부해야 할 보험료를 정리하면 다음과 같다. 합계는 327,410원이다.

	보험료	제①항의 연체금		제②항의 연체금		합계
		기간	금액	기간	금액	
4월분	90,000	30일 이상	2,700	06.15.~07.16.(32일)	32일×30원=960원	93,660원
5월분	120,000	30일 이상	3,600	7월 16일(1일)	1일×40원=40원	123,640원
6월분	110,000	7월 16일	110	-	-	110,110원
합계	320,000	-	6,410	-	1,000	327,410원

61

정답 ①

ㄱ. (○) 타 연금저축계좌와 합산하여 연간 1,800만 원이 납입한도이다.

ㄴ. (×) 각주1에서 확정기여형 퇴직연금은 퇴직연금을 근로자 스스로 운용하는 것이라고 했으므로 여기에서 손해를 입은 B씨가 운용방법을 바꾸겠다고 생각했다면 개인이 설정 가능한 개인형 퇴직연금(IRP)이 아니라 확정급여형 퇴직연금을 선택해야 한다.

ㄷ. (×) 연간 1,800만 원 이내로 납입한도가 정해진 것은 여유자금 납입용인 경우이고, 퇴직급여 수령용인 경우는 퇴직금 수령액 범위 내에서 한도가 정해진다.

62

정답 ④

ㄱ. 총급여가 5,000만 원 이상인 경우 세액공제율이 13.2%이고 연금계좌 총액이 800만 원이나 세액공제대상은 700만 원이다. 따라서 0.132×7,000,000=924,000(원)이다.

ㄴ. 종합소득이 1억 2천만 원인 고소득자는 연금저축 세액공제가 300만 원이고(종합소득이 4,000만 원 이상이므로) 세액공제율이 13.2%이므로 절세금액은 0.132×3,000,000=396,000(원)이다.

ㄷ. 퇴직금액을 일시금으로 수령하는 경우 6,000만 원의 15%이므로 900만 원, 이를 연금으로 수령했다면 900만 원의 70%인 630만 원이 과세되므로 그 차액은 270만 원이다.

액수가 큰 순서대로 나열하면 270만 원(ㄷ), 924,000원(ㄱ), 396,000원(ㄴ)이다.

63

정답 ④

① (O) 제24조 제2항, 제25조 제2항에 따라 전무이사의 정수와 직무 내용은 정관으로 정해진다.
② (O) 제25조 제4항의 내용에 따라 은행장과 전무이사가 모두 부득이한 사유로 직무를 수행할 수 없는 경우에는 이사가 그 직무를 대행할 수 있다.
③ (O) 제25조의2 제6항에 따라 감사는 이사회에 출석할 수 있지만, 제25조의2 제2항에 따라 이사회 구성원에는 포함되지 않는다.
④ (×) 제27조 제2항에 따라 결원이 생긴 경우에 새로운 임원은 그 임기를 제1항에 규정된 3년으로 한다. 따라서 새로운 감사의 임기는 3년이 된다.

64

정답 ④

① (×) 두 이벤트는 별개로 진행되며, 중복 응모도 가능하다. 어떤 이벤트에 응모하지 못한다고 하여, 다른 이벤트에도 응모하지 못한다는 내용은 제시되어 있지 않다.
② (×) ○○마트에서 상품을 구입하는 데 이용 가능한 C 포인트라는 내용이 제시되어 있다. 현금 환급은 이와는 별개로 진행되는 내용이다.
③ (×) 이벤트와 관련된 자세한 내용은 ○○스마트뱅킹의 이벤트 페이지, ○○인터넷뱅킹 홈페이지, 영업점, 카드고객행복센터 등에서 확인 가능하다. ○○스마트뱅킹 이벤트 페이지에 꼭 방문해야 하는 것은 아니다.
④ (O) 「끌림 이벤트」는 타행 결제계좌에서 ○○은행 결제계좌로 변경 시 응모 가능하며, 「감사 이벤트」는 이미 ○○은행 결제계좌를 보유한 고객이 응모가능하다. 따라서 두 이벤트 모두 ○○은행 결제계좌를 보유하고 있어야 응모가 가능하다.

65

정답 ④

① (×) 두 기관은 작년 9월에 신혼부부 주거안정에 대한 협약을 체결한 바 있다. 따라서 이번 협약은 두 기관이 처음으로 체결한 협약이 아니다.
② (×) 전용상품인 『다자녀 전세대출』은 협약과 동시에 출시되었다. 협약은 2018년 7월 22일에 체결되었고, 이것이 발표된 날이 7월 24일이다.
③ (×) 『다자녀 전세대출』은 임차보증금의 90% 범위 내에서 최고 2억 원까지 대출 가능하다. J의 임차보증금 2억 2,000만 원의 90%는 1억 9,800만 원이다. 따라서 대출 한도는 1억 9,800만 원이다.
④ (O) 『다자녀 전세대출』은 다자녀 기준이 완화되어 미성년 자녀 2명 이상이면 누구나 신청 가능하게 했다는 내용이 제시되어 있다. 따라서 이전의 기준은 미성년 자녀를 적어도 3명 이상 요구했을 것으로 볼 수 있다.

66

정답 ②

① (O) 2번째 단락의 '중점 추진부문'을 보면, 디지털 환경 전환 관련 리스크 점검이 중점 추진 부문임을 알 수 있다.
② (×) 1번째 단락 4~5문장을 보면 내부감사부서가 아니라, 상임감사위원이 경영진의 일상업무 집행에 대한 일상감사를 실시한다.
③ (O) 1번째 단락 마지막 문장을 보면, 내부감사부서는 상시감사 등의 내부감사 업무를 수행한다.
④ (O) 1번째 단락 마지막 문장을 보면, 내부감사부서는 감사위원회의 보조기구로 내부감사 업무를 수행한다.

67

정답 ④

① (O) 1번째 단락 2문장 중반부를 보면, 감사위원회는 대내외 감사결과를 검토한다.
② (O) 1번째 단락 2문장 후반부를 보면, 감사위원회는 은행의 전반적인 윤리강령과 법규의 준수 여부를 점검한다.
③ (O) 1번째 단락 3문장을 보면, 감사위원회는 회계처리의 적정성에 대한 감사를 실시한다.
④ (×) 1번째 단락 4문장을 보면, 이사의 직무 집행을 감사하는 주체는 감사위원회가 아니라, (감사위원회의 위임을 받은) 상임감사위원이다.

68

정답 ③

ㄱ. (O) 3번째 단락에서 202×년 일상감사 중 사전감사는 1,734건으로, 사후감사 1,430건 대비 304건 더 많다.
ㄴ. (×) 3번째 단락에서 202×년 일반감사는 900회, 특별감사는 17회로, 일반감사는 특별감사 횟수의 약 52배 수행되었다. 즉 60배 이상 수행되지 않았다.
ㄷ. (O) 202×년 상시감사는 310,560건, 일상감사는 3,164건으로 상시감사는 일상감사의 90배 이상 수행되었다.

69 정답 ①

ㄱ. (×) '가) 정의'의 2문장에서, 채권의 가치 감소가 5% 이하인 경우는 채권·채무조정으로 보지 않는다고 하였지만, 회생절차와 기업개선작업은 제외한다고 하였다. 따라서 기업개선작업의 경우 채권의 가치 감소가 5% 이하인 경우라도 채권·채무조정으로 볼 수 있다.

ㄴ. (×) '나) 적용범위'의 3문장을 보면, 당행(KB국민은행)이 채권의 형태로 하여 유가증권으로 보유하고 있는 투자자산의 경우는 채권·채무조정 적용이 되지 않는다.

ㄷ. (○) '나) 적용범위'의 1문장을 보면, 법원의 결정에 따라 채권·채무의 약정내용이 변경된 경우는 채권·채무조정 적용범위에 해당된다.

70 정답 ④

ㄱ. (○) 제6조 제1항 제2호에 의하면 상환유예가 없고(제6조 제3항), 연체 없이(제6조 제2항) 대출을 성실상환한 사람에 대하여 신용보증 기한이 5년인 경우 1년마다 1.5%포인트에 해당하는 보증료율을 추가로 감면할 수 있다.

ㄴ. (×) 제5조 제1항에서 질병 등이 발생한 경우 상환유예를 신청할 수 있다고 하였다. 그러나 제5조 제2항을 보면 상환유예 기간 중 원금상환은 유예되지만 대출이자와 보증료는 납부해야 한다.

ㄷ. (×) 분할상환금의 지급을 지체한 횟수가 3회 이상이어도 연속된 지체가 아니라면 기한의 이익을 상실하지 않는다. 제4조에 의하면 분할상환금의 지급을 3회 이상 연속하여 지체한 때 기한의 이익을 상실한다.

71 정답 ④

① (×) **프리웨어** : 시간과 기능에 제한을 두지 않고 자유롭게 사용 및 배포가 가능한 공개 소프트웨어이다.

② (×) **셰어웨어** : 시간과 기능에 제한을 두고 사용한 후에 구입 여부를 판단하는 소프트웨어이다.

③ (×) **스파이웨어** : 컴퓨터에 몰래 잠입하여 개인정보를 유출해 가는 소프트웨어이다.

72 정답 ①

① (○) **랜섬웨어** : 컴퓨터 시스템을 감염시켜 접근을 제한하고 일종의 몸값을 요구하는 악성 소프트웨어의 한 종류를 말한다.

② (×) **디도스** : 여러 대의 공격자를 분산적으로 배치해 동시에 서비스에 접근함으로써, 시스템이 정상적으로 서비스를 제공할 수 없게 만드는 행위를 말한다.

③ (×) **스미싱** : 문자메시지를 이용하여 신뢰할 수 있는 사람 또는 기업이 보낸 것처럼 가장하여 개인비밀정보를 요구하거나 휴대폰 소액결제를 유도하는 신종 사기 기법이다.

④ (×) **오픈소스** : 소프트웨어 또는 하드웨어 제작자의 권리를 지키면서 원시코드를 누구나 열람할 수 있도록 한 소프트웨어를 의미한다.

73 정답 ①

㉠은 데이터 웨어하우스, ㉡은 데이터 마이닝에 해당한다. 관계형 데이터베이스는 데이터를 계층 구조가 아닌 관계 구조로 표현한 것을 의미한다.

74 정답 ②

발문의 내용은 망 중립성(network neutrality)에 대한 설명이다.

① (×) **플랫폼 중립성** : 스마트 폰 등에서 플랫폼을 운영하는 업체들이 하드웨어나 콘텐츠 사업자들을 차별하지 말아야 한다는 정책을 가리킨다.

③ (×) **인터넷 종량제** : 인터넷 사용시간 및 데이터 전송량에 따라 요금을 부과하는 제도를 의미한다.

④ (×) **제로 레이팅** : 콘텐츠 사업자가 통신사와 제휴하여 사용자의 특정 콘텐츠에 대한 데이터 이용료를 면제 또는 할인해 주는 제도이다. 0원 요금제, 스폰서 요금제라고도 한다.

75 정답 ②

① (○) IPv6는 기존의 IPv4의 단점을 개선하기 위하여 개발된 IP 주소체계이다.

② (×) IPv4가 32비트 주소체계인 것과 달리 IPv6는 128비트 주소체계이다.

③ (○) IPv6 주소체계는 주소의 각 부분을 콜론(:)을 사용하여 구분한다.

④ (O) IPv6 주소체계에서는 인증, 데이터 무결성, 데이터 기밀성이 지원되어 보안성이 강화되었다.

76

정답 ②

② (O) 큐비트(qubit)는 양자 비트를 의미하는 quantum bit를 줄인 말로, 양자 컴퓨터 또는 양자 정보 시스템에서 사용하는 정보의 기본 단위를 의미한다.

77

정답 ③

데이터3법은 개인정보 보호에 관한 법이 각 부처별로 나누어져 있기 때문에 발생하는 중복 규제를 제거하여 개인과 기업이 정보를 활용할 수 있는 폭을 확대하고자 마련되었다. 데이터3법에 해당하는 법령은 개인정보 보호법, 정보통신망 이용촉진 및 정보보호 등에 관한 법률(정보통신망법), 신용정보의 이용 및 보호에 관한 법률(신용정보법)이 있다.

78

정답 ④

(가) 지도 학습과 달리 컴퓨터는 입력값만 존재하는 데이터를 통해 학습한 후, 입력값들의 규칙성을 추출한다. 출력값이라는 정답을 가르쳐주지 않는다는 특징으로 인해 비지도 학습(Unsupervised Learning)이라고 부른다.
(나) 특정 상태에서 컴퓨터 행동에 대해 보상을 설정하고, 컴퓨터가 보상을 최대로 하는 행동을 선택하여 성능을 향상시키는 학습 방법을 강화 학습(Reinforcement Learning)이라고 한다.
(다) 입력값과 출력값이 있는 데이터를 학습시켜, 특정 값을 입력했을 때, 그에 맞는 출력값을 찾는 유형의 학습 방식을 지도 학습(Supervised Leaning)이라고 한다.

79

정답 ②

② (O) ETL(Extract, Transform, Load) : 원천 데이터로부터 필요한 데이터를 추출하여 적재하고자 하는 데이터웨어하우스에 맞게 변환하여 적재하는 과정을 의미한다.

80

정답 ④

① (O) HTML(Hypertext Markup Language) : 웹 문서를 제작하기 위하여 사용되는 가장 단순한 형태의 웹 언어이다.
② (O) XML(eXtensible Markup Language) : HTML을 개선하여 만든 언어로, 홈페이지 구축, 웹페이지 작성 등의 기능이 향상된 언어이다.
③ (O) RDF(Resource Description Framework) : 웹 환경에서 자원에 관한 메타 데이터를 교환하기 위한 구조를 의미한다. 메타 데이터의 속성을 정의하여 서로 다른 환경에서의 교환이 효율적으로 이루어질 수 있도록 돕는다.
④ (×) CSV(Comma Separated Value) : 쉼표(Comma)를 기준으로 항목을 구분한 가장 기본적인 형태의 데이터를 의미한다. CSV는 반정형이 아닌 정형 데이터에 속한다.

상식 [81~100]

81

정답 ④

④ A소비자 집단의 수요가 B소비자 집단의 수요보다 더 가격 탄력적이라면, 독점기업은 B소비자 집단보다 A소비자 집단에 더 낮은 가격을 부과한다. 즉, 가격탄력도가 더 큰 집단에 낮은 가격을 부과한다.

82

정답 ④

A국의 저관세 전략일 때 보수는 250 또는 300, 고관세 전략일 때 보수는 100 또는 200이므로 A국은 우월전략이 저관세이다.
B국도 A국과 동일하므로 우월전략이 저관세이다.

83

정답 ④

〈신용할당(credit rationing)〉
은행이 대부자금의 부족현상이 발생하여 이자율을 올려도 자금의 수요가 있는데도 불구하고 이자율을 높이지 않고 신용상태가 우수한 기업에게만 대출하는 현상. 이는 이자율을 올리면 위험한 사업에 투자하려는 투자자만 대출을 받아 파산위험이 높아지므로 은행은 대출원금도 회수할 수 없는 가능성이 증대하는 역선택이 발생하므로 이를 회피하기 위해서이다.

84

정답 ③

〈중간변수(본원통화, 통화승수)를 통한 통화공급 증가요인〉

중간변수	통화공급 증가요인
본원통화 증가	• 재할인율 하락에 의한 예금은행 대출 증가 고객 예금 감소나 고객 대출 증가로 인한 예금은행 대출 증가 ⇒ ㄷ.
	• 중앙은행의 채권(통화안정증권, RP) 매입 ⇒ ㄴ.
	• 정부의 대출 증가
	• 국제수지 흑자(외환매입) ⇒ ㄹ.
통화승수 상승	• 민간이나 예금은행의 현금보유 감소 ⇒ 현금예금비율(현금통화비율) 하락
	• 지준율 하락 ⇒ ㄱ.
	• 이자율 상승(내생성을 가정) ⇒ 현금통화비율 또는 초과지준율 하락

85

정답 ④

생산가능인구(200명) = 경제활동인구 + 비경제활동인구(40명), 따라서 경제활동인구 = 160명

- 경제활동인구(160명) = 실업인구(40명) + 취업인구, 따라서 취업인구 = 120명
- 경제활동 참가율 $= \frac{\text{경제활동인구}}{\text{생산가능인구}} \times 100\%$

$= \frac{160}{200} \times 100\% = 80\%$

- 실업률 $= \frac{\text{실업인구}}{\text{경제활동인구}} \times 100\%$

$= \frac{40}{160} \times 100\% = 25\%$

따라서 취업률은 75%이다.

86

정답 ②

〈수출국 소비자와 생산자의 손익〉

	소비자	생산자
수입국	이익	손해
수출국	손해	이익

수입국은 수입재에 대하여 국내가격보다 낮은 가격으로 수입되므로 수입국의 소비자는 이익을 보지만 생산자는 손해를 본다. 반면 수출국은 수출재의 국내가격이 상승하므로 수출국의 소비자는 손해를 보지만 생산자는 이익을 본다. 그러므로 미국의 소고기 구입자들은 수출국의 소비자이므로 손해를 보게 된다. 한편 무역은 항상 양국의 후생을 모두 증가시킨다.

87

정답 ④

㉠에서 설명하는 것은 역선택(Adverse selection), ㉡에서 설명하는 것은 도덕적 해이(Moral Hazard)이다. 피셔 효과는 시중금리와 인플레이션 기대심리와의 관계를 나타내는 이론으로, 시중의 명목금리가 실질금리 + 예상 인플레이션율과 같다는 것을 의미한다.

88

정답 ④

주가수익비율(PER)이 높은 경우에도 주가현금흐름비율(PCR)이 낮으면 저평가되어 있다.

89

정답 ②

① **BIS 자기자본비율** : 국제결제은행 BIS가 정한 은행의 위험 자산 대비 자기자본의 비율을 의미한다.

③ **이자보상배율** : 기업의 채무 상환 능력을 보여주는 지표로, 영업이익으로 이자비용을 감당할 수 있는지 나타낸다.

④ **총부채상환비율** : 채무자의 소득 대비 대출 상환 능력을 판단하는 비율로, 주택담보대출 시 이를 통해 대출 한도액이 결정된다.

90

정답 ④

① **페이퍼 컴퍼니** : 물리적 형태 없이 서류의 형태로만 존재하면서 회사의 기능을 수행하는 회사를 가리킨다. 주로 세금 및 기업 활동에 필요한 제반 경비의 절감을 위해 설립되었다.

② **유니콘 기업** : 기업가치가 10억 달러 이상인 스타트업 회사를 의미한다. 유니콘 기업보다 기업가치가 10배 이상인 데카콘(Decacorn) 기업, 100배 이상인 헥토콘(Hectocorn) 기업도 등장하였다.

③ **사이버스쿼팅** : 비싼 값에 되팔기 위한 목적으로, 유명 기업이나 기관 등의 이름으로 도메인을 선점하는 행위를 의미한다.

91 정답 ④

액티브 전략은 펀드매니저의 주관적 판단이 개입되는 전략으로 수익의 변동성이 클 수 있기 때문에 안전한 수익을 원하는 예금자를 위해서는 패시브 전략을 추천할 수 있어야 한다.

92 정답 ①

차액결제 방식의 거래는 역외시장 뿐만 아니라 역내시장에서도 거래된다.

93 정답 ②

소프트 머니는 미국의 정치후원금 중 기업이나 단체가 정당에 제공하는 후원금이고, 하드 머니는 개인이 정치인 개인에게 제공하는 후원금이다.

94 정답 ④

유연근무제의 일종으로 특정 근로일의 근로시간을 연장시키는 대신 다른 근로일의 근로시간을 단축시켜 일정기간의 주 평균 근로시간을 맞추는 제도를 말한다. 예컨대 2주 단위로 탄력적 근로시간제를 적용하면 업무량이 많은 첫째 주의 경우는 58시간을 일하고, 상대적으로 일이 적은 그 다음 주에는 46시간 일해 2주간 평균 근로시간을 법정 근로시간 한도인 주당 52시간 이내로 맞추는 것이다.

근로기준법에 따르면 법정근로시간(하루 8시간, 주당 40시간)을 초과하면 기업은 이에 따른 초과근무수당을 지급해야 하지만, 탄력적 근로시간제도에 따르면 전체 법정근로시간만 넘지 않으면 특정 기간에 근로시간을 늘려도 연장근로수당을 지급하지 않아도 된다. 이는 노동자들의 과중한 근로를 방지해 노동자를 보호하자는 취지에서 만들어진 것이다.

④ (×) 탄력근로제는 근로자가 아닌 사용자의 입장에서 단위기간이 6개월보다 긴 것이 유리하다.

95 정답 ②

① **섀도보팅(shadow voting)** : 주주가 주주총회에 참석하지 않아도 투표한 것으로 간주하여 다른 주주들의 투표 비율을 의안 결의에 그대로 적용하는 제도로, 국내에는 1991년 도입되었다가 2017년 12월에 폐지되었다. 이 제도는 경영진과 대주주의 정족수 확보 수단으로 남용돼 주주총회 형식화를 유발한다는 지적이 많았다.

② **스튜어드십 코드(stewardship code)** : 연기금 및 기관투자자가 투자기업의 의사결정에 적극 참여하여 주주로서의 역할을 수행하는 것이다.

③ **황금낙하산(golden parachute)** : 황금낙하산(golden parachute)이란 인수대상 기업의 이사가 임기 전에 물러나게 될 경우 일반적인 퇴직금 외에 거액의 특별 퇴직금이나 보너스, 스톡옵션 등을 주도록 하는 제도이다.

④ **포이즌 필(poison pill)** : 기업의 경영권 방어수단의 하나로, 적대적 M&A(기업인수·합병)나 경영권 침해 시도가 발생하는 경우에 기존 주주들에게 시가보다 훨씬 싼 가격에 지분을 매입할 수 있도록 미리 권리를 부여하는 제도이다.

96 정답 ②

㉠ **전환사채(CB; Convertible Bond)** : 순수한 회사채의 형태로 발행되지만 일정 기간이 경과된 후 보유자의 청구에 의하여 발행회사의 주식으로 전환될 수 있는 권리가 붙어 있는 사채이다.

㉡ **신주인수권부사채(BW; Bond with Warrant)** : 신주인수권부사채란 채권자에게 일정 기간이 경과한 후에 일정한 가격(행사가격)으로 발행회사의 일정수의 신주를 인수할 수 있는 권리, 즉 신주인수권이 부여된 사채이다.

㉢ **워런트(warrant)** : 일정 수의 보통주를 일정가격에 살 수 있는 권한, 또는 같거나 비슷한 쿠폰금리의 고정금리 채권을 살 수 있는 권한을 증권소유자에게 부여하는 증서를 말한다. 워런트는 급속히 성장하는 회사가 사채나 우선주 등을 발행, 장기자본을 조달할 때 이를 용이하게 하기 위하여 투자자에게 일종의 인센티브를 부여할 목적으로 발행되기 시작하였으며, 대기업들도 워런트채를 발행하여 대규모의 장기자금을 조달하는 예가 많다.

97 정답 ①

① 정부의 재정지출이 대폭 감소하고 세금이 인상되면서 경기가 절벽에서 떨어지듯 급강하하는 현상을 재정절벽이라 한다.

② **셧다운(Shut Down)** : 일시적인 부분 업무정지 상태. 미국의 경우 의회에서 예산안 합의에 실패하면 미 연방정부는 셧다운 상태에 돌입한다. 셧다운에 들어가면 정치권이 예산안에 합의할 때까지 200만명의 미국 공무

원 중 군인, 경찰, 소방, 우편, 항공 등 국민의 생명 및 재산 보호에 직결되는 '핵심 서비스'에 종사하는 필수 인력을 제외한 연방 공무원 80만~120만명이 강제 무급휴가를 떠나게 된다. 남은 공무원들은 업무를 계속하지만 예산안이 결정돼야 보수를 받을 수 있다.

④ **테이퍼링(tapering)** : 연방준비제도(Fed)가 양적완화 정책의 규모를 점진적으로 축소해나가는 것. 출구전략의 일종이다. 테이퍼링은 '점점 가늘어지다', '끝이 뾰족해지다'라는 뜻으로 2013년 5월 당시 벤 버냉키 미 중앙은행(Fed) 의장이 언급하면서 유명한 말이 됐다.

98

정답 ①

PER는 주식 가격을 주당순이익(EPS)으로 나눈 수치로, 현재 주가가 주당 순이익의 몇 배인지 나타낸다. PER가 높은 주식은 주당 순이익보다 주가가 높아 주가가 하락할 가능성이 크고, PER가 낮은 주식은 주당 순이익보다 주가가 낮아 주가가 상승할 가능성이 크다.

99

정답 ④

① **퀀텀 점프** : 경제학에서 기업이 사업구조나 방식의 혁신을 통하여 짧은 시간 안에 비약적으로 실적이 호전되는 경우를 의미한다.

② **슈퍼 사이클** : 20년 이상 장기간에 걸친 가격 상승 추세를 의미한다. 원자재 등 상품시장의 가격 폭등으로 주목받은 용어로, '원자재 슈퍼 사이클'이라고도 한다.

③ **에피데믹** : 넓은 영역에 퍼지는 감염병으로, 한 국가나 대륙 단위로 빠르게 확산되는 국지적 유행을 의미한다.

100

정답 ④

① **니치 마켓** : 수요가 비어있는 틈새 시장을 의미한다.

② **불 마켓** : 주가의 상승이나 강세가 지속되는 주식 시장을 의미한다.

③ **플리 마켓** : 중고 물품 등을 가지고 나와 매매나 교환을 하는 시장, '벼룩시장'이라고도 한다.

와우패스JOB
KB국민은행 실전모의고사

발행일 2023년 1월 1일 개정4판 1쇄

저자 와우패스 취업적성연구소, 김영식, 손재용

발행인 임재환
발행처 와우패스
등록 12 – 563호(2008.1.28.)
주소 서울시 구로구 디지털로 34길 27 대륭포스트타워 3차 601호
전화 1600 – 0072(학습 및 교재 문의)
02 – 2023 – 8788(현매거래 문의)
팩스 02 – 6020 – 8590(위탁 및 현매거래)

ISBN 978 – 89 – 6613 – 776 – 3 (13320)

※ 정가는 뒤표지에 있습니다.
※ 낙장이나 파본은 교환해드립니다.
※ 문의 : www.wowpass.com